KB187558

IJS 서울대학교 일본연구소

현대일본생활세계총서 18

일본자본주의 위기, 새로운 자본주의의 기회인가?

조관자 엮음

박문사

발간사

서울대학교 일본연구소는 《현대일본의 생활세계 연구》라는 연구 주제를 정립하고, 2009년부터 10년 동안 모두 3단계에 걸쳐 HK(인문한국) 사업을 수행하였다. 그 최종 성과물이 [현대일본생활세계총서] 총17권의 발행이다. [표1, 표2 참조]

이어서 본 연구소는 《포스트 지역학 시대의 일본생활세계 탐구》라는 새로운 연구 주제로 2019년부터 7년 동안 HK+(인문한국 플러스) 사업을 수행하고 있다. 이 연구는 다시 2단계로 나누어 진행한다. 1단계(2019.9~2022.8)의 연구 주제는 〈일본 생활세계의 성숙과 위기〉이고, 2단계(2022.9~2026.8)의 연구 주제는 〈일본 생활세계의 변용과 연대〉이다.

HK+사업으로의 이행에 맞추어, 본 연구소는 그동안 공동연구를 기획하고 수행했던 네 개의 영역별 (정치－외교, 역사－경제－경영, 사상－문학, 사회－문화) 연구실 체제를 두 개의 주제별 연구 클러스터 체제로 개편하였다. 이는 인문학과 사회과학의 각 연구영역 간 횡단을 더욱 자유롭게 열어 두면서, 그 확장된 영역 안에서 보다 긴밀한 융합 연구가 가능하도록 연구 주제를 응축시킨 결과이다.

두 개의 연구 클러스터에서 채택한 1단계 연구주제는 각각 〈'일본형' 자본주의의 성숙과 위기〉와 〈'일본형' 민주주의의 성숙과 위기〉이다. 2단계 연구 주제는 각각 〈초성숙사회 일본의 생활정치: 동시대적 접근〉과 〈성장주도 사회 일본의 생활정치: 통시적 접근〉이다. 각 연구 클러스터는 HK+공동연구의 기획에서부터 서로의 연구주제를 점검・보완하고, 독자적인 집담회, 워크숍, 공개발표회 등을 거치면서 각각의 세부주제 연구를 심화했다. 아울러 두 개의 연구 클러스터가 공동으로 발표회를 열어서 서로의 연구를 공유하고 주제별 긴밀성을 높여가면서 일본사회의 총체적 분석과 이해를 돕고자 했다.

[표1] 현대일본생활세계총서 HK 1단계, HK 2단계

연구실	1단계 5권	2단계 4권
정치외교	전후 일본, 그리고 낯선 동아시아	전후 일본의 생활평화주의
역사경제	협조적 노사관계의 행방	에너지혁명과 일본인의 생활세계
사상담론	전후 일본의 지식 풍경	일본, 상실의 시대를 넘어서
사회문화	현대일본의 전통문화	일본 생활세계의 동요와 공공적 실천
	도쿄 메트로폴리스	

[표2] 현대일본생활세계총서 HK 3단계 1~2년차, HK 3단계 3~4년차

연구실	3단계 1~2년차	3단계 3~4년차
정치외교	일본 정치 보수화의 표상과 실상	일본 보수정치의 국가혁신, 다각 다층 구조
역사경제 (1-2년차) 경제경영 (3-4년차)	저성장시대의 일본경제	구조적 대불황기 일본 경제의 진로
사상담론 (1-2년차) 사상문학 (3-4년차)	탈(脫)전후 일본의 사상과 감각	전후의 탈각과 민주주의의 탈주
사회문화 (1-2년차) 역사사회 (3-4년차)	일본 안전사회의 동요와 사회적 연대	흔들리는 공동체, 다시 찾는 '일본'

[표3] 현대일본생활세계총서 HK+ 1단계 *HK+ 2단계

연구 클러스터	제1 주제	제2 주제
HK+ 1단계	일본자본주의 위기, 새로운 자본주의의 기회인가?	'일본형' 민주주의의 성숙과 위기 (가제)
HK+ 2단계 (1~2년차)	초성숙사회 일본의 생활정치: 동시대적 접근 (가제)	성장주도 사회 일본의 생활정치: 통시적 접근 (가제)

이제 HK+ 1단계의 연구 클러스터인 '일본형 자본주의' 연구팀과 '일본형 민주주의' 연구팀의 공동연구 성과를 [현대일본생활세계총서] 2권으로 발간하고자 한다. 3년 동안 각 연구 클러스터에 동참하시어 연구 성과를 빛내주신 여러 연구 분야의 공동연구원, 귀중한 조언을 주신 토론자와 동료 여러분께 진심으로 감사드린다. 연구의 완성도에서 미진한 부분은 연구소와 연구진의 책임이므로, 독자 여러분의 냉철한 비판과 아낌없는 조언도 감사하게 수용할 것이다. 아무쪼록 본 총서의 시리즈와 개별 연구논문이 현대일본생활세계에 대한 이해와 전망을 돕고, 오늘의 한국사회가 나아갈 방향의 모색에 유의미한 참조축이 될 수 있기를 희망한다.

마지막으로 공동연구의 수행과 출판의 과정에서 음으로 양으로 큰 도움을 주신 서울대 일본연구소 행정실 직원과 연구보조원, 박문사의 관계자 모든 분들께 깊은 감사의 말씀을 드린다.

2023년 3월 30일

서울대학교 일본연구소장 직무대리 · HK+사업단장

남기정

차 례

발간사 … 003

서장 일본자본주의 위기와 '새로운 자본주의' … 조관자 011

1부 생산, 노동, 복지, 교육의 내일을 묻다

I 아베 정부의 인구구조 변화에 대한 대응 전략 … 송지연
노동시장과 사회복지정책을 중심으로 041

1. 일본의 인구구조 변화 · 41
2. 인구구조 변화와 장기불황기 일본 노동시장과 복지국가의 도전 과제 · 45
3. 총리와 관저 주도의 중앙집중적 정책결정 방식 · 52
4. 인구구조 변화에 대한 대응 전략으로 노동시장과 사회복지정책 · 56
5. 포스트 아베와 기시다 정부의 신자본주의 · 73
6. 아베 정부 정책적 대응의 성과와 한계 · 75

II '일본적' 고용시스템 재고, 진화인가 전환인가? … 여인만 079

1. 왜 일본적 고용시스템인가? · 79
2. 일본적 고용시스템의 요소와 기능 · 82
3. 일본적 고용시스템의 변화 배경: 기업의 노동수요 변화 · 94
4. 일본적 고용시스템의 변화 배경: 고용정책의 변화 · 101
5. 일본적 고용시스템의 변화 내용: 진화인가 전환인가? · 112
6. 일본적 고용시스템의 전망 · 115

III 일본의 교육개혁과 기업의 사회교육 … 조관자
청소년 문제의 해결을 위한 실천적 모색 119

1. 교육개혁과 '사람 만들기' · 119
2. 인간성의 위기를 알리는 소년들 · 125
3. 부모를 위한 사회교육과 '사회가족'의 가능성 · 132
4. 기업의 사회교육과 복지의 가능성 · 144
5. '활사개공'(活私開公)의 확장성 · 151

2부 생활세계의 확장, 부흥과 재생의 기획

IV 도쿄권 교외화의 형성과 쇠퇴를 넘어서 … 김은혜
157

1. 일본의 교외? · 157
2. 지역구조론적 접근과 문화론적 접근 · 161
3. 도시화의 발전단계와 주택정책: 교외화의 종언과 도심회귀 · 166
4. 전후 일본 교외성: 중간의식과 상업공간 · 179
5. 맺음말: 도쿄권의 미래 · 191

V 성장의 관성과 '부흥재해'의 곤경 … 박승현

1995년 한신대지진 이후 신나가타역남지구 재개발사업을 중심으로 197

1. 1995년의 고베 나가타지역과 한신대지진 · 197
2. 326억 엔의 적자와 상점가의 실패 · 205
3. 참사에 편승한 재개발사업 · 210
4. 나가타지역은 왜 낙후한 채 지진을 겪었나. · 216
5. 재해와 부흥재해의 반복되는 '인재' · 220
6. 고베 성장주의 도시경영의 계보 · 227
7. 재개발이 초래한 부흥재해 · 229

VI 원전 헤테로토피아 … 오은정

후쿠시마 도미오카정의 마을사를 통해 본 원전 마을의 오늘 235

1. 역사의 웅덩이, 재후(災後)의 시공간 · 235
2. 도호쿠 100년의 비전, 메이지기 도미오카의 개간과 철도 부설 · 241
3. 제2의 태양, 도미오카의 원전 인프라와 아토모토피아 · 249
4. 부흥의 유토피아, 도미오카의 혁신 해안 · 263
5. 부흥과 위험의 헤테로토피아, 피난해제구역으로의 귀환 · 271
6. 맺음말: 도미오카는 지지 않아! · 282

3부 문화산업과 자본주의의 혁신 가능성

VII '가도카와 아이돌영화(角川アイドル映画)'와 전후 일본 영화산업의 재편 … 김보경 289

1. 산업으로서의 일본영화와 '가도카와 아이돌영화'라는 카테고리 · 289
2. 촬영소 시대 이후의 '가도카와 상법'과 영화 경험의 확장 · 294
3. 아이돌을 매개로 한 혼성적 영상 세계 · 303
4. '가도카와 아이돌영화'가 남긴 것 · 311

VIII 일본 디자인계에 나타난 '신 민예운동' 무인양품(MUJI)과 디앤디파트먼트를 중심으로 … 노유니아 315

1. 민예운동의 한계와 새로운 계승자들 · 319
2. 무인양품과 디앤디파트먼트의 탄생과 성장 · 327
3. '발견'을 '운동'으로: 무인양품과 디앤디파트먼트가 일하는 방식 · 333
4. 새로운 시대의 디자인 운동 · 342

IX 불황기 일본의 포스트자본주의론 … 서동주
가라타니 고진의 '새로운 어소시에이션 운동 (New Associationist Movement)'을 중심으로 347

1. '탈혁명' 사회의 자본주의 비판론 · 347
2. NAM의 원리와 '혁명'의 필연성 · 353
3. 어소시에이션 혁명론의 사상적 원천: 정보사회론과 소비혁명론 · 367
4. 국가를 넘는 방법: '세계동시혁명'과 '증여의 정치학' · 376
5. '전후사상'으로서의 포스트자본주의론 · 383

주요 참고문헌 … 387
영문초록 … 415
찾아보기 … 424

서 장

일본자본주의 위기와 '새로운 자본주의'

조관자

1. 일본자본주의의 성공과 실패?

코로나 팬데믹, 우크라이나 전쟁의 여파로 세계적으로 경기침제가 우려되는 가운데, 일본에서는 '잃어버린 30년'에 이어 '일본의 침몰'을 걱정하는 말들이 떠돈다. 재무성 관료 출신의 원로 경제학자 노구치 유키오(野口悠紀雄)는 "G7 회원국이 일본에서 한국으로 바뀌어도 일본은 할 말이 없다"고 한탄한다.[1] 사회학자 요시미 슌야(吉見俊哉)는『헤이세이(平成) 시대』라는 책에서 헤이세이 30년은 "장대한 실패"이자 "잃어버린 반세기의 서곡"이라는 진단을 내렸다. 다만 그 결론의 방점은 "실패는 성공의 토대"라는 희망에 실려 있다.[2] 그렇다면 성공은 무엇일까?

---

1) 김소정,「한국, 이미 일본 앞질렀다" 日 원로 경제학자의 돌직구 근거는...」,『조선일보』, 2022.01.10.

2) 요시미 슌야 지음, 서의동 옮김,『헤이세이시대 잃어버린 30년』, 에이케이커

아쉽게도 요시미는 1989년 이후 '실패의 종합 박물관'을 보여줄 뿐이다. 대규모 금융업과 가전업체의 추락, 첨단기술의 약체화, 이권에 따른 이합집산과 포퓰리즘의 정치, 초고령화 사회의 부채와 부양 코스트 증가, 비정규직의 고용확대와 워킹푸어의 양산, 여성의 열악한 노동환경, 동일본대지진과 원전 사고 등이 일본의 실패를 의미한다. "실패에서 배우자"는 메시지가 박물관의 출구에 걸렸지만, 일본 사회의 노쇠와 정체감을 돌려세울 '성공의 비전'은 보이지 않았다. 일본의 성공을 대표했던 소니가 기업 규모를 쪼개어 부서 간 이기주의에 빠졌다면, 디지털 시대에 맞게 '일원적 조직 관리'와 '조직 간 횡적 소통'으로 혁신을 지속한 애플이 위기 돌파의 성공 사례로 제시된 정도이다.

'장대한 실패'로 마감된 헤이세이 박물관의 도면 밑바닥에는 미국인의 시점으로 그려진 "전후 일본의 도전과 성공"이 깔려있다. 한국전쟁의 특수로 고도성장을 시작한 일본은 1970년대 세계 2위 경쟁력을 얻고서 1980년대 미국의 반도체 산업을 위협하는 산업 강국으로 발전했다. 1978년 하버드대학 에즈라 보겔(Ezra Vogel) 교수는 일본의 성공을 『넘버원 일본: 미국을 위한 교훈』으로 표현하며, 사회적 합의, 국가 엘리트의 지도력과 민간의 이니셔티브, 대기업의 경영철학과 수행력, 양질의 교육, 높은 복지 의식, 범죄 통제 등이 일본의 경제 생산성을 높였다고 칭송했다.

흔히 1980년대까지 일본 경제의 탁월하고 안정적인 성장은 장기고

뮤니케이션, 2020, 309쪽. 원저는 吉見俊哉, 『平成時代』, 岩波新書, 2019.

용, 기업에 대한 정부 우위의 리더십, 이해관계자 중심의 기업지배구조(corporate governance), 은행 중심의 금융시스템 등을 특징으로 하는 '일본적 경영=일본형 자본주의'에 있다고 지적된다. 또한 근대 아시아에서 독보적이었던 일본자본주의의 발전은 개인의 근면 검약과 상행위의 공공성을 모두 중시해온 근세 이후의 사회사상, 기업의 이익이 사회공헌의 결과라는 근대 이후의 도덕경제론으로 설명된다. 나아가 일본자본주의의 발전사는 전시 경제와 고도성장, 즉 전전과 전후의 연속성 위에 놓이게 된다.[3)]

그러나 역설적이게도 일본의 성공에 대한 '넘버원' 예찬이 일본 반도체 산업의 추락을 재촉한 셈이 되었다. 1980년대 미국은 자국의 하이테크 방위산업에 대한 '안전보장'의 위협을 내세워 '통상법 301조'를 근거로 일본을 압박했다. 원로 경제학자 시마다 하루오(島田晴雄)에 따르면, 1987년 미국의 일본에 대한 100% 관세 보복과 1989년 '지적 재산권 침해'로 인한 특허료 지불 명령은 30년 뒤 미중갈등에서 중국에 대한 미국의 압박 강도보다 엄격했으며, 그 결과 일본의 반도체를 비롯한 산업계 전반이 위축되었다.[4)] 시마다는 "넘버원 일본"이 일본 찬미가 아닌 경고의 시작이었다고 밝힌다.

일본 경제는 1985년 플라자 합의에 의한 엔화 절상 이후 버블 경기

---

3) 대장성(재무성)의 고위관료인 다나카 오사무가 일본형 자본주의의 역사와 특징, 그 재구축을 탐색한 田中修, 『日本人と資本主義の精神』, 筑摩書房, 2017 참조.

4) 島田晴雄, 『警告書「Japan as Number One」と半導体摩擦の実態』, テンミニッツTV, 2021.07.08. https://10mtv.jp/pc/content/detail.php?movie_id=4268(최종 검색일: 2022.09.15.).

로 이어지다가 1989년 정책 금리 인상과 대출 규제를 기점으로 붕괴되기 시작했다. 일본형 시장경제 시스템과 경영 방식에 대한 비판론이 일어나고, 영미권의 경영과 신자유주의적 구조개혁 논의가 호응을 얻기 시작했다. 그 와중에 1993년 런던대학의 지일파 사회학자 로날드 도어(Ronald Philip Dore)는 "일본형 자본주의를 잃고서 어떻게 일본을 말할 수 있는가?"라고 물었다. 그는 일본 사회가 자본, 금융, 주주의 권리를 옹호하는 주식시장의 원리로 움직이기보다, 인간적 윤리를 중시하는 '일본형 시스템'으로 유지되기를 바랐다.[5)]

그러나 일본 사회의 동요는 단순히 경제와 경영 시스템의 붕괴 조짐에서만 나타난 것이 아니다. 1995년 한신대지진에 이은 옴진리교 사건은 일본의 시대정신까지 타격했다. 1996년 자살률의 급격한 증가와 청소년 범죄의 증가로 사회적 위기의식이 고조되자, 1997년부터 '새로운 역사교과서 만들기 운동'과 같은 역사수정주의 및 풀뿌리 내셔널리즘도 고개를 들었다. 설상가상 아시아 외환위기로 일본 경제는 1998년부터 실업률 5%로 본격적인 디플레이션에 빠져들었고, 1999년부터 경제활동인구가 감소하기 시작했다. 일본 사회의 구조적 대변동은 이미 돌이킬 수 없는 소용돌이로 접어들고 있었다.

2001년 4월 출범한 고이즈미 정권은 불량채권의 처리와 우정민영화를 통한 금융 개혁을 주도했다. "저축에서 주식 투자로", "관에서 민으

---

5) ロナルド ドーア・深田祐介, 『日本型資本主義なくしてなんの日本か』, 光文社, 1993; ロナルド ドーア著, 藤井真人 訳, 『日本型資本主義と市場主義の衝突―日・独対アングロサクソン』, 東洋経済新報社, 2001.

로”를 내건 시장 중심의 금융정책은 엔화 가치와 명목 GDP를 약간 상승시켰다. 하지만 버블 붕괴로 인한 자산가격의 하락에 더해, 사회보장비 · 연구개발투자 · 공공사업비 · 지방교부세를 삭감하는 재정 건전화와 금융 긴축정책이 겹치면서 디플레이션은 개선되지 않았다. 파견사원의 채용 기간이 3년에서 무제한으로 연장되는 등 비정규직의 증가는 임금인상을 억제하는 요인이었다. 2006년 9월까지 가동된 고이즈미 준이치로(小泉純一郎)와 다케나카 헤이조(竹中平蔵)의 구조개혁은 미국 주도의 글로벌리즘을 추종하는 신자유주의로 비판되다가 2007년 미국발 금융위기로 그 정책 기조의 유효기간이 소진되었다. 버블경제 붕괴로 그 종언이 예고되었던 ‘일본형 자본주의’는 이제 미국식 자본주의의 실추로 또 다시 재조명되는 기회를 맞이했다.

2. 아베노믹스와 고령화 사회의 위기

제1차 아베 정부가 출범한 2006년부터 내각부의 전략회의에서는 ‘아시아에서 일본이 유일하게 거인으로 있던 시대가 끝났음’을 인정했다. 2011년 3.11 대지진을 겪은 후 2012년 12월에 재집권한 아베 제2차 내각은 2013년 6월 일본재흥전략을 채택하고, 디플레이션과 엔고(円高)에서 벗어나 경제 재생을 노리는 아베노믹스를 발표했다. ‘세 개의 화살’로 불리는 그 정책은 대담한 금융완화, 기동적인 재정정책, 민간 투자를 촉진하는 성장전략으로 요약된다. 2015년에는 ‘경제 안정’에 더하여 ‘육아

지원'과 '전세대 사회보장'을 주축으로 하는 '세 개의 화살'을 추가로 제시했다. 고이즈미 구조개혁 당시부터 추진되던 고용 안정과 격차 해소, 여성의 활약을 위한 '일하기 방법의 개혁'(働き方改革)을 비롯하여, 희망 출생률 1.8% 달성, 여성・노인・청년・장애인 등의 현역 활동을 보장하는 '1억 총활약 플랜'과 '인생 100년시대 구상회의', 지방창생 정책 등도 실행되었다.[6)]

인구가 감소하는 저성장 고령화 사회에서 아베노믹스의 화살들은 '아름답고 강한 일본'이란 과녁으로 향했다. 글로벌 금융자본이 주도하는 신자유주의와 사회 양극화를 비껴나가 성장을 회복하고 복지를 확장하겠다는 정책 의지도 투사되었다. 아베 정부의 장기 집권도 그 일시적인 경기회복에 상응하는 결과였다.

2019년 1월 내각부 보고서 「아베 정권 6년간의 경제재정 정책의 성과와 과제」에서는 그 성과를 줄줄이 자랑한다. 엔화 하락으로 제조업 수출이 증가하고, 니케이 평균주가는 1만 엔 미만에서 2만 엔 이상까지 상승했다.[7)] 기업의 수익이 35조 엔 증가하고, 평균 임금도 2.01% 상승했다. 생산연령 인구가 2012년부터 2018년까지 451만 명 감소했지만, 취업자 수는 여성과 노인을 포함하여 251만 명 증가했으며, 완전 실업률도 25년 만에 최저치이다. 정규직 고용자가 79만 명 증가하고, 국민 여론조사에서 생활 만족도는 2008년 6월 60.5% (불만 38.4)에서 2018년 6월 74.7% (불

---

6) 内閣府, 「安倍内閣の経済財政政策」, https://www5.cao.go.jp/keizai1/abenomics/abenomics.html(최종 검색일: 2022.09.15.).

7) 2012년 12월 0.8%였던 장기금리(국채이율)는 2019년 8월에 일시 마이너스 0.275%까지 하락했다.

만 24.3)로 상승했다.[8] 두 차례의 소비세 증가(2014년 8%, 2019년 10%)로 소비자물가지수가 상승하여 간신히 디플레이션을 탈피하게 되었다. 2019년 일반회계 예산안에서 세수는 과거 최고인 62.5조 엔까지 증가했고, 공채 발행액도 지속적으로 줄어서 세수가 공채발행액을 29.8조 엔 웃돌게 되었다.[9] 이러한 성과에 이어 제시된 과제는 잠재 성장률의 상승과 투자 유치, 100세 시대를 위한 노동 시간의 단축과 단기 노동자의 보험 확대, 재정 재생을 위한 세출(税出) 개혁과 공적 서비스의 산업화, 환율과 글로벌 경제 리스크에 대한 대응 등이다.

그러나 2019년 7월 한국에 대한 경제규제 조치를 단행한 후, 9월 일본의 실질 GDP는 마이너스 성장을 기록했다. 그러자 기업가 야나이 다다시(柳井正)와 손 마사요시(孫正義)는 일본경제신문과의 인터뷰에서 일본의 경쟁력 상실을 심각하게 우려하면서 발언을 이어갔다. 유니클로의 야나이는 “일본 DNA의 강점이 약점이 되고 말았다”며, “모두 함께” 하려는 집단주의 · 공동체주의로 일본이 망하는 날에 “정치가와 생활보호 대상자”만 살아남을 것이라고 꼬집었다.[10] 소프트뱅크의 손은 버블 붕괴로 기업의 부채와 설비투자, 경쟁의식을 죄악시한 결과 반도체 산업

---

8) 다만 정규고용자가 6.4% 증가한 반면, 비정규고용자는 20.5% 증가했다. 아베 사망후 아베노믹스의 실상에 대한 여러 통계는 鷲尾香一, 「非正規の高齢者”にヤバすぎる影響 安倍元首相が遺した「アベノミクス」は日本社会に何をもたらしたのか」, 『現代ビジネス』, 2022.08.03. https://gendai.media/articles/-/98149?page=3(접속일: 2022.09.15.).

9) 内閣府, 「安倍政権6年間の経済財政政策の成果と課題」, https://www5.cao.go.jp/keizai-shimon/kaigi/minutes/2019/0118/shiryo_01.pdf(접속일: 2022.09.15.).

10) 大西孝弘, 「柳井正氏の怒り「このままでは日本は滅びる」」, 『日経ビジネス』, 2019.10.9., https://business.nikkei.com/atcl/NBD/19/depth/00357/

의 우위 상실과 기업가정신의 쇠퇴를 가져왔다고 진단한다. 젊은이들이 공무원을 희망 직종으로 삼고, 해외로 나가려는 젊은 기업가와 유학생이 줄어드는 사회의 정신구조로는 인공지능 분야의 성장산업도 위축될 수밖에 없다는 말이다.11) 하지만 야나이의 경영방침 하에서 유니클로는 블랙기업으로 지목당하고, 손 자신은 미국의 공유경제 플랫폼 등에 대한 대규모 투자로 큰 손실을 보았다.

구조적 대전환기에 어떤 화살을 어떤 과녁에 쏘아야 하는지 누구도 정확히 알지 못했다. 눈앞에 닥치는 문제를 수습하는 것이 최선인 상황이 계속되고 있다. Covid19가 급증하던 2020년 4월 7일, 당시 아베 총리는 일본 경제가 '전후 최대의 위기'라며 추가경정예산을 포함한 108조 엔 상당의 경기 부양책을 발표했다. 이로써 정부 부채는 GDP의 2.5배를 육박했다. 1999년부터 GDP 대비 정부 부채가 OECD국가 중 1위를 지속한 일본이다. 2022년에도 일반회계예산 중 부채 수입이 34.3%, 부채 상환비가 22.6%를 차지했다(〈그림 1〉). 빚을 내서 빚을 갚고, 소득세와 법인세의 수입을 모두 노인연금과 의료비를 포함한 사회보장비로 써야 하는 재정 구조이다. 고령화 인구감소 사회에서 국채상환과 사회보장 부담이 큰 재정적자 구조로는 저금리, 저물가, 저생산성 기조를 탈피하기 어렵기 때문에 사회적 정체 현상이 가중된다.

아베노믹스의 일본재흥전략은 코로나 장벽에 부딪혔다. 2021년에 개최한 '2020 도쿄올림픽'도 무관중 경기로 치렀다. 아베 총리는 '전후 최

---

11) 「孫正義氏,日本を憂う「このままでは忘れられた国に」」, 『日経ビジネス』, 2019. 10.8., https://www.nikkei.com/article/DGXMZO50592160U9A001C1000000/

〈그림 1〉 2022년도 예산안(일반회계 세출과 세입)

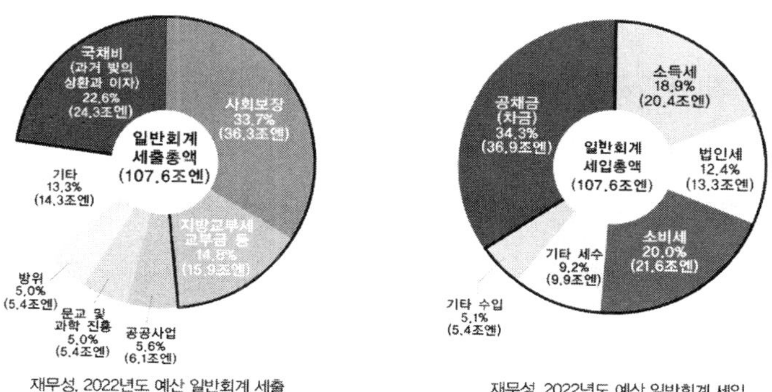

재무성, 2022년도 예산 일반회계 세출

재무성, 2022년도 예산 일반회계 세입

대의 위기'를 수습하지 못한 채 2020년 9월 총리직에서 물러났다. 하지만 집권당의 실력자로서 그는 생의 마지막 순간까지 여전히 국가 정책의 방향타를 쥐고 있었다.

3. '새로운 일본형 자본주의'의 행방은?

일본의 생산성 지수를 저하시키는 경제적 요인으로 국제경쟁력을 갖는 대기업의 축소, 소재 · 부품 · 장비 제조업을 견인했던 중소기업의 노쇠화, 실질임금의 저하가 모두 꼽힌다. 이에 골드만삭스의 애널리스트 출신인 데이비드 엣킨슨은 인구감소 고령화 사회에서 노동생산성을 높이는 방안으로 중소기업의 취업률을 낮추고 기업 규모를 키우며, 임금인상을 촉진시켜야 한다고 주장한다.12) 재일영국인 데이비드는 일본의 문화재와 관련한 사업까지 경영하면서 일본의 '관광입국론'을 펼쳐서 아베 정부 당시 스가 요시히데(菅義偉) 관방장관의 관광고문으로 활약했다. 스가 내각의 성장전략회의에도 참여한 그는 중소기업 통폐합 및 대기업화론을 제언하여 신자유주의로 비판받기도 했다. 하지만 장기 불황으로 대기업과 중소기업의 계열별 협력에 균열이 생기고, 중소기업의 기술투자가 어려워진 상태에서 경제산업성도 중소기업의 경영 집약화를 추진하며 M&A에 대한 가이드라인을 책정하고 있다.[13] 일본의 중소기업을 발전 모델로 삼는 한국의 경제 담론에 익숙했던 필자가 일본 경제의 어려움을 실감하는 부분도 중소기업의 통폐합론에 있다.

2022년 4월 기시다 후미오(岸田文雄) 총리는 신자유주의로부터의 탈각을 의미하는 '새로운 일본형 자본주의'를 표방하면서 아베노믹스에 '새로운 자본주의'라는 옷을 갈아입혔다.[14] 아베노믹스로 "기업이 돈을

---

12) デービッド・アトキンソン, 『日本再生は、生産性向上しかない!』, 飛鳥新社, 2017; デービッド・アトキンソン, 『日本人の勝算: 人口減少×高齢化×資本主義』, 東洋経済新報社, 2019; デービッド・アトキンソン, 『国運の分岐点 中小企業改革で再び輝くか、中国の属国になるか』, 講談社, 2019; デービッド・アトキンソン, 『日本企業の勝算: 人材確保×生産性×企業成長』, 東洋経済新報社, 2020. 저자의 논지는 일본보다 급격하게 인구가 감소하는 한국에도 소개되었다. 데이비드 앳킨슨, 임해성 옮김, 『위험한 일본 경제의 미래』, 더난출판사, 2020.

13) 中小企業庁, 「第6回中小企業の経営資源集約化等に関する検討会」, 2021.04.28.; 経済産業省, 「中小M&A推進計画」, https://www.meti.go.jp/press/2021/04/20210430012/20210430012.html

14) 기시다 총리는 취임 전에 '새로운 일본형 자본주의' 구상 회의(가칭)를 설치하고 일본의 성장, 복지 전략 및 코로나 시국 이후의 비전을 검토했다. 岸田文雄, 「新しい日本型資本主義—新自由主義からの転換—」, 2021.09.08, https://kishida.gr.jp/wp-content/uploads/2021/09/20210908-02.pdf. 이에 대해서는 田坂広志, 「「新しい日本型資本主義」とは何か」, 『Forbes JAPAN』, 2021.12. https://forbesjapan.com/articles/detail/45350/2/1/1를 보라.

벌었지만 국민은 가난하다"는 아우성에 답하여, '성장과 분배의 선순환'으로 격차 해소의 정책 의지를 밝힌 것이다. 그 핵심 내용은 세 분야로 요약된다. 첫째, 과학기술 혁신·탄소중립·경제안보·디지털전원도시 국가구상을 핵으로 하는 성장전략, 둘째, 실질임금의 향상을 위한 기업지원·성장분야의 인재육성·차세대 중간층의 유지를 위한 분배전략, 셋째 남녀공동참여·고독과 고립 대책·출산과 육아·소비자보호 등을 중심으로 한 사회보장이다. "모든 사람이 생의 보람을 느끼는 사회의 실현"을 목적으로 내세운 그 방침도 신자유주의 및 금융자본의 시장 논리와 거리두기를 새삼 선언한 셈이다.15)

그러나 정부의 사회보장심의회 위원인 미야모토 다로(宮本太郎) 주오대(中央大) 교수는 "분배 없이 성장도 없다"는 논리가 "말장난 같은 애매한 논의"라고 비판하고, 일본 재무성의 야노 고지(矢野康治) 사무차관은 "선거 국면 정치권의 퍼주기 전쟁이 일본의 국가 재정을 파탄 낼 것"이라고 경고했다.16) 그동안 일본의 재정은 국외 채무에 의존하지 않으며 해외 채권을 많이 보유한 일본의 대외 신용도에 문제가 없다는 낙관론이 우세했고, 글로벌 금융위기 때마다 엔화가 달러의 대체 화폐로 평가되곤 했다. 하지만 코로나 위기에서 엔화 상승 현상도 사라지고 일본의 시장 대응력에서 탄력성도 떨어졌다. 우크라이나 전쟁의 여파로 세

15) 하청기업에 대한 대기업의 분배 강화, 임금인상 기업에 대한 혜택, 교육비·주거비 지원 강화 등이 그 구체안이다. 首相官邸, 「未来を切り拓く「新しい資本主義」－成長と分配の好循環－」, https://www.kantei.go.jp/jp/headline/seisaku_kishida/newcapitalism.html

16) 이영희, 「아베노믹스는 실패였다? 일본은 지금 '분배' 논쟁 중」, 『중앙일보』, 2021.10.25, https://www.joongang.co.kr/article/25017734#home

계가 식량난과 에너지 및 반도체 공급망 위기 속 물가상승에 시달리며 금리인상을 추진하고 있지만, 국채 상환 부담률이 높은 일본은행으로서는 마이너스 금리가 유리하다. 일본 정부로서는 아베노믹스의 '돈 풀기' 정책이 디플레이션을 타개하지 못했던 만큼, 석유·가스 중심의 일시적 물가상승이 오히려 기회라는 논리를 펼친다.17)

그러나 금융정책과 금융시장 사이에서 일본은 진퇴양난이다. 2022년 상반기 무역수지 적자 7조9241억 엔(약 74조9572억 원)으로 글로벌 헤지펀드의 엔화 매도가 지속될 우려가 크고, 금리완화 정책으로 일본은행의 재무 부담이 악화된다면 경제가 회복 불능 상태에 빠질 수 있다. 결국 물가상승의 압력이 점점 커지면서 일본은행이 장기(10년)국채의 상환 금리를 0.5% 높였다.18) 노구치 명예교수에 따르면 "아베노믹스 10년 동안 일본은 가난해졌다." 도요타자동차의 자산은 세계 39위 2110억 달러로 대만 TSMC의 세계 11위 4339억 달러, 삼성전자의 세계 25위 2991억 달러에 미치지 못한다. 기업의 생산력과 기술력 저하에 따른 저조한 임금 인상에 급격한 엔화 하락까지 겹쳐서 2022년 7월 현재 일본의 1인당 명목 GDP가 한국보다 낮아지고 미국의 절반 이하가 되었다는 것이다. 노

---

17) 아베노믹스의 소비자물가상승률 목표는 2%였지만, 실제 소비자 물가지수(전년대비, 신선식품 제외)는 2012년 마이너스 0.1%에서 2019년 0.6%로 목표치에 미달했다. Bank of Japan, 「金融政策決定会合議事要旨 2022年」, https://www.boj.or.jp/mopo/mpmsche_minu/minu_2022/index.htm/

18) 鷲尾 香一, 「安倍元首相が遺した「アベノミクス」は新型コロナに完膚なきまでに"粉砕"された 日本経済の惨状がヤバすぎる……」, 『現代ビジネス』, 2022. 08. 08, https://news.yahoo.co.jp/articles/0f98159b2c2902d5faff45bd118ddf1fa0274637?page=3

구치 교수는 일본이 금리인상 정책으로 엔화 하락을 막는다면 국제적 지위를 회복할 수 있다고 내다본다.[19)]

그렇다면 성공은 무엇인가? 글로벌 자본주의에서 '협력'과 '마찰', '성공'과 '실패'의 판가름은 얼마나 유효한 것일까? 1980년대 미일의 '반도체 마찰'은 최근 미중의 무역대결에서 중국 화웨이의 퇴출, 한일의 역사 갈등에서 일본의 한국에 대한 수출심사 우대국(화이트리스트) 배제와 반도체 부품 수출 규제에서도 나타났다. 첨단 반도체는 자율주행자동차, 인공지능, 우주항공통신, 사물인터넷 등 미래 산업에 필수적이라서, 코로나 팬데믹과 우크라이나 전쟁으로 반도체 공급망의 위기를 경험한 자본주의 선진국에서 반도체 산업의 육성과 경쟁에 불이 붙었다. 2022년 현재 미국과 일본은 중국을 타격하기 위해 '반도체 협력'을 서둘렀고, 한국과 대만을 그 네트워크에 포섭했다.[20)] 그러나 자유주의 가치동맹과

---

19) 野口悠紀雄, 「円安で「日本が韓国より貧しくなった」衝撃の事実」, 『東洋經濟online』, 2022.07.24, https://news.yahoo.co.jp/articles/fd503e9c5e5adc0e64bd4d2000719c8264a291ee

20) 2022년 7월 29일 미국과 일본은 양자컴퓨터와 인공지능 분야의 연구센터를 일본에 설립하여 차세대 반도체를 공동 개발하기로 합의했다. 대만의 유사시를 대비하여 2024년 TSMC가 일본 구마모토 공장을 가동할 예정이며, 중국의 화웨이가 미국에서 퇴출되면서 삼성전자가 2020년 9월 미국 1위의 통신사업자 버라이즌(Verizon)에 8조원 규모의 5세대 이동통신 장비를 2025년까지 공급하기로 계약했다. Debby Wu, Ian King, Jenny Leonard, 「米、中国への半導体製造装置の輸出規制強化ー主要サプライヤーに通知」, 『Bloomberg』, 2022.08.01., https://www.bloomberg.co.jp/news/articles/2022-08-01/RFWLIFDWRGG001; Debby Wu, Ian King, Jenny Leonard, "US Quietly Tightens Grip on Exports of Chipmaking Gear to China", *Bloomberg,* https://www.bloomberg.com/news/articles/2022-07-29/us-pushes-expansion-of-china-chip-ban-key-suppliers-say

반도체 협력은 중국과의 교역 의존도가 상대적으로 높은 한국과 대만의 반도체 산업에도 새로운 위협 요인이며, 미국과 일본의 반도체 협업에서 최종 목표는 '대만과 한국 따라잡기'라는 지적도 있다.[21)]

자본주의의 성장 자체가 오랜 역사 속에서 제국의 팽창과 식민지 착취, 불균등 발전과 빈부격차 등 구조적 모순과 희생을 내포한 채 호황과 불황을 반복하면서 변덕스럽게 이루어졌다. 자본주의가 불완전하게 진화하는 동안 어떤 국가도, 기업도 온전한 '성공'을 말할 수 없었다. 해마다 엎치락뒤치락하는 경제지표와 경쟁력, 흔들리는 여론조사 결과로 그 사회적 성패와 개인의 지속가능한 행복을 가늠할 수 없지 않겠는가?

4. 성숙사회를 향한 노동정책, 생활환경, 문화생성

서울대 일본연구소에서 HK+공동연구를 시작한 것은 2019년 가을이었다. 당시 일본의 한국에 대한 수출 규제에 대응하여 한국의 일본 불매(No Japan)운동이 격화했으며, 아베노믹스의 성과에 경고음이 울리기 시작했다. 그 와중에 우리는 한국과 일본이 모두 저출산 고령화 사회, 복합재난의 위기에 직면한 현실 앞에서 '일본형 자본주의의 성숙과 위기'라는 전체 연구 주제를 정했다. 일본 사회가 '잃어버린 30년'을 경험하면

21) 이승호, 「대만 유사시 대비한다…반도체로 뭉친 美·日」, 『중앙일보』, 2022. 07.31, https://www.joongang.co.kr/article/25091030

서 스스로 사회 모순과 성숙의 과제를 어떻게 점검하고, 생활세계의 복합적인 위기에 어떻게 대응하고 있는지, 각각의 연구 분야에서 그 과거와 현재, 미래를 조망해보자는 취지도 공유했다. 김보경, 김은혜, 박승현, 서동주, 오은정, 여인만, 조관자는 그 해 연말까지 참여가 확정되었지만, 여러 사정으로 노유니아, 송지연은 1년 뒤부터 연구팀에 합류했다. 코로나19의 여파로 줌회의로 만나는 시간이 길어졌지만, 9명의 연구팀은 생활세계의 각 분야를 크게 3개의 중주제 영역으로 나누어 다시 3개의 세부 소주제를 분담했다.

제1영역은 일본자본주의의 하드웨어에 해당하는 경제와 노동, 복지와 교육을 다루어 공동연구의 기저에 해당하는 논의를 꺼냄으로써 연구의 토대를 다졌다.

송지연의 〈저출산 · 고령화 사회 대응을 위한 아베 정부의 노동시장과 사회복지정책〉은 아베 정부가 저출산 · 고령화로 대표되는 인구구조의 변화에 어떻게 대응하였는지, 노동시장과 사회복지정책을 중심으로 분석한다. 아베 정부는 인구 감소 시대에 노동력 부족을 해소하는 방안으로 노동시장의 불평등 해소와 근로환경의 개선을 위한 제반 정책을 시도하고, 사회복지정책 확대를 통해서 생산성을 향상하고 지속가능한 성장을 달성하고자 하였다. 또한 공적연금과 의료보험을 개혁하여 사회복지지출의 증가를 억제하고 재정건전성을 확보하고자 하였다. 이러한 노동시장과 사회복지정책을 연계한 전략은 아베 정부의 시기에 강화된 총리와 관저 주도의 중앙집중적 의사결정 방식을 통해서 추진되었다. 마지막으로 송지연은 일본의 인구변화에 대한 대응책이 급격한 저출산·고령화를 경험하고 있는 한국에 어떠한 정책적 함의를 제공하는지를 짚어내고 있다.

일본의 비정규직은 1990년대에 급속히 늘어나다가 아베노믹스가 가동된 2014년 이후 증가세를 멈추었다. 그러나 여전히 30% 후반대의 높은 비정규직 비율을 유지하고 있다. 여인만의 〈'일본적 고용시스템' 재고, 진화인가 전환인가?〉는 그러한 변화의 원인과 의미에 대해 답하기 위한 것이다. 비정규직 비율의 급상승에는 1995년에 일본경영자단체연맹의 고용포트폴리오 구상이 큰 영향을 미쳤다. 2010년대 들어 비정규직 문제가 사회적으로 부각되자 정부는 '다양한 정사원(정규직)' 제도의 보급을 통해 이에 대처하려 했다. 그러나 기대와 달리 다양한 정사원은 그다지 보급되지 않았다. 이는 일본적 고용시스템의 핵심층(대기업·정규직·남성)에 대해 장기고용과 연공임금을 부여하는 대신에 기업의 필요에 유연하게 대응할 수 있는 무한정 노동을 제공받는 내부노동시장을 일본의 기업이 아직도 충분히 필요로 하고 있다는 것을 의미한다. 따라서 여인만은 최근 비정규직 비율 향상으로 대표되는 일본적 고용시스템 붕괴(전환)에 대해 비판적이며, 여전히 일본적 고용시스템의 핵심은 유지(진화)되고 있다고 본다. 그리고 향후에도 그 핵심이 유지될지의 여부는 일본 제조업의 경쟁력 원천인 생산시스템과의 관련에 달려 있다는, 일반적인 논조와는 매우 다른 참신한 논리를 제시하고 있다.

조관자의 〈일본의 교육개혁과 기업의 사회교육〉은 청소년 문제의 해결을 위한 일본의 교육개혁을 검토하고, 사회교육의 차원에서 기업이 참여하는 형태의 새로운 실천적 대안을 모색하고 있다. 1990년대부터 청소년범죄와 학교폭력의 증가로 자본주의 인간형이 훼손되는 위기를 겪게 되자, 일본은 2006년에 교육기본법을 개정하고, 공공정신과 전통 계승을 강조하는 교육개혁을 시도했다. 동아시아 차원에서 그것은 애국심을 강요하는 국가주의로 비판받아 왔다. 이와 달리 조관자는 청소년 문제의 심각성에 주목하고, '사람 만들기, 인간성의 완성'을 위한 교육개혁의 필요성과 공·사의 관점을 새롭게 검토하고 있다. 일본에서는 기업이 지역사회를 연계하는 사회교육을 통해 사회적 책임을 수행하는 프로그램도 시도하고 있다. 이에 더하여 조관자는 혈연가족을 넘어서는 '사회가족'을 형성할 것, 기업이 지역사회와의 연계 및 협력을 통해 사원들의 연구 교육 시스템을 구축하고 '사회가족'의 모범적 사례를 만들 것을 제안한다. 기업이 사회교육을 수행할 때 청소년 문제와 고령화 사회의 문제까지 대응할 수 있다. 이 연구는 사회교육을 통해 사(私)의 활력을 일으켜 공(公)의 가능성을 확장시킴으로써 복지사회의 기초를 다질 가능성을 시사하고 있다.

제2영역은 인구감소와 기후위기로 재난과 재해가 일상화된 생활세계에 지리적, 공간적 확장성을 부여하면서 일본인들이 어떤 부흥과 재생의 가능성 및 불가능성을 경험하고 있는지를 보여준다.

김은혜의 〈도쿄권 교외화의 형성과 쇠퇴를 넘어서〉는 고도성장기에 도쿄 근교로 교통망이 확장되고 주택단지가 형성되었지만, 인구감소 고령화 시대에 그 쇠퇴가 시작된 현상을 보여준다. 이 연구는 전후 일본의 도쿄권 교외화에서 공간구조 및 주택정책의 변화와 사회문화적 특징을 통합해서 다음처럼 분석했다. 첫째, 서구 도시화의 발전단계와 같이 일본은 도심의 과밀 인구를 해소하기 위해 국가 주도의 장기 저리 융자로 주택공급을 대량 추진하여, 50~60km 대도시권에 이르는 교외 지역을 형성했다. 그러나 90년대 이후 버블 붕괴와 장기 불황으로 도심의 지가가 크게 하락하면서 기존 교외 인구가 도심으로 회귀하는 현상이 지속되고 있다. 둘째, 교외화의 사회문화적 특징은 한 주택에 한 가족이 거주하는 마이홈주의라는 주택 소유의 보급에 기초해서 성립되었다. 교외 상업 지역의 경관은 자동차 보급을 기반으로 한 대규모 쇼핑센터와 로드사이드 비즈니스를 두 축으로 형성된 반면, 철도역 주변의 중심 시가지에 위치한 소규모 상점가는 쇠퇴해갔다. 2000년대 들어 일본 사회는 저출산고령화, 도심회귀 경향, 빈집 등과 같은 쇠퇴 문제를 극복하기 위해 '디지털 전원도시 국가 인프라 정비 계획' 등, 다양한 교외 재생 방안을 모색하고 있다. 이러한 일본의 교외화 경험은 서울과 경기도에 집중되는 인구 및 그 생활환경을 정비하기 위한 한국의 도시경영에도 근본적인 시사를 줄 것이다.

박승현의 〈성장의 관성과 '부흥재해'의 곤경〉은 한신대지진 이후 나가타 지역 27년의 재개발사업을 조명함으로써 장기불황기의 도시경영과 부흥의 과제를 제기한다. 나가타는 전후 고베 도시경영이 초래한 지리적인 불평등을 상징하는 공간이었다. 가장 낙후된 지역이었던 나가타는 대지진으로 한순간에 폐허가 되면서 도시재개발을 위한 자본 투자를 영접했다. 지진 전 나가타는 주거와 상업, 공업이 혼재되어 있었기에, 개발주의와 성장주의의 관성 속에서 신나가타 재개발이 진행되었다. 그러나 재난 이후 구두산업이 내리막길을 걸으면서 이 지역은 베드타운으로 바뀌어 버리고, 부흥사업의 종료 시점에서 다시금 이 지역에서 부흥의 과제가 떠오르게 되었다. 신나가타 재개발의 실패가 고베 부흥의 실패를 의미하는 것은 아니다. 하지만 재해로부터의 '부흥'을 위한 정책이나 사업이 도리어 또 다른 재난으로 남는 역설이 확인된다. 이 연구는 산업의 구조적 전환기에 지역의 산업 재편과 지역민의 생활보장을 어떻게 연결시켜야 하는가의 과제를 한국의 독자에게 시사하고 있다.

오은정의 〈원전 헤테로토피아〉는 핵용융 사고로 녹아내린 핵연료의 처리와 방사성 오염수 처리의 난제를 떠안은 후쿠시마 원전 인근의 해안마을인 도미오카정의 마을사를 일본 자본주의 역사와 과학기술의 역동이라는 점에서 탐색한다. 원전 마을로도 불리는 도미오카정이 발전해온 과정은 일본의 자본주의 발전사에서 첨단 과학기술이 미래의 시공간을 상상하는데 핵심적인 동인이었음을 잘 보여준다. 메이지기 농촌 개간과 철도 노선의 유치에서 시작한 도미오카정의 근대화는 20세기 후반 원전 인프라 구축에 이르기까지 지역의 경제 발전을 향한 열망이 녹아든 과정이기도 했다. 그런만큼 원전 폭발 사고가 발생한 직후 사람들이 떠나간 도미오카정의 모습은 "일본의 풍요로운 전후가 종결되었다"는 선언이 실재하는 디스토피아처럼 그려졌다. 그러나 오늘날 그곳은 후쿠시마현의 경제 부흥, 나아가 일본의 미래를 위한 "혁신 해안(Innovation Coast)"의 핵심 장소로 다시 부상했다. 원전 폭발 사고 당시 사람들이 느꼈던 압도적인 위협감, 현존하는 인류가 감당 못 할 것 같았던 위험의 스케일은 점차 기술적으로 통제하고 관리 가능한 것으로 축소되어 간다. 과연 자연재해가 일상화하는 생활세계에서 우리는 과학기술만으로 희망의 장소를 만들 수 있을까? 이 연구는 그 미래의 가능성과 불가능성을 분별하도록 독자의 상상력을 자극하고 있다.

제3영역은 문화산업의 생산과 소비, 사회적 소통과 유통, 자본주의 문제를 극복하는 공동체의 사상운동을 다룸으로써 일본자본주의의 문화적, 사상적 성숙과 그 미래 가능성을 검토한다.

김보경의 〈'가도카와 아이돌영화(角川アイドル映画)'와 전후 일본 영화산업의 재편〉은 버블경제 시기에 영화산업의 침체로 탄생한 아이돌 영화 장르 및 그 영화산업의 구조적 특성을 검토한다. 일본 영화산업은 1960년대 말에서 1970년대에 거쳐 사상 최대의 구조적 전환과 변혁을 거친다. 그 전환기 이후 1980년대에 들어 일본영화계에는 기존과는 다른 제작, 배급, 선전 및 흥행의 방식이 자리 잡았으며, 다른 업계에서 영화계로 자본과 인적 자원의 유입이 활발하게 이루어졌다. 김보경은 그와 같은 영화산업의 변화를 가장 잘 보여주는 일련의 상업영화 작품군을 '가도카와 아이돌영화(角川アイドル映画)'라는 별도의 카테고리로 설정하고 분석한다. 이를 통해 일본영화의 산업적 성장과 확장을 가능하게 했던 '전후'의 산업 구조가 영화의 사양화 이후 어떻게 재편되었는지 그 과정을 고찰한다. 나아가 '가도카와 아이돌영화'의 선전 전략과 흥행 방식, 포스트 촬영소 시대의 영화 창작자들과 아이돌의 만남이 1980년대 일본에서 '영화'의 의미와 범주를 어떻게 움직였는지도 보여준다. 이 연구를 통해 우리는 1990년대 이후 일본의 아이돌 오락문화가 한국에 유입된 다음에 2000년대 이후 새로운 한류 문화가 일본에 흘러들어가는 현상의 이면에서 작동하는 에너지가 무엇인지를 짐작하게 될 것이다. 오

락적인 상업문화의 성패도 결국 '문화의 질=성숙'과 관련되는 현상이 아니겠는가.

야나기 무네요시는 "한 사람이 구원되는 길과 물품이 구원되는 길이 하나와 같다"는 민예운동가의 믿음으로 일본 공예의 문화적, 정신적 가치가 "타자를 위해 물건을 만들고 공급하는 일본자본주의 생활도"와 결합되는 지점을 상기시켰다.[22] 노유니아의 〈일본 디자인계에 나타난 '신 민예운동'〉은 그러한 민예운동을 잇는 일본 디자인 산업에 주목한다. 이 연구는 한국에도 진출한 무인양품과 디앤디파트먼트의 사업 및 그 사회적 활동에 주목하여 1980년대부터 일본사회에서 시작된 이른바 '신 민예운동'의 양상을 읽어낸다. 특히 일상용품을 통한 생활개선운동이 디자인 기업의 탄생과 성장 과정, 민예운동을 계승하고 있는 지점을 분석적으로 보여준다. 대량생산 대량소비로 '만들면 팔리는' 시대는 70년대에 저물기 시작했다. 80년대 중반부터 물질적 만족만으로 '팔리지 않는 시대'가 되면서 디자인, 가치 판매 등으로 소비자의 개성적 소비 욕구를 충족시키려는 변화가 시도되었다. 노유니아는 민예운동이 자본주의 소비문화가 변화하는 새로운 시대에 어떻게 지속가능할 수 있을 것인지, 그 가능성을 검토함으로써 일본 생활세계에서 일어나고 있는 구조적 변동의 한 측면을 읽어내고자 했다.

서동주의 〈불황기 일본의 포스트자본주의론〉은 평론가 가라타니 고진의 New Associationist Movement (약칭, NAM)에 초점을 맞춰 '포스트 자본

22) 寺西重郎, 『日本型資本主義—その精神の源』, 中央公論新社, 2018, 207쪽.

주의'를 지향하는 일본의 현대사상이 급진적 사회운동이 약체화된 상황에서 어떻게 자본주의의 극복 논리를 정당화하고 있는지를 분석하고 있다. NAM은 가라타니가 만든 자본과 국가에 대항하는 운동 이론이자, 그가 2000년에 출범시킨 공동체운동의 명칭이기도 하다. NAM에 관해서는 주로 마르크스주의 지성사의 맥락에서 그 독창성과 비판이론의 가능성이 논증되어 왔다면, 서동주는 전후일본이라는 시공간에서 출현한 사상담론으로서 NAM의 특징을 밝힌다. 첫째, NAM은 '파국의 예감', '역사의 반복', 그리고 사라지지 않는 '혁명의 충동'을 활용하여 역사가 자본주의 극복을 향한 움직임이라고 정당화하고 있다. 둘째, NAM 이론에서 전제된 '소비혁명'과 '인터넷이 세계를 바꾼다'는 발상은 1980년대 이후 일본 자본주의와 사회적 변용, 즉 소비사회와 정보사회의 확산에 대한 사상적인 대응으로서 의미를 가진다. 셋째, 그 핵심 사상인 '어소시에이션을 통한 혁명'은 역사유물론에 대한 비판과 칸트의 '영구평화론'에 대한 적극적인 재해석의 산물이면서 동시에 일본의 평화헌법이 내포한 특수한 계몽의 논리에 근거한다. 가라타니는 '주권의 포기'를 규정한 일본국헌법의 이념을 높이 평가하면서 '자신을 약한 주체로 제시함으로써 타인의 변화를 촉구'할 가능성을 내다보고 있다. 그렇다면 가라타니가 쏜 화살의 과녁은 결국 일본이 아니게 된다. 일본이 군사력의 행사가 아닌 '평화헌법'의 이념으로 '영구평화'의 세계 질서를 촉구한다면, 그 미래의 가능성은 일본의 이웃인 우리들 자신들이 성취해내야 하지 않겠는가.

5. '비물질'로 움직이는 '새로운 자본주의'

1979년 서점을 경영하던 재야의 평론가 야마모토 시치헤이(山本七平)가 『일본자본주의 정신, 왜 열심히 일하는가?』를 발표했다. 그 때까지 일본자본주의론은 경제학을 비롯한 사회과학의 독점 영역이었다. 1930년대 노농파와 강좌파의 일본자본주의논쟁이 시작된 이래, 일본자본주의론은 후발 자본주의 국가 일본의 사회구성체와 계급혁명의 성격, 대미종속성과 국가독점자본의 자율성, 자본주의 구조개혁의 방법론, 신중간층과 소비자의 대두 등을 밝히는 데 열중했다. 이러한 학계와 사회・노동계의 '공기'에 '찬물'을 뿌리며 나타난 참신한 담론이 야마모토의 '일본자본주의 정신론'이라고 할 수 있다.

야마모토는 에도 시대부터 내려오는 연공서열(年功序列), 종신고용계약 없는 종신고용, 기능집단의 계약관계보다 중시되는 공동체의 인간관계를 일본자본주의의 '보이지 않는 손'으로 꼽았다.[23] '목적'이 아닌 '결과로서의 이윤'이 중시되고, 바쁘지 않아도 바쁘게 움직이는 '잉여인간'이 결국 기업의 생산성 향상에 걸림돌이 되지만, 일본인 다수가 그러한 일본자본주의의 역설에 자긍심을 갖는다. "기업의 활동이 사회 공헌으로 연결되고, 그 공헌의 증거가 이익으로 돌아온다"는 관점은 시부사와 에이치(渋沢栄一)의 도덕경제론과 마쓰시타 고노스케(松下幸之助)의 "회사는 사회의 공기(公器)"라는 이념과도 일치한다.[24] 이러한 '일본

---

23) 山本七平, 『山本七平の日本資本主義の精神』, ビジネス社, 2015.
24) 松下幸之助, 『実践経営哲学/経営のコツここなりと気づいた価値は百万両』, PHP

자본주의 정신'은 한국인에게도 이미 익숙한 내용이지만, 야마모토의 문화론적 접근법은 당시로서는 새로웠다. 야마모토는 1977년에 이미 일본 사회의 '공기'를 연구한 인물로, 그 '일본자본주의 정신론은 일본의 집단주의 문화에서 '공기를 흐리는 태도'를 죄악시하고, '공기를 읽지 못하는 자'를 따돌리는 문제를 성찰함으로써 얻어낸 통찰이었다.

1970년대 일본에서는 '모노즈쿠리'의 일본인론 · 일본문화론과 함께 지식산업이 개화하면서, 국제사회의 지식정보와 문화가 신속하게 일본어로 번역되고 있었다. 경제대국으로 성장한 일본이 1980년대 미국과의 무역마찰, 1990년대 버블 붕괴에 대응하면서 '서구형 자본주의'와 다른 '일본형 자본주의'에 대한 비판 및 특성화 담론이 자리를 잡아가기 시작했다. 그러나 1990년대부터 컴퓨터의 대중화와 IT혁명이 급속히 진전하면서 자본주의 경제활동은 제조업과 중공업에서 정보, 금융, 네트워크 서비스로 '비물질화'하고 있었다.

2010년대부터 경제적인 가치는 '물건 만들기'가 아니라, 사람들의 '지적 활동과 사회적 가치의 공유'에서 생겨나는 추세가 더욱 명확해지고 있다. 청년 세대는 학교나 공장에서 근면하게 학습하거나 노동하기보다, 재밌고 자유롭게 일하며 사회적 가치를 공유하는 네트워크에 참여하고 싶어 한다. 이러한 시대 변화에 성장기 일본형 자본주의에 성취감을 맛본 베이비부머 세대의 다수는 일본문화론의 아날로그 감성, 특히 팩스 교신과 도장찍기로 대표되는 관료적 행정 처리 방식에 안주하

ビジネス新書, 2014, 40쪽.

고 있었다. 키오스크와 같은 무인 시스템의 보급은 일본이 앞서고 있었지만, 전후 산업화의 주역이 고령화하면서 디지털 전환과 국경을 넘는 네트워크의 확산에 지체 현상이 생겨난 것이다.

기시다 정권이 차용한 개념과 무관하게, '새로운 자본주의'는 본디 경제의 지식정보화, 포스트 산업화 경향과 맞물리며 나타난 자본주의의 비물질적 진화를 포착한 개념이다. 산업화 시대에는 '영리 활동'과 '사회 공헌'을 대립적으로 파악했지만, 이제는 물질적 수익과 증여 및 봉사의 개념이 융합된 경제 활동이 확산되고 있다. 누구나 공감, 공유, 공생의 확장을 추구하며 블로거, 유튜버, 인플루언서로 활동하여 수입을 얻을 수 있고, 자신의 콘텐츠를 대체 불가능 토큰(Non-fungible token, NFT)으로 만들어 팔 수 있는 시대이다. 이렇게 물질적 성장에 멈추지 않고 사회적 가치의 확장을 통해 '성숙사회'를 지향할 수 있는 시대가 되었다. 이러한 변화에서 일본 경제가 침체되는 원인과 대안을 찾는 연구도 활발하다.

데라니시 주로(寺西重郎) 히토쓰바시대학 명예교수는 일본형 자본주의가 '자본의 비물질화' 시기에 정체된 이유를 '일본자본주의 정신'에서 찾는다. 정토사상과 선종(禪宗) 수행이 유행했던 가마쿠라신불교(鎌倉新仏教)에 뿌리를 둔 '정신주의'가 일본의 경제 시스템을 작동시키고 있기 때문에 일본인은 돈벌이의 강한 욕망을 혐오하고, 완성도 높은 물건 만들기를 중시하며, 개인주의가 아닌 집단주의에 의거한다는 것이다. 모로토미 도오루(諸富徹) 교토대학 교수는 '자본주의의 비물질주의적 전회' 과정에서 일본 IT산업의 경쟁력 저하·양극화·온난화 대책의 정체가 심화한 문제를 극복하기 위해 인적 자원에 대한 교육과 탄소중립의 가치 등을 포함한 '사회적 투자 국가'의 비전을 제시한다.[25]

'새로운 자본주의'가 일으킬 변화는 이제부터 가속도가 붙을 것이다. 자본주의의 지속불가능성을 주장하며 '탈성장 코뮤니즘'을 제창한 사이토 고헤이(斎藤幸平)는 '기후위기 시대의 자본론'을 마르크스의 논리에서 발견했다.[26] 하지만 '공유, 공감, 공생'을 중시하는 경제 시스템과 마케팅 전략이 고안되는 등 자본주의 진화 과정에서 이미 '탈성장'형의 새로운 흐름이 나타나고 있다. 그렇다면 만일 '일본자본주의 정신'이 진실로 '개인의 이익 추구'보다 '사회적 공헌과 집단의 이익'을 중시하는 것이라면 '새로운 자본주의'의 흐름에서 그 진가를 더 발휘할 수 있지 않겠는가. 일본의 젊은 세대가 디지털 환경에서 성장하고 있는 만큼, 일본 사회도 '새로운 자본주의'에 대한 적응력을 회복할 것이다.

중요한 것은 '새로운 일본형 자본주의'가 '일본의 집단 이익'과 '일본 바깥이나 개인의 이익'을 대립시키며 일본의 자존감이나 국제경쟁력의 우월한 지위를 채우는 방식으로 전개되어서는 곤란하다는 점이다. '일본자본주의 정신'이 말하는 대로, 일본인의 활동이 글로벌 사회의 위기 해결에 공헌하게 될 때, 그 결과로서 지금의 경제침체에서 벗어날 '사회적 이익'이란 열매를 맺을 것이다. 전 세계의 상생에 필요한 방식으로 '일본형 자본주의'가 새롭게 구현되는 과정에서 한류 문화와의 협업 및 융

25) 諸富徹, 『資本主義の新しい形』, 岩波書店, 2020.

26) 斎藤幸平, 『人新世の「資本論」』, 集英社, 2020. 한국어 번역판은 사이토 고헤이 지음, 김영현 옮김, 『지속 불가능 자본주의: 기후위기 시대의 자본론』, 다다서재, 2021.

합도 가능하리라 기대한다.

오늘날, 미중분쟁과 우크라이나 전쟁, 기후위기와 글로벌 사회의 격차 문제가 우리 생활의 안녕을 위협하는 가운데, 글로벌 자본주의와 각국 경제의 위기도 서로 맞물리면서 고조되고 있다. 이 책은 이러한 동시대의 난제에 대한 대안적 출구를 제시하기에는 턱없이 부족한 성과이다. 하지만 한국과 일본이 서로에 대한 경쟁력 우위에 도취하기보다, 동시대 공통의 위기를 직시하고 새로운 시대를 더불어 선도하며 상생하는 길에서 진정한 성공과 성숙이 무엇인지, 그 의미와 실천적 방안을 새롭게 모색하는 기회가 되기를 바란다.

현대일본생활세계총서 18

일본자본주의 위기, 새로운 자본주의의 기회인가?

제1부

생산, 노동, 복지, 교육의 내일을 묻다

I 송지연

아베 정부의 인구구조 변화에 대한 대응 전략
노동시장과 사회복지정책을 중심으로

II 여인만

'일본적' 고용시스템 재고, 진화인가 전환인가?

III 조관자

일본의 교육개혁과 기업의 사회교육
청소년 문제의 해결을 위한 실천적 모색

현대일본생활세계총서 18

일본자본주의 위기, 새로운 자본주의의 기회인가?

아베 정부의 인구구조 변화에 대한 대응 전략*

노동시장과 사회복지정책을 중심으로

송지연

1. 일본의 인구구조 변화

저출산 · 고령화로 대표되는 인구구조 변화는 심각한 사회경제적 위기를 가져온다.[1] 일본은 세계 최고령 국가로 65세 이상 고령인구가 2020년 기준으로 전체 인구의 28.8%를 차지하고 있다.[2] 반면 일본의 합계출산율은 2005년 역대 최저 수준인 1.26을 기록한 이후 소폭 회복세를

---

* 이 글은 『한국과 국제정치』(38권 2호, 경남대학교 극동문제연구소, 2022)에 「저출산 · 고령화 사회 대응을 위한 아베 정부의 노동시장과 사회복지정책」이란 제목으로 실린 필자의 논문을 단행본의 취지에 맞춰 일부 수정 · 보완한 것이다.

1) 일본에서는 소자고령화(少子高齢化)로 저출산 · 고령화를 표현하는데 본 논문에서는 인구구조 변화를 설명하는 일반적 용어인 후자를 사용하도록 하겠다.

2) Japan Statistics Bureau, *Statistical Handbook of Japan 2021,* https://www.stat.go.jp/english/data/handbook/index.html(최종 검색일: 2021.12.01.), p.13.

보였으나 2015년 1.45에서 5년 연속으로 감소하여 2020년에는 1.34까지 하락하였다.[3] 인구감소 역시 이미 진행되고 있다. 2015년 인구센서스에 따르면 일본 인구는 1억 2,709만 명으로 직전에 실시했던 2010년 인구센서스와 비교하여 962,607명 줄어들었다. 이러한 추세에 따르면 일본 인구는 2060년 9,284만 명 수준까지 감소할 것으로 예상되었고, 이는 국가의 미래와 지속가능성에 상당한 위기의식을 가져왔다.[4] 또한 전 총무성 대신이자 일본창성회의(日本創成会議)[5] 좌장인 마스다 히로야(増田寛也)가 2014년 발표와 동시에 큰 반향을 불러일으켰던 「성장을 이어가는 21세기를 위하여: 저출산 극복과 지방 활성화 전략(成長を続ける21世紀のために: ストップ少子化・地方元気戦略)」 보고서에서는 지방 소도시의 급격한 인구감소로 2040년에는 전체 지방자치단체의 절반 규모인 896개가 사라질 것이라는 '지방소멸'의 암울한 전망을 제시하고 있다.[6]

---

3) Japan Statistics Bureau, *Statistical Handbook of Japan 2021,* p.16.

4) Japan Statistics Bureau, *Statistical Handbook of Japan 2021,* pp.9~10. 2020년 기준으로 일본 인구는 1억 2,571만 명을 기록하였다.

5) 일본창성회의는 일본생산성본부가 2011년 5월에 발족한 민간회의체이지만 사실상 정부의 영향력 아래에 있는 기구라는 평가가 있다(박승현, 「리뷰논문: '지방소멸'과 '지방창생'－'재후'(災後)의 관점으로 본 '마스다 보고서'」, 『일본비평』 9권 1호, 2017, 158~183쪽; 이정환, 「리뷰논문: 인구감소와 지속가능한 지방만들기－지방소멸(地方消滅)을 둘러싼 논점」, 『일본공간』 21호, 2017, 194~ 223쪽).

6) 해당 발표 문서는 「마스다 보고서」로 알려져 있는데 '지방소멸' 논의와 관련한 정치적 논쟁 및 함의는 이정환의 연구에서 잘 분석하고 있다(이정환, 「리뷰논문: 인구감소와 지속가능한 지방만들기－지방소멸(地方消滅)을 둘러싼 논점」). 日本創成会議 人口減少問題検討分科会, 「成長を続ける21世紀のために: ストップ少子化・地域元気戦略」, 2014, https://www.soumu.go.jp/main_content/000301631.pdf(최종 검색일: 2021.12.01.); 増田寛也, 『地方消滅: 東京一極集中が招く人口急減』, 中公新書, 2014.

인구구조 변화에 따른 파급효과 특히 연금, 의료, 개호(介護)[7] 등 고령화로 인한 사회복지비용 증가는 국가재정에 커다란 부담이 되고 있다. 일본의 GDP 대비 사회복지지출 비중은 1990년대 초반까지는 작은 복지국가의 대표적인 사례인 미국, 영국 등 자유주의 모델(liberal regime)과 비교해서도 낮은 수준이었다.[8] 그러나 급격한 고령화가 진행되면서 일본의 GDP 대비 사회복지지출은 미국(2019년 기준으로 18.7%)과 영국(2019년 기준으로 20.6%) 보다 높은 22.3%(2017년 기준)까지 증가하였다.[9] 저출산, 베이비붐 세대의 은퇴 등으로 나타나고 있는 노동력 공급 부족은 노동시장에 국한된 문제가 아니라 현역 세대가 부담해야 하는 고령자에 대한 사회복지비용을 더욱 가중시켰다. 하지만 고령인구 증가는 '실버 민주주의(silver democracy)'를 강화하면서 고령자의 이해관계

---

7) 개호(介護)보험은 65세 이상 고령자에 대한 간호와 간병을 지원하는 사회보장제도로 2000년에 도입되었다. 다만 40~64세 연령대의 의료보험 가입자 중에서도 노화에 따른 특정 질병 때문에 간호와 간병이 필요한 경우에는 개호보험의 지원을 받을 수 있다.

8) 에스핑-앤더슨은 자유주의, 조합주의, 사회민주주의 모델로 구분되는 세 가지 유형의 복지 자본주의(welfare capitalism)를 연구하였다(Esping-Andersen, Gøsta, *The Three Worlds of Welfare Capitalism,* Princeton, NJ: Princeton University Press, 1990). 일본은 제도적 측면에서는 남성 생계부양자가 노동시장에서 차지하고 있는 지위가 중요하고 가족주의 영향이 높은 조합주의 모델의 특징을 가지고 있다. 그러나 사회복지지출 규모에서는 작은 복지국가로 대표되는 자유주의 모델과 유사하다고 평가할 수 있다. 이러한 특징에 기반하여 일본형 복지국가를 새로운 유형의 복지 자본주의라고 규정하기보다는 '혼합적(hybrid)' 형태라고 보는 견해도 있다(Esping-Andersen, Gøsta, "Hybrid or Unique?: the Japanese Welfare State Between Europe and America," *Journal of European Social Policy* 7(3), 1997, pp.179~189).

9) OECD, OECD Data, "Social Spending," https://data.oecd.org/socialexp/social-spending.htm(최종 검색일: 2021.12.10.).

에 반하는 정책을 추진하기는 쉽지 않다. 따라서 아베 신조(安倍晋三) 정부는 인구구조 변화로 나타나는 사회경제적 문제를 해결하면서 동시에 고령자의 정책 선호와 이익을 정책결정에 반영해야 하는 어려운 상황에 직면하였다.

이 장에서는 2012년 12월 출범한 제2기 아베 정부(이하 아베 정부)가 추진한 저출산・고령화로 대표되는 인구구조 변화에 대한 대응 전략을 분석한다.[10] 아베 정부는 인구변화로 나타나는 사회경제적 문제를 성장전략과 산업정책 관점에서 인식하고 노동시장과 사회복지정책을 통한 적극적 해결을 모색하였다. 보수적인 아베 정부가 노동력 부족을 해소하는 방안으로 노동시장 불평등 해소, 근로환경 개선, 사회복지정책 확대를 선택했는데 생산성을 향상하고 지속가능한 성장을 통해 성장과 복지의 선순환 구조를 달성하고자 노력하였다. 또한 고령자가 은퇴시기를 늦추어 노동시장에 최대한 참여하도록 경제적 동기를 강화하고, 공적연금과 의료보험 개혁으로 사회복지지출 증가를 억제하여 재정건전성을 확보하고자 하였다. 이러한 노동시장과 사회복지정책의 유기적 연계는 아베 정부 시기에 강화된 총리와 관저 주도의 중앙집중적 의사결정 방식을 통해서 추진되었다.

이 장은 다음과 같이 구성되어 있다. 제2절에서는 인구구조 변화와 장기불황 시기를 경험하면서 나타나고 있는 일본 노동시장과 복지국가의 도전 과제를 살펴보고자 한다. 제3절에서는 아베 정부 시기 노동시장

10) 본 논문에서 아베 정부는 제2기 아베 정부를 의미하고, 구분이 필요한 경우에는 제1기 아베 정부, 제2기 아베 정부로 명시한다.

과 사회복지정책을 설명하는 주요 변수인 총리와 관저 주도 중앙집중적 정책결정 방식의 제도적 특징을 검토한다. 제4절에서는 보수적인 아베 정부가 저출산·고령화 문제를 성장전략과 산업정책 관점에서 접근하였고 노동시장과 사회복지정책을 대응책으로 활용한 것을 분석한다. 특히 총리와 관저 주도의 중앙집중적 의사결정 과정을 통해서 아베 정부가 인구구조 변화에 신속하고 포괄적으로 대처할 수 있었다는 점을 강조한다. 제5절에서는 아베 정부 이후 출범한 스가 정부와 기시다 정부가 인구변화에 어떻게 대응하고 있는지 살펴보고 향후 전략을 예측한다. 제6절에서는 아베 정부의 인구구조 변화에 대한 정책적 대응을 평가하고 비교적 맥락에서 일본 사례의 시사점을 제시한다.

2. 인구구조 변화와 장기불황기 일본 노동시장과 복지국가의 도전 과제

일본 경제의 고도성장은 '단카이 세대(団塊の世代)'로 지칭되는 1차 베이비붐 세대(1947~1949년 출생)와 '단카이 주니어 세대'로 불리는 2차 베이비붐 세대(1971~1974년 출생)의 인구증가 시기와 맞물려 진행되었다. 그러나 합계출산율은 1973년 2.14를 기록한 이후 인구대체율 2.1 이하로 감소하였고 1973년 제1차 오일쇼크를 경험하면서 경제성장률은 점차 둔화하였다.[11] 반면 생활환경 개선, 보건 및 의료기술 발전 등으로 평균 기대수명은[12] 빠르게 늘어나며 일본은 1970년 고령화사회(7.1%),

1995년 고령사회(14.6%), 2005년 초고령사회(20.2%) 분기점을 지나왔다.[13] 저출산 · 고령화로 인해 적극적인 경제활동에 참가하는 생산가능인구(15~64세) 비중은 1992년 전체 인구 대비 69.1%로 정점을 기록한 이후 2020년에는 59.3%까지 줄어들었다.[14] 일본의 재정건전성은 장기불황과 고령화로 악화되었는데 정부의 GDP 대비 부채비율은 2020년 기준 256.9%로 OECD 국가 중에서 가장 높은 수준이었다.[15] 일본 정부 부채 대부분은 국내 금융기관이 보유하고 있기 때문에 국가 부도의 위험은 상대적으로 낮다고 볼 수 있지만, 생산가능인구 비중이 감소하면서 조세 수입은 줄어들고 사회복지지출은 늘어난다는 측면에서 구조적 위험을 내재하고 있다. 이러한 저출산 · 고령화 시대의 노동력 부족, 생산과 소비 감소로 인한 성장 둔화, 사회복지지출 증가는 일본의 주요 도전 과제로 인식되었다.

---

11) OECD, OECD Data, "Fertility Rates," https://data.oecd.org/pop/fertility-rates.htm (최종 검색일: 2022.02.15.).

12) 2019년 기준 일본의 평균 기대수명은 남성은 81.41세, 여성은 87.45세를 기록하고 있다(Japan Statistics Bureau, *Statistical Handbook of Japan 2021,* p.16).

13) 전체 인구 대비 65세 이상 고령인구 비중이 7%를 넘으면 고령화사회(aging society), 14% 이상이면 고령사회(aged society), 20% 이상은 초고령사회(super-aged society)로 구분한다. Japan Statistics Bureau, *Statistical Handbook of Japan 2021,* p.10.

14) OECD, OECD Data, "Working Aging Population," https://data.oecd.org/pop/working-age-population.htm(최종 검색일: 2022.02.10.).

15) OECD, OECD Data, "General Government Debt," https://data.oecd.org/gga/general-government-debt.htm(최종 검색일: 2022.03.08.).

2.1. 인구구조 변화, 장기불황, 노동시장

일본 기업들은 종신고용, 연공서열, 기업별 노조를 중심으로 우수한 인적자원을 안정적으로 확보하고 협력적인 노사관계를 구축함으로써 세계 시장에서 산업 경쟁력을 유지할 수 있었다. 하지만 1991년 자산거품이 붕괴한 이후 지속된 장기불황은 일본적 고용관계의 핵심인 종신고용과 연공서열을 약화시켰다. 기업들은 새로운 경영환경에 신속하게 대응하기 위해서 정규직 노동자를 감축하였고, 그 자리는 파트타임, 단시간, 계약직, 파견직 등 다양한 형태의 비정규직 노동자로 대체하며 노동시장 유연성을 확대하였다. 저임금의 불안정한 노동으로 대표되는 비정규직 노동자 비중은 자산거품이 붕괴하기 직전인 1989년에는 전체 노동자의 19.1%를 차지하였지만 장기불황이 지속되면서 1999년 24.9%, 2009년 33.7%, 2019년 38.3%까지 증가하였다.[16]

경기불황기에 대규모 해고를 통해서 인력을 조정한 미국 기업들과 달리 일본 기업들은 신규채용 축소 및 중단 등의 점진적 방식으로 구성원에 대한 충격을 최소화하며 조직을 안정적으로 운영하였다. 그 결과 이미 노동시장에 진입한 중장년의 대기업 정규직 남성 노동자들은 장기불황에도 불구하고 고용방식과 근로환경에서 커다란 변화를 경험하지 않았지만, 청년층은 노동시장에 제대로 진입하지 못한 채 1990년대 중반부터 2000년대 초반까지 심각한 취업빙하기를 경험하였다.[17] 졸업 이

16) 厚生労働省, 「非正規雇用」の現状と課題」, 2021, https://www.mhlw.go.jp/content/000830221.pdf(최종 검색일: 2021.12.03.).

17) 취업빙하기는 자산버블 붕괴의 영향으로 1993년에서 2004년 사이에 청년들

후 몇 년 이내에 안정적인 정규직 노동자로 진입하지 못한 청년들 다수는 저임금의 불안정한 비정규직 업무에 종사하며 중년에 이르게 되고 이러한 일자리는 사회보험의 사각지대에 위치하기 때문에 은퇴 이후에도 불안정한 노후를 보낼 가능성이 높다. 또한 상당수의 여성, 고령자 역시 비정규직 노동자로 불안정한 일자리, 낮은 임금, 저복지 또는 복지의 사각지대에 노출되었다.[18] 일본 경제가 장기불황에 접어들면서 대기업 정규직 남성 노동자로 구성된 내부노동시장은 규모는 축소되었지만 역설적으로 조직의 핵심에 위치한 노동시장 내부자에 대한 보호와 혜택은 더욱 견고하게 유지되며 노동시장의 이중구조는 더욱 공고화되고 경제적 불평등은 악화되었다.[19]

장기불황으로 인한 노동시장 변화와 저출산・고령화로 인한 노동력 부족은 일본 경제의 생산성 향상과 지속가능한 성장에 위협이 되었다. 이미 시작된 인구감소를 되돌이킬 수 없다면 속도를 최대한 늦추고

의 취업이 상당히 어려워진 시기를 의미한다. 자산버블이 붕괴하기 직전인 1990년에는 대학 졸업자 중에서 취업자 비중이 81%를 기록하였으나 점차 하락하여 2000년대 중반에는 50% 중반까지 감소하였다(厚生労働省, 『令和2年版厚生労働白書』, 東京: 厚生労働省, 2020, 41~42쪽).

18) 2019년 기준으로 65세 이상 남성의 경우 비정규직 노동자가 73.3%, 여성의 경우 82%를 차지하고 있다. 여성은 15~24세는 비정규직 노동자 비중이 29.8%, 25~34세는 비정규직 노동자 비중이 37%를 차지하고 있지만, 그 이외의 연령대에서는 절반 이상의 노동자들이 비정규직 업무에 종사하고 있다(厚生労働省, 『令和2年版厚生労働白書』, 38쪽).

19) 고도성장기에 형성된 일본의 이중적 노동시장은 내부노동시장과 외부노동시장으로 나눌 수 있는데 기업 규모(대기업 vs. 중소기업), 종사상 지위(정규직 vs. 비정규직), 성별(남성 vs. 여성), 나이(중장년 vs. 청년 및 고령) 등을 주요 축으로 중첩되었다.

우수한 인적자원을 효율적으로 활용하는 방안이 필요했다. 일본 정부는 합계출산율을 반등시키기 위해서 보육정책을 강화하고 특히 여성 노동자가 일과 가정을 양립할 수 있도록 고용제도와 근로환경을 개선하였다. 그리고 여성, 고령자 등 비경제활동인구가 노동시장에 참가할 수 있도록 다양한 지원책을 제공하였다. 1990년대 초반 이후 지속된 생산가능인구 비중의 감소에도 불구하고 노동력 인구(labor force)가 일정 수준으로 유지되는 것은 여성 및 고령자의 노동시장 참가율 증가를 통해서 가능하였다.[20] 아베 정부의 노동시장 정책 역시 인구변화 시대에 노동력 공급을 최우선 목표로 노동시장 불평등 해소, 다양한 노동조건 및 근로환경 제공, 사회안전망 확대 등으로 진행되었다.

2.2. 인구구조 변화, 사회복지지출 증가, 복지재정 안정화

일본은 고도성장기인 1961년 전체 국민을 대상으로 국민연금과 의료보험을 도입하였고 이후 국민연금 급여율 인상, 의료보험 급부율 확대 등으로 사회복지정책을 빠르게 확장하였다.[21] 1972년 7월 출범한 다

---

20) Daiji Kawaguchi and Hiroaki Mori, "The Labor Market in Japan, 2000~2016," *IZA World of Labor*, 2017, p.2.

21) 일본의 연금제도는 3층으로 구성되어 있다. 1층은 국민연금으로 전체 국민이 대상인 기본적 공적연금이고, 2층은 민간기업 종사자가 가입하는 후생연금, 공무원 및 사립학교 교원이 가입하는 공제연금으로 나눌 수 있는데 소득에 비례하는 공적연금이다. 1층과 2층은 국가가 관리 및 운영하는 공적연금이고, 3층은 사적연금으로 기업이 설립하고 운영하는 기업연금과 자영업자, 농민 등이 자발적으로 가입하는 국민연금기금 등으로 구성되어 있다(日本年金機構, 「公的年金制度の種類と加入する制度」, https://www.nenkin.go.jp/service/seidozenpan/20140710.html(최종 검색일: 2022.03.07.).

나카 가쿠에이(田中角栄) 정부는 1973년을 '복지원년(福祉元年)'으로 선언하며 사회복지제도를 정비하고 사회복지예산을 확충하고자 하였다. 보수주의 정당인 자유민주당(이후, 자민당)은 좌파 정당이 우선순위를 두는 사회복지정책을 적극적으로 수용했는데, 1960년대 후반 이후 자민당이 직면한 선거 득표율 하락과 야당이 우세한 지방정부 주도의 사회복지프로그램에 대한 전략적 대응이었다.[22]

그러나 1973년 제1차 오일쇼크 이후 경제성장은 둔화하고 재정적자가 증가하면서 일본의 복지국가는 짧은 확장기 이후 축소기로 접어들었다. 일본 재정의 국채의존도는 1970년대 중반 이후 빠르게 늘어났는데 1970년 4.2%, 1974년 11.3%에서 1979년에는 34.7%까지 증가하였다.[23] 또한 65세 이상 고령자 비중이 늘어나면서 정부는 안정적인 복지재원을 확보하는 방안으로 1976년부터 소비세 도입을 본격적으로 검토하였다.[24] 일본의 국민연금은 현역 세대가 은퇴 세대의 노후를 책임지는 '부과방식(pay as you go system)'으로 운영되고 있는데 이는 암묵적인 '세대 간 계약(intergenerational contract)'에 기반하고 있다. 따라서 급격한 고령화는 현역 세대가 가지는 공적연금의 미래에 대한 불안감을

22) 이응필 · 문상호, 「일본의 1973년~1985년 복지정책변동에 관한 분석: 비난회피전략을 중심으로」, 『한국행정연구』 22권 2호, 2013, 67~69쪽; T.J. Pempel, *Policy and Politics in Japan: Creative Conservatism,* Philadelphia, PA: Temple University Press, 1982.

23) 박성빈, 『아베노믹스와 일본 경제의 미래』, 박영사, 2019, 113쪽.

24) 박성빈, 『아베노믹스와 일본 경제의 미래』, 114쪽. 일본의 소비세 도입과 관련한 정치적 논의는 카토의 연구에서 상세하게 분석하고 있다(Juko Kato, *The Problem of Bureaucratic Rationality: Tax Politics in Japan,* Princeton, NJ: Princeton University Press, 1994).

가중시켰다.[25)]

일본의 의료보험 역시 심각한 재정부담에 직면하였다. 다나카 정부는 1973년 70세 이상 고령자를 대상으로 의료비 무상화를 실시하였는데 고령화가 진행되면서 의료비 부담이 빠르게 증가하였다. 결국 1983년 '노인보건법(老人保健法)' 시행을 통해서 고령자가 의료비 일부(통원은 월 400엔, 입원은 일 300엔)를 부담하도록 하였고, 2001년에는 의료비 본인부담률 10% 적용을 도입하였다.[26)] 그리고 일본의 의료보험은 동일 직장 또는 업무 종사자를 조합원으로 하는 직역(職域)보험과 시구정촌(市区町村) 단위로 설립되는 지역(地域)보험으로 구분되는데 은퇴한 고령자 대다수가 가입한 지역보험의 재정 상태는 고령화가 진행되면서 크게 악화되었다. 의료보험의 재정건전성을 확보하기 위해서 고이즈미 준이치로(小泉純一郎) 정부는 2006년 75세 이상 고령자를 대상으로 '후기 고령자 의료제도(後期高齢者医療制度)'를 도입하여 현역 세대의 의료보험료 부담을 덜고 고령자의 의료비 본인부담률 적용으로 개인의 책임을 강조하였다.[27)]

---

25) 김성조, 「일본의 연금개혁과 정당정치」, 『한국정치학회보』 52권 2호, 2018, 82쪽; みずほ総合研究所, 『図解 年金のしくみ』, 東京: 東洋経済新報社, 2015, 22쪽; Kenzo Yoshida et al., "The Japanese Pension Reform of 2004: A New Mode of Legislative Process," *Asian Survey* 46(3), 2006, p.383; 송지연, 「일본 연금개혁의 정치경제」, 『국제・지역연구』 28권 4호, 2019, 72쪽에서 재인용.
26) 김동겸, 「일본 공적의료보험의 고령자 대상 자기부담금 개편 논의」, 『KIRI 고령화 리뷰』 24호, 2018, 14쪽; 박성빈, 『아베노믹스와 일본 경제의 미래』, 2019, 112쪽; 정영훈, 「공적 의료보험의 보험료 부담의 형평을 둘러싼 일본의 논의에 관한 검토」, 『사회보장법연구』 2권 2호, 2013, 97쪽.
27) 김성조, 「일본 고령자 의료보험 개혁의 정치적 동학」, 『한국정치연구』 26권 1호, 2017, 157~181쪽.

일본 정부는 이미 1970년대부터 저출산·고령화로 나타나는 사회경제적 문제를 해결하고자 노력하였고, 아베 정부 역시 이러한 구조적 변화에 대응하기 위해서 노동시장과 사회복지정책을 활용하는 전략을 선택하였다. 아베 정부의 정책 대응은 이전 정부와 유사한 점도 있지만 정책 변화의 속도와 범위에 있어서는 중요한 차이가 있었다. 다음 절에서는 이를 설명하는 주요 요인으로 총리와 관저 주도의 중앙집중적 정책결정이라는 정치적 변수를 살펴보겠다.

3. 총리와 관저 주도의 중앙집중적 정책결정 방식

아베 정부는 인구변화로 나타나는 사회경제적 문제에 대처하고자 노동시장과 사회복지정책을 적극적으로 활용하였다. 노동력 공급을 확대하고 사회복지지출을 위한 조세 수입을 확보하는 방안으로 여성, 고령자 등이 노동시장에 참여할 수 있도록 정책과 제도를 정비하였다. 또한 정년연장과 사회복지제도 개혁 등을 통해서 고령화로 인한 사회복지지출 증가를 억제하고자 하였다. 특히 총리와 관저 주도의 중앙집중식 의사결정으로 정책 논의를 진행하였고, 산업정책을 총괄하는 경제산업성이 불황에서의 탈출과 경제성장의 관점에서 노동시장과 사회복지정책 수립에 적극적으로 참여하였다.

1990년대 중반 이후 진행된 중의원 선거제도 개편과 행정개혁은 일본의 중앙집중적 정책결정 방식을 강화하였다. 집권 여당인 자민당 내에서는 선거 후보자 공천과 각료 및 당내 주요 책임자 임명에 있어서 총리와 당 지도부의 영향력이 높아졌고, 정부 내에서는 관료가 주도하던 상향식 정책결정이 총리와 관저 주도의 하향식으로 변화하였다.[28] 특히 아베 정부 시기에는 정부 내 조직 개편 및 활용을 통해서 정책결정 권한이 총리와 관저에 더욱 집중되었다.[29] 2012년 12월 집권 여당으로 복귀한 자민당은 이후 다섯 번의 전국 선거에서 모두 승리함으로써 확고한 자민당 1당 우위 체제를 복원하였고 아베 총리의 장기집권을 가능하게 하였다. 이는 아베 총리가 강력한 정국 주도권을 확보하는 주요한 정치적 자원으로 작동하였다.[30] 〈그림 1〉을 통해서 알 수 있듯이 관저와 내각 관방에 설치된 정책회의 숫자는 고이즈미 정부와 제2기 아베 정부 시기에 증가하였는데 총리가 직접적인 영향을 미칠 수 있는 정부 조직이 확대되었다는 점을 시사한다.[31] 그리고 2014년 관저에 설치한 내각인사

28) Margarita Estévez-Abe, "Japan's Shift toward a Westminster System: A Structural Analysis of the 2005 Lower House Election and Its Aftermath," *Asian Survey* 46(4), 2006, pp.632~651; Tomohito Shinoda, *Contemporary Japanese Politics: Institutional Changes and Power Shifts,* New York, NY: Columbia University Press, 2013.

29) 박지선, 「아베 정부하 당정 관계의 권력 집중화: 자민당 총재직속기관의 활동을 중심으로」, 『일본비평』 13권 2호, 2021, 42~65쪽; 이주경, 「수상관저의 관료 통제와 관저주도 정치의 확립」, 『일본비평』 13권 2호, 2021, 66~95쪽.

30) 박철희, 「아베 시대의 대전환: 자민당 지배 공고화를 통해 탈전후하는 일본」, 『일본비평』 13권 2호, 2021, 181쪽; 中北浩爾, 『自民党—「一強」の実像』, 東京: 中央口論新社, 2017. 자민당은 2012년 12월 16일 중의원 선거에서 승리함으로써 다시 권력을 회복하였는데 아베 정부 시기에는 이후 두 번의 중의원 선거 (2014년 12월 14일, 2017년 10월 22일), 세 번의 참의원 선거 (2013년 7월 21일, 2016년 7월 10일, 2019년 7월 28일)에서 모두 승리하였다.

31) 〈그림 1〉에 포함된 제2기 아베 정부의 관저와 내각 관방 정책회의 숫자가 2014년 12월 31일 기준이라는 점을 고려한다면, 아베 정부 시기의 중앙집중

〈그림 1〉 관저와 내각 관방 정책회의 수

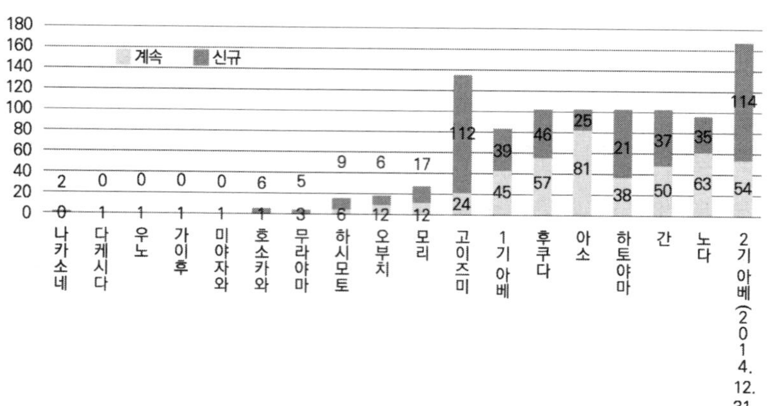

주: 제2기 아베 정부의 자료는 2014년 12월 31일 기준.
출처: 野中尚人 · 青木遥, 『政策会議と討論なき国会』, 2016, 78~79쪽; 박지선, 「아베 정부하 당정 관계의 권력 집중화: 자민당 총재직속기관의 활동을 중심으로」, 『일본비평』 13권 2호, 2021, 55쪽에서 재인용.

국(內閣人事局)은 각 부처의 고위 간부 600여 명을 임명할 수 있는 강력한 권한을 가지면서 관저가 관료조직에 대한 직접적인 관리체제를 구축하고 장악할 수 있는 계기가 되었다.[32] 내각 관방에 배치된 관료의 영향력이 높아지면서 관련 정부 부처의 의견을 전달받아 반영하는 상향식보다는 총리와 관저가 정책을 주도하는 하향식으로 운영되었다.[33] 집권 여당인 자민당의 총재 직속기관 역시 제2기 아베 정부 시기에 빠르게 늘

적 정책회의 활용도가 고이즈미 정부와 비교해서도 상당히 높다는 점을 알 수 있다.

32) 박창건, 「글로벌 위기 이후 일본의 경제정책: 변형적 발전주의」, 『일본공간』 26호, 2019, 121~122쪽; 이주경, 「일본의 정치개혁과 보수화의 메커니즘」, 『한국정치학회보』 52권 1호, 2018, 15쪽.

33) 이주경, 「수상관저의 관료 통제와 관저주도 정치의 확립」, 82쪽.

어났다. 새롭게 운영을 시작한 총재 직속기관은 재설치 기관을 포함하여 전체 45개 중에서 39개에 해당하였다. 경제와 복지분야 직속기관은 12개를 차지하였고 회의 개최 수 역시 762회에 이르러 전체 회의 1,694회 중에서 약 45%의 높은 비중을 차지할 정도로 아베 총리는 두 정책분야를 중요하게 고려하였다.[34]

정부 조직 내부를 살펴보면 아베 정부 시기에는 경제산업성의 역할이 중요하게 작동하였다. 아베 총리는 경제산업성 출신 관료인 이마이 다카야(今井尙哉)를 수석 보좌관에 임명하여 경제외교 정책에 대한 전반적인 구상과 전략을 담당하도록 하였다.[35] 아베노믹스를 통한 장기불황에서의 탈출과 지속가능한 성장을 목표로 아베 정부는 경제, 산업, 경제외교, 노동, 사회복지 등 다양한 분야를 포괄하는 정책을 추진하였는데 경제산업성은 총리와 관저의 강력한 정치적 후원하에 전통적으로 담당했던 산업정책과 통상정책의 범위를 넘어서 노동시장과 사회복지정책에도 상당한 영향력을 발휘하였다. 아베 정부가 아시아 역내 경제통합 및 일본 기업들의 해외 시장 확대를 목표로 적극적으로 추진한 '환태평양 경제 동반자 협정(Trans-Pacific Partnership, TPP)' 가입 논의 역시 관저 주도의 중앙집중식 정책결정 방식으로 추진되었다. 전통적으로 경제외교를 담당하던 외무성 보다는 관저로 파견된 경제산업성 출신 관료의 영향력이 더욱 중요하게 작동하였다.[36] 또한 아베노믹스의 대표적인 인

---

34) 박지선, 「아베 정부하 당정 관계의 권력 집중화: 자민당 총재직속기관의 활동을 중심으로」, 55~57쪽.

35) 이주경, 「수상관저의 관료 통제와 관저주도 정치의 확립」, 84~86쪽.

36) Takashi Terada, "Japan and TPP/TPP-11: Opening Black Box of Domestic

적자원 활용전략인 여성친화적 노동시장정책에도 경제산업성이 적극적으로 개입하였다. 아베 정부는 노동력 공급을 확대하기 위해서 노동시장에 참여하지 않았던 여성, 고령자 등을 활용하는 방안을 고민하였는데, 경제산업성은 다양한 인적자원 활용을 강조하며 기업들이 여성들의 고용기회를 확대하고 경력개발을 추진할 수 있도록 정책적 지원과 인센티브를 제공하였다.[37]

아베 정부는 총리와 관저 주도로 일본의 인구구조 변화에 대한 해결책을 모색하고자 하였다. 아래에서는 저출산 · 고령화 사회에 대응하는 아베 정부의 전략을 노동시장과 사회복지정책을 중심으로 살펴보도록 하겠다.

4. 인구구조 변화에 대한 대응 전략으로 노동시장과 사회복지정책

아베 정부는 인구구조 변화로 인한 노동력 부족을 해소하기 위해서 여성, 고령자, 외국인 노동자 등을 적극적으로 활용하고자 하였다. 또한 공적연금과 의료보험을 개혁하여 사회복지비용 증가 속도를 늦추고 모

Political Alignment for Proactive Economic Diplomacy in Face of 'Trump Shock'," *The Pacific Review* 32(6), 2019, pp.1048~1051.

37) Jiyeoun Song, "Economic Empowerment of Women as the Third Arrow of Abenomics," *Journal of International and Area Studies* 22(1), 2015, pp.121~123.

든 세대를 아우르는 사회복지정책으로 전환을 시도하였다. 아베 정부 시기에 더욱 강화된 총리와 관저 주도의 중앙집중적 정책결정 방식은 저출산 · 고령화에 대처하기 위한 노동시장과 사회복지정책의 변화를 가속화하였다.

4.1. 노동력 부족 해소: 아베노믹스, 우머노믹스, 외국인 노동자 정책

아베 정부는 경제성장과 산업정책 관점에서 노동시장을 접근하였고, 특히 여성, 고령자 등 경제활동에 활발하게 참여하지 않았던 인적자원을 적극적으로 활용하여 인구구조 변화로 당면한 노동력 부족 문제를 해소하고자 했다. 2013년 1월에 발표한 아베노믹스는 대담한 양적완화, 적극적 재정확장, 성장을 위한 구조조정이라는 세 가지 전략을 통해 장기불황에서의 탈출을 최우선 목표로 두었다. 아베 총리는 2013년 9월 26일 유엔 총회 기조연설에서 '모든 여성들이 빛나고 활약할 수 있는 사회 건설'을 위한 '우머노믹스(womenomics)'를 제안하였다.[38] 아베 정부는 우머노믹스 달성을 목표로 여성들이 일과 가정 양립을 통해 경력단절 없이 노동시장에 계속 참여할 수 있도록 보육정책을 정비하고 기업들이 여성 인재를 장기적으로 육성할 수 있도록 지원하였다.[39] 특히 산업정

38) 아베 정부가 '우머노믹스' 용어를 처음 사용하지는 않았지만, 여성친화적 노동시장정책을 경제성장 전략으로 강조하기 위해서 적극적으로 활용하였다.

39) 아베 정부 시기 동안 일본의 여성 노동시장 참가율(15~64세)은 2012년 63.4%에서 2020년 72.5%까지 증가했다(OECD, OECD Stat, "LFS by Sex and Age, Indicators," https://stats.oecd.org/index.aspx?queryid=64197(최종 검색일: 2021.12.15.)). 이러한 변화가 비교적 단기간 내에 나타난 것은 아베 정부가 추진한 경기회복 노력과 여성친화적 노동시장정책이 어느 정도 긍정적인

책을 총괄하는 경제산업성은 우수한 산업인재를 확보한다는 관점에서 여성, 고령자, 장애인, 외국인 등 다양한 인적자원의 활용을 강조하였다.[40] 보수적인 아베 정부가 여성친화적인 정책 슬로건을 발표한 배경에는 노동력 부족을 해소하여 경제회생을 달성하고자 하는 의도가 있었다.

2013년 7월 21일 참의원 선거에서 승리한 자민당-공명당 연립정부는 중의원과 참의원에서 모두 우위를 확보하며 분점국회 상황을 피할 수 있었고, 2014년 12월 14일 중의원 선거에서 자민당이 다시 승리를 거두며 아베 정부는 국정운영에 있어서 더욱 강력한 주도권을 가질 수 있었다. 아베 총리는 지속가능한 경제성장을 목표로 2015년 9월 아베노믹스 2단계를 선언하였는데, 새로운 세 가지 전략으로 '희망을 가지는 강한 경제(목표: GDP 600조 엔 달성),' '꿈을 실현하는 육아 지원(목표: 출산율 1.8),' '안심할 수 있는 사회보장(목표: 개호이직(介護離職) 제로 달성)'을 제시하였다.[41] 보수적인 아베 정부가 아베노믹스 2단계에서 사회복지 정책인 보육정책과 개호정책을 명시적으로 포함한 것은 저출산과 고령화로 대표되는 인구변화에 대응책을 마련하지 않고서는 지속가능한 성장을 달성하기 어렵다는 점을 인식하였음을 반영한다. 보다 구체적으로는 보육정책 확대를 통한 출산율 반등과 개호정책 정비로 여성들이 돌봄 부담 때문에 노동시장에서 이탈하는 것을 방지하고자 하였다.

영향을 가져왔다고 평가할 수 있다.

40) Jiyeoun Song, "Economic Empowerment of Women as the Third Arrow of Abenomics," pp.121~123.

41) 首相官邸, 「ニッポン一億総活躍プラン」, 2016, http://www.kantei.go.jp/jp/headline/ichiokusoukatsuyaku/index.html(최종 검색일: 2021.12.15.), 4쪽.

아베노믹스 2단계 달성을 구체화하는 방안으로 아베 정부는 2016년 6월 2일 각의 결정으로 '일본 일억 총활약 계획(ニッポン一億総活躍プラン)'을 발표하였다. 일본의 인구감소는 피할 수 없는 현실이라는 판단하에 향후 50년 뒤에도 전체 인구를 최소한 1억 명 수준으로 유지하고 성별, 나이, 장애, 질병 유무 등에 상관없이 인적자원을 최대한 동원하여 효율적으로 활용하는 것을 목표로 하였다.[42] '일본 일억 총활약 계획'에 포함된 주요 내용은 '일하는 방식의 개혁(働き方改革)'을 통해서 비정규직 노동자의 처우를 개선하고 불평등을 완화하며, 장시간 근로를 축소하여 노동자(특히 여성 노동자)가 일과 가정을 양립할 수 있도록 지원하고, 고령자의 취업을 지원하기 위해 노동시장 환경을 정비하고자 하였다.[43] 그리고 사회복지정책을 확대하여 합계출산율을 1.8까지 반등시키고 개호 부담으로 이직하는 노동자의 규모를 줄이고자 하였다. 흥미롭게도 아베노믹스 2단계의 노동시장과 사회복지정책 역시 산업정책 관점에서 인적자본의 적극적 활용을 제안한 경제산업성이 주도적으로 이끌었다.[44]

아베 정부가 여성과 고령자의 노동시장 참여를 확대하여 노동력 공급 부족을 해소하고자 하였지만, 중소기업 및 지방에서는 여전히 심각한 구인난을 겪었다. 국내의 인적자원을 활용하는 방안이 한계에 이른

42) 首相官邸, 「ニッポン一億総活躍プラン」, 3쪽.
43) 首相官邸, 「ニッポン一億総活躍プラン」, 7~9쪽.
44) 二木立, 『二木立の医療経済・政策学関連ニューズレター(通巻198号)』, 2021, http://www.inhcc.org/jp/research/news/niki/20210101-niki-no198.html#toc1 (최종 검색일: 2022.02.09.).

상황에서 결국 아베 정부는 외국인 노동자 고용 확대를 결정하였다. 급속한 경제발전과 산업구조 변화로 3D업종에서 충분한 노동력을 확보할 수 없게 되자 일본 정부는 1980년대 후반부터 저숙련 외국인 노동자를 산업현장에서 활용할 수 있도록 허용하였다. 1989년 '출입국관리 및 난민인정법(出入国管理及び難民認定法)' 개정을 통해 20세기 초반 라틴 아메리카로 이주한 일본인 이민자 3, 4세인 닛케이진(日系人)이 장기체류 비자를 발급받아 일본에서 저숙련 일자리를 쉽게 구할 수 있도록 허용하였다.[45] 그리고 1993년 '외국인 기능실습제도(外国人技能実習制度)'를 도입하여 저숙련 외국인 노동자를 제조업 분야에서 실습생으로 고용하였고 그 적용 범위를 노동력 공급이 부족한 농업, 수산업 등 다른 산업까지 점차 확대하였다. 일본 기업들이 생산현장에서 저숙련 외국인 노동자를 광범위하게 고용하고 있음에도 불구하고 정부는 외국인 노동자 정책을 공식적으로 인정하지는 않았다. 이는 일본 사회의 문화적 인종적 동질성을 강조하는 여론과 보수주의적 정치인과 정당의 반발을 우려한 결과라고 볼 수 있다.

저출산 · 고령화로 인구구조 변화가 가속화되면서 노동력 부족은 더욱 심각해졌는데 장기불황에서의 탈출과 경기회복을 최우선으로 하는 아베 정부는 산업현장에서 필요한 인적자원을 확보하기 위해 외국인 노동자를 적극적으로 활용하는 방안을 추진하였다. 2018년 2월 아베 총리가 의장으로 참석하는 경제재정자문회의(經濟財政諮問會議)에서 특

45) 일본 정부는 일본계 이민자의 후손이 모국을 방문하여 일본어와 일본 문화를 학습할 수 있는 기회를 제공한다는 명목으로 관련 정책을 추진하였다.

화된 전문기술을 가진 외국인 노동자의 고용 확대를 발표하였고 이후 정부 내에서 외국인 노동자 정책에 대한 논의를 신속하게 진행하였다. 자민당 역시 외국인 노동자 고용 확대 방안을 검토하였지만, 구체적인 안에서는 경제재정자문회의가 제안한 내용과 크게 다르지 않았다. 아베 총리가 2018년 9월 자민당 총재 선거에서 세 번째 연임에 성공하면서 외국인 노동자 정책에 대한 논의는 가속화되었다. 아베 총리는 자민당, 정부 부처 및 의회에 대한 강력한 정책 주도권을 확보하면서 정치적으로 상당히 논쟁적인 외국인 노동자 정책을 단기간 내에 일방적으로 통과시켰다.[46] 2018년 12월 아베 정부가 다시 개정한 '출입국관리 및 난민인정법'은 일본의 외국인 노동자 정책에 있어서 중요한 전환점이었다. 저숙련 외국인 노동자를 실습생으로 고용했던 외국인 기능실습제도와 달리 개정안은 일정 수준의 기술 숙련도를 가진 외국인 노동자를 공식적으로 고용하고 허용 규모를 확대하는 것을 목표로 하였다. 그리고 제한적이기는 하지만 자격요건이 되는 외국인 노동자가 가족을 초청하는 것을 허용하였고 이들이 영주권 신청을 위한 체류자격 요건을 획득할 수 있도록 제도를 정비하였다. 아베 총리는 경제회생을 달성하기 위해서 총리와 관저 주도의 중앙집중적 정책결정 방식을 활용하여 주요한 정치적 지지기반인 보수세력이 반대하는 외국인 노동자 정책을 과감하게 추진하였다.

아베 정부의 노동시장 정책에도 불구하고 여성, 고령자 등의 비노

46) Jiyeoun Song, "The Political Dynamics of Japan's Immigration Policies during the Abe Government," *Pacific Focus* 35(3), 2020, pp.629~631.

동인구를 노동인구(labor force)로 전환하는 방식으로는 장기적인 노동력 부족 문제를 해결하기 어렵고, 외국인 노동자 대부분은 저임금 일자리에 종사하며 생산성이 낮다는 한계가 있다. 따라서 근본적으로는 노동시장 개혁을 통한 총공급 제약 문제를 극복해야만 일본 경제의 생산성을 향상할 수 있다는 견해도 있다.[47] 이러한 노동시장 개혁 논의는 아베 정부가 '초(超)장수 시대'를 대비하기 위해서 관저 산하에 설치한 '인생 100년 시대 구상회의(人生100年時代構想会議)'에서 '인재만들기 혁명(人づくり革命)'이라는 인적자본투자 전략에 대한 논의로 연결되었다.

4.2. 고령자의 노동시장 참여 확대

일본에서 고령자의 노동시장 참여 확대는 인구변화 시대에 노동력 부족을 해소하고 고령화로 인한 사회복지지출 증가를 억제할 수 있는 효과적인 방안으로 고려되었다.[48] 정부는 1980년대 중반부터 정년연장 등으로 노동자의 은퇴 시기를 늦추면서 고령자들이 노동시장에 참여하는 방안을 적극적으로 지원하였다. 1986년 '고령자 등의 고용 안정 등에 관한 법률(이하 고령자고용안정법)(高年齢者等の雇用の安定等に関する法律)'을 통해서 정년이 있는 경우에는 60세 이상이 되도록 하는 노력

---

47) 이창민, 「디플레이션 탈출을 겨냥한 아베노믹스」, 박철희 외 엮음, 『아베시대 일본의 국가전략』, 서울대학교 출판부, 2018, 268~271쪽.

48) 일본에서 65세 이상 고령인구의 노동시장 참가율은 2020년 기준으로 25.5%를 기록하고 있는데 프랑스 3.4%, 독일 7.4%, 영국 10.7%, 미국 19.4%, OECD 평균 15.3%와 비교해서 상당히 높은 수준이다(OECD, OECD. Stat, "LFS by Sex and Age, Indicators," https://stats.oecd.org/index.aspx?queryid=64197 (최종 검색일: 2021.12.15.)).

의무를 포함하였고, 1994년에는 '고령자고용안정법' 개정으로 1998년 4월부터 정년을 60세로 의무화하였다.[49] 이후 2004년 '고령자고용안정법'을 다시 개정하여(2006년 4월 1일부터 시행) 기업은 정년 폐지, 65세까지 정년연장, 계속고용제도 중 하나를 의무적으로 실시하도록 규정하였다. 2012년에는 관련 법안을 다시 개정하여 기업과 노동자의 논의를 통해서 선택적으로 시행했던 계속고용제도를 희망하는 모든 노동자에게 적용할 수 있도록 법제화하였다.[50]

인구구조 변화로 나타나는 사회경제적 문제를 해결하기 위해서 아베 정부는 2017년 9월 11일 '인생 100년 시대 구상회의'를 설치하였다. 그 해 10월 중의원 총선거에서 승리한 이후 아베 총리는 '인생 100년 시대 구상회의'를 중심으로 평균수명 100세 이상 초장수 시대를 준비하기 위한 보다 적극적 대처를 주문하였다. '인생 100년 시대 구상회의'에서 제안한 핵심 내용은 '인재만들기 혁명'에 기반한 인적자본 투자 및 활용을 중심으로 성장전략을 추진하고 새로운 산업구조와 생산시스템 기반을 확충하기 위한 인재육성을 목표로 하였다.[51] 보육과 교육에 있어서 가

---

49) '고령자 등의 고용 안정 등에 관한 법률 (이하 고령자고용안정법) 「高年齢者等の雇用の安定等に関する法律」(高年齢者雇用安定法)'은 '중고연령자 등의 고용 촉진에 관한 특별조치법(「中高年齢者等の雇用の促進に関する特別措置法」)'을 전면개정하는 방식으로 1986년 제정되었다.

50) 김명중, 「일본의 정년제도와 최근의 동향」, 『국제노동브리프』 8권 9호, 2010, 32쪽; 김명중, 「일본 정부의 점진적 은퇴 및 정년연장 대책과 한국에 주는 시사점」, 『국제노동브리프』 18권 1호, 2020, 8~9쪽; 厚生労働省, 『令和2年版厚生労働白書』, 28쪽.

51) 三浦まり・濵田江里子, 「日本における社会的投資戦略の静かな浸透?" 三浦まり編」, 『社会への投資: 〈個人〉を支える 〈つながり〉を築く』, 東京: 岩波書店, 2018, 150~152쪽; 송지연, 「저출산・고령화 시대 아베 정부의 성장전략」, 『한국과

정의 재정부담을 경감하여 저출산 문제를 해결하고자 하였다. 그리고 대학교육 개편과 사회인 및 직장인 대상의 재교육 확대를 통해서 노동생산성을 향상하며 새로운 산업 분야로 진출하는 것을 지원하고자 하였다. 학교를 졸업한 직후 취업한 직장에서 정년까지 근무하는 단선적인 경력개발이 아니라 다양한 형태의 고용과 교육 및 학습 기회를 제공한다는 측면에서 '인재만들기 혁명'은 연공서열과 종신고용으로 대표되는 일본식 고용시스템에 대한 중대한 도전으로 인식되었다. 특히 '인생 100년 시대 구상회의'에서는 고령자가 노동시장에 계속 참가할 수 있는 환경을 정비하고 정년을 65세에서 70세까지 연장하는 방안을 구체적으로 논의하였다.[52] 이는 아베 정부의 연금개혁안과 연동하여 사회복지지출 증가를 억제하기 위한 노력으로 함께 추진되었다.

'인생 100년 시대 구상회의' 논의를 바탕으로 아베 정부는 2020년 2월 4일 각의 결정을 통하여 '고령자고용안정법'을 다시 개정하여 노동자가 70세까지 일할 수 있도록 기업의 노력 의무를 규정하였다. 2021년 4월부터 시행되고 있는 '고령자고용안정법' 개정안은 기업의 정년연장에 대한 반발을 고려하여 기업의 실시 의무보다는 다소 완화된 노력 의무로 규정하였다. 또한 정년연장, 정년폐지, 계속고용제도에 더하여 다른 기업에 재취업, 프리랜서, 창업지원, 사회공헌 활동에 대한 기여 등도 포함하는 방식으로 고령자의 노동시장 참여를 적극적으로 지원하고자 하였다.

국제정치』 35권 3호, 2019, 178쪽에서 재인용.

52) 首相官邸, 人生100年時代構想会議, 「人づくり革命 基本構想」, 2018, https://www.kantei.go.jp/jp/singi/jinsei100nen/pdf/torimatome.pdf(최종 검색일: 2021.12.15.).

일반적으로는 후생노동성 산하 고용정책심의회(雇用政策審議会)에서 고령자 고용지원 정책을 논의했다면, 아베 정부 시기에는 총리가 의장으로 참여하고 관저 산하에 설치한 '인생 100년 시대 구상회의'가 주도하였다. 아베 정부 시기의 주요 정책은 총리와 관저 주도의 중앙집중적인 의사결정 방식으로 다른 정책들과의 연계성을 고려하여 추진되었는데 이는 정년을 70세로 연장하는 방안과 연동한 연금개혁에서도 유사한 방식으로 나타났다.

4.3. 사회복지정책: 복지재정 안정화와 복지정책 수혜 대상 확대

아베 정부가 노동시장에서 인적자원을 효율적으로 활용하여 생산성을 향상하고 노동력 부족을 해결하고자 했다면, 사회복지정책을 통해서는 재정건전성을 확보하고 사각지대를 해소하는 것에 우선순위를 두었다. 또한 전후 일본의 노동시장과 사회복지정책은 전일제 정규직 남성 생계부양자 모델을 중심으로 발전했는데 이러한 제도적 틀은 여성, 고령자의 노동시장 참여 확대, 비정규직 노동자 증가 등의 새로운 사회경제적 현상을 제대로 반영하지 못했다. 따라서 최근의 노동시장 변화 속에서 사회안전망을 재조정하는 방안 역시 주요하게 논의되었다.

일본의 사회복지지출은 고령화가 진행되면서 빠르게 증가했는데 공적연금, 의료보험, 개호보험 등 고령자 대상의 사회복지프로그램이 높은 비중을 차지하였다. 1990년 일본의 사회복지지출 전체 규모는 47.4조엔, GDP 대비 비중은 10.5% 수준이었으나 2017년 사회복지지출은 117.1

조 엔, GDP 대비 비중은 21.4%까지 증가하였다. 전체 사회복지지출 중에서 고령자와 관련한 비중은 1989년 57.5%에서 2017년 66.3%로 늘어났다. 주요 항목별로 살펴본다면 2017년 기준으로 공적연금은 45.6%, 의료보험은 32.8%, 개호보험은 8.4%를 각각 구성하고 있다. 의료보험은 연령 제한이 있는 사회복지제도는 아니지만 65세 이상 고령자가 다른 연령대에 비해서 1인당 의료비 지출이 4배 정도 높다는 점에서는 공적연금, 개호보험과 마찬가지로 고령자 중심으로 운영되고 있다고 평가할 수 있다.[53] 고령화로 인한 사회복지비용의 증가는 특히 저성장 시기로 접어든 일본의 국가 재정에 커다란 부담이 되었다.

일본 정부는 기초연금을 도입한 1985년 이후 여러 차례 연금개혁을 추진하였는데 보수적인 자민당 정부는 보험료율 인상, 급여액 축소, 수급개시연령 연장 등을 통해서 연금재정 안정화를 강조하였다. 아베 정부는 두 번의 연금개혁을 추진했는데 2016년 연금개혁에서 임금변화를 거시슬라이드 제도에 연동하는 방안을 도입하였다. 이전에는 물가와 인구변화에 따른 연금 수령액 조정이 있었다면 새로운 거시슬라이드 제도 하에서는 임금이 감소하면 연금 수령액 역시 감소하여 연금이 삭감되는 효과를 가져올 것으로 예측되었다.[54] 이후 아베 정부는 2019년 9월 관저 산하 '전세대형 사회보장 검토회의(全世代型社会保障検討会議)'를 통해서 정년연장과 연동한 새로운 연금개혁을 추진하였다. 주요 배경으로는 1947년에서 1949년 1차 베이비붐 시기에 태어난 단카이 세대가 2022년

53) 厚生労働省, 『令和2年版厚生労働白書』, 118~120쪽.
54) 송지연, 「일본 연금개혁의 정치경제」, 93~99쪽.

을 시작으로 75세 이상 고령기로 접어들고, 1971년에서 1974년 2차 베이비붐 시기에 출생한 단카이 주니어 세대가 2030년대 중반에는 65세 이상 고령자가 되는 상황에서 공적연금, 의료보험, 개호보험 등의 사회복지 지출 증가는 일본이 당면한 긴급한 문제로 부상하였다. 실버 민주주의가 고령자에 대한 사회복지지출 축소를 반대할 수도 있지만, 일본의 급격한 인구변화로 인한 사회복지비용 증가는 재정건전성에 대한 논의를 확산시키면서 사회복지개혁에 대한 반발을 어느 정도 억제하였다.

아베 총리가 의장으로 참석한 '전세대형 사회보장 검토회의'에서는 공적연금, 의료보험, 개호보험, 저출산 문제 등 사회복지정책 전반에 대한 개혁안이 논의되었다. 2019년 12월 19일 발표한 '전세대형 사회보장 검토회의' 중간보고서에는 고령자의 정년연장 및 연금개혁이 주요하게 언급되었다는 점에서 급격한 고령화에 대응하기 위한 사회복지제도 개혁이라는 점을 알 수 있다.[55] 주요 내용은 정년을 70세까지 연장하여 고령자의 연금 수령 연령을 최대한 늦추고, 고령자들이 은퇴 후 노동시장에 참가하더라도 연금 수령액이 감소하지 않도록 소득 기준을 조정하여 경제적 동기부여를 강화하고자 하였다.

아베 정부의 논의를 구체적으로 살펴보면 연금재정 안정화 및 연금의 사각지대 해소를 위한 정책을 진행하였다. 첫째, 연금을 수령할 수 있는 연령을 60~70세에서 60~75세로 연장하였다. 이는 정년연장이라는 노

55) 首相官邸, 全世代型社会保障検討会議, 「全世代型社会保障検討会議中間報告(令和元年12月19日)」, 2019, https://www.kantei.go.jp/jp/singi/zensedaigata_shakaihoshou/ pdf/cyukanhoukoku_r011219.pdf(최종 검색일: 2021.12.08.).

동시장의 제도적 변화에 대응하는 측면도 있지만, 고령자가 최대한 연금을 늦게 받도록 하여 사회복지지출 증가를 억제하고자 하는 의도가 포함되었다. 둘째, 고령자가 재직기간 동안 연금을 받을 수 있는 소득 기준을 조정하여 연금 수령액이 감소하는 지점을 월소득 28만 엔에서 47만 엔으로 상향하였다. 반면 60~64세 노동자 중에서 월소득 28만 엔을 초과하면 연금 수령액이 감소하도록 하여 고령자가 늦게까지 노동시장에 참여하도록 경제적 인센티브를 조정하였다. 셋째, 개인이 사적연금에 가입할 수 있는 연령을 기업형은 65세 이하에서 70세 이하, 개인형은 공적연금에 가입하고 있는 60세 이하에서 65세 이하로 각각 상향 조정하여 고령자의 노후보장 방안을 강화하였다. 마지막으로 인구변화와 직접적으로 관련되어 있지는 않지만, 단시간 노동자의 사회보험 적용 범위를 확대하여 주 20시간 이상 근무자는 후생연금보험과 의료보험에 피보험자로 가입할 수 있도록 허용하였다. 2016년 10월부터 500인 이상의 대기업에 근무하는 단시간 노동자를 대상으로 제도를 적용하였고 2022년 4월 이후는 100인 이상, 2024년 이후는 50인 이상 중소기업까지 적용 범위를 확대하여 불안정한 일자리에 종사하는 단시간 노동자가 사회안전망의 혜택을 받을 수 있도록 하였다. 공적연금의 사각지대 해소는 민주당 정부 시기 추진했던 연금개혁에서 중점적으로 논의했던 내용으로 아베 정부 시기에는 적용 대상을 대기업에서 중소기업까지 확대하는 방향으로 진행되었다.[56]

---

56) 厚生労働省年金局, 「年金制度の機能強化のための国民年金法等の一部を改正する法律参考資料集(令和2年法律第40号、令和2年6月5日公布)」, 2020, https://www.

2019년 12월 '전세대형 사회보장 검토회의'가 제안한 연금개혁안에 따르면 고령자가 노동시장에 계속 참가할 수 있도록 경제적 동기를 부여하고 연금 수급개시연령을 늦추어서 연금재정을 안정화하고자 했다. 연금개혁은 후생노동성 산하의 사회보장심의회 연금부회(社会保障審議会(年金部会))가 주도하였지만, 아베 정부 시기에는 '전세대형 사회보장 검토회의'를 중심으로 총리와 관저가 주도하는 방식으로 진행되었다. 흥미롭게도 연립정부 파트너인 공명당은 아베 정부의 연금개혁안에 대해서 크게 반대하지 않았다. 이는 아베 정부의 개혁안이 거시슬라이드 수정을 통한 연금 수령액 산정 방식 변화, 정년연장과 연계한 연금 수급개시연령 연장 등의 방식으로 진행되었기 때문에 고령자의 경제적 부담 증가에 대한 반발은 크게 우려할 상황은 아니었던 것으로 판단한 것이 아닌가 한다.

인구 고령화가 진행되면서 의료비 지출 역시 계속해서 증가하였고 고이즈미 정부는 이를 해소하기 위해서 2006년 의료보험을 개혁하여 2008년 4월부터 의료비 지출 비중이 높은 75세 이상 고령자를 대상으로 '후기 고령자 의료제도(後期高齢者医療制度)'를 도입하였다. 은퇴한 고령자들 대다수가 가입하고 있는 지역의료보험 조합의 재정건전성을 확보하고 현역 세대에 대한 의료보험료 부담이 가중되지 않도록 75세 이상 고령자도 진료비의 일정 부분(10%)을 본인이 부담하도록 결정하

---

mhlw.go.jp/content/12500000/000636614.pdf(최종 검색일: 2021.11.29.); 厚生労働省, 「平成28年10月から厚生年金保険・健康保険の加入対象が広がっています!(社会保険の適用拡大)」, https://www.mhlw.go.jp/stf/seisakunitsuite/bunya/2810tekiyoukakudai.html(최종 검색일: 2021.11.29.).

였다.[57] 또한 지역의료보험 조합은 시구정촌이 운영 주체인데 이들 간의 보험료 격차가 다섯 배가 날 정도로 지방자치단체 간의 재정건전성 차이가 심각하였다. 이러한 문제를 일부 해소하기 위해서 후기 고령자 의료제도는 도도부현(都道府県) 광역 지방자치단체가 운영 주체로 동일한 행정구역 내에서는 소득 등의 조건이 일치하면 동일한 보험료를 청구하도록 하여 광역 지방자치단체 간의 보험료 격차를 두 배 정도로 유지하는 것을 목표로 했다.[58]

의료비 지출 억제 노력에도 불구하고 고령자에 대한 의료비 부담은 빠르게 증가하였다. 의료비 지출은 절대적인 금액과 GDP 대비 비중이 모두 증가하였는데 GDP 대비 의료비 비중은 2008년 6.8%에서 2018년 7.9%까지 늘어났고, 특히 75세 이상 고령자의 경우 전체 의료비에서 차지하는 비중이 상당히 높은데 2018년 기준 전체 의료비 43.4조 엔 중에서 16.4조 엔으로 37.8%를 차지하였다.[59] 고령자에 대한 의료비 부담을 줄이기 위해서 아베 정부는 '전세대형 사회보장 검토회의'를 활용하여 후기 고령자 의료제도에서 고령자의 자기부담 비율을 인상하는 방안을 논

---

57) 후기 고령자 의료제도 재원은 국가, 도도부현, 시구정촌 등 공적 지원 50%, 의료보험 조합 지원금 40%, 후기 고령자 의료제도에 가입한 피보험자의 보험료 10%로 구성되어 있다(김명중, 「일본의 후기고령자의료보험제도의 실시와 문제점」, 『국제노동브리프』 6권 7호, 2008, 107쪽).

58) 김명중, 「일본의 후기고령자의료보험제도의 실시와 문제점」, 105쪽; 박명희, 「일본의 고령자 의료제도 개혁과 비난회피의 복지정치」, 『담론』 17권 4호, 2014, 184쪽.

59) 首相官邸, 全世代型社会保障検討会議, 「第4回 全世代型社会保障検討会議 資料1: 基礎資料」, 2019, https://www.kantei.go.jp/jp/singi/zensedaigata_shakaihoshou/dai4/siryou1.pdf(최종 검색일: 2021.12.15.).

의하였다.

기존의 제도에서는 현역 세대와 비슷한 수준의 소득이 있는 75세 이상 고령자는 의료비 본인부담률 30%가 적용되었고, 그 이외의 대상자에게는 본인부담률 10%가 적용되었다. 아베 정부는 고령자의 본인부담률을 인상하는 방안을 논의했는데 재무성은 후기 고령자 의료제도의 재정안정화를 위해서 75세 이상 고령자 전체를 대상으로 본인부담률을 10%에서 20%로 인상하는 안을 제시하였다. 그러나 재무성의 인상안은 고령자의 반발을 우려한 정치적 고려로 수용되지 않았고 최종적으로는 소득 기준에 따른 본인부담률을 인상하는 방안으로 결정되었다. 보험료 인상을 위한 소득 기준을 검토한 후생노동성은 다섯 단계의 과세소득 기준 및 각각의 기준에서 적용되는 고령자 비율을 제시하였다. 본인의 수입 연간 240만 엔 이상을 기준으로 한다면 상위 20%, 220만 엔 이상의 경우 상위 25%, 200만 엔 이상은 상위 30%, 170만 엔 이상은 상위 38%, 155만 엔 이상은 상위 44% 정도가 의료비 본인부담률 20% 대상이 된다고 보았다. 공명당은 후기 고령자 의료제도의 본인부담률 인상안에는 동의했지만, 소득 기준에 있어서는 연립정부를 구성하는 자민당과 이견을 보였다. 도시 저소득 계층이 주요 지지기반인 공명당은 최상위 집단인 240만 엔 이상에 대해서만 본인부담률 인상을 요구했지만, 확대 범위가 너무 제한적이었기 때문에 자민당은 공명당의 요구를 수용하지 않았다. 아베 정부 시기에 시작한 후기 고령자 의료제도 개혁안은 2020년 12월 10일 스가 요시히데(菅義偉) 총리와 나츠오 야마구치(山口那津男) 공명당 대표의 회동에서 후생노동성이 제시한 다섯 단계의 소득 기준 중에서 중간값인 200만 엔 이상에 대해서 본인부담률을 20%로 인상하는 방안으로 결정하였고 2022년 시행을 예고하였다.[60] 최종적으로 75세 이상 고령자 중에서 현역 수준의 소득자는 이전과 마찬가지로 본인부담율 30%가 적용되었다. 개인 과세소득이 월 28만 엔 이상 및 연소득 200만 엔 이상(부부 합산의 경우 320만 엔 이상)은 본인부담률을 20%로 인상하고, 그 이외는 10%로 유지함으로써 75세 이상 고령자의 본인 의료비 부담을 일부 상향 조정하는 결과를 가져왔다.[61]

사회복지 축소기에는 정치인들은 최대한 책임회피 전략을 선택하여 정치적 반발을 피하고자 하지만, 아베 정부 시기에는 정치적으로 위험할 수 있는 노동시장과 사회복지정책을 추진하였다. 아베 총리의 개인적인 리더십 영향일 수도 있지만, 제1기 아베 정부가 1년 만에 단명했다는 점을 고려한다면 설명력이 충분하지는 않다. 아베 정부의 인구구조 변화에 대한 대응 전략은 총리와 관저 주도의 정책결정이라는 정치적 변수를 통한 설명이 적실성이 높다. 아베 총리가 재집권한 2012년 이후에는 총리와 관저의 역할 및 기능을 강화하기 위한 정부 조직 재편을 단행하였다. 또한 아베 총리는 자민당 총재에 세 번째 연임에 성공하면서 당내 영향력을 강화하였고 전국 선거에서 자민당은 연승을 기록하면서 의회에서 주도권을 확보할 수 있었다. 저출산・고령화 문제는 아베

60) Asahi Shimbun, "Medical Fees for People 75 and Older Expected to Go Up in 2022," *Asahi Shimbun,* December 1, 2020.

61) 首相官邸, 全世代型社会保障検討会議,「全世代型社会保障改革の方針」, 2020, https://www.kantei.go.jp/jp/singi/zensedaigata_shakaihoshou/pdf/kaikakuhosin_r021215.pdf(최종 검색일: 2021.12.08.).

정부가 새롭게 당면한 과제는 아니지만 이에 대한 대응 전략은 상당히 신속하게 추진되었고 개별적인 사안으로 접근한 것이 아니라 여러 논의를 종합적으로 고려하였다는 점에서 주목할 수 있다. 전통적으로 일본의 노동시장과 사회복지정책 개혁은 후생노동성의 관련 부서와 심의회가 주도했다면 아베 정부 시기에는 관저 주도의 위원회를 중심으로 정책이 논의되고 추진되었다. 주요 의사결정이 부처에서 총리와 관저로 이동한 것은 일본의 정책결정 방식이 변화했다고 평가할 수 있다.

5. 포스트 아베와 기시다 정부의 신자본주의

2020년 9월 아베 정부를 이어받아 집권한 스가 정부는 '자조 · 공조 · 공조(自助 · 共助 · 公助)'를 새로운 사회상으로 강조하였다. 개인의 노력을 최우선으로 지역사회가 지원하며 정부의 사회안전망 제공이라는 신자유주의적 사회복지정책의 방향성을 강화하는 것으로 평가되었다. 그리고 아베 정부가 일본의 사회복지정책 개편을 위해서 설치한 '전세대형 사회보장 검토회의'는 아베 총리가 퇴임한 이후인 2020년 12월 '전세대 보장형 사회보장(안)' 발표를 통해서 주요 사회복지정책에 대한 개혁안을 제시하였다. 인구 고령화로 급증하는 사회복지비용의 증가 속도를 완화하기 위해서 재정건전성 확보에 우선순위를 두었다. 또한 보수주의 정당의 정책선호를 반영하듯이 보편적인 복지보다는 소득에 따른 선별적인 복지가 강화되고 '자조' 원칙이 강조되면서 자유주의 복지

국가 모델의 특징이 강화되고 있음을 알 수 있다. 그러나 코로나19 팬데믹 상황속에서 집권한 스가 총리는 1년 만에 퇴진을 결정하면서 구체적인 사회복지정책 개혁안을 제시하지는 못했다.

2021년 10월 스가 총리의 후임으로 취임한 기시다 후미오(岸田文雄) 총리는 '새로운 자본주의(新しい資本主義)'라는 슬로건을 제시하며 신자유주의적 정책의 문제점을 극복하고 중산층을 보호하는 것을 강조하였다.[62] 코로나19 팬데믹 극복을 위한 주요 정책으로 성장과 분배 두 축을 강조하였고 분배전략에서는 임금인상, 인재육성을 위한 인적투자 강화 및 노동이동 활성화, 일하는 방식의 개혁 등을 통해서 노동시장 불평등을 해소하고 노동자들의 생활 수준을 향상하고자 하였다.[63] 아직 '새로운 자본주의'를 달성하기 위한 구체적인 정책이 발표된 것은 아니지만 보수적인 기시다 정부가 분배를 강조하였다는 점은 주목할 부분이다. 이러한 정책 기조를 바탕으로 전임자들의 사회복지정책에 대한 논의를 계승하기 위해서 기시다 정부는 2021년 11월 9일 '전세대형 사회보장 구축회의(全世代型社会保障構築会議)'를 처음 개최하였다. 인구구조 변화에 직면한 일본의 사회복지정책을 검토한다는 측면에서는 이전 자민당

---

62) 한의석, 「팬데믹 속의 2020 도쿄올림픽과 일본의 국내정치」, 『일본연구논총』 54호, 2021, 109쪽; 内閣官房, 「緊急提言~未来を切り拓く「新しい資本主義」とその起動に向けて~ 第2次 新しい資本主義実現会議」, 2021a, https://www.cas.go.jp/jp/seisaku/atarashii_sihonsyugi/pdf/kinkyuteigen_honbun_set.pdf(최종 검색일: 2021.12.17.); 内閣官房, 「新しい資本主義実現会議」, https://www.cas.go.jp/jp/seisaku/atarashii_sihonsyugi/index.html(최종 검색일: 2021.12.17.).

63) 内閣官房, 「コロナ克服・新時代開拓のための経済対策の概要(内閣府HP)」, 2021, https://www5.cao.go.jp/keizai1/keizaitaisaku/2021/20211119_taisaku_gaiyo.pdf(최종 검색일: 2022.03.06.).

정부가 추진한 방향과 큰 차이는 없다. 그러나 아베 정부와 스가 정부 시기에는 관저 산하의 '전세대형 사회보장 검토회의'에 총리가 의장으로 참석하여 사회복지정책 개혁을 논의하였다면, 기시다 정부 시기에는 야마기와 다이시로(山際大志郎) 내각부 특명담당대신이 '전세대형 사회보장 구축회의' 의장을 맡으면서 정부 조직 내 위상과 비중이 낮아졌다. 또한 총리를 포함한 다수의 내각 대신들이 위원으로 참석했던 것과는 달리 기시다 정부의 '전세대형 사회보장 구축회의' 참석자 대부분은 학자, 연구자 등으로 구성되어 있어 정책에 대한 전문성은 확보할 수 있지만 정책 변화를 추진할 수 있는 정치적인 영향력은 상대적으로 약화되었다고 볼 수 있다.[64)]

6. 아베 정부 정책적 대응의 성과와 한계

인구변화는 여러 선진국 역시 공통적으로 경험하고 있는 구조적 전환이다. 그러나 일본을 주목할 필요가 있는 것은 변화의 속도가 다른 선진국과 비교해서 상당히 빠르고 이미 인구감소 시대로 접어들었다는 점이다. 일본 정부는 상당히 오래전부터 저출산 · 고령화의 속도를 늦추기 위해서 다양한 정책을 추진했지만 중요한 변화를 가져오지는 못했다. 현재는 인적자원을 최대한 활용하여 노동력을 확보하고 생산활동에 투

64) 内閣官房, 「全世代型社会保障構築会議」, https://www.cas.go.jp/jp/seisaku/zensedai_hosyo/index.html(최종 검색일: 2021.12.05.).

입하는 방안에 중점을 두고 있다. 이는 생산가능인구의 비중이 감소하는 영향을 최소화하고 사회복지비용을 위한 조세 확보를 목표로 한다. 또한 고령화로 발생하는 사회복지비용 지출 증가를 억제하기 위해서 사회복지제도 개혁을 추진하고 있다.

2012년 출범한 아베 정부는 세계 최고령 국가 일본이 당면한 사회경제적 문제를 노동시장과 사회복지정책을 통해서 적극적으로 해결하고자 하였다. 아베 정부 시기에 강화된 총리와 관저 주도의 중앙집중적 정책결정방식은 인구변화에 신속하고 포괄적인 대응을 가능하게 하였다. 이는 정부의 대응이 인구구조 변화에 대한 기능적인 대처라는 설명보다는 정치적인 변수에 의해서 주요하게 영향을 받는다는 점을 강조한다. 그럼에도 불구하고 증가하는 고령자를 대상으로 하는 사회복지정책의 축소 또는 복지혜택 삭감은 점진적으로 진행할 수밖에 없는 한계가 있다. 아베 정부 역시 이러한 제약 조건 하에서 저출산·고령화 사회에 대한 대응 전략으로 노동시장과 사회복지정책을 추진하였다.

일본의 인구변화에 대한 대응책은 급격한 저출산·고령화를 경험하고 있는 한국에 중요한 정책적 함의를 제공한다. 당면한 인구문제를 해결하기 위해서 한국 정부 역시 2000년대 초반 이후 다양한 정책을 통해서 저출산 문제해결을 최우선 해결과제로 상정하고 있지만 합계출산율은 더욱 가파르게 감소하고 있다. 반면 고령화는 가속화되면서 생산가능인구 비중이 감소하기 시작했고 사회복지비용은 빠르게 증가하고 있다. 이러한 인구문제에 대한 해결책으로 정년연장, 연금제도 개혁 등에 대한 논의를 시작했는데, 정책의 변화가 가져오는 비용과 혜택을 배분하는 과정에서 상당한 정치적 사회적 갈등이 나타날 위험이 높다. 일본 사례에서 볼 수 있듯이 중앙집중적 의사결정 과정과 노동시장과 사회복지정책의 유기적 연계성을 통해서 정책 변화의 속도와 범위에 영향을 줄 수 있다. 다만 노동시장과 사회복지정책과 같이 다양한 이해당사자가 있는 영역에서는 갈등과 이해관계를 조율하는 과정이 필요하고 이를 통한 변화를 모색하는 것이 현실적인 대응 전략이 될 수 있을 것이다.

현대일본생활세계총서 18

일본자본주의 위기, 새로운 자본주의의 기회인가?

‘일본적’ 고용시스템 재고, 진화인가 전환인가?*

여인만

1. 왜 일본적 고용시스템인가?

1980년대까지 개발도상국뿐만 아니라 선진국 경제에게도 선망의 대상이었던 일본 경제, 일본 자본주의가 위기를 맞고 있다는 지적이 장기간 지속되고 있다. 버블 붕괴 후 1990년대의 경기침체가 일시적인 조정국면에 불과하다는 견해를 전제로 하는 ‘잃어버린 10년’은 그 후 터널의 끝을 보이지 않은 채 ‘잃어버린 20년’ ‘잃어버린 30년’으로 연장되어, 일본경제가 더 이상 성장국면으로의 전환은 가능하지 않다는 견해를 대표하는 용어로 사용되게 되었다.

이 장에서는 이러한 장기불황 과정에서 성장기 일본경제의 특징적

* 이 글은 『일본연구』(37호, 고려대학교 글로벌일본 연구원, 2022)에 「장기불황기 일본 고용형태의 변화와 그 의미」란 제목으로 실린 필자의 논문을 단행본의 취지에 맞춰 일부 수정 · 보완한 것이다.

인 요소들이 어떻게 변화·변용되고 있는지, 혹은 그 특징적 요소들이 장기불황에 어떠한 영향을 미치는지에 대해 고용시스템을 중심으로 검토해보고자 한다. 사실 고용시스템은 기업지배구조 및 생산시스템과 관련되는 '일본적 경영'의 핵심 구성요소이고[1], 그 일본적 경영은 일본경제의 고성장 및 안정성장의 주요한 요인으로 간주되었다.[2] 그러한 고용시스템의 대표적인 구성요소는 장기고용, 연공임금, 기업별노조(노사협조주의)라는 '3종의 신기'인데, 이 장에서는 주로 장기고용에 관련된 내용을 중심으로 살펴보고자 한다.

통상적으로 '종신고용'이라고도 불리는 이 장기고용은 일본경제의 장기불황의 '주범'으로 자주 거론되지만, 사실 본문에서 자세하게 소개하듯이, 고성장기에는 일본 경제 혹은 주요 산업의 높은 경쟁력 원천으로 알려졌다. 그런데 1990년대 이후 일본경제의 퍼포먼스가 악화되고, 또한 2000년대 들어 다양한 노동관련 규제 완화 정책이 시행되면서 종래의 '일본적 고용시스템'의 전환 혹은 폐기가 주장되게 되었다.

이러한 상황을 염두에 두면서 이 장에서는 이러한 변화가 갖는 의미를 일본적 고용시스템의 관계 속에서 재검토하기로 한다. 이 장의 구

---

1) 이에 대한 자세한 내용은, 日本経営学会編, 『日本的経営の現在』, 千倉書房, 2019를 참조.

2) 즉 거시경제 및 특정 산업에 관한 정책으로 일본의 성장을 설명하려는 시도에 비해, 장기고용을 통한 기업특수숙련 양성, 수익의 내부유보 중시 등 기업경영방식이 중요 산업의 경쟁력 향상을 통해 일본경제의 중장기적 성장을 가능하게 한 요인이라는 점이 강조되었다. 이와 같은 관점에서 일본적 경영, 일본의 기업시스템을 정리한 것이, 정진성·김삼수·여인만, 『일본의 기업과 경영』, 한국방송통신대학교출판문화원, 2020이다.

성은 다음과 같다. 우선 이어지는 2절에서는 일본적 고용시스템의 요소와 기능에 대해 기존의 견해를 재정리하고, 최근 그 시스템의 변질의 내용을 확인한다. 이렇게 시스템이 변화되게 된 이유에 대해 3절에서는 고용시스템에 직접적인 영향을 미치는 수요측 요인 즉 기업의 노동력 수요가 변화한 점을 중심으로 살펴본다. 구체적으로는 1995년에 일경련(일본경영자단체연맹)이 천명한 '고용 포트폴리오'의 의미에 대해 검토한다. 4절에서는 고용시스템에 간접적인 영향을 미치는 고용정책을 '다양한 정사원(한정정사원)' 제도를 중심으로 검토한다. 그리고 5절에서는 이상과 같은 고용시스템에 영향을 미치는 요인들에 의해 실제로 일본적 고용시스템이 어떻게 변화했는지를 재검토한다. 그를 통해 일본경제 전체의 성장과 관련하여 일본적 고용시스템의 핵심 내용이 유지되고 있는 것인가 아니면 폐기되어 가는가를 확인해본다. 결론에서는 이상의 내용을 간단히 정리하고, 향후 일본적 고용시스템의 전개 방향에 필자의 사견을 제시해보고자 한다.

이상과 같은 본 장의 문제의식과 관련된 연구는 국내에서는 거의 이루어지지 않았다. 일본의 고용시스템 혹은 비정규고용 문제에 관한 연구는 비정규고용이 급증하던 한국의 상황을 반영하여 2000년대까지 매우 활발했으나 2010년대 이후의 상황 변화를 고려한 연구는 매우 부족한 실정이다.[3] 물론 일본에서는 고용포트폴리오 구상과 다양한 정사원

3) 은수미 · 오학수 · 윤진호, 『비정규직과 노사관계시스템 변화 II－한미일 비교를 중심으로』, 한국노동연구원, 2008; 정이환, 『경제위기와 고용체제－한국과 일본의 비교』, 한울아카데미, 2011; 김양태, 「헤이세이불황 이후 일본의 고용과 노동」, 임채성 엮음, 『저성장시대의 일본경제』, 박문사, 2017.

정책에 대한 연구가 매우 활발하나, 일본적 고용시스템의 변용이라는 관점에서 검토하려는 시도는 거의 없었다. 그런데 최근 노동정책연구·연구기구(JILPT)에서 본 장의 문제의식과 유사한 관점에서 조사가 실시되어[4], 본 장에서는 그 결과를 상당히 참조할 수 있었다.

2. 일본적 고용시스템의 요소와 기능

2.1. 일본적 고용시스템의 요소와 의미[5]

일본의 고용시스템은 서구 제국에 비해 특이한 요소가 존재한다고 하여 일본적 노사관계의 기초를 이룬 것으로 알려졌는데, 그 주요 요소는 종신(장기)고용, 연공임금, 기업별 조합이 있다. 일본의 고도경제성장의 요인을 해명하려는 의도도 포함되어 진행된 1970년대 초반의 OECD의 연구는 이상의 3요소를 일본적 고용제도라고 명명했다.[6] 여기서 OECD는 일본적 고용제도가 문화적 배경으로 환원될 수 있는 것은 아니라는 관점에 입각해있었으나, 이 보고서의 번역판 서문에서는 이상의 3요소

4) 労働政策研究・研修機構編, 『日本的雇用システムのゆくえ』, 労働政策研究・研修機構, 2019.

5) 별도로 언급하지 않는 한 이 부분에 대한 설명은 労働政策研究・研修機構編, 『日本的雇用システムのゆくえ』, 労働政策研究・研修機構, 2019의 서장; 佐口和郎, 『雇用システム論』, 有斐閣, 2018; 김삼수, 「4장 고용제도와 장기고용」, 정진성·김삼수·여인만, 『일본의 기업과 경영』, 한국방송통신대학교출판문화원, 2020에 의한다.

6) OECD, *Reviews of Manpower and Social Policies: Manpower Policy in Japan*, OECD, 1972, 労働省 訳, 『OECD対日労働報告書』, 日本労働協会, 1972.

를 '3종의 신기(三種の神器)'로 비유하여 일본의 역사 및 문화와 관련이 깊다는 점을 부각시켰다.

그런데 종신고용이란 용어는, 1958년에 보스턴 컨설팅 그룹(BCG)의 아베글렌(J. Abegglen)이 일본의 대기업 현장을 조사한 후 고용을 둘러싼 노사간의 '책임과 의무의 상호교환' 현상을 'lifetime commitment'로 표현한 후, 그것이 종신관계 혹은 종신고용으로 번역된 데 유래한다. 마침 그때부터 고용이 크게 팽창하는 고도성장이 전개되어 종신고용이라는 용어가 정착하게 되었다. 그리고 '해고가 없는 일본의 기업' '이직 · 전직이 없는 일본의 노동자'라는 상식이 널리 유포되었다.

그런데 문자 그대로의 종신고용은 존재하지 않았고 또 존재할 수도 없다. 1960년대 후반에 안정적으로 정착된 이 관행 하에서[7], 기업은 회사 사정을 이유로 하는 해고는 가능한 피하려고 노력하여 결과적으로 정년까지 고용을 보장하고 종업원은 입사한 후 정년까지 계속 근무할 뿐이다. 따라서 종신고용은 '장기고용' 또는 '장기안정고용'으로 부르는 것이 적합하다.

그리고 '일본적' 고용시스템은 이념형에 불과할 뿐, 각 시대에 구체적으로 존재하는 일본의 고용시스템과는 상이하다는 점도 분명했다. 예를 들어 이상의 3요소는 대기업, 정사원, 남성만을 대상으로 하고, 그 주변에 광범한 중소기업 · 비정규직 · 여성 노동이 존재하며 역으로 그 존재에 의해 일본적 고용시스템의 존립이 가능했다.

---

7) 일본적 고용시스템의 형성과 변천에 대해 종합적으로 분석한 최근의 연구로는, 草野隆彦, 『雇用システムの生成と変貌—政策との関連で』, 労働政策研究 · 研修機構, 2021이 있다.

또한 이들 3요소는 서로 밀접히 연관되어 하나의 시스템을 이루고 있다. 연령과 근속에 따라 임금이 상승하는 연공임금은 장기고용을 전제로 한다. 즉, 이 임금체계에서 종업원은 단기간에 이직하지 않고 정년까지 계속 근무할 유인이 있다. 기업별 조합은 장기고용이 적용되는 종업원인 정규직을 중심으로 조직되어 회사와 단체교섭이나 노사협의를 통해 노동조건을 결정한다. 그리고 직장내 훈련(OJT; on-the-job training)을 중심으로 한 기능 형성도 장기고용을 전제로 한다.

이러한 일본적 고용시스템은 원래 서구 국가에 비해 후진적이며 '전근대적'인 것으로 인식되었다. 그러나 1970년대의 두 차례에 걸친 석유위기에 성공적으로 대응한 것을 계기로 일본의 경제와 기업이 주목을 받으면서 종래 극복 대상으로 논의되던 이 시스템에 대한 평가가 극적으로 전환되었다. 장기고용은 노사 각각에 대해 인적자본 투자를 촉진하여 작업자의 능력을 향상시키는 경제적 합리성 측면이 강조되었다. 연공임금도 유연한 직무 구분의 관행과 함께 기술변화와 시장환경에 대응하는 유연한 작업조직을 가능하게 한다는 점이 주목되었다. 기업별조합도 고용안정을 중시하여 거시경제환경 변화에 상응하는 임금인상 자숙에 협조함으로써 스태그플레이션을 억제하는 기능이 평가되었다. 그리하여 1980년대 후반부터는 일본경제의 위상 변화를 배경으로 일본적 고용시스템이 세계적으로도 주목되어 그 작동원리의 보편성에 대한 논의로 진전되고, 나아가 자본주의의 다양성론으로도 확대되었다.[8)]

8) 일본경제의 고도성장요인을 비교제도분석으로 해명한 Aoki의 일련의 연구에서는, 일본적 고용시스템과 메인뱅크 중심의 금융시스템, 그리고 양자와

한편 이 시스템이 일본경제의 고도성장과정에서 나타난 고용관행이라는 관점을 넘어, 좀 더 적극적으로 일본경제의 성장요인으로서 이 시스템을 파악하려는 시도가 1990년대 이후 활발해졌다. 즉 일본적 고용시스템은 주요 산업의 국제경쟁력 향상의 가장 중요한 원인이라는 주장이다. 일본의 주요 산업에서는 다양한 직무경험을 통해 환경변화에 대처하도록 유연한 인사관리가 가능하고, 현장에서는 다양한 기능을 수행할 수 있는 '다능공'이 존재하기 때문에 생산성이 높은데, 이는 모두 장기고용을 전제로 한 직장내 훈련(OJT)에 의해 가능했다는 논리이다.[9)]

이상의 논의 내용을 종합하여 최근의 연구에서는 일본적 고용시스템을 "주로 고도경제성장기 이후의 대기업 · 제조업에 전형적으로 나타난, 성원에 대한 장기적인 생활보장 · 능력개발을 도모하는 고용 · 노동의 구조"[10)]라고 정의했다. 이 정의는 앞서 아베글렌이 지적한 '책임과 의무의 상호교환'의 내용을 좀 더 명확하게 한 것으로 볼 수 있는데, 책임이

보완성이 있는 기업지배구조를 일본형 경제시스템의 주요 구성요소로 보고 있다(Masahiko Aoki, *Information, Incentives, and Bargaining in the Japanese Economy*, Cambridge University Press, 1988). Cappelli는 미국에서도 1980년대 이전에는 일본적 고용시스템과 유사한 제도가 존재했다고 주장했다(Peter Cappelli, *The New Deal at Work: Managing the Market-driven Workforce*, Oxford University Press, 1999). 한편 Dore는 영국과 일본의 고용시스템에 대한 비교분석을 통해 양자의 조직원리의 차이를 해명하고(Ronaldo P. Dore, *British Factory, Japanese Factory: the Origins of National Diversity in Industrial Relations*, University of California Press, 1973), 자본주의의 다양성론으로 확대시켰다(Ronaldo P. Dore, *Stock market capitalism, welfare capitalism: Japan and Germany versus the Anglo-Saxons*, Oxford University Press, 2000).

9) 小池和男, 『日本の雇用システムーその普遍性と強み』, 東洋経済新報社, 1994; 小池和男, 『仕事の経済学』, 東洋経済新報社, 1991.

10) 労働政策研究 · 研修機構編, 『日本的雇用システムのゆくえ』, 5쪽.

란 기업의 종업원에 대한 생활보장으로 구체적으로는 장기고용·연공임금이라고 할 수 있다. 그리고 의무란 종업원의 기업에 대한 충성도라고 할 수 있다. 그런데 종업원들의 충성도만으로는 경쟁력을 설명할 수 없다. 특히 고도의 숙련이 필요한 제조업의 경우에는 그러하다. 따라서 그 충성도를 전제로 한 종업원의 능력개발(숙련향상) 방법 즉 효율적인 인사관리가 중요해진다.

즉 이 시스템의 존립 가능성 혹은 국제경쟁력으로의 연결 가능성은 종업원에 대한 장기적인 생활보장(장기고용, 연공임금)이 종업원의 능력개발(숙련의 넓이와 깊이)로 이어지는 인사관리 체계가 작동하는지의 여부에 달려있다. 여기에 OJT의 역할이 결정적으로 중요하게 되는데, 그것을 설명하는 이론이 내부노동시장론이었다. 이 이론은 기업이 필요 노동력을 외부의 노동시장(다른 기업 혹은 직업훈련소)에서 스카우트 혹은 채용하는 것이 아니라 기업내에서 충원하는 것이 합리적일 수 있다고 주장한다.[11] 이 이론에 따르면 기업특수숙련(firm-specific skill) 정도가 클수록 즉 특정 기업이 필요로 하는 숙련의 내용이 다른 기업들과 많이 다를수록, 외부노동시장에서보다 내부노동시장에서 OJT를 통해 필요인력을 충원하는 것이 기업에게 유리하다. 또한 종업원도 이직 가

11) 이 이론은 원래 미국의 노동경제학자가 저술한 『内部労働市場とマンパワー分析』을 스미야(隅谷三喜男)가 일본에 소개하면서 널리 알려지게 되었다. 스미야에 따르면, 당시 일본 기업에서 광범하게 실시되던 내부노동시장=연공제적 노사관계가 미국에도 존재하고 있었다. 즉 내부노동시장은 일본적 특수성이 아니라 독점자본주의 단계의 일반적인 현상이라는 것이다. 그런데 그 후 노무라는 이상과 같이 해석될 내용이 원서에는 존재하지 않는다고 비판했다(野村正實, 『日本の熟練』, ミネルヴァ書房, 2003)

능성이 줄어들기 때문에 내부노동시장에 적극적으로 참여하게 된다. 또한 OJT는 특정 기능이 형성되기 이전일수록 효과가 높기 때문에 젊었을 때부터 훈련하는 것이 노사 양쪽에 유리하게 된다. 이상의 논리를 체계적으로 정리한 것이 고이케(小池和男)의 '지적숙련'으로 일본 내부노동시장론의 대표로 인식되게 되었다.[12] 즉 일본적 고용시스템은, 내부노동시장론에 의해 특정 기업에 전문적인 숙련 형성에 적합한 제도이며 일본뿐만 아니라 어느 나라에서도 나타날 수 있는 보편성을 지닌 관행으로 인식되게 되었다.

2.2. 일본적 고용시스템에 대한 평가: 기능론 대 부정론

이러한 일본적 고용시스템에 대한 평가는, 당연하게도 일본경제의 국제적 위상과 맞물려 변화했다. 1980년대까지는 그 기능적 측면 즉 효율성을 강조하는 견해가 일반적이었던 데 비해 장기불황이 개시되는 1990년대 이후에는 그 부정적 측면 즉 폐해를 강조하고 극복의 대상이라고 주장하는 견해가 많아졌다. 여성 및 중소기업 등에서 비정규직 존재, '회사인간'으로 대표되는 장시간 노동 등의 문제는 이미 80년대까지도 지적되어 왔으나 90년대 이후의 비판은 일본경제의 성장 혹은 일본 주요 산업의 경쟁력에 기여하지 못한다는 주장이 중심을 이루었다.[13] 이러한

---

12) 小池和男, 『日本の熟練』, 有斐閣, 1981.

13) 일본적 고용시스템을 비판하는 대표적인 논자로는 야시로가 있다(八代尚宏, 『日本的雇用慣行の経済学』, 日本経済新聞社, 1997; 八代尚宏, 『日本的雇用慣行を打ち破れ』, 日本経済新聞出版社, 2015). 또한 노무라는 주로 전술한 고이케의 기능론을 반박하면서 일본적 고용시스템의 한계를 지적하였다(野村正實,

주장에 따르면 국내외적인 환경변화 즉 인구구조 및 산업구조의 변화에 의해 1980년대까지 효과적으로 기능했던 일본적 고용시스템이 더 이상 기능하지 않게 되었다. 즉 국민경제의 주력산업이 기존의 중화학공업에서 IT산업으로 변화했기 때문에 더 이상 일본적 고용시스템이 효과적으로 기능하지 않게 되었다는 것이다. 그러나 내부노동시장이 IT산업에서 왜 기능하지 않는지, 혹은 외부노동시장보다 불리한지에 대한 설명은 본격적으로 이루어지지 않았다.

또한 외부적인 환경변화와 관련하여 자주 거론되는 지적은 다음과 같다. 중국 등 신흥국이 새롭게 주요 제조업의 경쟁상태로 등장하고, ICT 혁명의 진전으로 GVC(Global Value Chain) 등 세계적인 생산체제를 정비할 수 있게 되어 일본 특유의 장기 · 긴밀한 기업내 육성 방식의 우위성이 약화되었다. 그런데 이러한 약화를 일본적 고용시스템으로는 왜 대처할 수 없는지를 설명하지 못하고 있다. 또한 경쟁력 약화에 의한 수익력 악화로 인해 더 이상 기존의 고용시스템을 유지할 수 없게 되었다는 주장도 많지만, 그것은 고도성장의 성과를 고용시스템과 연관시켜 설명하는 논리와 모순된다.

한편 이 문제와 관련해서는 산업의 아키텍처(architecture)의 변화로 일본 주요 산업의 경쟁력 변화를 설명하는 주장이 광범하게 수용되었는데, 그 설명방식은 고용시스템과 관련이 있다. 이 주장에 따르면, 예

『日本的雇用慣行』, ミネルヴァ書房, 2007). 또한 일본적 고용시스템의 장단점을 중립적으로 분석한 실증연구로는 仁田道夫 · 久本憲夫, 『日本的雇用システム』, ナカニシヤ出版, 2008이 있다.

를 들어 전자산업의 아키텍처는 종래는 각 부문 간의 조정이 필요한 인티그럴형이었는데, ICT의 보급에 의해 그러한 성격이 약한 모듈러형으로 변모했다. 모듈러형 아키텍처 산업은 작업현장에서의 긴밀한 의사소통을 전제로 한 작업부문간 조정의 필요성이 줄어든다. 그런데 일본식 고용시스템은 바로 긴밀한 의사소통, 작업무문간의 조정에 강점이 있다. 더구나 1990년대 이후 사회주의권의 체제전환에 의해 글로벌 경쟁이 심화되고 가격경쟁이 치열해졌다. 이상의 결과에 의해 일본식 내부노동시장의 강점이 발현될 여지는 줄어든 대신, 외부노동시장과의 임금(코스트) 격차는 더 커졌다. 따라서 일본의 전자기업은 이러한 산업 아키텍처의 변화 추세에 대응하여 국제적 수평적 분업(글로벌 공급망) 체계를 구축하고 국내에서도 일본식 고용시스템을 전환할 필요가 있었으나, 그에 대응하지 못했기 때문에 전자산업의 경쟁력을 상실하게 되었다는 것이다. 참고로 같은 기간 중 일본의 자동차산업이 경쟁력을 유지할 수 있었던 것은, 자동차산업은 인티그럴형 아키텍처 상태를 유지했기 때문이다.[14)]

어쨌든 일본식 고용시스템에 대한 부정론이 확대되면서 이 시스템의 전환・철폐 주장이 강해졌다. 그리고 비판의 핵심도 일본적 고용시스템의 주변부에 광범한 비정규노동이 존재한다는 점이 아니라, 남성・정규직・대기업이라는 핵심 노동력층의 문제점에 집중되었다. 즉 그동안 효율성・국제경쟁력에 가려져 있던 과로사・단신부임・서비스잔업 등

14) 여인만, 「일본 전자산업의 국제경쟁력 하락과 그 원인」, 『일본연구』 26집, 고려대학교 글로벌일본연구원, 2016.

이 저출산 · 고령화라는 새로운 인구구조 · 추세에 맞는 노동시장의 개혁을 저해하고 있다는 논리이다.

그 과정에서 종래 일본적 고용시스템 하에서 정사원 고용방식의 가장 중요한 특징이 특정한 직무에 대한 '잡(job)형 고용'이 아니라 기업의 구성원 자격을 획득하는 '멤버십 고용'이라는 주장이 주목을 받게 되었다.[15] 멤버십 고용이란 "'아내와 자녀를 부양하는 남성정사원을 전제로 일의 내용, 근무시간, 근무지를 한정하지 않고 회사의 지시로 맹렬사원으로 일하는 대신 신규졸업 일괄채용부터 정년퇴직까지의 종신고용과 매년 정기승급으로 상승하는 연공임금제가 보증된 노동방식"[16]으로 기존의 일본적 고용시스템에 대한 비판에서도 지적되었던 단점을 부각시키기 위한 개념이다. 따라서 일본의 고용시스템은 잡형 고용 사회로의 이행이 바람직한데, 현실적으로는 불가능하기 때문에 과도기적으로 정사원 고용방식의 일부를 한정한 한정정사원제도가 필요하다는 논리로 연결되었다.[17] 그리고 이러한 주장에 뒷받침된 정책이 3절에서 검토하는 다양한 정사원 제도이다.

그런데 이러한 비판에 대해서는 다음과 같은 반론도 존재할 수 있다. 기존 정사원의 멤버십형 고용의 폐해는 직무 · 근무시간 · 근무지의

---

15) 이 용어를 처음으로 사용한 것은 하마구치(浜口桂一郎)인데, 그는 이 용어를 고안하는 과정에서, A. Gordon, 『日本労使関係史 1853~2010』, 岩波書店, 2012; 菅山真次, 『「就社」社会の誕生』, 名古屋大学出版会, 2011을 참조했다고 한다(浜口桂一郎, 『若者と労働』, 中央公論新社, 2013).

16) 浜口桂一郎, 「経済教室」, 『日本経済新聞』, 2015.03.23.

17) 이 주장이 하마구치의 일련의 연구에서 전개되는 핵심논리라고 할 수 있다(浜口桂一郎, 『新しい労働社会』, 岩波書店, 2009; 浜口桂一郎, 『日本の雇用と中高年』, 筑摩書房. 2014; 浜口桂一郎, 『若者と労働』).

무한정성이라는 특징 때문에 발생하는 것이 아니라, 장기고용(해고회피)을 유지하기 위한 수단으로 배치전환, 전근, 출향・전적을 이용한 결과로 발생할 수도 있다.

따라서 잡형 고용으로의 이행을 주장하기 위해서는 기존 정사원 노동방식의 폐해만을 주장하는 것으로 부족하다. 기업과 종업원 모두 이득인 상황에 변화가 발생했다는 점을 지적할 필요가 있는 것이다. 즉 내부노동시장론의 이점이 더 이상 작동하지 않는다는 것을 제시해야 되는데, 일본적 고용시스템에 대한 비판론자들은 아직까지 그에 대한 논리가 충분하지 않은 것처럼 보인다. 역으로 생각하면, 일본적 고용시스템의 핵심인 제조업 부문에서는 아직 그 시스템의 전환 필요성을 느끼지 않고 있다고도 할 수 있다.

2.3. 일본적 고용시스템의 변화

부정론이 강화되는 가운데 실제로 전통적인 일본적 고용시스템이 약화되고 있다는 주장도 강해지고 있다. 일본적 고용시스템이 변화했다고 주장하는 대표적인 근거는 비정규직 노동력의 증가이다. 일본에서 고용형태는 정규직(정사원)과 비정규직(비정사원)으로 구분되는데, 정사원이란 법률적인 정의에 의해 이루어지는 것이 아니라, 파트・아르바이트・계약사원 등의 비정규직(비정사원)과 구별하기 위한 관용적인 용어로 일반적으로는 고용기간을 정하지 않고 직무가 명확히 확정되어 있지 않는 사원을 의미한다.[18] 정규직과 비정규직이라는 두 가지 형태에 의한 고용은 고도성장기(1955~1973년)부터 실시되었으나 1980년대까지 비정규직은 비중이 크지 않고 정규직으로의 전환을 위한 과도기적인 고용형태라는 의미가 강했기 때문에 그다지 사회문제로 부각되지는 않았다.

그런데 1990년대 이후 경기침체의 영향으로 비정규직 고용 비중이 급속하게 상승했다(〈그림 1〉). 즉 1985년에 16.3%였던 비정규직의 비율이 95년 20.8%, 2000년 25.8%, 2005년 32.2%, 2011년 35.4%, 2014년 37.9%로 상승하여 한국보다도 높게 되었다.[19] 그런데 2014년에 정점에 달한 후 이 비율은 더 이상 상승하지는 않고 높은 수준에서 정체하고 있다.

그런데 비정규직 증가로 일본적 고용시스템의 변화 여부를 판단하는 것은 사실 논리적 근거가 약하다. 1980년대까지 일본적 고용시스템의 효율성이 주류였던 시기에도 주변부 노동(비정규노동)은 존재했고, 사실 이 부문이 존재함으로써 핵심 노동력 층의 정규직이 가능했다는 점도 충분히 논의되었다. 따라서 일본적 고용시스템의 전환 여부를 확인하기 위해서는 이러한 '양적 변화'뿐만 아니라 정규직의 능력개발방식 · 작업방식 · 인사관리 등의 질적 변화를 검토해야 한다. 따라서 이 점을 염두에 두면서 다음 절에서는 우선 이러한 양적 변화의 원인에 대해서 살펴보기로 한다.

---

18) 엄격히 구분된 직무와 결합된 고용이 이루어지는 구미에는 정사원에 해당되는 용어가 존재하지 않기 때문에, 그 용어에 대해서는 Seishain이라는 일본어 발음으로 표기된다(「正社員」, Wikipedia, https://ja.wikipedia.org/wiki/正社員(최종 접속일: 2021.8.1.).

19) 한국의 비정규직 비율은 2004년에 37%로 정점에 달한 후 하락하여 32~33%대를 유지했으나, 2019년 이후 다시 급상승하여 19년 36.4%, 20년 36.3%를 기록했다(e-나라지표).

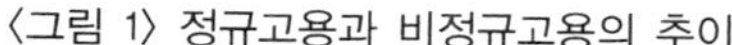
〈그림 1〉 정규고용과 비정규고용의 추이

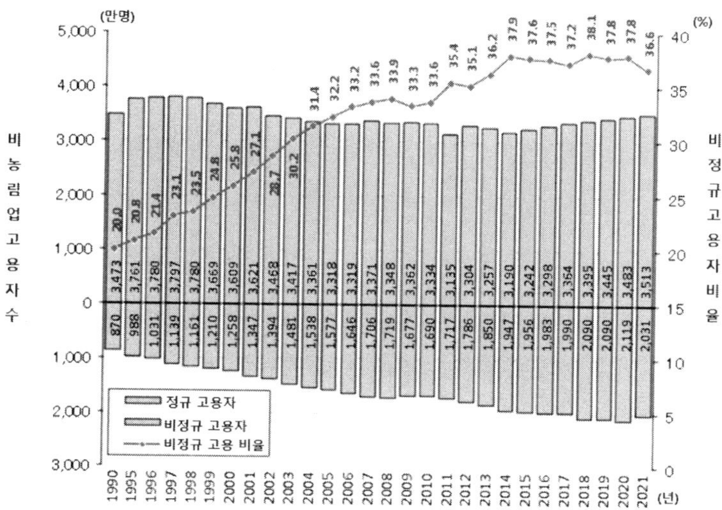

출처: 社会実情データ図録, http://honkawa2.sakura.ne.jp/3240.html(최종 접속일: 2021 8.1.). 원자료는 総務省統計局, 「労働力調査」.

그런데 1990년대의 급상승은 일반적으로 노동력 수요자인 일본 재계(기업단체)의 비용 삭감 의도, 구체적으로는 '고용 포트폴리오' 구상에서 시작되었다고 알려져 있다. 그리고 2010년대 들어서는 비정규직 문제의 해결을 위해 정부가 대책을 강구하게 되었고, 그 결과 비정규직에서 정규직으로의 전환을 촉진시키는 '다양한 정사원(한정정사원)' 제도를 적극적으로 보급·추진했다는 점도 잘 알려져 있다. 즉 고용형태의 변화에는 재계의 의도와 정부의 정책적 대응이라는 요인이 작용했다고 할 수 있다.

3. 일본적 고용시스템의 변화 배경: 기업의 노동수요 변화

3.1. 고용 포트폴리오의 내용과 평가

고용 포트폴리오 구상은 일본경영자단체연맹(일경련)[20]이 1995년에 공표한『신시대의 일본적 경영(新時代の日本的経営)』에서 제기한 고용·인사관리 방침을 의미한다. 발표 당시부터 기존의 일본적 고용시스템 즉 장기고용과 연공임금을 대폭적으로 축소·포기한다는 방침으로 이해되어 큰 반향을 불러 일으켰고, 아직까지도 일본에서 비정규 고용이 급속하게 확대되는 원점[21]이 되었다고 평가되고 있다.

1995년은 버블붕괴 후의 후유증으로 헤이세이(平成) 불황이 한창인데다 급속한 엔고(달러 당 80엔 돌파)로 일본경제에 대한 위기감이 고양되던 시점이었다. 버블붕괴의 잔재로 당시 일본경제의 최대 현안이던 금융권의 누적채무 해소를 위해 대규모 공적자금 투입이 필요한지를 둘러싸고는 논란이 계속되고 있었는데, 전반적으로 경기회복에 의해 누적채무 처리가 가능하다는 의견이 지배적이었다. 즉 일경련은 그 후 실제로 전개되는 불황의 장기화와 국제경제환경의 변화를 예측하지 못했다.[22] 따라서 일경련은 당시 새로운 상황변화에 대처하기 위해서가 아

20) 일본 재계(기업단체)의 노무·인사관리 전문단체로 렌고(連合) 등 전국노동자단체에 대항하는 논리를 연구·제시했는데, 2002년에 경제단체연합회(경단련)과 통합하여 해체되었다

21)『東京新聞』2013.7.13. 조간. 八代充史ほか編,『「新時代の日本的経営」オーラルヒストリー』, 慶応義塾大学出版会, 2015, 29쪽에서 재인용.

22) 당시 국제경제환경의 변화란, 사회주의권의 붕괴에 의한 동유럽 국가의 체제 전환 및 중국의 부상을 의미한다. 미국의 투자은행인 골드만삭스가 향후

〈그림 2〉 일본경영자연맹의 고용 포트폴리오 모형

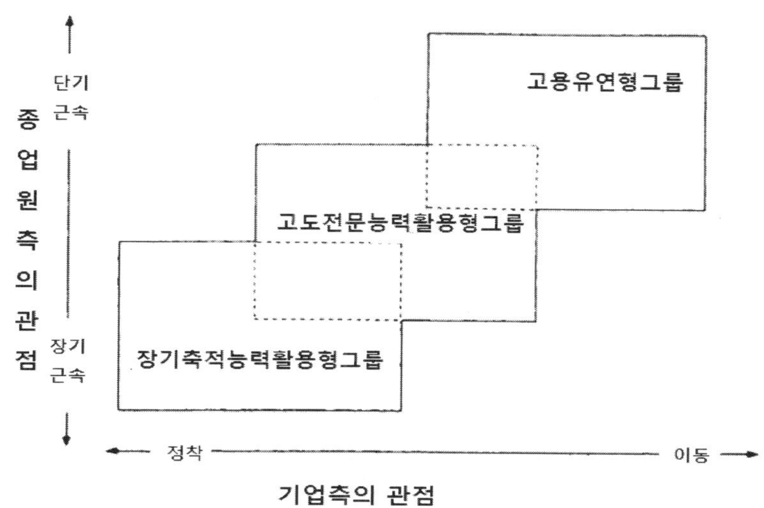

원주: 1) 고용형태의 전형적인 분류. 2) 각 그룹 간 이동은 가능.
출처: 日本経営者団体連盟, 『新時代の「日本的経営」』, 日本経営者団体連盟, 1995, 32쪽 (八代充史ほか編, 『「新時代の日本的経営」オーラルヒストリー』, 慶応義塾大学出版会, 2015에서 재인용).

니라 1980년대부터 지속적으로 논의되던 내용을 정리하여 이 보고서를 작성했다고 할 수 있다.

그러한 배경에서 탄생한 고용 포트폴리오 모형는 다음과 같다(〈그림 2〉). 여기서는 먼저 세로축에 노동 공급자인 종업원의 관점에서 단기근속과 장기근속으로 구분하였다. 이는 1980년대부터 자주 거론되던 신세대의 근로의향을 반영한 것으로 보인다. 가로축에서는 노동수요자인

주목되는 시장으로 BRICs(브라질, 러시아, 인도, 중국)라는 용어를 처음으로 사용한 것도 1995년이었다.

기업의 관점에서 기업 간 이동성이 높은(기업 외로 이동이 높아도 상관없는) 그룹과 기업내 정착이 필요한 그룹으로 구분하였다. 그리고 가로축과 세로축의 조합으로, 장기축적능력활용형, 고용유연형, 그리고 고도전문능력활용형이라는 세 그룹을 제시하였다. 각 그룹은 하나의 전형적인 분류일 뿐이고 그룹 간 이동도 가능하다는 점을 주에 표기했다.

그런데 각 그룹의 고용형태 및 인사관리 내용을 보면(〈표 1〉), 전반적으로 장기축적능력활용형 그룹은 기존의 정사원, 고용유연형 그룹은 비정사원과 매우 유사한 것을 알 수 있다. 다만 장기축적능력 활용형의 임금이 기존의 연공임금제가 아니라 성과급(연봉제)으로 수정되었다. 고도전문능력 활용형 그룹은 양자의 중간에 위치하고 있는데, 업무분야가 전문 부문으로 다를 뿐, 대우는 전반적으로 고용유연형 그룹에 가깝다. 더구나 전문부문으로 예시된 기획, 영업, 연구개발 부문은 기존의 정규직이 수행하던 영역이었다.

따라서 공표 직후의 반응을 보면, "이 제안의 목적은 리스트라를 정당화하고 종신고용의 적용대상을 철저하게 한정하는 자세를 보임으로써 그룹A(장기축적능력활용형 그룹-인용자)에게 '긴장감을 부여하는'(活を入れる) 데 있는 것처럼 보인다"는 지적이 대부분이었다.[23] 또한 고도전문능력활용형 그룹이 상정하는 대상의 애매함과 그 설정 의도

23) 熊沢誠, 『能力主義と企業社会』, 岩波書店, 1997, 70쪽. 한국에서의 연구도 장기축적능력활용형 그룹만을 정규고용하고 나머지를 유연한 고용형태로 설정·운용함으로써 당시까지의 고비용·저효율 경영체질을 개선하려는 데이 구상의 목적이 있다고 동일한 평가를 내리고 있다(정이환, 『경제위기와 고용체제－한국과 일본의 비교』, 한울아카데미, 2011, 44쪽).

[표 1] 고용포트폴리오 그룹별 고용형태 및 업무 · 대우

	장기축적능력 활용형 그룹	고도전문능력 활용형 그룹	고용유연형 그룹
고용형태	기간 한정 없는 고용계약	유기 고용계약	유기 고용계약
대상	관리직 · 총합직 · 기능 부문의 기간직	전문 부문(기획, 영업, 연구개발 등)	일반직 기능부문 판매부분
임금	월급제 또는 연봉제 직능급 승급 있음	연봉제 업적급 승급 없음	시간급제 직무급 승급 없음
상여	정률 + 업적 연동	성과배분	정률
퇴직금 · 연금	포인트제	없음	없음
승진 · 승격	직위승진 직능자격 승격	업적평가	상위 직무로의 전환
복지시책	생애종합 시책	생활원조 시책	생활보호 시책

출처: 日本経営者団体連盟,『新時代の「日本的経営」』, 日本経営者団体連盟, 1995, 32쪽 (八代充史ほか編,『「新時代の日本的経営」オーラルヒストリー』, 慶応義塾大学出版会, 2015에서 재인용).

에 대해서도, "고용포트폴리오 발상 자체는 일정의 합리성이 있지만, 결국 일본에서는 스페셜리스트가 활용되지 않고, 종래의 일본형 고용의 일부가 고용유연형이라는 이름의 파트와 파견노동으로 대체될 뿐"24)이라는 신랄한 지적이 있었다. 한편 가장 큰 영향을 받는 전국노조단체에서는, 노사관계가 재무 논리에 빠져들어간다는 위기의식을 표명하기는 했으나 곧바로 조직적인 대응은 보이지 않았다.

---

24) 早川英男,「今こそ『日本的雇用』を変えよう(2)」, 富士通総研HP(최종 접속일: 2021. 8.30.).

3.2. 고용 포트폴리오 구상의 의도와 영향

이상과 같은 비판에 대해, 이 구상의 원래 의도는 어떠했는지를 구상을 입안한 담당자의 회고로부터 확인해보자.[25)]

담당자는 이 구상의 출발점이 일본적 경영을 어떻게 계승할 것인가에 있었다고 지적했다. 그리고 일본적 경영 중 변화시켜서는 안 되는 것이 장기적 시야에 선 경영과 인간중심 경영이라고 분명히 했다. 고용 포트폴리오라는 개념은 투자종목의 분산이라는 방법을 고용형태에 원용한 것으로 해고를 용이하게 한다는 발상에서 비롯되었다는 점도 인정했다. 즉 일본의 노동시장에서는 해고권남용법리에 의해 정규직 종업원을 해고하기 곤란하기 때문에[26)], 정규고용뿐만 아니라 파트, 계약, 파견 등 다양한 고용형태를 조합하는 것이 장래의 불확실성에 대처하는 데 유용하다는 점을 분명히 밝히고 있다.

다만 각 그룹은 고도전문능력활용형을 중심으로 중복되어 있고 중복부분은 실선이 아니라 점선이며, 또 각 사각형의 크기를 동일하게 했다. 그룹 간 이동이 가능하다는 점, 특정 그룹을 차별화하지 않는다는 점

---

25) 담당자는 당시 일경련의 상무이사였던 나루세(成瀬健生)였다. 그를 비롯한 이 구상에 관련된 인물들에 대한 인터뷰 자료가 八代充史ほか編, 『「新時代の日本的経営」オーラルヒストリー』, 慶応義塾大学出版会, 2015이다.

26) 1970년대 후반부터 10여년에 걸쳐 법원의 판례에서 '사회통념상 상당성이 없는 해고'는 합리성이 없는 것으로 무효화하는 법리가 확립되어 부당해고나 정리해고가 제한되었다. 이러한 과정에서 경영상의 이유에 의한 해고에 대한 해고권 남용의 법리가 체계화되어, 인원삭감의 필요성, 해고회피노력, 피해고자 선정의 타당성, 해고실시 절차의 타당성이라는 '정리해고 4요건'으로 확립되었다(김삼수 「고용제도와 장기고용」, 92쪽).

을 강조하기 위해서였다. 처음으로 등장한 고도전문능력활용형 그룹의 이미지에 대해서는 "특정의 직종이라기보다는, 최근(2012년-인용자) 자주 언급되는 화이트칼라 면제(근무시간규제 적용제외-인용자)와 같은 것을 염두"[27]에 두었다고 한다.

이처럼 이 구상의 담당자는 장기적 관점에서의 경영을 유지하고자 했다, 고용 형태를 구분하여 일부에 대해서는 고용조정(해고)을 용이하게 하려 했다는 의도를 가지고 있었다, 고도전문능력활용형 그룹에 대한 구체적인 이미지는 없었다는 점을 분명히 했다. 즉 공표 후 제기된 비판을 충분히 예상할 수 있었다고 할 수 있다.

그러나 담당자들은 그 이후 비정규 고용의 비율이 급속히 높아지리라고는 예상하지 못했다. 당시 파트와 아르바이트를 중심으로 한 비정규직은 전체 고용자의 15% 정도였는데, 이 구상에 의해 향후 20% 정도까지 증가할 것으로 예상했다. 그런데 구상의 향후 추이를 확인하기 위해 1996년에, 향후 3~5년 후에 각 고용그룹의 비중을 전망한 조사가 실시되었는데, 장기축적형은 당시 81.3%에서 70.8%로 하락한 반면 고도전문형은 7.1%에서 11.2%, 유연형 11.6%에서 18.0%라는 결과가 나와 담당자는 당혹스러웠다고 한다.[28]

---

27) 八代充史ほか編, 『「新時代の日本的経営」オーラルヒストリー』, 17쪽. 한편 같은 인물의 다른 회고에서는, 당시 파견노동은 아직 한정직종이었기 때문에 특수기능자(SE등)가 중심이라고 생각해 고도숙련전문직의 퇴직고령자에 대해서도 단기고용으로 분류했다고 한다(成瀬健生, 「雇用ポートフォリオ提言とこれからの雇用問題」, 『DIO』(連合総研), No. 295, 2014, 6쪽). 사각형의 크기에 비해 실체가 거의 없는 개념이었다는 점에서는 마찬가지라고 할 수 있다.
28) 담당자의 다른 회고에서도, 고용포트폴리오에 대한 바람직한 모습으로, "신

이처럼 이 구상은 장기축적활용형 그룹의 비중이 축소되고 고도전문능력활용형과 고용유연형 그룹의 비중이 확대되는, 즉 비정규고용의 비중이 늘어나는 '원점'이 되었다. 그런데 비정규고용 중 고도전문능력활용형의 비중은 어느 정도였을까? 혹은 3분류의 인사관리는 어떻게 실시되었을까?

일경련은 이 구상의 인사관리방침을 계승하는 형태로 구체적인 인사시책안과 사례를 소개한 『직무구분별 인사고과의 방침과 사례』를 2002년에 발표했는데, 거기서는 정형업무와 비정형업무로 구분하고 있다. 즉 3분류에서 전통적인 2분류로 회귀하고 있다.[29] 즉 기업 간 이동을 상정한 고도전문능력활용형 그룹에 대한 인사관리방법은 이 시점에서도 아직 구체화되지 되지 않았던 것이다. 그 후에도 이러한 상황에 변화가 없어 2010년대에 들어서도 고도전문능력활용형 그룹은 전혀 늘어나지 않았다. 즉 이 구상은 "스톡형 인재(혹은 코어형)으로서의 정사원뿐만 아니라 (정사원과-인용자) 유동성 높은 플로형 인재와의 조합을 지향"[30] 했지만 결국 실패했다고 할 수 있다.

규졸업자의 정규사원 채용이 늘고, 비정규직의 정규화가 진전되어 비정규직 비율이 20%정도로 되며, 기업이 본격적으로 교육훈련을 개시"하는 상태라고 지적했다(成瀨健生, 「雇用ポートフォリオ提言とこれからの雇用問題」, 8쪽.)

29) 梅崎修・八代充史, 「『新時代の日本的経営』の何が新しかったのか?」, RIETI Discussion Paper Series 19-J-009, 経済産業研究所, 2019.

30) 北浦正行, 「『新時代の「日本的経営」』をめぐって」, 『DIO』(連合総研), No. 295, 2014, 15쪽.

4. 일본적 고용시스템의 변화 배경: 고용정책의 변화

4.1. 다양한 정사원 제도의 배경과 내용

고용포트폴리오 구상의 예상을 넘는 속도로 비정규직 고용이 증가하는 한편 2000년대 초반에는 '블랙기업'에서 노동조건과 대우가 실질적으로 비정규직과 같은 '이름뿐인 정사원(名ばかり正社員)'이 사회문제로 되었다. 더구나 2008년 글로벌 금융위기에서 촉발된 불황국면에서 비정규직의 대량 고용중지(雇い止め)가 이루어져 비정규직 문제의 심각성을 다시금 노출시켰다. 더구나 각종 실태조사로부터 이 시기의 비정규직이 종래의 학생・주부뿐만 아니라 청장년층으로 광범하게 확산되고 되고 있다는 사실이 알려져[31], 정책 대응이 시급해졌다.

그런데 그 정책의 방향은 비정사원의 정사원화 즉 비정규고용 비율을 축소시키는 것보다는 노동시장의 유연화를 추진하면서 정사원과 비정사원 간의 대우 격차를 해소하는 데 중점을 두었다. 그 과정에서 나타난 것이 '다양한 정사원' 제도였다. 앞 절에서 살펴보았듯이 일본식 고용시스템에서 정사원은 근무지역, 근무시간, 직종을 특정하지 않는 무한정성을 특징으로 한다. 그런데 1980년대까지도 전근을 전제하지 않는 즉 근무지역을 특정지역으로 제한한 '한정정사원' 제도가 존재하고 있었다. 다양한 정사원 제도는 이 한정정사원의 이용을 확대시켜 정사원과 비정사원의 중간 존재로 설정한다는 것이다. 즉 발상면에서 보면, 고용

31) 仁田道夫, 「非正規雇用の二層構造」, 『社会科学研究』, 東京大学社会科学研究所, 第62巻第3号, 2011.

포트폴리오 구상에서의 고도전문능력활용형에 해당한다고 할 수 있다.

이 정책은 원래 단지 고용문제가 아니라 일본경제 전체의 성장전략의 일환에서 출발했다. 즉 2006년 10월에 내각부 직속의 경제재정자문회의는 「『창조와 성장』을 위한 7대 중점개혁 분야」를 제시하였는데, 여기에 사회보장개혁, 세제개혁 등과 함께 노동시장개혁이 포함되었다. 그리고 노동시장개혁을 위해 같은 해 12월에 자문회의의 하부기관으로 노동시장개혁전문조사회를 설립했다. 이 조사회에서는 2008년의 제4차보고에서, "한정정사원 구분이 도입되면 비정사원은 전근, 배치전환, 잔업 등 종래 정사원 특유의 부담을 피하면서 유기계약에 기인하는 고용불안을 불식시킬 수 있는 장점이 있다. 기업측으로서도 비정사원을 중장기적으로 전력화할 필요는 있으나 종래의 정사원과 같은 수준의 고용보장과 임금을 제공하지 않아도 되는 장점이 있다"32)고 주장했다.

이상과 같은 내각의 기본적인 방침에 따라 담당부서로서의 후생노동성도 고용정책연구회에 고용시스템에 대한 연구를 의뢰하여, 2010년에 「지속가능하고 활력있는 사회를 실현하는 경제・고용시스템」33)이라는

---

32) 労働市場改革専門調査会, 「労働市場改革専門調査会第4次報告―正規・非正規の『壁』の克服について」, 2008. 다만, 이상의 내용 요약은 労働政策研究・研修機構編, 『「多様な正社員」の人事管理に関する研究』, 労働政策研究・研修機構, 2013, 47~48쪽에 의한다. 한편 이 조사회의 회장은 야시로(八代尚宏) 국제기독교대학 교수인데, 그는 2절(주13)에서 소개했듯이, 일본적 고용관행을 줄곧 비판해온 대표적인 학자였다.

33) 雇用政策研究会, 「持続可能な活力ある社会を実現する経済・雇用システム」, 2010. 이 보고서는 2009년 12월부터 10년 6월까지 9차례 연구회의 성과를 정리한 것이다. 고용정책연구회의 멤버는 일본적 고용시스템에 대해 중립적인 입장인 노동경제학자들로 구성되었는데, 좌장은 히구치(樋口美雄) 게이오대학 교수였다.

보고서를 발간했다. 여기에서는 당시의 문제점으로 정규직과 비정규직 간의 양극화, 정규직의 여유 상실, 그리고 인구감소에 따른 취업자 감소를 거론했다. 그 해결책으로 먼저 고용형태에 대해서는 다양한 정사원 제도 정착을 위한 환경 정비와 복선형 커리어 선택 충실을, 그리고 임금 · 대우에 대해서는 최저임금인상과 균등 · 균형대우 추진을 제시했다. 이처럼 이 보고서에서는 인구감소에 따른 취업자 감소 대책이라는 문제의식이 추가되었고, 다양한 정사원 제도라는 용어가 공식적으로 제시되었다는 데 특징이 있다.

후생노동성은 이러한 다양한 정사원 제도를 구체적으로 실시하기 위한 준비작업을 2011년 3월에 '"다양한 형태의 정사원" 연구회'에 의뢰하고, 연구회에서는 12년 3월에 보고서를 제출했다.[34] 여기서는 근무시간 · 직종 · 근무지를 한정한 정사원의 실태와 모범사례를 소개하고, 다양한 정사원 제도가 비정규직에서 정규직으로의 전환을 촉진시키고 정사원의 일과 생활의 균형(워라밸)을 가능하게 하는 제도라고 주장했다. 나아가 후생노동성은 2014년에 유식자간담회에 이 제도의 검토를 지시하여 보급이 바람직하다는 결론을 최종적으로 확보하고[35], 고용관리상의 유의사항과 함께 보급을 위한 사례집 간행 등 보급 확대 시책을 구체적으로 추진하기 시작했다.

한편 이 시기는 파견기한의 철폐(2014년 3월), 노동자파견법 제정

34) 「多様な形態による正社員」に関する研究会, 「『多様な形態による正社員』に関する研究会報告書」, 2012. 이 연구회의 좌장은 전술한 고용정책연구회 멤버였던 사토(佐藤博樹) 도쿄대학 교수였다.

35) 厚生労働省, 「『多様な正社員』の普及 · 拡大のための有識者懇談会」, https://www.mhlw.go.jp/stf/shingi/other-roudou_156622.html(최종 접속일: 2021.12.10.).

(2015년) 등 파견제도의 규제완화가 더욱 진전되는 한편, 노동계약법의 개정으로 2013년 4월부터 5년 이상의 비정규직자는 무기계약으로 자동적으로 전환되어 비정규직의 확대를 억제하는 정책이 실시되기도 했다. 따라서 다양한 정사원 제도는, 파견회사에 의한 비정규고용과는 별도로 기업이 직접 고용하는 비정규사원에 대해 정사원으로의 전환을 촉진시키려는 의도가 있다고 할 수 있다. 실제로 후생노동성은 그와 관련된 가이드북을 발간하기도 했다.36)

이상의 배경과 의도에서 추진된 다양한 정사원 제도의 장점과 단점을 정리하면 〈표 2〉와 같다. 논의 과정에서 거듭 확인되었듯이 노동자의 경우, 정규직은 워라밸의 실현, 비정규직은 고용의 안정이라는 이점이 있고, 기업측에는 워라밸과 고용안정을 희망하는 노동자를 고용할 수 있다는 장점이 있다.

〈표 2〉 다양한 정사원 제도의 장점과 단점

	기업측	노동자측
장점	- 우수한 인재 확보 · 정착 촉진 - 지역밀착형 사업 · 서비스 전개 - 기능의 축적 · 계승	- 고용 안정화, 처우 개선 - 일과 생활의 균형(워라밸) 실현 - 캐리어 형성 · 향상
단점	- 인사관리 곤란 - 고용 유동성 둔화	- 정사원에 비해 낮은 임금 - 정사원에 비해 느린 승진속도 - 사업소 · 직무 폐쇄 시 해고 가능성

출처: 厚生労働省 · 都道府県労働局, 『勤務地などを限定した「多様な正社員」の円滑な導入 · 運用のために』, 2014 등에서 필자 정리.

36) 厚生労働省, 「『多様な正社員』及び『無期転換ルール』に関するモデル就業規則(飲食業 · 小売業)」, https://www.mhlw.go.jp/stf/seisakunitsuite/bunya/tayounaseisyain.html(최종 접속일: 2021.8.31.).

그리고 이 제도에 따른 사원 구분, 즉 정사원, 한정정사원, 비정규사원의 고용과 대우에 대해서는 구체적인 표준을 설정하지는 않았지만, 일반적으로 기업에서는 〈표 3〉과 같은 분류로 받아들였다. 즉 한정정사원은 정사원으로의 특징과 비정규사원의 요소를 모두 갖추고 있는데, 전반적으로는 정사원에 가깝다고 할 수 있다. 이는 용어상 당연한 것이다. 그러나 노동시간, 업무내용, 근무지를 한정하는 경우, 정사원과 비정규사원에 비해 그 대우의 차를 어떻게 설정하는가에 따라 실질적인 지위는 달라질 가능성이 있다. 또한 고용기간이 무기라고 하더라도 인원감축요인이 발생할 때, 한정정사원의 위치가 문제로 될 수 있다.

〈표 3〉 사원 유형별 고용과 대우의 비교

	정사원	한정정사원	비정규사원
고용기간	무기	무기	유기
노동시간	잔업 빈번	단시간 근무 가능	정해져 있지 않음. 정시 귀가 가능
업무내용	한정되어 있지 않음	정해진 업무가 다수	정해진 업무
전근	있음	정해진 지역내	없음
급료	월급이 대부분	월급이 대부분	시급 혹은 월급
보너스	지급	지급이 대부분	기본적으로 지급되지 않음.
승진 · 승격	근속연수와 능력에 따른 승급 · 승격	일정 수준의 관리직까지 승격 가능	승진 기회가 거의 없음.
평균 월임금 (2013년)	31만 4700엔		19만 5300엔

출처: 『NIKKEI BUSINESS』, 2014. 5. 19. 33쪽(崔勝淏, 「非正規の正規化と正社員の限定化」, 『跡見学園女子大学マネジメント学部紀要』 第26号, 2018. 51쪽)에서 재인용.

4.2. 다양한 정사원 제도의 보급과 특징

이러한 다양한 정사원 제도는 실제로 얼마나 보급·이용되었을까? 여기서는 이 제도가 본격적으로 추진되기 이전인 2010년의 조사와 추진된 이후로 가장 최근에 가까운 2018년 조사를 비교해보기로 한다. 다양한 정사원 제도 이전인 1980년대부터 코스별 고용관리, 복선형 인사관리, 여성 일반직 등 사실상 근무지 한정사원제도를 이용하는 기업이 존재하고 있었다.[37] 따라서 2010년과 2018년을 비교하면 이 제도의 도입에 의해 종전부터 존재했던 한정정사원 제도의 추세가 어떻게 달라졌는지를 알 수 있을 것으로 기대된다.

2010년의 조사는 노동정책연구·연수기구가 2010년 8월에 1만개 사업소의 인사책임자(기업조사)와 그곳에 있는 10만 명의 종업원(1사업소당 10명, 종업원 조사)을 대상으로 한 것이고[38], 2018년의 조사는 동일한 기관에서 2018년 2~3월에 전국의 12,000개 기업과 그 기업에 근무하는 정사원 9.6만 명(한 기업 당 8명)을 대상으로 한 것이다.[39] 양 조사 모두 후생노동성의 다양한 정사원 제도의 수립과 보급을 위한 인사관리 문제의 현황을 파악하기 위한 의도에서 실시되었다.

먼저 전체적인 이용 상황을 보면, 2010년의 경우 한정유형별로 조

---

37) 労働政策研究・研修機構編, 『「多様な正社員」の人事管理に関する研究』, 労働政策研究・研修機構, 2013, 4쪽.
38) 労働政策研究・研修機構編, 『多様な就業形態に関する実態調査―事業所調査・従業員調査』, 労働政策研究・研修機構, 2011.
39) 労働政策研究・研修機構編, 『多様な働き方の進展と人材マネジメントの在り方に関する調査(企業調査・労働者調査)』, 労働政策研究・研修機構, 2018.

사한 결과 직종 한정과 근무지 한정 제도를 이용하고 있는 기업이 전체 설문기업의 각각 23.6%와 12.4%였다. 2018년의 경우 한정정사원제도를 이용하고 있는 기업의 비율은 20.4%였다.[40] 전국의 약 1/5 정도의 기업이 이용하고 있는 것으로, 양 시점간 그다지 큰 변화가 없음을 알 수 있다. 이하에서는 각 항목별로 검토해보기로 한다.

① 산업별 이용 상황

제도를 이용하고 있는 기업이 속하는 산업으로 구분해보면, 2010년에는 직종 한정의 경우 운수 · 우편업, 교육 · 학습지원업, 의료복지업, 근무지 한정의 경우 건설업, 금융 · 보험업, 부동산 · 물품임대업에서 다수 활용되었다(〈표 4〉). 2018년에는 산업별 편차가 그다지 크지 않은 가운데 도소매업의 활용 비중이 높았다. 이상과 같은 차가 나타난 정확한 이유는 알 수 없으나, 양 시점간 조사대상기업의 기업규모의 차(중소기업의 비중), 한정유형의 구분 유무에 의한 것으로 추정된다. 예를 들어 도소매업의 경우 일반적으로 근무시간을 제한한 한정정사원의 활용이 높을 것으로 예상되는데, 2010년에는 그 유형이 제외되어 있다. 그런데 양 조사에서 주목되는 사실은, 제조업의 이용비율이 양 시점에서 동일하게 평균보다 유의미하게 낮다는 점이다. 이 점의 의미에 대해서는 다음 절에서 재론하기로 한다.

---

40) 한정 유형별로 보면(복수 응답), 근무지한정 82.7%, 근무시간한정 28.4%, 직무한정 39.2%였다.

〈표 4〉 한정정사원 제도의 산업별 이용 상황

구분	2010년		2018년
	직종 한정(%)	근무지 한정(%)	한정정사원(%)
합계	23.6	12.4	20.4
건설업	22.4	23.5	29.9
제조업	9.8	11.4	15.5
정보통신업	9.7	9.7	19.8
운수업	33.3	13.6	19.2
도소매업	8.8	9.9	28.1
금융 · 보험업	10.2	39.0	22.0
부동산업 · 물품임대업	14.3	42.9	21.4
숙박업 · 음식서비스업	24.2	8.1	22.3
교육 · 학습지원업	39.5	6.9	14.6
의료 · 복지업	52.9	3.1	12.7

출처: 2010년은 労働政策研究 · 研修機構編, 『「多様な正社員」の人事管理に関する研究』, 労働政策研究 · 研修機構, 2013, 51쪽., 2018년은 労働政策研究 · 研修機構編, 『多様な働き方の進展と人材マネジメントの在り方に関する調査(企業調査 · 労働者調査)』, 労働政策研究 · 研修機構. 2018, 20쪽.

〈표 5〉는 다양한 정사원제도의 보급을 위해 후생노동성이 발간한 사례집에 등장한 한정정사원의 구체적인 활용사례를 정리한 것이다. 이를 보면, 제도 도입의 주된 목적은 전근을 희망하지 않는 사원의 확보(근무지 한정)와 촉탁(계약)사원의 노동조건을 정리하기 위한 것이다. 즉 제도의 주요 대상이 여성과 정년 이후의 고령자층일 것으로 추정할 수 있다. 또한 직무를 한정하는 경우, 직무 내용은 정사원과 상이하거나 동일하더라도 구체적인 직종의 범위가 한정되어 있음을 알 수 있다.

〈표 5〉 한정정사원의 이용 사례

업종	사원구성(정규:한정:비정규, 명)	한정 정사원					종래의 정사원 명칭
		도입목적	도입년	명칭	한정 유형		
					근무지	직무(정사원과의 관계)	
의료·복지	36:523:28	간호사 채용 증가를 위한 환경 정비	2008	정직원(의료직)		상이	정직원
정보통신업	47:12:15	-전근을 희망하지 않는 사원 정착 촉진 -장래의 사업소 확대 대비	2010	일반직	무이동		종합직
				전문직		동일, 직종한정	
소매업	377:168:1,292	-'촉탁직원'의 노동조건 정리 -인재정착 촉진	2010	전문직원(무기)	통근 1시간이내 이동	동일, 직종한정	정규직원
				복지전문직원	통근1시간 이내이동	동일, 직종한정	
학술연구·기술서비스업	735:135:97	촉탁사원의 노동조건 개선	2003	지역 전문직	근거리 이동		기간직
				지역 일반직	근거리 이동		
제조업	340:120:20	이전 기업의 운용을 제도화	2005	종합직(지역한정형)	무이동		종합직(전국전근형)
			2009	일반 사무직	무이동	상이	
		생산관리 인재육성		공무직	무이동	상이	

출처: 厚生労働省 都道府県労働局, 『勤務地などを限定した「多様な正社員」の円滑な導入・運用のために』, 2014.

② 노동조건과 만족도

임금과 승진 등 노동조건의 경우 한정정사원은 종래의 정사원과 비정규사원의 중간 정도라는 점에서 양 시점간에 차이는 거의 없었다. 즉 2010년 조사에서 임금(소정내급여)의 경우 직종한정은 정사원과 차가 없고 비정규보다 높았으며, 근무지한정은 정사원보다 약간 낮고 비정규보다는 높았다. 2018년 조사에서도 한정사원과 정사원간에 기본급의 차이가 없는 경우가 39.4%, 정사원이 높은 경우가 58.4%였다. 그 경우 정사원 임금에 대한 한정사원의 임금은 90% 초과가 24.4%, 80~90%가 43%로 80% 이상이 전체의 2/3 정도를 차지했다. 한편 승진속도에 대해서는 2018년의 경우, 정사원과의 차가 없다가 49.4%, 정사원이 빠르다가 48.3%로 비슷했다. 이상의 결과를 종합하면, 한정정사원은 정사원에 비해 노동조건 면에서 약간 불리하나, 그 격차가 그다지 크지는 않다는 것을 알 수 있다.

한편 이러한 노동조건을 차를 포함하여 만족도 조사를 보면, 2010년의 경우 직종한정과 근무지한정 모두 현재의 고용형태를 지속한다는 비율이 정사원에 비해 낮지 않았다. 즉 노동조건이 낮아도 노동방식의 한정에 의해 그 불만이 상쇄되었다. 그런데 2018년 조사의 결과는 그리 단순하지 않았다. 즉 한정정사원이 현재의 고용상태에 불만이 없다고 응답한 비율은 61.2%로 2010년의 응답과 기본적으로 동일했다. 하지만 현재 정사원 중에서 한정정사원으로 전환을 희망하고 있는 비율은 30.3%에 불과했다. 특히 성별로 보면 남성 21.7%, 여성 44.2%로 남성의 비율이 낮았다. 희망하는 이유로는 여가 65.5%, 육아 47.6%, 개호 38%, 전문성 향상 28.2% 순이었고, 희망하지 않는 이유는 임금 저하 77.7%, 다양한 경험 43.4%였다. 여기서는 제도 도입 이전에 이미 예상되었던 워라밸, 임금 수준 이외에 다양한 경험이라는 요인이 주목되는데, 이 점에 대해서도 다음 절에서 재론하기로 한다.

③ 다양한 정사원 제도의 도입 시기

2018년 시점에서 도입시기가 10년을 초과하고 있는 기업은 전체 응답 기업의 42.2%, 6~10년전의 비율은 12.8%, 3~6년은 16.0%, 1~3년은 18.4%였다. 후생노동성이 이 정책을 적극적으로 실시한 시기가 2014년경임을 감안하면, 그 시기 이후 새롭게 제도를 도입한 기업의 비율은 30% 정도에 불과하여 정책의 실시 이전부터 제도를 시행하고 있는 기업이 다수를 점하고 있다고 할 수 있다. 다만, 무기전환 룰이 실제로 적용되는 시기는 2013년 4월 이후 5년이 경과한 2018년 4월부터이기 때문에, 향후 보급이 확대될 가능성이 남아있기는 하다.[41)]

④ 한정정사원의 비중

현재 일본의 고용통계에서 한정정사원의 규모를 조사하지는 않고 있어, 앙케이트 조사를 통해 한정정사원제도를 실시하고 있는 기업 중에서 정사원과 한정정사원의 비중을 확인할 수 있을 뿐이다. 2018년 조사에서 그 항목을 보면(〈표 6〉), 정사원중에서 한정정사원이 차지하는 비율은 20% 미만이 절반 정도를 차지하고 있다. 또한 한정정사원의 비율이 높아질수록 여성의 비율이 높다, 한정정사원의 비율이 매우 높은 사

---

41) 기업에서 직접 고용하는 경우, 아무리 늦어도 2018년 4월부터는 무기계약으로 전환되기 때문에 정의상 자동적으로 한정정사원으로 간주된다. 그러나 파견사원을 이용하는 경우에는 무기계약으로 전환되지 않기 때문에 여전히 비정규직으로 계산된다. 2013년 이후 기업이 어떠한 전략을 취했는가는 향후 2018년 이후 5년간의 한정정사원 비율 추이로부터 추정할 수 있을 것이나, 현재의 조사 상황으로는 그것이 가능하지 않다.

〈표 6〉 정사원중에서 한정정사원이 차지하는 비율(2018년)

한정정사원 비율		~19%	20~39%	40~69%	77~89%	90%~	무응답	합계
합계		48.1	21.9	9.3	7.1	5.6	8.0	100.0
성별	여성	44.2	13.4	9.1	12.8	15.8	4.8	100.0
	남성	59.5	11.5	9.3	5.6	5.8	8.2	100.0
연령별	15~29세	55.4	15.6	6.9	5.0	6.1	11.0	100.0
	30~44세	48.1	21.0	8.7	6.1	6.5	9.7	100.0
	45~59세	51.1	17.3	7.8	6.3	6.9	10.6	100.0
	60세~	56.9	6.1	4.3	3.7	15.6	13.4	100.0

출처: 労働政策研究・研修機構 編,『多様な働き方の進展と人材マネジメントの在り方に関する調査(企業調査・労働者調査)』, 労働政策研究・研修機構. 2018, 21쪽.

업장 중에는 60세 이상을 다수 고용하는 경우가 있다는 점을 알 수 있다. 이는 앞의 〈표 5〉에서 확인한 여성 및 고령층의 재취업 중심의 한정정사원이라는 사실과도 정합적이다

5. 일본적 고용시스템의 변화 내용: 진화인가 전환인가?

이러한 논의를 염두에 두면서, 실제로 일본적 고용시스템에는 어떠한 변화가 발생했는지를 확인해보자. 이에 대해서는 이 장과 유사한 문제의식을 지닌 노동정책연구・연수기구의 연구결과를 참조한다.[42] 이

42) 労働政策研究・研修機構 編,『日本的雇用システムのゆくえ』, 労働政策研究・研修機構, 2019, 1장.

연구는 전술한 “대기업 · 제조업에 전형적으로 나타난, 성원에 대한 장기적인 생활보장 · 능력개발을 도모하는 고용 · 노동의 구조”로 정의되는 일본적 고용시스템이 ‘잃어버린 20년’ 동안 어떻게 변화했는지를 확인하려는 작업의 결과인데, 다음과 같은 점이 확인되었다.

첫째로, 일본적 고용시스템의 핵심 영역에서 장기고용관행과 협조적 노사관계는 여전히 지속되고 있다. 그러나 그 대상 성원은 축소하고 있다. 전자의 근거는 2000년대 들어 대기업에서 남성의 전직입직률이 상승하여 대기업 남성의 평균 근속연수가 단기화되고 있기는 하지만(장기고용의 약화), 그 전직 대상기업은 비제조대기업이다. 즉 제조대기업의 전직입직률은 안정되어 있다. 비제조기업의 경우 제조기업보다 빠르게 비정규고용 비율의 상승하고 있다는 점을 감안할 때 당연한 결론이라고 할 수 있다.

그런데 비정규고용자의 비율을 산업별로 보면(〈그림 3〉), 2014년 시점에서 서비스업 51.4%, 도소매업 49.3%인데 비해 제조업 26.7%, 금융 · 보험업 25.6%으로 제조업과 금융 · 보험업이 서비스업보다 유의미하게 낮다. 더구나 제조업과 금융 · 보험업에서는 2008년의 금융위기 이후 비정규고용의 비율이 저하하였다. 즉 일본적 고용시스템이 전형적으로 나타나고 있던 산업 부문에서는 비정규고용의 비율이 상대적으로 낮고, 비정규직을 경기변동의 버퍼로 활용하고 있음을 알 수 있다. 다시 말하면 2010년대 초반에도 제조업에서는 내부노동시장의 이점이 아직 작용하고 있다고 할 수 있다.

〈그림 3〉 산업별 비정규고용자 비율의 추이

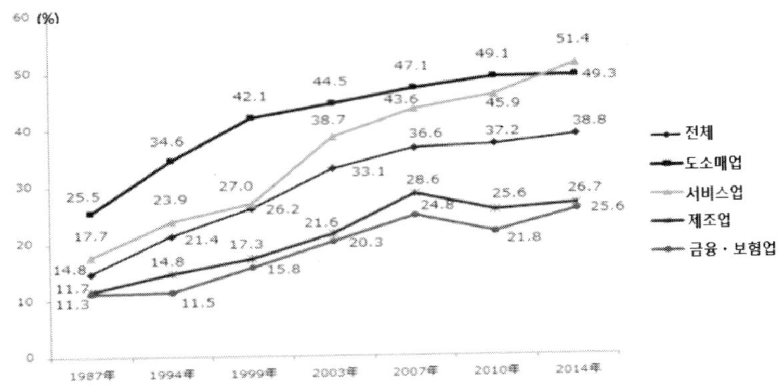

출처: 厚生労働省, 「就業形態の多様化に関する総合実態調査」(労働政策研究・研修機構編, 『日本的雇用システムのゆくえ』, 労働政策研究・研修機構, 2019, 64쪽에서 재인용.

두 번째로, 일반 국민들의 장기고용에 대한 지지 의식이 상승하고 있다. 노동정책연구・연수기구의 20세 이상의 남녀를 대상으로 한 조사에 의하면 종신고용에 대한 지지 비율은 1999년에 72.3%였으나 2015년에는 87.9%로 상승했다. 특히 20~30대의 청년층에서 지지비율이 상승하여 연령별 차이가 거의 없어졌다. 신입사원을 대상으로 한 종신고용제도 희망 조사에서도, 희망 비율이 1994년의 64.3%에서 2000년대 초반의 50.5%까지 경향적으로 하락하였으나, 그 후 상승세로 돌아서 2014년에는 76.3%에 달했다. 이러한 결과는, 2010년대 초반 당시 다양한 정사원 제도의 추진자들이 주장하던 노동공급자의 의식 변화가 사실은 그다지 크지 않았다는 사실을 보여준다.

그렇다면 다양한 정사원 제도 정책이 추진된 2010년대 후반에는 어떠한 변화가 있었는지를 4절에서 소개한 2018년의 조사결과를 통해 다시 확인해보자.

먼저, 다양한 정사원 제도가 많이 활용되고 있는 업종은 도소매업과 건설업이고 제조업의 경우 전체 평균보다 낮았다. 또한 주요 대상도 여성과 고령자층으로 청장년 남성이 아니었다. 즉 2010년대 후반에도 여전히 일본적 고용시스템의 '핵심' 영역에서는 변화가 없다고 할 수 있다.

다음으로 일반 국민들의 장기고용에 대한 지지도는 확인할 수 없으나, 그와 유사한 조사 내용을 확인할 수 있었다. 즉 정사원이 한정정사원으로 전환을 희망하는 비율이 매우 낮은데, 그 이유로 임금수준 다음으로 높은 항목이 다양한 경험이었다. 이는 기업외부에 능력개발을 위한 훈련시스템이 정비되어 있지 않는 한 다양한(무한정의) 직무 경험은, 정사원 노동방식의 폐해가 아니라 종업원의 캐리어 향상에 도움이 된다고 인식하고 있다는 의미이다.

즉 1990년대 이후 잃어버린 20년 동안 일본적 고용시스템에는 본질적 변화가 없었고, 2010년대 초반의 다양한 정사원 제도의 보급에 의해서도 마찬가지로 그다지 큰 영향이 없었다고 할 수 있다.

6. 일본적 고용시스템의 전망

서론에서 제기한 문제의식과 연관시켜 본문의 내용을 간단하게 정리해보자.

일본경제의 전반적인 성과와 관련되어 일본적 고용시스템의 핵심을 이루는 장기고용에 대해서는 1980년대까지 그 장점(기능)이 부각되었으나 90년대 이후에는 그 한계를 지적하는 경우가 많아졌다. 그리고 1990년대 이후 일본적 고용시스템에는 근본적인 변화가 발생하고 있다는 주장도 많아졌는데, 그 근거는 비정규직의 급증이었다.

그런데 일본에서는 1990년대 이후 비정규직 비율이 급속히 상승하다가 2010년대 중반 이후 정체하고 있다. 이러한 현상의 원인으로는 먼저 일반적으로 알려진 바와 같이, 1995년에 일경련이 제시한 고용포트폴리오 구상의 영향이 있었다. 그러나 이 구상에서는, 축소는 되지만 종래의 정사원을 유지할 필요성을 강조하고 있었다. 또다른 원인으로는 비정규고용의 급증에 대처하고 성장전략의 일환으로 고용유연화를 추진한다는 두 가지 목표를 달성하기 위해 2010년대 들어 다양한 정사원 제도를 본격적으로 보급시키려는 정책이 추진되었다는 점이 있다. 그러나 이 제도가 의도대로 보급되었다고는 평가하기 어렵다. 즉 비정규사원이 한정정사원으로 원활하게 전환되고 있지는 않다. 이러한 두 가지 요인이 결합되어 비정규직 고용 비율의 급격한 상승과 정체가 나타났다.

한편 일본적 고용시스템은 대기업・제조업・정사원을 핵심영역으로 하며 직장내 훈련(OJT) 즉 내부노동시장의 이점에 근거하여 시스템이 유지되었다. 그런데 잃어버린 20년간 즉 1990년대부터 2010년대 초반까지 정규직 고용의 비율이 하락하면서도 핵심 영역에서의 변화는 그다지 크지 않았다. 그리고 다양한 정사원 제도가 정책적으로 추진된 2010년대 후반에도 그러한 양상은 변하지 않았다. 이는 제조업을 중심으로 내부노동시장의 유지 논리가 여전히 기능하고 있다는 것을 반증하는데, 그 이유는 노동수요자(기업)와 노동공급자(종업원, 국민)의 일본적 고용시스템 특히 장기고용에 대한 지지가 강력하기 때문이었다.

마지막으로 이상의 분석결과를 토대로, 향후 일본의 비정규고용 혹은 다양한 정사원 제도의 전망에 대해 필자의 관점을 제시해보고자 한다.

다양한 정사원 제도는 비정규 고용 문제의 해결과 고용유연화를 동시에 추구하는 것이므로, 비정규사원의 정사원으로의 전환을 가장 큰 목표로 삼고 있지 않다. 양자를 동시에 해결하는 방법은 정사원과 비정규사원 간의 대우 격차를 해소하는 것이고, 그를 위해 과도기적으로 한정정사원 제도를 보급시키려는 것이다. 그러나 이 정책이 재계의 임금총액 억제 혹은 삭감을 일방적으로 지지하는 것을 의미하지는 않는다. 이러한 방향으로 진전되기 위해서는 균등 · 균형 대우가 전제되어야 하고, 궁극적으로는 동일노동 · 동일임금이 실현되어야 하는데, 그 경우 최소한 비정규사원 · 한정정사원의 임금상승이 필요하기 때문이다. 결국 이러한 정책 방향에 대해 재계가 어떻게 대응할지는, 축소된 수준에서라도 기존의 정사원 유지의 이점과 그에 대한 상대적 고임금 지불의 부담을 어떻게 생각할 것인가에 달려있다. 즉 내부노동시장의 유지 필요성에 대한 판단이다.

내부노동시장 유지의 필요성을 판단하기 위해서는, 일본적 고용시스템의 기능론을 주장했던 논자와 마찬가지로 생산시스템과의 관련에 주목해야 한다. 즉 비정규고용의 증가가 제조업 특히 제조현장에 미치는 영향이 어떠한지에 대한 평가가 우선되어야 한다. 그런데 이에 대한 연구 관심은 놀랍게도 매우 적은 편이다. 이에 주목한 일부 연구에 의하면[43], 비정규사원의 증가는 현장력의 약화=종업원 주권 약화를 초래하고, 나아가서는 노사협조주의의 근간을 뒤흔들 가능성을 내포하고 있다는 점을 시사하고 있다. 따라서 일본식 생산시스템을 지탱하는 현장력과 노사협조주의를 유지할 필요성을 기업이 강하게 느낄수록 비정규고용 혹은 한정정사원의 보급은 지체될 것이고, 반대일 경우에는 보급 속도가 빨라질 것이다.

바꾸어 말하자면, 일본의 주요 산업에서 내부노동시장론에 근거한 기업내 숙련을 이용한 경쟁력 요인이 모노즈쿠리 위주의 생산시스템과 결합되어 경쟁력을 유지・강화하게 된다면 핵심으로서의 정사원과 외연으로서의 비정규고용 활용이 계속될 것이다. 파견사원 등 무기전환룰을 회피하기 노력이 진행되어, 비정규직 비율은 유지 혹은 완만하게 하락할 것이고, 한정정사원을 이용하는 업종과 비중도 그다지 확대되지 않을 것이다. 반대로 내부노동시장을 이용하는 이점이 축소・소멸한다면 정사원의 감소 즉 한정정사원 비중이 증대하고, 나아가 비정규사원에서 한정정사원으로의 전환도 촉진되어 일본적 고용시스템에 근본적인 변용이 발생될 것이다. 이 경우, 비정규직 비율은 좀 더 크게 하락할 것이다.

43) 禹宗杬・連合総研編, 『現場力の再構築へ』, 日本経済評論社, 2014.

일본의 교육개혁과 기업의 사회교육*
청소년 문제의 해결을 위한 실천적 모색

조관자

1. 교육개혁과 '사람 만들기'

> 우리 일본국민은 꾸준한 노력으로 쌓아온 민주적이고 문화적인 국가를 더욱 발전시키며, 세계 평화와 인류의 복지 향상에 기여하기를 기대한다. 우리는 이 이상을 실현하기 위해, 개인의 존엄성을 존중하고, 진리와 정의를 희구하고, 공공정신을 존중하고, 풍부한 인간성과 창의성을 갖춘 인간 육성을 기하며, 전통을 계승하고 새로운 문화의 창조를 목표로 하는 교육을 추진한다. 여기에, 우리는 일본국 헌법의 정신에 입각하여 우리나라의 미래를 개척하는 교육의 기본을 확립하고 그 진흥을 도모하기 위해 이 법률을 제정한다.
>
> (*밑줄은 2006년 개정 교육기본법 전문에 추가된 문구)

일본의 교육기본법은 그 전문에서 민주, 문화 국가의 정체성을 선

* 이 글은 『한림일본학』(제40집, 한림대학교 일본학연구소, 2022)에 같은 제목으로 실린 필자의 논문을 단행본의 취지에 맞춰 일부 수정 · 보완한 것이다.

언하고, 세계평화와 인류복지에 기여할 국민 교육을 다짐한다. 1947년 헌법과 함께 공포된 교육기본법은 2006년 아베 제1차 내각 하에서 60년 만에 처음으로 개정되었다. 개정의 목적은 교육기본법의 기본 이념을 계승하면서, 시대 변화에 맞게 교육을 재생하고 진흥하는 것에 있다고 밝혔다. 과학기술의 진보, 정보화, 세계화, 저출생 고령화, 장애인과 외국인의 증가 등 달라진 교육 환경에서 제기되는 여러 교육 문제를 개선하며, 그를 위해 '공공정신'을 환기하고, 학교-가정-지역사회가 협력하는 사회교육의 네트워크를 구축하겠다는 것이다.[1)]

하지만 위와 같은 교육개혁의 과제는 '민주주의 VS 국가주의'의 갈등 구도에 갇힌 채 오랫동안 논란이 지속되었다. 개정의 반대론자들은 교육개혁의 방향이 '공공정신'을 앞세워 애국심을 조장하고 국가주의를 개인에게 주입하는 결과를 초래한다며 젊은이들의 우경화를 우려했다. 찬비양론의 논쟁은 일본만이 아니라, 동아시아 차원에서 일본의 우경화를 비판하는 좌우 진영 및 국가 간 대립의 양상으로도 나타났다.[2)] 논쟁 속에서 현안의 교육문제는 그대로 방치된 상태였다. 사실 개정된 교육기본법 전문에 새로 추가된 기본 개념 중에서 '전통계승'을 제외한 '공공

1) 文部科学省, 「新しい教育基本法と教育再生」, 2007.3. https://www.mext.go.jp/b_menu/kihon/houan/siryo/07051112/001.pdf(최종 검색일: 2022.05.01.).
2) 비판적 입장의 중국어 및 일본어 논문으로 华丹(Dan Hua); 郭媛(Yuan Guo), 危险的转向: "爱国心"取代"个人的尊严"—兼论日本《教育基本法》(修正案), 比較教育研究編輯部, 比較教育研究, Vol.27(11), 2006.11.01, 1~4쪽; 高橋哲哉 [ほか] 編, 『教育基本法「改正」に抗して: 緊急報告: 全国各地からの声』, 岩波書店, 2004. 교육기본법 개정을 촉구하는 입장은 鵜川昇, 『「日本」がなくなる日: 今のままの憲法・教育基本法では、子どもが、国民が、国が滅びる!』, 海竜社, 2003.

정신, 인간성, 창의성, 미래 개척'이란 핵심어는 2000년 당시 오부치 게이조(小渕恵三) 수상의 자문기관으로 출범한 교육개혁국민회의에서 제안한 내용이었다. 교육개혁국민회의는 일본의 교육시스템에 내재된 갈등의 원인으로 전전부터 내려온 중앙집권 관료주의의 잔존과 그에 대한 반발, 그리고 냉전적 이데올로기 대립을 지적한다.3)

2012년 제2차 아베정권이 시작되면서 교육개혁을 둘러싼 정치적 갈등은 더욱 심화했다. 아베 정권이 교육행정의 책임을 명확히 한다는 명분으로 그동안 교육위원회에서 선출했던 교육위원회위원장을 폐지하고, 행정체계에서 교육장의 권한을 강화하려고 했기 때문이다. 결국 2015년부터 실시되는 [지방교육행정의 조직 및 운영에 관한 법률] 개정에서 교육장과 위원장을 일원화하고, 교육장은 지방자치체의회의 동의를 얻어서 지방자치체 수장이 임명하는 것으로 정해졌다. 교육위원회의 정치적 중립성, 계속성, 안정성은 법적으로 보장되었지만, 교육장이 종합교육위원회를 설치하여 교육 행정의 주도권과 효율성을 확보하도록 한 것이다.4)

한중일의 내셔널리즘이 충돌하고 국가 간 혐오와 불신이 커진 오늘의 현실에서 국가주의 교육에 대한 우려가 기우만은 아니었다. 2017년, 당시 아베 총리의 부인 아베 아키에(安倍昭恵)가 명예교장으로 있는 모리토모 학원(森友学園)이 폐기물 처분을 명분으로 국유지를 저렴하게

---

3) 教育改革国民会議, '大きく変化する社会の中での教育システム', 「教育改革国民会議報告―教育を変える17の提案―」, 2000.12.22.

4) 「地方教育行政の組織及び運営に関する法律の一部を改正する法律の概要」, 2015.4.1.

매수하는 특혜를 입고, 부속 유치원에서 교육칙어를 원생들에게 낭독시킨 사실이 드러났다. 이는 교육기본법에 어긋나는 배타적이고 퇴행적인 정치교육으로 지탄을 받고, 아베 수상의 퇴임을 압박하는 주요 요인이 되었다.[5] 이 사건을 계기로 우경화 교육의 위험성이 현실로 드러났지만, 동시에 시민사회의 자정 능력도 검증되었다.

그렇다면 전후 민주화의 조치로 설치된 교육위원회는 왜 자율적 권한을 잃게 되었는가? 2011년 오쓰(大津)시에서 중학교 2학년 학생이 이지메로 자살한 사건(大津市中2いじめ自殺事件)이 터지면서 교육위원회의 권위가 실추되었다. 그동안 학교와 교육위원회가 이지메를 조직적으로 은폐해 온 사실이 불거지면서 그 사회적 신뢰가 무너졌기 때문이다. 교육행정의 투명성과 책임성을 강화하려는 정책적 의지가 민주주의에 위배되는 조치는 아니다. 선출 위원장이 조직의 이익을 지키기 위해 자신들의 모순을 덮어버린다면 민주주의는 작동하지 않기 때문이다.

문제는 교육행정의 정비가 학생들의 등교거부와 학교폭력 등 현안을 해결하는 방책이 아닌 상태에서, 교육개혁을 국가권력의 문제로 몰아갈수록 실제 교육문제가 방치되었다는 점이다. 이러한 문제를 해소하기 위해서 본고는 일본의 교육개혁을 청소년 문제의 관점에서 검토하고 기업이 사회교육에 참여할 필요성을 제기한다. 교육과 경영은 사회에 필요한 인재를 키운다는 점에서 일치하며, 기업이 경영의 묘를 발휘하여 사회교육의 직접 수행자가 될 수 있다. 만일 기업의 관련자들이 사회

---

5) 「園児が「安倍首相頑張れ」＝国有地取得の学校法人―民進、教基法違反の疑い指摘」, 『時事通信』, 2017.2.27.

교육에 폭넓게 참여할 수 있다면 건전한 복지 구현의 가능성도 커진다.

본디 기업은 사원과 그 가족, 부품 관련 사업체의 사원과 그 가족, 소비자까지 아우르며 사회를 구성하는 중요한 기관이다. 실제로 1970년대에 "마쓰시타전기는 전기제품을 만들기 전에 사람을 만들고 있다"는 경영 이념과 그 실천으로 유명했다. 그 창업자인 마쓰시타 고노스케(松下幸之助)에 따르면, 기업이 사람을 쓰는 것은 공동생활의 향상을 도모하는 공사(公事)이다. 그는 "스스로 책임과 권한으로 자주성을 갖고서 일할 수 있는 경영자", "훌륭한 사회인"을 키우는 것이 공적 기구(公器)로서 기업의 사회적 책임이라고 인식했다.[6] 고용인으로서 그가 피고용인을 임금노동자가 아니라 함께 바른 사회를 구현해가는 동반자, 구도자처럼 대한 점도 흥미롭다.[7] 그러나 '경영의 신' 마쓰시타의 사망 후, 전문경영인이 대표로 선출되는 마쓰시타전기기업은 파나소닉으로 이름을 바꾸어 100년 전통을 이었지만 최근 '노쇠 위기'론이 나올 정도로 어려움을 겪고 있다.[8] 이에 본론에서는 기업의 위기 극복과 사회교육의 관련성에 대해서도 언급하고자 한다.

일본에서 기업의 사회적 책임이 강조된 것은 전후 부흥과 함께 공

---

6) 松下幸之助, 『実践経営哲学/ 経営のコツここなりと気づいた価値は百万両』, PHPビジネス新書, 2014, 39~41쪽, 84~86쪽.

7) 1947년 1월 노동조합의 결성식에 초대받지 않은 채 참석한 마쓰시타는 "조합의 결성으로 우리 회사도 민주 경영에 박차를 가할 수 있다고 생각합니다. 이를 계기로 전원이 일치하여 진리에 입각한 경영을 해가고 싶다. 바른 경영과 바른 조합은 반드시 일치한다고 믿는다."라고 발언했다. https://www.panasonic.com/jp/corporate/history/konosuke-matsushita/080.html

8) 「特集・連載: パナソニック 老衰危機」, 『DIAMOND ONLINE』, 2020.1.6~2020.1.21.

해문제가 터지면서부터이다. 가전산업의 발전으로 풍요와 복지가 기약되는 가운데, 노사 모두 사회 운영의 주체로 자각되는 분위기가 생겨났다.[9] 기업의 사회적 책임(Corporate Social Responsibility)이란, 기업이 종업원, 소비자, 투자자, 환경에 이르기까지 그 관계를 배려하고 사회적으로 공헌할 수 있도록 자율적으로 의사를 결정하고 실행하는 것을 말한다. 이러한 풍토에서 일본 각지의 상공회의소가 지역사회의 복지사업에 관여하고, 기업이 저출생 고령화 및 지역 소멸 위기에 대응하려는 노력도 기울여왔다.[10] 또한 학교와 지역, 산업과 보건 분야에서 교육의 방향성과 제도 등에 관한 의제를 심의하는 문부과학성의 중앙교육심의회에 경제인 3명 이상이 구성되어 교육개혁 논의에도 꾸준히 참여해왔다. 2021년 현재 제11기 중앙교육심의회 위원장은 제일생명홀딩스 회장이자 일본경제단체연합회 부회장인 와타나베 고이치로(渡邉光一郎)가 역임하고 있다. 마쓰시타 회장도 1960년대 초부터 중앙교육심의회 위원으로 활동한 적이 있다.

교육과 경영의 기본은 '사람 만들기'이다. 어떤 교육개혁도 급변하는 시대에 필요한 인재를 육성함으로써 사회발전의 요구 및 사회문제의 해결에 부응하려고 한다. 인재상은 시대 상황과 위기의식에 따라 복합적으로 나타나지만, 2000년 이후 일본에서는 공공정신과 인간성의 함양이 강조되고 있다. 본 연구는 그것을 '민주주의 VS 국가주의'의 논쟁 구도

---

9) 財団法人日本生産省本部, 『調査研究: 企業の社会的責任: その指標化と意見調査』, 労使協議制常任委員会調査報告書, Vol. 74, 1964.

10) 일본상공회의소 홈페이지 '지역진흥정보란' 참조. https://www.jcci.or.jp/

가 아닌, 소년문제 및 사회문제에 대응하는 사회교육의 관점에서 고찰하고자 한다. 일본에서 공공성과 인간성 형성의 과제가 어떠한 사회적 배경과 위기의식에서 드러났는지를 확인하고, 인간성의 완성을 향한 사회교육의 필요성을 기업의 사회적 책임이란 관점에서 풀어보고자 한다.

2. 인간성의 위기를 알리는 소년들

전후 일본에서는 비행 청소년의 문제가 불거질 때마다 교육개혁이 시도되고, 애국심 및 공공정신을 강화하는 도덕교육의 필요성이 대두되었다. GHQ 점령 하 교육개혁의 결과, 기존의 교육칙어와 도덕교과인 수신/공민(修身/公民), 그리고 일본의 역사와 지리 교과가 폐지되었기 때문이다. 대신에 인간관계와 사회생활의 태도를 중시한 사회과, 남녀 공통 수업인 가정과, 소질 발굴과 민주주의 학습을 위한 클럽 활동 등의 자유연구가 새롭게 생겨났다.

그러나 전전의 가치관과 사회 규범의 붕괴, 도시의 빈곤 속에서 전쟁고아와 소아결핵, 장기결석 등의 문제가 불거지고, 인신매매, 필로폰(philopon), 암시장에서의 비행 등 사회문제가 청소년층으로 번져갔다.[11] 1949년 정부는 '청소년범죄방지에 관한 결의'를 발표하고, 청소년의 불량화 문제에 대한 사회교육 및 학교교육의 대응, 그리고 부랑아의

11) 矢島正見, 『【改訂版】戦後日本青少年問題考』, (財)青少年問題研究会, 2013, 제1부.

〈그림 1〉 소년 형법범 검거인원과 인구비(1946년~2012년)

① 刑法犯

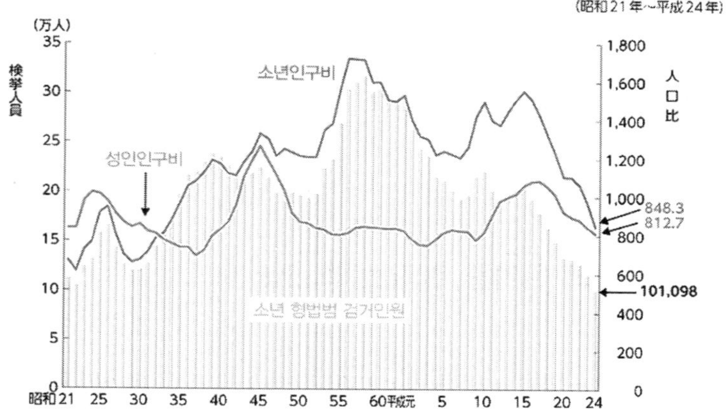

출처: 法務省,『平成25年版 犯罪白書』.

수용과 교정보호 시책을 촉구하기에 이른다.[12] 한국전쟁의 발발로 좌우 이념 갈등과 사회 혼란이 점증된 1950년부터 1951년 사이에 형법범 소년의 검거인수는 13만 명에 육박하며 제1차 정점을 찍는다(〈그림 1〉).[13]

소년 형법범 검거인원은 1965년부터 감소로 돌아서 1968년까지 11만 명 이하로 떨어진 채 1977년 무렵까지 진정세를 보인다. 그러나 일본이 경제대국으로 부상한 1978년부터 다시 증가한 소년 형법범 검거인원은 1980년대에 18만~19만 명대로 제3차 고조기를 보였다. 1980년대에는

---

12) 後藤雅彦, 「戦後社会と青少年行政の変遷: 青少年の「健全育成」から「市民育成」への転換」,『現代社会文化研究』37, 新潟大学大学院現代社会文化研究科, 2006, 32쪽.

13) 성인 인구비는 성인 인구 1000명 당 검거인원을 말함. 〈그림 1〉 平成25年版 犯罪白書 第3編/第1章/第1節/1, (3-1-1-1図)少年による刑法犯・一般刑法犯 検挙人員・人口比の推移.

이지메, 자살, 부등교 등이 사회문제로 떠올랐다. 14세~19세의 검거인원 인구비율은 전후 최대치(1000명 당 18명)에 이르렀다. 소년 형법범 검거 인원은 헤이세이(平成) 원년(1989년)부터 감소로 돌아서 약간의 증감을 보이다가 2003년 이후 감소 추세를 유지하는 중이고, 그 소년인구 비율도 감소하고 있다. 다만 성인인구 비율과 비교하면 소년형법범 인구는 여전히 높다.

일본경제가 장기침체로 접어든 후 2003년부터 교내 폭력과 강력 범죄의 건수는 현저하게 줄었다. 하지만 '묻지마' 폭력의 규모가 커지면서 희생자가 늘고 있으며, 가해자들은 스스로 삶을 포기한 상태에서 사건을 일으킨다.[14] 길거리나 지하철 등 공공장소에서 불특정 다수를 습격하는 사건은 통계가 집계된 1994년 이후 매년 발생하고 있다.[15] 2010년대부터 자기 방치(self neglect), 쓰레기집, 분노조절장애, 아동학대, 인터넷 이지메도 증가 추세이다.[16] 1980년대에 청소년기를 보낸 세대가

14) 2021년 10월 도쿄 중심지와 근교를 달리는 게이오선(京王線) 차내에서 헐리우드 영화 조커의 캐릭터로 분장하고 살상 사건을 일으킨 20대 남성은 실업과 친구관계의 문제로 3개월 동안 고향을 떠나 떠돌다가, "2명 이상 죽이면 사형이 되리라고 생각했다"고 경찰에서 진술했다. 그에 앞서 8월 오다큐선(小田急線)의 선내에서 칼을 휘둘렀던 30대 남성도 입버릇처럼 자신의 불행을 한탄했다고 한다. 「無差別殺傷 孤立社会の病が見える」, 『朝日新聞デジタル社説』, 2022.1.17.

15) 法務総合研究所, 「無差別殺傷事犯に関する研究」, 法務総合研究所研究部報告 50, 2013. 2020년까지 전국에서 179건(살인 미수 135건) 발생하여 검거건수는 173건이었다. 「通り魔殺傷、179件 94年以降、毎年発生─警察庁」, 『時事通信』, 2021.11.18.

16) 文部科学省 初等中等教育局児童生徒課, 「児童生徒の問題行動・不登校等生徒指導上の諸課題に関する調査」, https://www.mext.go.jp/a_menu/shotou/seitoshidou/1302902.htm

2020년대 학부모 세대로 성장한 상태에서 안타깝게도 시간의 흐름과 함께 모순이 덧쌓여가고 있다.

2000년 3월 교육개혁국민회의는 교육기본법 개정 및 교육진흥 계획의 필요성을 제기하기 시작했다.[17] 2000년 5월 11일 '교육개혁국민회의 좌장 긴급호소'가 발표된다.[18] 5월 1일과 3일에 연달아 17세 소년들의 흉악 범죄가 일어났기 때문이다.[19] 특히 3일에 고속버스를 납치하고 승객을 살상한 소년은 중학생 시절 이지메를 당한 후 가정폭력을 일으켜 부모가 국립정신요양센터에 입원시켰지만, 모범생활로 외출허가를 받은 상태였다. 원래 이지메를 당한 중학교에 찾아가 무차별 살상 후 자살을 감행할 생각이었지만, 5월초 연휴 중이었기에 계획을 바꾸었다고 한다. 소년은 승객들에게 "너희가 갈 곳은 텐진(天神: 버스터미널 이름)이 아니라, 지옥"이라고 외쳤다. 소년의 말에서 사회에 대한 불신과 좌절이 무차별 살상으로 이어졌음을 짐작할 수 있다.

1990년대 후반부터 청소년들의 강력 범죄와 자살, 이지메 문제가

---

17) 5월 오부치 수상이 사망한 후에도 이 기구는 분과회와 중간보고회, 공청회를 수시로 열고서 2000년 12월 23일 〈교육개혁국민회의 보고: 교육을 바꾸는 17제안〉을 모리 요시로(森喜郎) 정권 하에서 발표했다. 노벨물리학상 수상자 에사키 레오나(江崎玲於奈)가 좌장을 맡고, 할로겐전구를 개발한 기업가 우시오 지로(牛尾治朗), 중앙교육심의회에서 활약한 공학자 기무라 쓰토무(木村孟) 등 26명의 위원이 참가했다. 관련한 모든 자료는 수상관저, https://www.kantei.go.jp/jp/kyouiku/index.html

18) 江崎玲於奈, 「教育改革国民会議座長緊急アピール(2000.05.11.)」.

19) 5월1일 아이치현 도요카와시의 한 고교생이 살인 체험을 위해 장년 부부를 살상한 사건에 이어, 5월 3일 고교를 중퇴한 17세 무직소년이 사가시에서 출발하여 후쿠오카시의 니시테츠텐진센터(西鉄天神バスセンター)로 향하던 고속버스를 납치하고 승객 4명을 살상한 사건이 벌어졌다.

연쇄 현상을 빚으며 심각한 사회문제로 떠올라 있었다. 1997년 고베(神戸)에서 만14세 중3 소년이 초등생을 연속 살상하고 기괴한 방식으로 자신의 범죄를 과시하며 경찰 수사를 조롱하는 편지까지 신문사에 보냈다. 야밤에 오토바이 폭주족들이 출몰하여 도시의 정적을 깨트리기 일쑤였던 당시, 일본 사회의 충격은 계속되었다. 1998년 1월 도지기(栃木)현의 한 중학교 교실에서 만13세 소년이 자신의 태도와 말투를 훈계하는 26세 여교사를 접이식 나이프로 살해한 사건, 2000년 4월 나고야(名古屋)시에서 중학생이 이지메로 5000만원을 갈취한 사건이 발생했다. 버스승객 살상 사건 이후에도 2003년 7월 나가사키(長崎)에서 12세 중학생이 4세 유아를 유괴하여 살해한 사건, 2004년 6월 사세보(佐世保)에서 11세 초등학생 여아가 학교 내에서 나이프로 동급생을 살해한 사건 등, 중대사건들이 연이어 발생했다.

노벨물리학상 수상자로 교육개혁국민회의 좌장인 에사키 레오나는 전 국민이 더불어 내일의 교육을 만들어가자면서 "자신의 아이도 남의 아이도, 칭찬할 것은 칭찬하고, 꾸짖을 것은 꾸짖어야지 않겠는가?"라고 호소했지만, 아이들을 훈계하려면 남다른 용기와 소통 능력이 필요한 시대가 되었다. 소년들의 '이유를 알 수 없는 반항'과 '무차별 살상의 분노'를 목격한 일본 사회에서 '기레루(切れる) 17세', '폭발해버린 17세'(切れてしまった17才)와 같은 속어들이 속출했다. 원래 '잘리다, 끊기다'를 뜻하는 자동사가 '인내심으로 묶어 두었던 끈이 끊어져 화가 치솟다, 혈관이 끊어져 피가 거꾸로 치솟다'를 의미하며, '욱'하고 '이성이 끊겨버린' 분노의 폭발 상태를 가리키게 된 것이다. 이 때 '기레=끊김'은

일본자본주의의 성장 곡선이 끊겨버린 '잃어버린 10년'의 시기에 마침 질풍노도의 사춘기를 보내던 청소년들의 행동양식을 중의적으로 표현한다.

2000년 무렵 요시모토흥업(吉本興業)의 희극인들은 만담과 개그에서 새롭게 분노(切れ) 캐릭터를 연출하여 '분노개그'라는 새로운 코미디 장르를 만들어냈다. 공공장소에서 분노를 억제하고 속내를 드러내지 않는 것이 공동체의 규범이었던 일본에서 청소년들의 분노 범죄가 이어지고, 분노 연기가 웃음을 사는 시대가 되었다. 그 버전도 다양해서 진분노(마지기레/マジギレ), 적반하장 분노(갸크기레/逆切れ)라는 캐릭터까지 생겨난다. 분노 캐릭터를 부각시킨 개그는 2006년 이후 한국에 이른바 '호통개그', '버럭개그'로 불리며 전파되었다.[20] 동시대 한국에서도 '일진'으로 대표되는 비행청소년들의 폭력에 대한 처벌 강화 여론이 비등하고 있었다.

'끊겨 버린'(切れてしまった) 상태의 표현은 '분노 조절 장애'가 번져나가는 사회적 현상으로 연구될 필요성이 있었다. 하지만 청소년 문제의 도미노 현상 속에서 등장한 '분노 캐릭터 개그'가 사회 문제를 암시하고 치유하는 블랙 유머로조차 기능하지 못했다. 일본사회는 소년 범죄에 대한 법적 처벌을 강화하여 2000년부터 형사법 적용 대상 연령을 '16세 이상'에서 '14세 이상'으로 내렸다. 안타깝게도 소년들의 분노 감정이 무엇을 의미하며 어떻게 바로잡을지에 대한 사회적 대안은 나오지

---

20) 일본의 분노개그는 2000년대 중반 개그맨 이경규, 박명수 씨에 의해 한국에 전파되었다.

않았다. 소년범을 보호조치하는 대신 '엄격 처벌'을 요구하는 여론만 갈수록 비등했다. 그 결과 2022년 4월부터 18~19세가 사형이나 무기징역에 상당할 경우 성인과 마찬가지로 처벌받도록 개정된 소년법이 시행된다.[21)]

그러나 과연 1982년에서 1986년까지 태어난 세대를 소환하여 이름 붙인 '기레루 17세'의 비행이 단지 사춘기를 보내던 그들 세대만의 문제였을까? 17세가 소년범죄를 대표하게 된 것은 1960년대부터이다. 1960년 당시 사회당 당수 아사누마 이네지로(浅沼稲次郎)를 사살하고 자살한 우익 소년 야마구치 오토야(山口二矢)를 소재로 오에 겐자부로(大江健三郎)가 소설 『세븐틴』을 발표했다. 그리고 1961년 역시 17세 소년이 천황가의 참수를 소재로 한 소설(『풍류몽담(風流夢譚)』)을 출판한 중앙공론사(中央公論社)의 사장 사택을 침입하여 가정부와 부인을 살상한 사건이 벌어졌다.

좌/우익이 격렬하게 대립하던 정치의 계절은 고도성장을 실현하면서 저물었다. 하지만 일본이 고도소비사회의 거품을 일으킨 1980년대에

---

21) 일본에서 살인과 같은 중대 사건이라도 범인이 14세 미만의 촉법소년의 경우에는 체포와 구속은 불가능하고, 아동상담소의 일시보호 이외에 신병확보의 방법이 없었다. 2007년 일본은 소년법을 개정하여 소년범죄의 저연령화에 대처하고 비행소년의 조기발견과 조기처우를 통해 범죄를 예방한다는 명목으로 조사 연령 하한 조정과 조사 강화, 가정재판소 및 소년원 송치를 허락했다. 한편, 여러 장애 요인을 갖는 생육환경에서 자란 비행 아동들에 대한 조사는 아동상담소에서 복지와 교육의 관점에서 이루어져야 한다는 의견도 제시되었다. 「特集 少年法改正 (座談会)少年法改正の意義と課題」, 『jurist』 1341, 2007, 8쪽. 소년범 엄벌 요구의 여론에 대해서는 神戸小学生殺人事件を考える会, 『神戸小学生殺人事件わたしはこう思う∽455人の声』, 同文書院, 1997, 20~22쪽. 소년법의 개정에 대해서는 일본의 法務省, 「少年法が変わります!」 https://www.moj.go.jp/keiji1/keiji14_00015.html

소년들의 반항은 형법범 검거인원의 급증으로 나타났다. 그리고 거품경제가 꺼지기 시작한 1990년대에 소년들의 분노는 약자에 대한 이지메와 익명의 타자들에 대한 무차별 폭력의 형태로 거칠게 변모했다. 이는 일본을 비롯한 자본주의 고도성장기를 거친 나라들에 누적된 생활환경의 모순과 인간성 형성의 위기 문제를 드러낸다. 그 위기의 심각성은 가해 소년의 연령이 점점 낮아지는 현상과 소년 자신들이 피해자로 희생되는 사례의 증가에서 찾아볼 수 있다. 소년들의 가해 및 피해 현황은 가해자를 엄중 처벌하라는 신호라기보다, 어른들이 하루빨리 사회적 대안을 찾으라는 경고로 받아들여야 할 것이다.

3. 부모를 위한 사회교육과 '사회가족'의 가능성

2000년 12월 10일, 고레에다 히로카즈(是枝裕和) 감독의 영화《아무도 모른다》의 스가모(巣鴨)아동방치사건(1988) 만큼이나 충격적인 사건이 보도되었다. 아이치현 나고야시 근교의 베드타운, 한 철강 기업의 사원 아파트에서 갓 3세를 넘은 여자아이 마나(真奈)가 택배 상자에 담긴 채 굶주림으로 사망했다. 부모는 21세 동갑내기 부부, 도모노리(智則)와 마사미(雅美)였다.[22)]

22) 사건 이름은 愛知県武豊町・3歳児餓死事件, 아동의 이름은 무라타 마나(村田真奈)로 '마나짱 골판지 가둠 아사 사건'(真奈ちゃん段ボール詰め餓死事件)으로도 불린다.

일본에서 아동학대 사건은 1990년대부터 불거진 상태였다. 학령 전 아동을 키우는 엄마들의 약 10%가 학대를 하고, 약 20%가 육아 불안과 스트레스를 간직한 학대예비군이라는 조사 결과도 있다.[23] 마나짱사건은 2000년 5월 아동학대방지법의 실시로 보건소, 보육원, 소아과 전문의가 연계하여 아동 건강과 발달 상태를 긴밀히 점검하며 학대 예방에 힘쓰던 와중에 벌어졌다. 이 때문에 당시, 사회복지 관련기관의 책임 소재를 둘러싼 논란까지 겹치면서 사건의 사회적 파장이 더욱 커졌다. Covid19 방역과 사회적 거리두기로 한국과 일본에서 아동학대의 잔혹한 사건들이 증폭되고 있는 만큼, 이 사건이 새삼스럽게 충격적이지 않을 수도 있다.

그러나 아동학대의 원인과 해법이 충분히 검토되지 않고 방치되었기에 오늘날 아동학대의 증가에도 속수무책이 아닐까? 실제 2000년대 마나의 희생도 1980년대 이후 청소년 문제가 누적된 채 시간이 흘러 나타난 결과로 보인다. 2004년 "마나짱은 왜 죽었는가?"라는 부제를 단 취재 보고서 『육아 포기(neglect)』가 출판되었다. 르포 작가 스기야마 하루(杉山春)는 구치소에서 재판을 받던 젊은 부부와 편지를 주고받으며 그들의 환경과 심리 변화를 추적했고, 그들의 부모, 학교의 교사와 친구들, 보건소와 보육원, 의사와 변호사 등을 취재하여 사람들의 의문에 답을 주고자 했다.

그 취재 보고에 따르면, 도모노리는 부모의 이혼 후 식당일로 바쁜 엄마에게 매를 맞으며 자라났고, 마사미는 엄마가 가출하고 아버지는

---

23) 杉山春, 『ネグレクト:育児放棄』, 小学館, 13, 2004, 198쪽; 杉山春, 『平成27年版子ども・若者白書(全体版)』, 2015, 제2절 아동학대 피해 상황.

회사와 파친코를 오가는 상태에서 나홀로 동생을 돌보며 자랐다. 두 사람 모두 중학교 시절부터 이지메를 당했다. 근로 청소년을 위한 정시제 고등학교를 다니던 마사미는 학교 근처 불량배들에게 성폭행을 당한 후 등교 거부 상태에서 도모노리를 만나 서로 위안을 얻다가 마나를 임신하게 되었다. 가장이 된 도모노리는 돈벌이에 대한 책임감은 강했지만 퇴근해서 게임에만 몰두했고, 마나의 울음에 도모노리가 짜증을 내자 마사미는 불안해지기 시작했다. 보건소의 검사일에 마나가 걷지 않아서 발달장애 요주의 대상이 되자, 대인기피증이 강하고 사회성이 부족한 마사미는 수치심을 느끼며 마나를 보육원에 보내지 않았다. 마나가 서랍 속의 물건들을 꺼내고 게임기에도 손을 대자, 도모노리는 택배 상자 속에 마나를 가두었다. 사건 당시 마사미는 셋째를 임신 중이었다. 그들에게는 살인의도는 없었으며, 자신들도 돌봄 없이 자라서 익숙했던 일상의 지속이었던 것이다. 마사미의 엄마 히데코(秀子)도 1958년 미혼모에게서 태어나 사람들의 눈에 띄지 않도록 방치된 채 자라났다. 스기야마는 여성 3대의 삶을 취재하여 그들의 가난과 무지, 외로움과 아이 방치가 반복되는 사실을 보여준다.[24)]

마나짱사건 직후 교육개혁국민회의 최종보고서 〈교육을 바꾸는 17가지 제안〉는 가정교육수첩, 가정교육노트 등의 개선과 활용을 꾀하고, 모든 부모에 대한 육아 강좌나 상담 기회를 적극 마련하는 등, 가정교육의 지원 강화를 제언했다. 그러나 아동 교육의 지원이나 빈곤 대책 등

---

24) 杉山春, 『ネグレクト: 育児放棄』, 243쪽, 246쪽.

으로 문제가 해결될까? 전국아동상담소가 상담한 18세 미만 아동학대 상담 건수 및 아동학대와 관련한 검거 건수·검거 인원은 30년 연속 늘어났다.[25] 2020년 코로나 방역 시기에는 20만5029건으로 전년보다 5.8%(1만1249건) 많다. 학대 유형별로는 심리적 학대가 12만1325건(59.2%)으로 가장 많고, 신체적 학대가 5만33건(24.4%), 육아포기(neglect)가 3만1420건(15.3%)이다. 심리적 학대에는 부모가 아이들 앞에서 배우자에 대한 폭력을 보여주는 것도 포함된다.[26] 아동학대 건수의 증가는 아동학대에 대한 사회적 인지 및 신고의무가 강화되고, 여론이 주목한 결과이기도 하다. 정부도 훈육을 빙자한 보호자의 체벌을 금지하고, 보육사나 의사, 교사들의 신고 의무와 학대자의 처벌 수위를 높이는 방향으로 '아동학대 방지대책'을 꾸준히 강화했다.[27]

그렇다면 예방과 처벌을 강화해도 아동학대와 이지메, '묻지마' 폭력이 갈수록 늘어나는 까닭은 무엇인가? 어른들의 변화 없이 아동문제의 개선을 기대할 수 없다. 어른들부터 소통 가능한 사회를 만들어가야 한다. 많은 사람들이 일상의 갈등과 주어진 환경의 모순을 풀지 못해 짜증과 분노를 쌓아간다. 전문가들의 심리 상담과 복지 혜택이 강구되고 있지만, 일회적 방법이나 물질적 보조만으로 환경이 변하지 않는다. 문제 해결을 위해서는 가화만사성(家和萬事成)의 기초를 다져야 한다. 남

25) 法務省,「第5編/第1章/第6節/2(5-1-6-1図)児童虐待に係る事件 検挙件数・検挙人員の推移(罪名別)」,『平成25年版 犯罪白書』 참조.
26) 厚生労働省,「令和2年度 児童相談所での児童虐待相談対応件数」, 2020.
27)「児童虐待の防止等に関する法律施行規則(平成二十九年厚生労働省令第百三十三号による改正)」

녀가 가정을 이룰 때부터 각자 자라난 집안 환경을 이해하고 집안 문제의 대물림을 차단할 수 있어야 한다. 부모가 태교부터 서로 의논하며 가족이 원만하게 소통할 때 2세대 모두의 삶의 질을 향상시키고 사회 분위기를 바꿀 수 있다. 이를 위해 필요한 것이 어른들을 위한 사회교육이다. 아동학대의 증가는 부모를 위한 사회교육을 준비하여 아이들이 바르게 성장할 수 있는 가정 및 사회 환경을 만들라고 촉구한다.

일본에서는 2004년부터 학교, 가정, 지역이 동참하는 학교운영협의회 제도(커뮤니티 스쿨)가 형식적으로 보급된 상태에서 2006년 교육기본법 제13조에 "학교, 가정 및 지역주민과의 상호 연계협력"을 법규로 정했다. 이에 따라 2008년 사회교육법 개정에서 사회교육행정이 가동되고, 기업과 지역주민이 협력하여 방과 후 토요일 학습지원 등을 실시했다. 2011년 동일본대지진을 경험하면서 인구감소 고령화 사회에 대비한 지역 네트워크 및 포괄적 케어시스템을 구축할 필요성도 더욱 긴급하게 제기되었다. 그 구체적인 활동은 고령자 개호를 중심으로 진척되고 있지만, 부모들에게 필요한 생활교육을 연구하고 고양시키려는 관점은 미비하다.[28)]

사회교육이 온전히 실행되려면 지자체와 시민, 기업과 대학, 사회복지기관과 병원, 경찰과 교도소 등 각 분야에서 협력하여 성인의 인격완성을 위한 맞춤형 생활교육 콘텐츠에 대한 연구와 검증을 지속하면서 프로그램을 갱신해야 할 것이다. 현재까지 문부성이 주도하는 사회교육

28) 기업의 사회공헌 활동에 관한 조사 결과는 社会教育実践研究センター,『企業とボランティア活動に関する調査研究報告書』, 国立教育政策研究所, 2011, 86쪽.

의 행정은 대부분 아이들의 교육에 초점이 맞추어져 있다.[29] 아이들을 위한 사회교육이 효과를 얻고 고령화 사회의 문제까지 예방하려면, (예비) 부모 세대의 문제를 개인의 '운'이나 '자기책임'으로 방치하지 않고 그 생활태도의 사회적 쇄신을 도모할 수 있어야 한다. 그 필요성을 마나의 부모 사례에서 되짚어보자.

고졸 신입사원인 도모노리는 가장으로서 회사 일에 성실했지만, 또래가 대학에 진학하듯이 그에게도 지속적인 교육이 제공될 필요가 있었다. 하지만 회사는 단순히 일을 시키고 월급을 주는 곳이었다. 만일 회사가 아직 어린 사원들에게 삶의 이념을 정립하고 스스로 생활 문제를 연구하게 만드는 사회교육의 장으로 기능했다면, 도모노리가 집에서 게임만 즐기며 아이를 학대하지 않았을 가능성이 생긴다. 또한 젊은 부부는 마나가 경막하혈종으로 쇼크를 일으켰을 때, 사원 아파트의 이웃에게 도움을 요청한 적이 있다. 만일 그 사원 아파트에 전업주부들의 육아연구 모임이 있어서 활발하게 움직이고 있었다면, 그 도움의 손길을 받아 마사미는 육아 우울증에 걸리지 않았을지도 모른다.

부모들이 사회를 연구하고 교육 환경을 바꾸고자 활동할 때 '내 자식'이 이지메와 사고를 당할 위험 없이 사회 안에서 저절로 보호받게 된다. 만일 지역 커뮤니티에서 전업주부들의 육아연구가 활발하여 마사미와 같은 젊은 엄마들의 육아 고민을 돕게 된다면, 주부들도 그 활동을 통해 사회교육에 참여하게 된다. 부부가 서로의 공적 활동에서 타인들에

29) 지역사회 안에서의 국가와 기업, 학교의 연대 협력을 위해 열린 사이트 '학교와 지역에서 만드는 배움의 미래'를 참조. https://manabi-mirai.mext.go.jp/

게 감사의 인사를 받게 될 때 부부의 사사로운 관계에서도 상대의 사랑을 확인받기 위한 불안감이나 비굴함은 사라진다. 연애와 결혼을 포함하여 인간관계를 맺는 사생활의 영역에서부터 교육의 과제와 그 해법을 찾으려는 연구 풍토가 활성화되어야 한다. 그러한 생활 속 연구 토대가 확장될 때, 대중의 일상이 변하고, 사회적 합의를 이루어낼 교육 콘텐츠가 더욱 활발하게 개발될 수 있다.

가족은 무엇이며, 시대 변화에 맞는 가족을 어떻게 만들어가야 할까? 이 질문을 사회교육의 차원에서 풀어내야 할 시대가 되었다. 가족은 가장 가까운 원조자이면서 가장 치열하게 부딪히는 타인이다. 그 갈등까지도 서로의 성장에 도움이 되도록 맺어진 인연이 혈연가족이다. 혈연관계의 문제나 가정환경의 결핍에서부터 자신의 모순을 잡아나가려는 노력이 사회인으로서의 실력도 키우게 된다. 그러나 현실에서는 가족 내 소통 부족과 대립, 학대의 경험, 과잉보호 또는 억압적 양육 등 '가족의 기능 부전' 현상이 청소년의 교육환경을 더욱 악화시키고 있다. 비혼, 저출산, 한 부모, 한 자녀 가정이 늘어나는 시대에 아이들이 외롭게 자라나고, 그 부모들도 힘들어하는 사례가 늘어났다. 2016년 일본인의 세대별 생활의식 조사에서 '괴롭다'(苦しい '대단히 괴롭다', '약간 괴롭다'를 포함)로 답한 사람은 전체 세대의 56.5%이다. 그 중에서도 세대별로 '괴롭다'는 응답은 모자세대 82.7%, 아동이 있는 세대 61.9%, 고령자세대 52.0%의 순서로 나타났다.[30] 자녀 교육을 담당하는 세대에서 괴로

30) 전체 세대의 '괴롭다'는 응답률은 2013년 59.9%보다 낮아졌다. 厚生労働省政策統括官(統計・情報政策担当), 『国民生活基礎調査(平成28年)の結果から(From

움이 늘어나고 있는 것이다.

인간관계의 소원 및 고립화가 가족의 해체, 나아가 고령화 사회의 복합적인 사회문제를 빚어낸다. 2010년 9월 NHK는 가족과의 연락이 두절되고 생활능력을 상실한 고령자의 소재불명 또는 고독사가 증가하는 실상을 취재하여 무연사회(無縁社会)라는 제명으로 방송했다. 그 중에는 이미 사망한 부친의 연금을 불법으로 수령하다가 체포된 아들이 있었지만, 그 아들도 불치병을 앓는 부모를 간병하다가 일자리를 잃고 사회적으로 고립된 상태였다.[31] 2011년 아사히신문은 인간관계가 소원해지고, 이혼・실업・재해를 경험한 후 더욱 고독하게 고립되어 가는 사람들을 다루며 '고족의 나라'(孤族の国)라는 특집 시리즈를 연재했다.[32] 경제학자 다치바나키 도시아키(橘木俊詔)는 혈연・지연・종신고용제도에 의해 지지되었던 공동체의 끈이 고도성장 이후 해체되는 과정에 주목하면서, 개인을 단위로 한 사회복지제도 및 NPO조직을 주축으로 사회를 재구성할 것을 제안했다.[33] 이와 같은 제언 속에서 2012년부터 일본의 지자체는 고령자의 의료 및 생활 지원을 위해 지역 차원에서 포괄적인 케어시스템을 구축하기로 했다.

Comprehensive Survey of Living Conditions 2016), グラフでみる世帯の状況』, 厚生労働省, 2019, 26쪽.

31) NHK, 「無縁社会プロジェクト」取材班, 『無縁社会』, 文藝春秋, 2010. 첫 방송은 NHKスペシャル, 消えた高齢者, "無縁社会"の闇, 2010.9.5.

32) 朝日新聞「孤族の国」取材班, 『孤族の国 ひとりがつながる時代へ』, 朝日新聞出版, 2012.

33) 橘木俊詔, 『無縁社会の正体 血縁・地縁・社縁はいかに崩壊したか』, PHP研究所, 2011, 제5장.

하지만 고령자 보호를 위한 지역포괄케어센터에서는 인력의 부족과 정보 교류의 한계 등이 보고되고 있다.[34] 연금 및 의료비의 가파른 증가와 돌봄 일손의 부족 속에서, "오래 산다는 악몽, 노후 파산", "가족 유기(遺棄) 사회", "부모를 버리고 싶은 자식, 자식을 포기하는 사회, 고립-고독자 1000만 명", "노인이 표류하는 사회"와 같은 표제의 책들이 여전히 일본 사회의 그늘을 드러낸다. 국가의 복지정책이 강화되어도 개개인의 복지 의존도와 국가의 재정 적자를 높일 뿐, 삶의 활력이 충전되지 못하는 것이다. 2010년 이후 매일 집계되고 있는 행려사망인(行旅死亡人), 즉 '신원불명의 자살'로 보이거나 '길에서 쓰러져 사망한 자', 누구도 죽음을 챙겨주지 않는 무연고의 죽음이 젊은 층에서도 적지 않게 나타난다.[35] 가족과 사회 내 유대관계가 붕괴될수록 사람들은 외로워지고, 외로워지면 심신의 면역력이 떨어져 건강과 삶의 질이 악화된다.

그렇다면 혈연가족의 붕괴에 대한 대안으로 사회적 관계망의 확충을 넘어서 '사회가족'을 만들어갈 필요성이 점점 더 절박해지고 있는 것이 아닐까? 독신대국 일본을 '초-솔로사회'로 부른 아라카와 가즈히사는 '사람들의 연결'이 독신들 삶의 원동력이라고 본다.[36] 문제는 아이들이

34) 野村晋, 『「自分らしく生きて死ぬ」ことがなぜ、難しいのか行き詰まる「地域包括ケアシステム」の未来』, 光文社, 2020.

35) 2009년 무연고 죽음은 3만 2천명으로 알려졌다. 2010년 이후 데이터베이스에 올라오는 무연사(無縁死)는 하루 1~6건에 이르고, 2022년 3월 3일 현재, 10세 미만 (83), 10대 (5), 20대 (154), 30대 (214), 40대 (292), 50대 (603), 60대 (956), 70세 이상 (584), 연대 미상 (6735)으로 집계된다. 行旅死亡人情報, https://kouryo.laboneko.jp/

36) 荒川和久, 『超ソロ社会「独身大国・日本」の衝撃』, PHP新書, 2017, 제6장.

성장기에 인간관계나 환경에 대처하는 능력을 키우지 못하고 가정과 학교에서의 괴리가 사회문제로 커지고 있는 사실에 있다. 그렇다면 인간관계와 삶의 어려움이 찾아든 그 뿌리의 원인과 해법을 사회적 차원에서 함께 점검하고 풀어내야 한다. '사회'를 외치고 사회 각 기관을 연결시킨다고 해서 '사회가족'이 생성되지 않는다. 부모 자식의 소통 부재, 청소년 범죄와 자살, 왕따, 은둔, 우울증 등 현실의 문제를 실질적으로 해결하는 과정에서 '사회가족'이 형성될 수 있을 것이다. 사회가족이란 개념 속에는 모든 인연이 상생을 위해 노력하는 관계로, 서로의 장점을 살려 사회를 이롭게 할 때 혈연가족의 안녕도 저절로 보장된다는 이치가 녹아 있다. 일본도 한국도 사회가 아이들을 양육하고 사회구성원이 지적인 통합을 이루며 공동 관리하는 사회가족화의 시대로 진화할 필요성이 높아지고 있다.

혈연만이 가족을 이루지는 않는다. 일본의 기업들이 고도성장 시기에 종업원을 가족으로 여겼던 시대도 있었다. 그 가족이 붕괴된 이유를 검토한다면 새로운 시대 흐름에 부합하는 '사회가족'을 만들 수 있을 것이다. 사회 통념과 학술연구에서 가족은 사회적 재생산을 가능하게 만드는 사회 자원으로 인정되지만, 여전히 혈연과 혼인의 법적 절차에 의해 구성되는 사적인 관계로 인식된다.[37] 그러나 부모와 자식, 형제의 혈

37) 가족은 인간의 생물학적 재생산을 지속하는 생식가족(family of procreation)과 자녀의 사회화를 통해 사회적 재생산을 유지하는 오리엔테이션 가족(family of orientation)이라는 기능적 측면에서 주목되었다(Bhandari, Asha, "The role of the family in crime causation: A comparative study of 'family of orientation' and 'family of procreation'-a study of women prisoners in the

연관계에서도 공·사(公私)를 분별하며 상생할 수 있다면, 개인의 불행을 사회 차원에서 예방할 수 있다. 부모는 자녀를 돌볼 책임이 있지만, 7세부터 아이의 의사를 존중하여 의논하고 21세 성인이 되면 사회의 일원으로 공적으로 대해야 한다. 만일 아이를 사회의 아이가 아닌 '금쪽같은 내 새끼'로 여기며 부모의 과도한 간섭이나 보호가 있었다면 자식의 학교생활과 사회적 성장을 어렵게 만들며, 자식의 문제가 부모의 어려움으로 돌아온다. 이는 숱한 가정에서 검증된 사례이다.[38)]

혈연가족이든, 사회가족이든, 가족은 단순한 경제공동체가 아니다. 모든 인연은 서로 의논하여 뜻을 맞추고 서로의 지적 성장에 도움이 되는 상생관계에서 유지된다. 이 때 부모 자식을 포함한 모든 인간관계에서 권력, 지위, 나이, 역할, 실력에 따라 갑을관계가 작용하며, 갑을은 상황과 상대에 따라 변하므로 부모 자식의 사이에서도 영원한 갑과 을이 없다. 물질적 도움은 방편일 뿐이므로 갑은 을의 지적인 성장을 도울

---

central jails of Rajasthan", *Journal of international women's studies*, Vol.19 (3), 2018, pp.109~118. 또한 비혼과 이혼, 1인가구 등의 증가에 따른 가족의 사적 친밀성의 변화로 '콘테이너 가족'(사회활동의 스트레스와 불만을 크게 수용하고 치유하는 가족)과 '호텔 가족'(유대감 없이 의식주의 기본 서비스만 공유하는 가족)과 같은 개념도 나왔다. 小此木啓吾, 『家族のない家庭の時代』, ちくま書房, 1992.

38) 2019년 6월 일본의 전 농림성 차관 구마자와 히데아키(熊澤英昭·76)씨가 20대부터 히키코모리 중인 아들 에이이치로(英一郞·44)씨를 살해하는 사건이 발생했다. 성년 후 자식과 부모의 의존 관계가 깊어지면, 독립된 개체이자 사회 성원으로서의 역할과 의무에 어긋나는 문제가 발생하여 부모와 자식의 삶에 모두 어려움이 발생하게 된다. 포유류 동물은 어미 뱃속에서 나오자마자 몸을 털고 걷기 시작하지만, 인간은 3세까지 아직 뱃속에서 자라는 것처럼 부모(대리부모)가 전적으로 보호해야 한다. 그러나 4세부터는 사회기관에서 아이를 양육할 수 있다.

책임이 있다. 자식이 사회 인재로 성장하면 부모가 그 보답으로 노년을 기쁘고 건강하게 보낼 수 있다. 갑을관계가 바르게 돌아갈 때 존중과 감사로 동반 성장하는 상생 사회가 이루어진다. 만일 갑이 을과 소통하지 못하고 물질적 지원에 머문 채 실력 없이 내 욕심을 챙기려 한다면 그 가족은 해체될 것이다. 가장 큰 욕심은 사람을 욕심내는 일이기 때문에, 혈연가족일수록 소유욕과 집착으로 상대의 삶을 간섭하고 구속하기 쉽다.

과도하게 방치되거나 압박감을 받았던 아이들이 학교나 사회 환경에서도 도움을 받지 못한 채 사춘기에 접어들면, 사회를 향해 문제적 행동을 일으키기 시작한다. 부모 자식 관계에서 공과 사의 분별이 어긋날 경우, 부모가 자식의 반항으로 고생하고 그 부담이 사회에 전가된다. 만일 성인이 된 자식이 은둔 상태에서 부모에게 의존하고 있다면, 노년의 부모와 갈등을 피할 수 없다. 부모와 자식이 서로 의존하고 있다면 병든 부모를 자식이 돌보다가 2세대가 모두 파산하고 사회적으로 고립되는 일이 발생할 가능성도 높아진다. 이와 같은 사례는 초고령화 사회 일본에서 실제로 드러나고 있다.[39]

양순하든 반항적이든 모든 아이들은 '내 새끼'가 아니라 '사회에 필요한 사람'으로 성장할 독립된 인격체, 공적 존재이다. 자식이 사회에 필요한 역할을 다하면서 즐겁게 살아갈 때 부모도 기쁘고 행복해서 저절로 건강할 수 있다. 공적 범위는 지구촌까지 확장된다. 모든 어른들은 '내 새끼'와 '남의 자식'을 구분하지 말고 지구촌의 모든 아이들이 바르게 성

39) NHKスペシャル取材班, 『老後親子破産』, 講談社 2016; NHKスペシャル取材班, 『ルポ 中高年ひきこもり; 親亡き後の現実』, 宝島社新書, 2021.

장할 수 있도록 도와야 한다. 지구촌 어디에서도 사회가 아이들을 보호하고 교육할 수 있도록 사회적 연결망을 구축하고, 연령대에 맞는 인터넷 교육 플랫폼을 공유하는 것도 필요하다. 디지털 전환 시대에 아이들의 외로움을 인터넷의 플랫폼에서 흡수하고, 나아가 지역 사회에서 아이들을 함께 양육하는 사회가족화의 시대로 진화할 수 있다. 모든 어른이 '사회부모'가 되어, 가족이 '사적인 친밀성'을 넘어서 '공적인 포용과 상생의 장소'로 거듭나도록 생활의 각 단위에서 사회를 새롭게 연구하고 기획해야 한다.

4. 기업의 사회교육과 복지의 가능성

학교의 의무교육 기간이 끝났어도, 마나의 부모들처럼 성인이 되어 독립하는 청년층에게는 자신들의 성장과 성숙을 위한 배움이 지속적으로 필요하다. 일본의 내각부에서 일본과 외국 젊은이들의 의식을 11가지 설문으로 조사한 결과를 보면, 일본 젊은이들은 "자신에게 만족한다"(설문1)가 45.1%로 한국의 73.5%와 미국의 87%와 비교해 보아도 현저하게 낮다. 절반 이상이 "자신에게 장점이 있다"(설문2: 62.2%)고 하면서도, 지금은 "자신이 쓸모 있지 않다"(설문7: 51.7%)고 느낀다. 무언가 불안정한 상태의 청년층이 바라는 것은 무엇인가? "지금이 즐거우면 좋다"(설문6: 60.4%)고 생각하는 그들은 "빨리 일해서 돈을 벌고 싶다"(설문11: 71.9%)는 욕구를 강하게 드러낸다.[40]

경제적으로 독립하려는 젊은이들 다수는 자영업자의 영업장이나 대기업, 중소기업에 취직하게 된다. 그렇다면 고용주들은 이들에게 돈을 주고 일을 시킨다는 셈법을 버리고, 젊은이들의 성장을 위해 사회 공부의 장을 제공한다는 사명감을 가져야 할 것이다. 적어도 청춘들이 근무 시간에도 주식이나 암호화폐 투자에 몰두하는 일이 없도록 회사가 사회적 가치를 만드는 배움과 활력의 장소가 되어야 할 것이다. 회사를 사회공부의 장으로 변화시킬 때 고용주와 간부들도 성과 올리기와 음주 회식에 머물지 않고, 자신의 전문 영역을 연구하고 사원 교육을 위한 콘텐츠의 연구에도 시간을 투자하게 될 것이다. 회사가 사회교육의 장으로 역할을 할 때 퇴직하는 사원들이 미래 불확실성이라는 불안감에서 벗어날 가능성이 커진다.

2015년, 학교교육과 지방창생의 연계라는 목적의식 하에 지역 내 학교교육과 사회교육의 협동이 재검토되고, 모든 공립학교에서 지역주민과 단체의 봉사자들이 학교 운영에 참가하는 방식으로 커뮤니티 스쿨을 형성하며, 초등학교와 중학교를 포괄하는 영역에서 '지역학교 협동본부'를 설치하기로 했다.[41] 이러한 흐름 속에서 사회교육의 중요한 파트너로 기업의 존재가 부각되고, 기업의 사회적 책임(CSR) 및 지역 활동에 대한 의식도 크게 높아졌다. 지역마다 구체적인 사업 내용은 다르지만, 기업이 '인터넷 세이프티', '독서활동추진', '가정교육 지원' 사업 등을

---

40) 内閣府, 「2018年度「我が国と諸外国の若者の意識に関する調査」」, https://www8.cao.go.jp/youth/whitepaper/r01gaiyou/s0_1.html

41) 中央教育審議会, 「新しい時代の教育や地方創生の実現に向けた学校と地域の連携・協働の在り方の推進方策について(答申)」, 2015.12.21.

실시하고 있다.[42] 장차, 디지털 미디어를 통한 학교 및 사회교육의 새로운 체계를 확립하고 콘텐츠를 개발할 때 기업의 기여도가 더욱 커질 것이다.

기업도 개인도 자신의 활동에서 사회적 보람을 확인할 때, "자신이 쓸모 있다"고 느낄 수 있다. 원예, 음식점, 아이돌보기 등의 분야에서 고령자의 '보람 취업' 프로젝트를 수행하는 지역도 늘고 있다.[43] 그 결과 굳이 경제적 수입을 목적하지 않아도, 고령자가 사회참가에서 느끼는 보람이 건강한 수명을 보장하고, 치매를 예방한다는 증거들도 늘어났다.[44] 돈벌이를 위한 삶은 피로한 노년과 장기의료보험 수급자를 양산하지만, 사회적 가치를 낳는 활동은 지속가능한 삶의 활력과 경제적 보상을 가져온다. 기업이 지역사회와 연계를 넓히고 사원들이 사회활동을 위한 기반을 닦도록 돕는다면, 이것은 장차 기업의 경영 리스크를 줄이고 그 사원들의 퇴직 후에 고령사회의 문제를 예방하는 실질적인 방법이 된다.

바람직한 사원 복리는 사원과 그 가족들이 인간관계를 잘 풀어가고 더불어 복지사회를 만들어가는 주체로 활동하도록 이끄는 사회교육이

42) 糸田和樹・皆川雅仁・柏木睦・佐藤真, 「企業や団体との連携・協働による社会教育事業の実践について」, 秋田大学教育文化学部教育実践研究紀要, 第41号, 2019, 121~132쪽.

43) 辻哲夫, 「柏プロジェクトにおける生きがい就労—目的と成果」, *Aging&Health*, No.91(第28巻第3号), 2019, 15쪽.

44) 한 노년학 평가연구 프로젝트의 데이터에 따르면, 사회활동에 참가하는 고령자는 9년 후에 개호 및 사망 리스크가 모두 0.8배로 줄어들었다. 高橋世, 「社会参加する高齢者は9年後の要介護リスク0.8倍、死亡リスクも0.8倍」, 愛知老年学的評価研究プロジェクト報道発表 Press Release No: 202-19-36, 2020.

이루어질 때 그 실효성을 거둘 수 있다. '먹고 살기 위한 방편'에 머물던 생활의식이 사회적 보람 의식으로 확장된다면 개인의 삶과 복지사회의 토대를 건전하게 만든다. 그러나 현재의 사원 복지는 연금과 복지수당, 주거 제공과 같은 물질적 혜택에 머물러 있다. 사원 교육도 실무를 위한 기술교육과 조직관리, 영업이나 회사 경영 차원에서의 역량 개발을 기능적으로 수행한다. 개개인이 가정과 학교, 사회의 모든 단위에 연결되어 있지만, 서로 분리된 영역에서 기능적 역할에 몰두하다가 점차 '나 홀로' 고립되는 시공간으로 흩어지고 있는 것이다.

아동들의 희생과 청소년 범죄는 가족과 이웃 안에서도 단절이 심화되는 사회 분위기를 쇄신하고 미래 세대에게 삶의 방향성을 구체적으로 보여 달라는 절규였다. 그렇다면 사회적 차원에서 인간의 가능성을 확장시키는 사회교육을 어떻게 수행할 것인가, 그 해답을 구체화하는 것이야말로 복지사회로 나가기 위한 교육개혁의 근본 과제라 할 것이다. 복지사회는 사람들이 자신이 하는 일에 보람을 느끼며 사회적 가치를 실현하는 상태에서 이루어진다. 그 과제 수행의 중심에 기업이 있다면 바람직할 것이다.

기업은 직원들이 '활사개공'(活私開公)의 이념을 세우고 자신의 실력과 직장의 활력을 키워 사회적 보람을 찾아 즐겁게 살아가도록 도울 수 있는 터전이다. 활사개공이란 '나를 살리는 것'과 '공공사회에 공헌하는 것'이 양립하는 이상적 상태를 뜻한다.[45] 기업에서 그 가능성을 실현

45) 활사개공은 공공철학공동연구회가 '멸사봉공'의 대안으로 '나를 살리면서 공을 여는 길'을 모색하여 제시한 개념이다. 공공철학공동연구회는 기업의 후

하기 위해서는 사람 경영을 중시하는 기업가가 먼저 사원 교육을 펼치고, 나아가 사회교육의 장을 열어가야 할 것이다.

일본에서 중앙교육심의회 의원을 역임하고 '사람 만들기'의 사명을 자각하며 교육과 연구에 투자했던 대표적 기업가 중의 한 사람이 마쓰시타이다. 그의 교육 이념은 "시대를 만들어가는 경영"에 대한 포부로 이어진다. 미래학자가 과거와 현재의 분석을 통해 미래를 예측한다면, "세상을 경영하는 사람은 인간의 행복을 위해 미래의 세상을 만들자고 생각한다."[46] 실제 마쓰시타는 행복한 미래 세상을 기대하며 연구와 연수 공간을 직접 설계했다.

전후 혼란기인 1946년 마쓰시타는 '물질적 번영을 통한 평화와 행복을' 추구하며 PHP(Peace and Happiness through Prosperity) 연구소를 설립했다.[47] 그 활동 목적은 "인간의 본성, 본질을 연구하여, 인간의 가능성을 연마하고 지혜를 집합시키는 것"이다. 그에 따르면 인간은 동물적 속성을 갖고 있지만 만물의 영장으로서 자신을 연마할 때 무한히 생성 발전할 수 있는 다이아몬드와 같은 존재이다. 빈곤, 전쟁, 불안, 불행은 인간 본질에 대한 무자각 또는 연마 방법의 오류에 기인하므로, 인간

원을 받는 장래세대국제재단과 장래세대종합연구소(将来世代国際財団・将来世代総合研究所)의 공동 주최로 열렸으며, 학계의 저명학자들이 다년간 담화를 나누며 연구 성과를 출간해왔다. 佐々木毅・金泰昌 編, 『公共哲学』(第1期全10巻/第2期全5巻/第3期全5巻) 시리즈 전 20권(東京大学出版会, 2001~2006)으로 나왔다.

46) 松下幸之助, 『実践経営哲学/経営のコツここなりと気づいた価値は百万両』, 174~175쪽.

47) 1946년에 창설된 연구소는 한국전쟁이 일어난 1950년에 활동을 중지했다가 1961년에 재건된다.

의 본질을 바르게 닦아내는 사회 시스템과 생활 태도를 만들어가기 위해 중지(衆智)와 영지(英知)를 모아가자는 논지이다.[48] 현재 PHP연구소는 설립자의 경영철학을 보급하는 강연회를 열며, 자기계발과 사회문제의 대안을 모색하는 단행본 및 보수 성향의 잡지 『Voice』 등을 활발하게 출판하고 있다. 그 활동은 독자에게 일정한 영향력을 미치는 것으로 인정된다. 하지만, 상업주의 틀에서 벗어나지 않는 출판사 경영이 파나소닉 그룹의 사원교육 및 그 인연된 사람들의 복리를 위한 사회교육과 연결되지는 않는다.

1979년 84세의 마쓰시타가 미래 지도자의 양성을 위해 사재를 기부하여 설립한 것이 공익재단법인 마쓰시타정경숙(松下政經塾)이다. 그 취지문에는 "청소년의 비행 증가, 윤택한 인간관계와 보람의 상실, 사상과 도의도덕의 혼미" 등 일본사회의 당면 문제를 타개할 과제도 제시되었다.[49] 학원의 이념과 연수 방침은 '자수자득'(自修自得)이다. "국가백년의 대계를 만들고 실천할 지도자"는 스승의 가르침 없이 "스스로 얻는다"는 논리이지만, 지도 방침과 지도 인력 자체가 부재했을 것이다.[50]

---

48) 홈페이지에서 '창설자의 메시지', 'PHP의 생각'을 참조. https://www.php.co.jp/company/think.php

49) 財団法人松下政経塾, 設立趣意書, https://www.mskj.or.jp/about/setsu.html

50) 40여 년간 290 명 이상의 연수생이 배출되었다. 최근 모집 요강을 보면, 성별, 학력, 국적을 불문한 22~38세를 대상으로 한다. 기숙사 생활을 전제로 하며, 기초과정에서 교양 강좌를 이수하며 각자의 문제의식을 공유한 후, 2년째부터 각자의 연구 프로젝트를 현장에서 수행하고, 4년째에 프로젝트 수행에서 얻은 연구 성과를 제시하고 외부 평가를 받는다. 2021년 현재 홈페이지에는 프로젝트의 실례로 '2045년 에너지 융통국 일본의 실현', '빈곤의 연쇄를 단절하기 위한 구체적 방책의 탐구: 모든 어린이들에게 생존력을' 등이 제시되었다. 財団法人松下政経塾, https://www.mskj.or.jp/about/curriculum_

최근에는 NPO, 지방자치체, 국제기구, 사회적 기업 등과 관련된 개인연구 프로젝트가 실행되고 있다. 이 학원은 사회교육의 장이라기보다, 소수의 엘리트를 위한 공공정책대학원의 장학 프로그램과 같은 성격을 띤다.

그 밖에도 노동조합과 연구・연수 시스템을 갖춘 기업은 많다. 그럼에도 불구하고 직원과 그 가족, 하청업체의 직원까지도 포함한 넓은 범위에서 사회교육을 직접 실행하는 시스템은 아직까지 출현한 적이 없다. 만일, 기업과 연구소, 연수원, 노조가 긴밀한 연계를 가지면서 사원들이 "인간의 본질"을 바르게 닦아내는 기업 문화를 만들기 위해 "중지와 영지"를 모아가는 연구를 지속했다면 어떠했을까? 창업자의 경영철학을 살려 사원들이 생활 속 연구 주체로 거듭났다면, 파나소닉의 100년 넘는 역사와 혁신적인 연구 문화가 결합되었을 가능성이 높다. 그 연구 성과가 기업의 신뢰도를 높이고 기업의 위기 극복에서 집단 지성을 발휘했을 가능성도 상상할 수 있다. 사회에 필요한 것을 연구하는 집단 지성의 연구 풍토가 활발했다면, 파나소닉이 단순히 냉장고, 세탁기, 컴퓨터를 생산하는 차원을 뛰어넘어, 학생들을 위한 기술교육만이 아니라 소비자를 위한 사회교육 콘텐츠를 보급하고 공동체의 상생 질서를 제시할 수 있었을 것이다.

기업이 사회교육의 주체가 되기 위해서는 사원을 모집할 때부터 월급 받는 노동자의 자격이 아니라, 마쓰시타가 기대했던 것처럼 "인간의

2.html

본성과 가능성"을 연마하고 지혜를 집합시키는 연구원의 자세를 요구하고 선발해야 한다. 그 사원들의 자발성을 바탕으로 업무뿐 아니라 생활과 사회 일반의 문제까지 함께 논의할 수 있다면, 그 기업은 어떤 위기에도 대응할 수 있을 것이다. 각각의 단위에서 자신의 삶과 일을 의논하면서 협업하는 인재들이 '사회가족'이 되어 함께 연구한다면 가부장적 권위주의나 신자유주의 경쟁과도 다른 방식으로 '가족 경영'의 개념을 발전시켜나갈 수 있다. 그 기업의 은퇴자는 '뒷방 노인'이나 '소다이 고미'(粗大ごみ 대형 쓰레기)로 분리되지 않고, 지역 사회에 활기를 불어넣으며 '사회가족'을 새롭게 만들어 가는 '사회 어른'으로 활동하게 될 것이다. 기업이 사회교육에 충실할 때 지역 사회와 연계하여 새로운 생활도시를 건설하는 중점 기반이 될 것이다.

5. '활사개공'(活私開公)의 확장성

교육개혁국민회의 최종보고서는 '위기에 처한 일본의 교육'을 다음처럼 한탄했다.

> 일본인은 세계에서도 드문 오랜 평화와 물질적 풍요를 누리게 되었지만, 한편으로 풍요로운 시대에서 교육 본연의 방법이 문제로 떠올랐다. 아이는 나약하고 욕망을 억제할 수 없고, 아이를 키워야 할 어른 자신이 굳건하게 땅에 발을 붙여 인생을 보지 못하고, 이기적인 가치관이나 단순한 정의감에 빠져, 때로는 허구와 현실을 구별할 수 없게 된다. 또한

스스로 생각하고 창조하는 힘, 자신부터 솔선하는 자발성과 용기, 고통에 견디는 힘, 타인에 대한 배려, 필요에 따라 자제심을 발휘하는 의지를 잃고 있다. 또, 인간사회에 희망을 가지면서, 사회나 인간에게는 좋은 면과 나쁜 면이 동거한다는 사실을 근거로 각각의 상황을 판단해 적절하게 행동하는 밸런스 감각을 잃고 있다(教育改革国民会議報告—教育を変える17の提案—).

그렇다면 일본이 누린 풍요와 평화가 교육의 상실을 가져온 것일까? 그렇지 않다. 본디 일본의 평화와 풍요는 온전하지 못했다. 국가의 안전 없이 개개인의 평화가 지켜질 수 없듯이, 국제사회의 분쟁과 빈곤 속에서 일본만이 지상 낙원일 수 없다. 따라서 새로운 '공공정신'은 단순히 일본을 위한 애국심만이 아니라, 인류의 상생을 위해 노력하는 인간성을 요구한다. 이는 '활사개공'의 생활의식이 지역 차원에서 글로벌 사회로 확장하는 것을 의미한다. 그렇다면 '풍부한 인간성과 창의성'으로 이끄는 생활교육은 있었는가? 적어도 그 집안 대대로 내려오는 생활 속 모순과 그 해법을 찾아야 한다고 알려주는 '전통계승'의 교육은 없었다. 이러한 의미에서 2006년 개정 교육기본법에 새로 입력된 '풍부한 인간성과 창의성', '공공정신'과 '전통계승'은 오늘의 시점에서 재해석되고 그 실천의 장을 넓혀야 한다.

위 보고서에서는 "사회나 인간에게는 좋은 면과 나쁜 면이 동거한다는 사실을 근거로 각각의 상황을 판단해 적절하게 행동하는 밸런스 감각을 잃고 있다"고 한탄한다. 그렇다면 '나쁜 면'에 대응하는 바른 분별은 무엇인가? 올바른 '전통계승'이란 단순히 가업을 계승하거나 자국의 문화유산을 보전하는 것이 아니다. 대대손손 삶을 어렵게 만들었던 온갖 모순과 생활 속의 나쁜 유전자들, 욕심, 집착, 병마, 고집, 짜증, 원망, 무지 등도 유산으로 대물림한다. 이 모순을 바로잡아 인간성의 질적 향상을 이루는 것이야말로 과거의 희생과 회한의 삶을 구원하고 사회 문화의 새로운 진보를 이루는 기본이다.

개개인에게 좋고 나쁨은 상대적으로 작용하므로 스스로 나쁜 일에 휘말리지 않는 냉철한 분별력이 필요하다. 그러나 과거의 가족사나 현재의 환경에서 나쁜 일이 반복되고 있다면, 그 파장이 내게도 미치고 있다는 신호이다. 그 꺼림칙한 표적은 나쁜 일의 모순과 해법을 찾아내라는 정언명령임을 알아차려야 한다. 현재의 복지 정책은 환자와 장애인, 빈곤과 우울감이 늘어나는 원인과 답을 찾지 않고서, '위기관리'를 위해 재정 적자를 부풀리고 있다. '묻지마 폭력'은 사람들이 복지국가의 환상에 젖어서 사회적 무기력에 빠져드는 상태에 경적을 울리고 있다. 그들은 왜 자기 자신과 모르는 타인들을 죽음으로 몰아가면서까지 세상을 향해 자신의 분노와 불행을 알리고 있을까? 그 뉴스에 경악하는 사람들이 여전히 모순의 답을 찾는 노력을 게을리 하고 있기 때문이 아닐까? 일상의 대인관계에서 남탓, 불평불만, 울분과 짜증, 혐오와 증오가 늘어나고 있다면 복지정책의 실효성은 사라진다. 그 인성 문제를 바로잡는 교육은 아이들이 아닌, 어른들의 변화에서 시작되어야 한다. 직장에서 은퇴한 베이비부머 세대가 복지 수혜자에 머물지 않고 사회문제의 답을 찾는 일에 모범을 보여야 한다.

나쁜 일과 나쁜 환경은 주변 사람들과의 관계에서부터 지구촌에 이르기까지 함께 풀어낼 숙제이다. 특히 경제적 풍요를 누리는 나라의 국민들은 인류의 공공재인 자원 · 지식 · 기술의 독점적 혜택을 누려온 만큼 국제사회에 대한 공적인 책무까지 지니고 있다. 아프리카에서 굶주리는 아이들과 자본주의 선진국에서 부모에게 학대받고 우울증으로 자살하는 아이들은 서로 무관할까? 지구는 하나이며, 지구상의 나쁜 일은 기후위기와 코로나 팬데믹, 난민의 이동처럼 하나의 파동으로 이어져 있다. 이것은 자연의 묵시록이다. 지구촌이 교통 · 정보 · 통신의 발달로 초연결 사회를 이루게 된 것도 모든 '나쁜 면'을 함께 개선하고, 모든 인류의 불행을 남김없이 구원해야 하기 때문이다.

공공정신이 공동의 평화, 번영, 행복을 추구하는 것이라면, 그것은 일본 사회에서만 찾아질 수 없다. 만일 일본에서 기업을 중심으로 활사개공의 사회교육을 시작한다면 그 진정성과 지속가능성은 일본 사회만이 아니라 지구촌 단위에서 검증받게 될 것이다. 그 기업의 사원들이 자신들의 일터와 생활에서 '사회가족'의 성공 사례를 만들어 그 가능성을 전 세계의 시장에 보급할 수 있기 때문이다. 전후 일본이 세계적인 경제대국으로 성장하여, 그 기업들이 세계시장을 연구한 것도 단순히 이윤창출만을 위한 것일까? 그러나 지구촌에서 공동의 번영과 행복을 추구했다면, 그 성공 여부는 단순히 제품의 우수성이나 영업 경쟁력이 아니라, 국제 사회를 위해 할 일을 찾으려는 사원들의 연구와 교육 역량에 달려 있었던 것이다. 그 미완의 기획과 도전이 '사람 만들기'의 기본에 충실한 기업에서 새롭게 시작되기를 희망해 본다.

제2부

생활세계의 확장, 부흥과 재생의 기획

Ⅳ 김은혜

도쿄권 교외화의 형성과 쇠퇴를 넘어서

Ⅴ 박승현

성장의 관성과 '부흥재해'의 곤경
1995년 한신대지진 이후 신나가타역남지구 재개발사업을 중심으로

Ⅵ 오은정

원전 헤테로토피아
후쿠시마 도미오카정의 마을사를 통해 본 원전 마을의 오늘

현대일본생활세계총서 18

일본자본주의 위기, 새로운 자본주의의 기회인가?

IV 도교권 교외화의 형성과 쇠퇴를 넘어서*

김은혜

1. 일본의 교외?

일본에서는 1868년 메이지유신(明治維新) 이후 사회적-공간적 편성이 시작되었다. 도쿄 근교에는 시가지 확장과 함께 교외 주택지가 건설되었으며, 간사이(関西) 지역에는 사철(私鉄, private railway)로 불리는 민영철도가 주도한 분양주택이 건설되었다. 전후(postwar)[1] 일본의 교외 주택회사들은 낡은 전통 일본가옥, 오래된 개량·문화주택 등을 대

* 이 글은 『아시아연구』(25권 1호, 한국아시아학회, 2022)에 같은 제목으로 실린 필자의 논문을 단행본의 취지에 맞춰 일부 수정·보완한 것이다.

1) 전전(prewar)/전후(postwar)는 영어의 번역어로서 일반적으로 제2차 세계대전 이전/이후를 지칭한다. 이 연구에서는 근현대 교외화 과정을 상층 부르주아지의 고급주택지와 전후 중간계급을 대상으로 하는 대중적-확장적 주택공급을 구분하는 의미로 사용한다. 제4장 '미국화된 경관' 등처럼 일본의 교외 주택공급 과정이 전후 북미의 교외성을 모방하면서 전개되어왔다는 논의도 포함한다.

체하는 '상품화된 주택'을 대중화해 나갔다. 교외화 과정에서 건강과 문화, 예술과 전원(田園)이라는 기호나 이미지를 지향하는 한편, 경제성의 제약을 극복하기 위해 대규모 단지(団地)가 건설되면서 거대도시권의 팽창과 역사를 같이 했다.

근현대사회에서 교외(suburbs, suburbia)는 하나의 중요한 물리적 장소이자, 사회문화적 도시성(urbanism)으로 존재한다. 도시성은 도시 생태학(시카고학파)의 루이스 워스(L. Wirth)가 제기한 농촌과 대조적인 도시의 생활방식(a way of life)으로서, 인구 규모, 인구 밀도, 이질성이라는 자본주의 산업화의 도시문화적 특성을 의미한다.[2] 하지만 우리가 한 시대의 도시화 및 도시계획 전반을 둘러싼 사회적 과정이자 실천을 지칭하는 의미로 도시성을 규정한다면, 하나의 도시를 조우하거나 조립하는 과정에서 도시와 관련된 파트너십, 혁신, 동시성, 복수성, 복합성, 공존, 관용 등의 특성을 포함해야 한다.[3]

교외는 생활양식, 토지나 공간의 물리적 형태, 그리고 도시와의 지리적 관계이며, 동시에 여러 사회적 활동을 지탱하는 철도나 자동차, 전화와 같은 많은 미디어가 복합적으로 구성된 '사회적 사실(social facts)'이다. 또한 저널리즘이나 현대문화론, 문예비평, 문학과 예술 영역에서 교외는 멋진 현대적 장소로도 묘사된다. 서구사회에서 교외의 원형적 토포스(topos)는 ⅰ) 통근 교외(commuter suburb), ⅱ) 철도-자동차와 같

2) Wirth, Louis, "Urbanism as a Way of Life," *American Journal of Sociology,* 44(1), 1938. 참고.

3) Lefebvre, Henri, *The Urban Revolution*, trans, by R, Bonono, Minneapolis, MN: University of Minnesota Press, 1970/2003, pp.109~118.

은 기계 동력을 통한 시간-공간의 확장, iii) 이상적 가족과 커뮤니티를 실현한 풍요로운 생활, iv) 도시-전원생활이 결합된 고도의 인공적 절충이었다. 제2차 대전 이후 조성된 대규모의 교외 주택지는 20세기 전세계적으로 대중화된 교외라는 형태로 확산되었다가 최근에는 다양한 구조로 변형되고 있다.[4)]

1970년대에 서구사회가 심각한 도시 쇠퇴(urban decline)를 경험했던 것과 달리, 일본 사회는 완만한 재도시화를 경험하면서 성장해갔다. 3대 대도시권(도쿄, 오사카, 나고야)을 중심으로 인구가 지속적으로 팽창하는 가운데, 도쿄일극집중(東京一極集中, uni-polarization)은 극심한 사회문제가 되었다. 촘촘한 철도 네트워크에 기반을 둔 긴 통근권(commuting areas)을 통해 대도시권 교외의 범위는 더욱 확장되었다. 그러나 강한 제조업을 특징으로 했던 일본은 1980년대 버블 경제기에 정보화와 세계화 과정에서 산업 재구조화를 경험했고, 도시공간이 재편되는 과정은 지역별로 큰 격차를 가진 인구 감소와 도시 쇠퇴로 나타났다.[5)]

2008년 일본의 인구가 감소세로 전환되면서 저출산고령화와 인구대책의 지역별 대처에 대한 논의가 활발해졌다. 총무대신 출신 마스다 히로야(増田寛也)의 저서 『지방소멸(2014/2015년)』이 출판되면서 일본 및 한국 사회에도 큰 반향을 불러일으켰다. 그의 논의는 고령화와 20~39세 여성인구 감소 논의를 두 축으로 하는데, 지방부터 소멸이 진행되다

---

4) 若林幹夫, 「郊外論の地平」, 『日本都市社会学会年報』 19, 2001, 39~44쪽.
5) 松本康, 「第6章 都市圏の発展段階 都市化·郊外化·再都市化」, 松本康編, 『都市社会学・入門』, 有斐閣, 2014, 108쪽.

가 결국 도쿄권마저 붕괴된다는 내용이었다. 디스토피아를 담은 예측은 인구 감소와 재정 악화로 신음하는 기초자치단체부터 수도권 교외 지역까지 소멸가능성에 대한 불안감을 확산시켰다. 더욱이 『하류사회』로 유명한 미우라 아쓰시(三浦展)의 저서 『도쿄는 교외 지역부터 사라져간다!: 수도권 고령화·미혼화·빈집 지도(2012년/2016년 번역)』도 출판되어, 교외의 위기와 주거 및 소비문화 트렌드 변화에 대처할 것을 촉구했다.

이처럼 기존의 지방 대 대도시권역의 소멸가능성 논의는 교외들 간의 경쟁 논의로 재편되고 있기 때문에, 일본 교외화(suburbanization)의 형성과 쇠퇴에 대한 고찰은 자본주의의 성숙과 위기를 함축하는 공간적 단면을 확인하는 과정이다. 그러므로 이 연구에서는 일본의 전후 도쿄권 교외화의 형성과 쇠퇴를 고찰하기 위해 도시의 공간구조와 주택정책의 변천과 사회문화적 접근인 교외성을 통합해서 분석했다. 먼저 연구 대상 지역은 도쿄권(Tokyo megalopolis region, or Greater Tokyo Area), 즉 1도 3현인 도쿄도(東京都), 사이타마현(埼玉県), 가나가와현(神奈川県), 치바현(千葉県)에 주목했다(〈그림 1〉). 도쿄권 교외화에 대한 학술적 논의로는 일본의 지리학, 사회학, 주택학 등 관련 저널을 검토했다. 다음으로 도쿄권의 사회조사에서는 직업, 연령, 가족 구성 등 사회인구학적 특성을 고찰하고, 지도화 자료로는 국세(國勢)조사, 내각부, 국토교통성의 보고서 등을 참고해서 관련 쟁점을 재구성했다.

〈그림 1〉 도쿄의 지리: 일본 지도와 도쿄 메트로폴리스와 주변 행정구역
(TOKYO'S HISTORY, GEOGRAPHY, AND POPULATION)

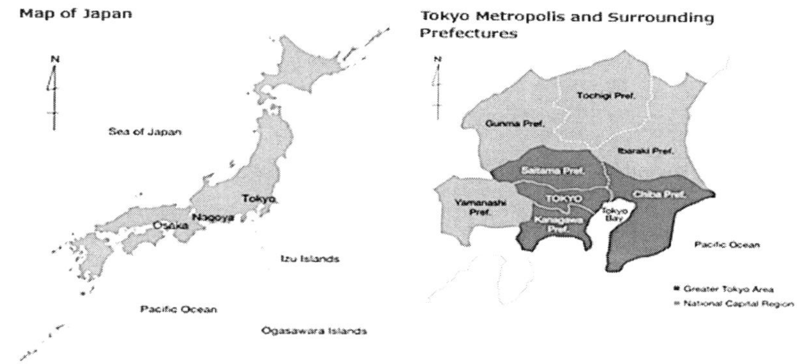

출처: Tokyo Metropolitan Government, https://www.metro.tokyo.lg.jp/ENGLISH/ABOUT/HISTORY/history02.htm(최종 접속일: 2021.12.01.).

2. 지역구조론적 접근과 문화론적 접근

일반적으로 교외는 공원과 전원적 농촌의 그림 같은 경관(landscape)이 통합된 주택지라는 '반(反)도시적인 성격'과 함께, 도심 내 경제생활을 지속하기 위해 양호한 주거환경을 건설하려는 '도시의존적 · 인공적 성격'이 공존하는 지역이었다. 1898년 최초로 출판된 하워드(E. Howard)의 저서 『전원도시(garden city, 1898(1902)=2006)』는 도시-농촌의 장점을 결합한 이념으로서, 세계 각국의 전원도시협회 설립 및 전원도시 건설로 이어지는 등 대도시 문제의 해결을 위해 유토피아 사상과 새로운

도시계획 논의도 폭넓게 제기되었다.[6]

그러나 전원도시운동이 내건 이상적인 목표인 인구 이동의 조직화를 통한 인구 억제, 토지 소유의 평등과 선행취득이 필요한 토지 공유화, 그리고 농업-공업 커뮤니티의 결합인 자급지족(自給知足) 등은 현실에서는 실현 가능성이 매우 낮았다. 전원도시에 대한 이상적 기대와 달리, 현실의 '교외 지역'은 20세기에 걸쳐서 대도시권의 외연을 확대하는 메커니즘이 되었다.[7] 즉 19세기 미국이 거대한 '도시'의 시대였다면, 1945년 이후 미국은 거대한 '교외'의 시대였다. 20세기 '전후 북미의 교외성(postwar North American suburbanism)'은 사회적 이질성의 흐름(flows of social heterogeneity), 사회적 권력(social power), 공공성과 접근성(publicity and accessibility)이 특징이었다.[8] 교외 지역에는 자동차라는 물질성, 분리주의라는 인종적 성격, 배타성이라는 특성과 다양성, 혁신, 다기능성, 다중 이동성이 공존했다.

그런데 90년대 중반 이후 '교외의 성장과 종언(the rise and fall of suburbia)' 명제가 대두되었다. 근대 자본주의에서 부의 원천인 도심과 달리, 교외는 노동세계를 배제해 인간과 자연의 조화라는 모순적 이상을 추구한 공간이었다. 멈포드(L. Mumford)는 『도시의 문화(The Culture of Cities, 1938)』에서 교외 지역을 "사적인 삶을 영위하려는 집합적 노력"

6) 에벤에저 하워드, 조재성 옮김, 『내일의 전원도시』, 한울아카데미, 2006.
7) 間宮陽介, 「2 都市のかたち—その起源、変容、転成、保全」, 『岩波講座 都市の再生を考える〈第1巻〉都市とは何か』, 岩波書店, 2005, 54~56쪽.
8) Walks, Alan, "Suburbanism as a Way of Life, Slight Return," *Urban Studies* 50(8), 2013, 1483~1484쪽.

이라고 말했다. 근현대사회에서 교외는 새로운 사회생활의 장이자, 구시대의 봉건적 가족제도나 지역사회에서 해방된 문화적 시민생활의 이상이 추구되었던 독특한 장소였기 때문이다. 피시만(Fishman, R.)도 교외를 앵글로 아메리카 중산층의 집합적 창조물로 규정했는데, "도시의 부패에서 해방되고 자연과의 조화를 회복하며 부와 독립을 부여받았지만, 잘 짜여진 안정된 공동체에 의해 보호받으려는 근대가족의 복합적이고 강제적인 비전을 담아낼 수 있는가"라며 '부르주아 유토피아(bourgeois utopia)'라고 비판했다.[9)]

일본에서 교외화의 정의는 "도심 지역을 중심으로 확대되는 도시권 주변부의 주택지역"이지만, 2001년『일본도시사회학연보』특집에서 미스미 가즈토(三隅一人)는 ⅰ) 지리학 중심의 지역구조론적 접근인 교외화(suburbanization)와 ⅱ) 현대사회론과 문화평론에서 분석하는 교외성(suburbanism)을 구분했다.[10)] 먼저 지역구조론적 접근은 대도시권 형성과 교외화를 유사하게 본다. 교외란 대도시권 형성 과정에서 중심 도시와 사회-경제문화적으로 높은 정도의 일체성을 지닌 주변 지역을 의미한다. 따라서 교외화는 중심(핵) 도시(central (core) city)와의 관계로 설정해서 인구조사 데이터로 측정된다. 미국의 대도시통계지구(SMSA, Standard Metropolitan Statistical Areas)는 1910년 인구조사부터 거대도시

---

9) 로버트 피시만, 박영한 옮김,『부르주아 유토피아: 교외의 사회사』, 한울, 2000, 12~13쪽.

10) 西澤晃彦,「第8章 郊外という迷宮, 逃げる」, 町村敬志・西澤晃彦,『都市の社会学: 社会がかたちをあらわすとき』, 有斐閣, 2000, 207쪽; 三隅一人,「都市社会学的「郊外研究」のために」,『日本都市社会学会年報』19, 2001, 3~8쪽.

지구(Metropolitan Districts)를 점차 개량하는 형태를 통해서, ① 중심 도시 기준의 인구 규모(5만 이상), ② 자치주(county) 단위의 교외 기준 비농(非農)노동자의 절대적 집적도, ③ 중심 도시와 비교한 상대적 집적도, 중심 도시와의 상호 통근율 등을 적용해왔다.

일본에서도 1960년대부터 '국세조사'의 취업과 통학 지역의 집계 결과에 따른 '대도시권' 설정이 총리부 통계국에서 시작되었다. 이 자료는 1) 중심 도시 기준: 인구 규모(50~100만, 매번 변화), 2) 교외 기준: 중심 도시로의 통근·통학률 1.5% 이상(상주인구)의 인접한 시정촌(市町村)을 적용해서 SMSA 간이판(簡易版)이라 불린다. 일본에서 교외의 발전단계는 "인구의 분산적 교외화⇒일부 취업활동의 분산화를 수반하는 교외화⇒교외 지역 중심의 형성과 다양화"라는 추세로 변화해 가고 있다.[11] 센서스의 실측성에 입각한 지리학적 접근은 인구이동 및 산업 전개, 중심 도시와의 인접성과 일체성 등 기능 분화 연구에서 큰 장점이 있다.

반면, 서구 논의로부터 영향을 받은 일본의 문화평론가, 사회학자, 도시계획가, 소설가 등은 '교외문화론'을 제기해왔다. 전후 일본 사회의 공간적 특성을 이해하는 열쇠는 '주택 소유의 보급'과 관련되는데, '한 주택에 한 가족'이라는 '마이홈주의(My Home myth)'가 실현된 공간이 바로 '교외 지역'이었다.[12] 젊은 부부가 높은 경쟁률을 뚫고 입주하는 교외의 주택 단지

11) 大阪市立大学経済研究所(田口芳明・成田孝三)編, 『都市圏多核化の展開』, 東京: 東京大学出版会, 1986; 石川雄一, 『郊外からみた都市圏空間: 郊外化・多核化のゆくえ』, 大津: 海青社, 2008.

12) 平山洋介, 『住宅政策のどこが問題か: 「持家社会」の次を展望する』, 光文社, 2009; 山本理奈, 『マイホーム神話の生成と臨界: 住宅社会学の試み』, 岩波書店, 2014 참고.

는 새로운 사회생활의 형태가 탄생한 일종의 이데올로기적 공간이었다.[13] 미우라는 90년대 패션문화기업 파르코(パルコ) 정보지 『아크로스(アクロス)』 편집장과 미츠비시(三菱)총합연구소를 거쳐, 컬츄럴스터디즈연구소에서 교외, 도시, 가족, 젊은층, 소비, 계층 등을 조사했다. 그는 1990년대 교외화를 둘러싼 가족 및 행복 이데올로기, 2000년대 중반에는 쇼핑센터와 같은 교외 상업지역의 경관 변화, 그리고 2010년대에는 교외소멸론, 교외 간 경쟁 비교, 도심의 인구집중 등의 논의를 제기해왔다.[14]

최근 한국에서도 일본 교외화 연구가 활발한데, 한국 신도시와 일본 뉴 타운(new town)의 비교 연구를 통한 신도시의 형성과 쇠퇴에 대한 논의이다. 또한, 전후 주거복지 관점에서 공공주택 및 공영단지의 재건축을 고찰한 연구와 함께, 지방중소도시에서 중심시가지 공동화 문제와 세대별 라이프 스타일과 자동차화, 2000년대 이후 도시 거주공간 연구의 변화 등의 연구는 한국에도 시사하는 바가 크다. 하지만 정책적 접근과 개별 사례연구는 한국의 도시문제에 대한 대안 모색으로는 효과적이나, 전후 일본의 자본주의와 교외화가 결합된 거시적-통시적 관점을 제시하기에

13) 若林幹夫, 「郊外の「衰退」?: 社会学的視点から考える郊外, 郊外住宅地の現在と未来」, 『日本不動産学会誌』 23(1), 2009, 46쪽; 박승현, 「주거복지의 후퇴와 거주의 빈곤: 전후 일본에서 '공공주택에 산다는 것'의 의미변화」, 『한국문화인류학』 49(2), 2016, 53쪽.

14) 필자는 2017년 "낮의 일과 밤의 오락~'교외'의 새로운 가능성~(昼の仕事と夜の娯楽~「郊外」の新たな可能性~)"이라는 테마 강연을 참관한 적이 있다. 수많은 방청객들이 마지막까지 질의응답에 참여할 정도로 미우라의 대중적 인기는 여전했다. 「2017年04月24日: 4月度開放講座(一般社団法人如水会)「ポスト五輪の東京~にぎわいの街づくりへの設計図~」 https://www.josuikai.net/events/event/231(최종 검색일: 2021.11.06.).

는 여전히 미진하다. 따라서 이 연구는 장기간의 일본 교외화 과정에 대해 도시의 확장으로서 교외라는 공간구조적 측면과 교외만의 독특한 생활양식이 결합된 메커니즘의 변천을 통합해서 분석하고자 한다(〈부록〉).

3. 도시화의 발전단계와 주택정책: 교외화의 종언과 도심회귀

3.1. 도시화의 발전단계: 서구와 일본의 비교

반 덴 베르그 등(Van den Berg et. al.)은 서구사회 대도시권의 변화를 크게 도시화, 교외화, 탈(역)도시화, 재도시화로 제시한다(〈표 1〉). 도시화의 발전단계론은 중심업무지구(Central Business District, CBD)나 교외의 형성과 쇠퇴, 내부 도시(inner city), 도시재생(urban regeneration) 등 도시공간 구조의 변화를 분석하기에 유용하다.[15] 중심 도시의 인구가 빠져나가면서 마이너스(−)로 표시된 교외화 단계부터 인구가 재유입되기 시작하는 재도시화의 이전 단계까지 구(舊)시가지는 쇠퇴를 경험한다. 이러한 논의는 인구가 구시가지를 떠나고 탈도시화가 촉진하는 도시 내부 공간구조의 변화와 쇠퇴 현상에 대한 설명을 제공한다. 도시 정비의 불균형은 도시 기능 저하와 주차 및 교통 혼잡 등 도시문제를 유발하는 한편, 구시가지에 대한 탈투자는 고용 및 일자리 감소 등 여러 영역에서 복합적으로 작용하게 된다.

---

15) Van den Berg, Leo, et, al, *Urban Europe: A study of Growth and Decline*, Oxford, Pergamon Press, 1982; 松本康, 「大都市圏/地方圏」, 地域社会学会編, 『キーワード地域社会学』, ハーベスト社, 2011, 180~181쪽.

〈표 1〉 도시발전단계론

발달 단계	도시화 유형	인구변동 특징			비고
		중심 도시	외곽	도시권	
도시화 (urbanization)	절대적 집중 상대적 집중	++ ++	− +	+ +++	전체 성장 (집중)
교외화 (sub-urbanization)	상대적 분산 절대적 분산	+ −	++ ++	+++ +	
탈(역)도시화 (counter-urbanization)	절대적 분산 상대적 분산	−− −−	+ −	− −−−	전체 쇠퇴 (탈집중)
재도시화 (re-urbanization)	상대적 집중 절대적 집중	− +	−− −−	−−− −	

출처: Van den Berg et. al.(1982); 이영아(2019: 155) 재인용

〈표 2〉 전후 일본 대도시권의 발전단계

발달 단계	인구변동 특징			비고
	중심 도시	교외	도시권	
도시화	++ +	− +	+ ++	공업화
제1차 교외화	− −− −	++ +++ ++	+ + +	서비스경제화 석유 위기
제2차 교외화	−− −	+++ ++	+ +	버블 경제
재도시화	+	+	++	정보 경제

출처: 松本康(2014: 110)

전후 일본에서 대도시권 발전 단계(松本康, 2014: 109~13)는 크게 도시화, 제1차 교외화, 제2차 교외화, 재도시화로 구분된다(〈표 2〉). 간사이 지역에는 사철의 대표격인 한큐(阪急) 주도의 오사카 우메다(梅田)와 고베(神戸)를 연결하는 고베선이 개업(1920년)했는데, 독자적인 교통과 문화의 질서를 갖춘 이들 교외주택은 도심 인구의 교외 분산을 넘어 형

성된 '고급스러운' 베드타운으로 '사철왕국'이라 불리기도 했다. 반면, 제국(帝国)의 수도였던 도쿄는 국철(国鉄) 주류의 철도 체계가 형성되었는데, 본격적인 교외개발의 시작은 1920년대 무렵이었다.16) 시구 개정(市区改正) 및 도시계획법에 따른 도시와 사회의 구조 재편이 진행되면서 1910년대~제2차 대전 이전 시기에 다수의 교외 고급주택지가 형성되었다.17)

대도시 화이트 칼라 중 일부에게 직주분리(職住分離)에 적합한 근현대적 주거환경을 제공함으로써 거주자들을 교외의 '좋은 시민'이 되도록 유도했다. 전원도시는 거대한 주택 수를 보유한 전원교외(garden suburb)로서 베드 타운(dormitory town)으로 건설되었다. 제2차 대전 이전에는 중간계급을 대상으로 장기 저리 융자를 통한 자력 건설을 촉진하기 위해, 1921년 '주택조합'과 '주택협회'가 설립되어 철근콘크리트(RC조) 주택 형태로 건설되었다. 대도시권 교외화 과정은 사철회사와 토지를 소유한 농민들과의 타협을 통해 해당 토지에 대한 구획 및 경지 정리가 결합되는 방식으로 진행되었다. 전전의 교외개발은 인구 규모와 면적 측면에서는 소규모였지만, 특정 거주자들에 대한 선별 등을 포함한 개

---

16) 原武史, 「「私鉄王国」大阪の近代」, 『日本都市社会学会年報』 16, 1998a, 61~63쪽; 原武史, 『「民都」大阪対「帝都」思想としての関西私鉄』, 講談社, 1998b.

17) 대표적인 사례로는 도쿄의 다마가와(玉川)전차 연선을 따라 건설된 세타가와구(世田谷区)의 사쿠라신마치(桜新町, 1913년), 예술촌과 같은 고급주택지를 지향했던 닛포리·와타나베마치(日暮里·渡辺町, 1916년), 미쓰비시(三菱) 3대 총수인 이와사키 히사야(岩崎久弥)가 건설한 야마토무라(大和郷, 1920년), 세이부철도(西武鉄道) 창업자 쓰쓰미 야스지로(堤康次郎)가 건설한 메지로분카무라(目白文化村, 1922년), 전원도시주택회사가 건설한 제1탄의 메구로구(目黒区) 센조쿠(洗足) 주택지(1922년)·다마가와다이(玉川台, 1923년) 등이 있다. 鈴木博之, 『〈日本の近代10〉都市へ』, 中央公論新社, 1999, 292~318쪽.

발방식은 전후에도 이어졌다.

일본 도시화의 발전단계를 살펴보면, 첫째 전후 도시화 시기에는 전쟁기에 지방으로 소개(疏開)되었던 주민들과 해외 귀환자가 한꺼번에 유입되면서 도시 인구는 회복되어갔다. 1950년대 경제부흥을 시작으로 경공업에서 중공업으로 전환되어 공장과 인구가 도시-주변부로 집중되었다. 도시부에는 저가의 목조 임대주택이 대량으로 건설되는 한편, 교외 지역까지 무질서하게 확장되는 스프롤(sprawl) 현상이 만연하게 되었다. 1960년대 석유로의 에너지 전환과 태평양 벨트의 석유화학 콤비나트 개발 등 중화학 공업화는 도시의 과밀과 농촌의 과소 문제를 낳았다. 공적 영역이 주도한 주택정책은 구분소유법(区分所有法, 1962년)의 성립을 계기로 민간 사업자의 참가를 유도했고, 일본 특유의 맨션(mansion, 한국의 아파트) 형태로 대량 보급되었다. 한편 민간의 하우스 메이커가 설립한 단독주택(戸建て住宅)의 건설이 양산되었지만, 정부는 급격한 도시화가 낳은 압도적 주택 부족의 해소와 기반 정비에 골몰했다.

둘째, 제1차 교외화 시기로서 이미 1910년대에 오사카와 도쿄 지역에 교외 주택지가 개발되었는데, 1920년대 중반에는 군수(軍需)공장이 교외 지역에 입지했다. 전후 복구를 거쳐 일본은 농지개혁, 노동개혁, 재벌해체를 진행했고, 한국전쟁 특수를 통해 1955년까지 전전과 같은 수준의 생산능력을 회복했지만, 주택정책[18]은 조금 늦게 출발했다. 종전

18) 일본의 주택정책은 맹아기(전전(戦前)~1964년), 고도경제성장기(1965~74년), 정책모색기(1975~84년), 버블기(1985~94년), 정책전환기(1995~2004년), 현대

직후 정부는 주택난 해소를 위해 응급간이주택 건설을 추진했지만, 취약한 주택 구조는 슬럼화의 우려를 낳았다. 이후 시역(市域)이 확장되는 가운데 도시 과밀화를 해소하기 위해 공장과 인구를 지방과 교외 지역에 분산 배치하는 정책을 장려했다. 대도시는 중소 규모의 공장들이 일부 남아 있었지만, 정부는 거대한 규모의 공장이 도심에 신규로 입지하는 것을 억제해갔다.

전후 일본의 주택정책은 미국을 참고하여 주택 부족의 해결을 위한 '공급 우선 정책'으로 실시되었다. 주택정책을 위한 일본 정부의 전략은 중간계급 주택 소유를 촉진하는 방향으로 진행되었다. 1950~55년까지 전후 주택공급은 이른바 '세 가지 기둥(three pillars)'이라 불리는 체제로 전개되었는데, 주택자금융자를 담당하는 주택금융공고(公庫, GHLC, Government Housing Loan Corporation), 광역 및 기초자치체가 관리하는 저소득층을 대상으로 할인된 임대료 기반의 공영(公営)주택, 노동자 · 중산층 대상의 공단(公団)주택으로 정비되었다.[19] 1960년대가 되면 도쿄, 오사카, 나고야 교외 지역에 뉴 타운 개발로 확대되는 한편, 뉴 타운 개발을 촉진하는 교통시스템을 지탱하는 일본의 자동차화(motorization) 과정은 장기간에 걸쳐서 급속도로 진행되었다(〈그림 2〉).

(2005~)의 시기로도 구분 가능하다. 山口幹幸 · 川崎直宏編, 『人口減少時代の住宅政策: 戦後70年の論点から展望する』, 鹿島出版会, 2015 참고.

19) Hirayama, Yosuke, "2 Reshaping the Housing System: Home Ownership as a Catalyst for Social Transformation," Hirayama, Yosuke, and Richard Ronald ed, *Housing and Social Transition in Japan*, New York; Routledge, 2007, p.15.

〈그림 2〉 일본 뉴 타운 개발의 시대 배경 및 개발 역사

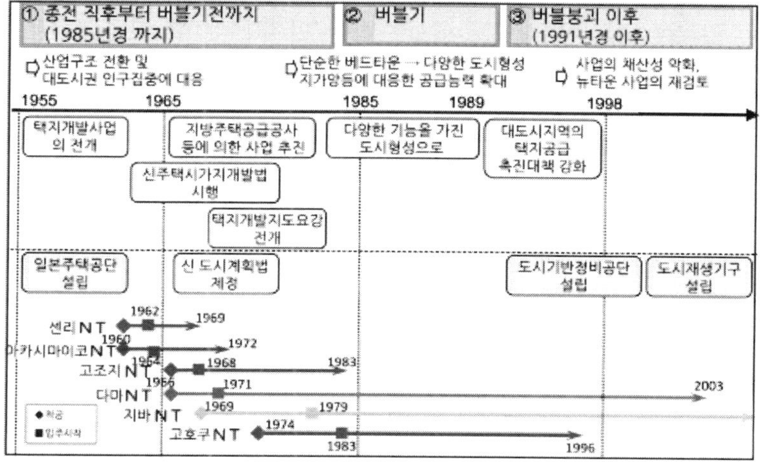

〈그림 3〉 도쿄 대도시권 대규모 주택단지 시기 · 거리별 분포도

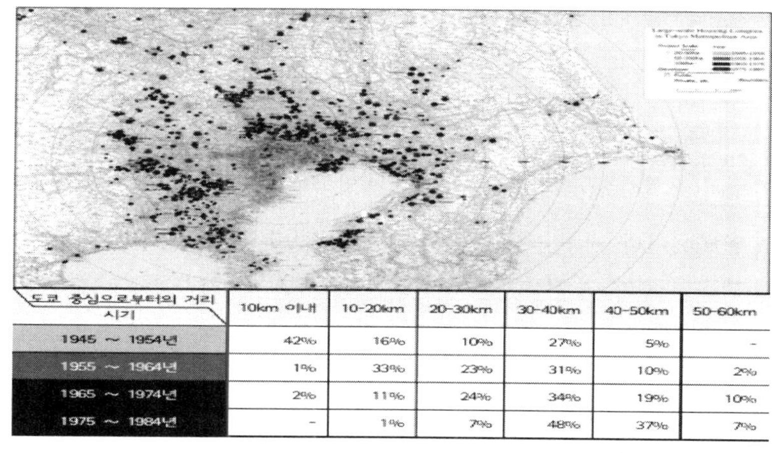

도쿄 중심으로부터의 거리 / 시기	10km 이내	10-20km	20-30km	30-40km	40-50km	50-60km
1945 ~ 1954년	42%	16%	10%	27%	5%	-
1955 ~ 1964년	1%	33%	23%	31%	10%	2%
1965 ~ 1974년	2%	11%	24%	34%	19%	10%
1975 ~ 1984년	-	1%	7%	48%	37%	7%

출처 〈그림 2, 3〉: 일본 국토교통성 자료, 김중은 편, 『고도성장기에 계획된 韓日 수도권 교외신도시의 성장과정 비교 연구』, 국토연구원, 2013, 23, 17쪽 재인용.

광활한 토지를 가진 미국의 '단독주택' 건설과 달리, 절대적인 토지 부족을 겪는 일본은 대규모 집합주택인 '단지(団地)'를 형성해갔다.[20) 1956년 오사카의 가나오카(金岡), 치바의 이나게(稲毛) 단지를 시작으로 도쿄, 오사카, 나고야 등 대도시권 교외의 뉴 타운 개발은 점차 확대되었다. 주택금융공고는 분양주택 건설자금 융자제도를 추진했는데, 토지와 건물의 세트 판매인 계획 건매(建売)제도는 양적 공급 확대를 가속화시켰다. 주택정책을 비교해보자면 미국 연방주택청(Federal Housing Administration, FHA)은 민간은행의 대출을 보장하는 장기 건설 자금 융자를 통해 주택 건설을 촉진하는 '민간 주도' 형태였다고 평가된다. 반면, 일본의 '주택금융공고'는 융자금을 국가의 재정투융자금으로부터 조달해서 낮은 고정 이자 모기지로 진행되는 방식으로 진행되어, 조달금리와 융자금의 금리 차이를 국가의 일반회계에서 지출하는 '국가 주도' 형태였다고 평가된다.[21)]

1966년 '주택건설5개년계획'은 1세대 1주택의 670만 호 주택 건설을 위해 주택 론(loan) 제도를 시작했다. 미국 주택공급의 포디즘(fordism)의 원형이었던 '레빗 주택(Levittown)'의 건설방식은 일본에 프레하브 주택(プレハブ住宅, prefabricated houses)이라는 조립식 주택 형태로 변형되어 대규모 주택 건설에 적용되었다(〈그림 4〉). 프레하브 주택이란 건축 부자재의 생산-가공-조립까지 공장에서 실시하며, 주요 공정의 현장

20) 하시모토 겐지, 김영진 외 옮김, 『계급도시: 격차가 거리를 침식한다』, 킹콩북, 2019, 66~67쪽.

21) 曽根陽子, 「日米の郊外建売住宅・団地の成立過程に関する比較研究」, 『日本大学生産工学部研究報告A理工系』 40(1), 2007, 23쪽, 25쪽.

〈그림 4〉 신설주택착공호수의 추이

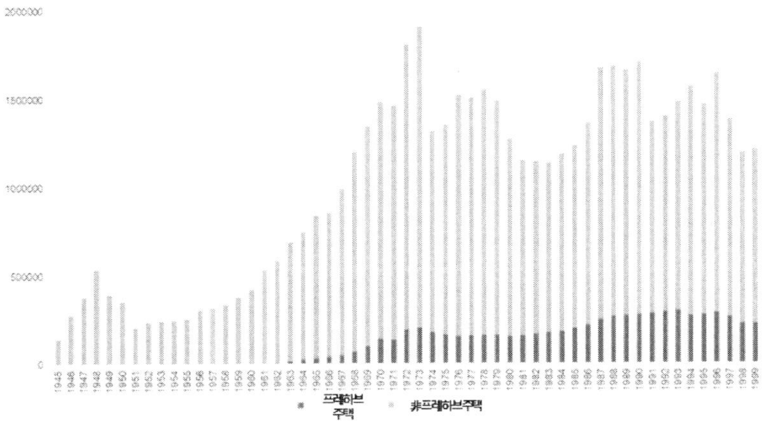

출처: 谷繁玲央, 「住宅という不可解な存在」, 2020.08.26. https://www.biz-lixil.com/column/urban_development/sh_review003/(최종검색일: 2022.05.10.).
자료: 新設住宅着工戸数, 『建築統計年報』, 『社団法人プレハブ建築協会50年史』

작업을 통해 건축작업의 능률과 정밀도 향상 및 비용 저감 등 효율화를 추구했다. 도큐(東急), 미쓰이(三井), 세이부(西武) 등과 같은 일본의 대표적 부동산 자본뿐만 아니라, 세키스이하우스(積水ハウス)나 다이와하우스(大和ハウス) 등 주택 메이커들도 대규모의 분양단지를 건설해 갔다. 일본 주택 생산은 전통적인 중소 규모의 목조 건축업자 비중이 높았기 때문에, 프레하브 주택의 비율은 약 15% 내외를 점유하는 가운데 주택의 공업화가 진행되었다.

셋째, 1970년대 이후 일본의 도시들은 교외화의 형성이 일단락되는 동시에, 쇠퇴로 전환되는 복합성을 드러냈다. 석유 위기 이후 중심 도시에는 유통 및 관리 기능이 발달하는 서비스 경제가 진전되었다. 도심 오피스에서 일하는 화이트칼라 노동자들인 판매, 서비스직, 사무직, 관리직, 전문·기술직 등은 주택을 찾아 점차 교외로 이동했다. 일본도 1970년대는 도시 경제가 정체되면서 대도시의 인구흡수력은 저하되었고, 저출산은 지속적인 하나의 추세로 자리잡게 되었다. 그러나 도쿄 중심부 인구가 감소하고 교외 지역에는 인구가 급증하는 도넛 현상(doughnut pattern)이 뚜렷해졌지만, 서구사회처럼 극단적 도심 쇠퇴는 발생하지 않았다고 평가된다. 민관(private-public) 등 다양한 주체들이 견인했던 전후 고도경제성장기 뉴 타운 개발은 중심 도시에서 유입된 인구층을 흡수했다. 1970년 오사카 센리(千里)와 1971년 도쿄의 다마(多摩) 뉴 타운 사례 등처럼, 이 시기 교외 지역은 팽창적인 확장을 거듭해 나갔다.

그런데 80년대부터 이미 도쿄 도심부의 인구는 감소하기 시작했고, 90년대가 되면 거의 현상 유지 상태로 접어들게 되었다. 경제 재구조화 과정에서 뉴욕과 런던의 세계도시화를 참고하던 도쿄는 도심의 금융도시화를 지향했고, 이 과정에서 오피스 빌딩 수요를 과도하게 예측해서 거대 재개발 프로젝트가 유행했다. 도쿄 도심 상업지 지가의 폭등이 낳은 토지-주택 버블은 대도시권의 도심에서 전국의 지방 도시들로까지 파급되었다. 그 결과 도시 중심지에서 서민들의 주택 취득은 불가능해졌고, 기존 대도시권 외곽의 농지와 산림지역에 작은 규모의 주택지 개발마저 확대되어 교외의 외연은 확장되었다. 제2차 교외화는 버블 경제기와 중첩되었는데, 역설적으로 '풍요로움 가득한 소비사회'라는 교외 이미지가 생겨난 시기였다.

넷째, 재도시화 시기인 1990년대 이후 버블 붕괴로 도심부의 지가가 점차로 하락했고, 도심부 내부와 수변지역의 주택공급이 증가하면서 중산층의 도심회귀가 가속화되었다.[22] 전후 일본에서 주택금융공고는 1950년부터 2003년까지 약 1,890만 호(전후 건설 주택의 30% 이상)를 융자했다. 그러나 이후 주택융자 금리가 하락해서 주택금융공고 융자의 이점도 사라져 2007년에 폐지되었고, 대신 주택금융지원기구(Japan Housing Finance Agency)가 관련 업무를 이어가고 있다. 1981년 일본주택공단과 택지개발공단을 통합한 '주택 · 도시정비공단'이 설립되었다. 2004년 7월 1일 도시기반정비공단과 지역진흥정비공단의 지방 도시 개발 정비 부분은 'UR도시재생기구'(Urban Renaissance Agency)로 통합되었다(〈그림 2, 3〉). 물론 정부 기구의 재편은 분산된 도시, 주택, 토지 등의 영역을 통합하는 행정개혁 과정이었지만, 90년대에 주택 공급 부족이 해결된 이후 공영주택정책이 본격적으로 축소되었다.[23]

3.2. 교외화의 종언과 도심회귀 경향

근본적인 교외의 변화는 이미 인구 구조의 변화에서 진행되고 있었다. 제2차 베이비 붐의 정점인 1973년 석유 위기 이후 인구가 감소하는 경향이 지속되어, 가임 연령에 해당하는 15~49세 여성들의 연령별 출산율을 합산한 수치인 합계특수출생율(total fertility)은 2005년에 1.26까지

22) 김은혜, 「1990년대 중반 이후 일본의 도심회귀와 젠트리피케이션」, 『지역사회학』 17(3), 2016, 6~7쪽.
23) 박승현, 「'공공의 집' 다시 짓기: 도쿄 대규모 공영단지의 재건축과 커뮤니티」, 『한국문화인류학』 51(2), 2018, 105쪽.

〈그림 5〉 수도권 내 인구의 추이

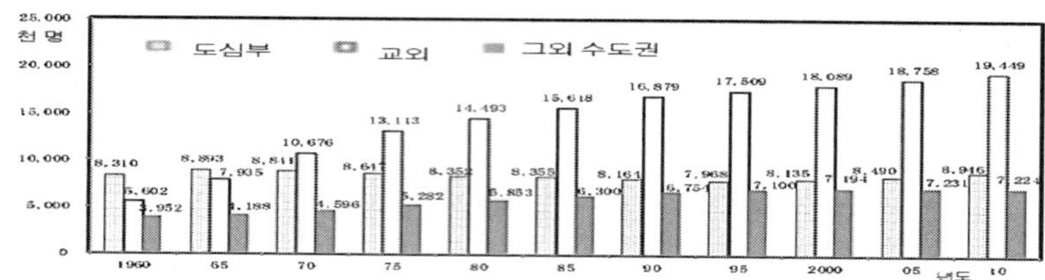

〈그림 6〉 각 지역별 자연-사회증감의 추이

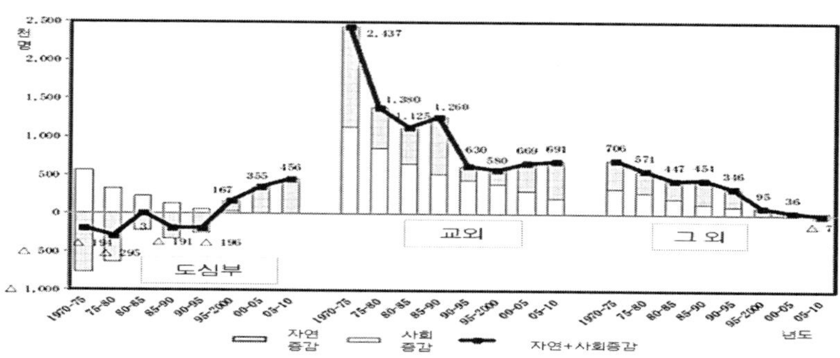

〈그림 7〉 일본 수도권에서 맨션 공급 호수의 추이

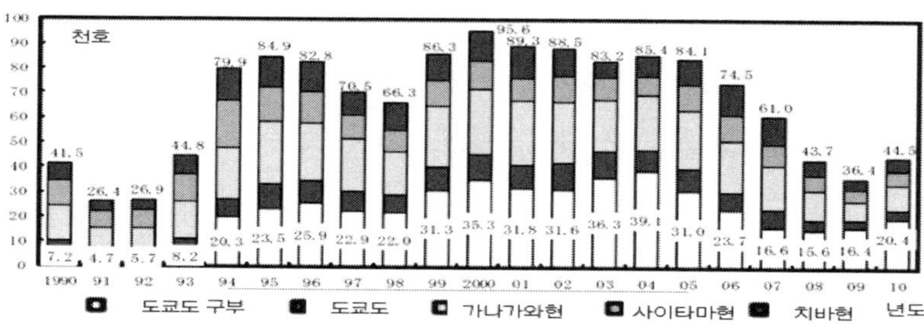

참고: 총무성 국세조사 및 후생노동성 인구동태통계를 기초로 작성. 자연 및 사회 증감 수는 주민기본대장의 인구 동태 및 세대수 조사로 계산, 시구정촌(市区町村)의 합병은 총무성에 따름. 1960~70년대는 1970년 시점만 기재.

출처 〈그림 5, 6, 7〉: 국토교통성 "수도권 정비에 관한 연차보고(2010년도)"에서 작성
출처: 内閣府, 「補論2 1.郊外化とその後の都市回帰」, 『地域の経済 2011』, 2011, https://www5. cao.go.jp/j-j/cr/cr11/chr11040201.html(최종검색일: 2022.05.10.).

낮아졌다. 80년대 버블 경제가 꺼지고 90년대 장기 불황으로 저성장기에 들어서면서 전체 인구 규모가 수축한 결과, 기존의 확장적인 교외 개발 방식은 수명을 다하게 되었다. 2011년 내각부『지역의 경제』보론에서는 1990년대 중후반을 기점으로 수도권 인구이동 경향을 '교외화의 종언과 함께 도시회귀'로 규정했다(〈그림 5, 6, 7〉).

2000년대 이후 규제 완화로 촉진된 도심의 재개발이 주택과 오피스 공급을 늘리면서 도심 회귀 경향은 더욱 강화되었다. 도쿄권 전체 인구는 1955년 1,500만 명에서 1995년에는 3,300만 명까지 급증했는데, 이들 대부분은 도쿄 도심이 아니라 인근 교외 지역인 가나자와, 사이타마, 치바 등의 주택개발이 흡수했다. 확대일로였던 자동차 시장 규모는 1990년의 778만 대를 정점으로 축소되기 시작해서 2010년에는 496만 대로 줄어들었다.[24] 지리학 연구에서도 1990년대 중반 이후 시기를 '교외화의 종언과 도심회귀'로 진단했는데, 2000~5년 사이 교외 지역에 토지를 매입하고 주택을 건설하던 방식은 이제 도심의 분양 맨션 거주로 전환되었다고 분석했다. 2011~5년 연구는 다양한 사회 · 경제적 계층의 인구가 거주하는 거주공간의 분화가 나타나는 도심과 달리, 교외 지역의 고령인구 증가와 일상생활의 불편과 개선 필요성을 지적했다. 2016~9년 연구는 도쿄 교외 주택단지를 고령화에도 비교적 유지가능성이 높다고 평가한 반면, 오사카나 지방 대도시권의 교외는 유지가능성이 낮다고 진단하기도 했다.[25]

---

24) 여인만, 「고도성장기 일본 자동차산업의 시장 및 수요구조」, 『한일경상논집』 61, 2013, 125쪽, 143쪽.

25) 장양이, 「2000~2019년 일본의 도시 거주공간에 관한 연구 동향」, 『한국도시지리학회지』 23(1), 2020, 132쪽, 142~143쪽.

한편, 공간구조의 변화는 경제 재구조화와 밀접하게 연관된다. 1975년 도쿄권 동부의 시가지화가 불완전한 동심원 구조를 가졌다면, 1990년 사이에는 거의 완전한 동심원 구조를 보였다. 1975년 전통적 사업지구와 전형적 번화가로 구성된 클러스터, 즉 도쿄역을 경계로 한 컴팩트한 도심이 형성되었던 반면, 1990년에는 중심업무지구(CBD)도 점차 확대되면서 오피스, 상업, 오피스-맨션으로 변화되어갔다(〈그림 3〉). 1980년대 무렵 일본의 경제 정책은 자동차와 가전 등 공업제품의 수출에 힘입어, 무역수지의 흑자, 엔고 현상, 그리고 내수 확대 등을 도모했다. 이는 고도성장기부터 세계화와 함께 사회-경제적 변동과정에서 경제적 합리성이 침투한 결과였다. 1975년 도쿄권은 미분화된 지역이 클러스터 형태로 변화되면서, 서남쪽은 화이트칼라, 동북쪽은 공업, 블루칼라 클러스터가 분포하게 되었다. 결과적으로 도쿄권은 복합시가지 지역을 중심으로 광대한 교외 지역이 도심을 에워싸는 형태로 발전해갔다.[26)]

세계화와 정보화가 촉발한 도심회귀 현상은 주로 전문 · 기술직 혹은 지식노동자들이 주도하고 있지만, 일본에서 3대 도시권의 인구 동향은 제각기 다르게 전개되었다. 도쿄는 정보 서비스 산업의 발전으로 2000년대에 도심인 23구(区) 지역에서 인구 증가가 현저해졌다. 반면 도쿄권만큼 강력한 성장요인이 부족했던 오사카권의 인구 증가는 그리 많지 않았으며, 제조업 기반이 강한 나고야권은 글로벌 제조업 지원 기능을 강화하면서 도시성장이 지속되고 있다. 유사한 연령대의 교외 입주

26) 倉沢進, 「2章 東京圏の空間構造とその変動 1975~90」 倉沢進 · 浅川達人編, 『新編 東京圏の社会地図: 1975~90』, 東京大学出版会, 2004, 44~46쪽.

자들은 90년대부터 일제히 저출산고령화를 경험하면서, 70년대 만성적인 부족에 시달리던 공공시설(학교, 병원 등)은 90년대가 되면서 이제는 폐쇄되거나 통폐합되었다. 2000년대 교외 주택지의 인구 감소와 과소화 현상이 심화되면서 교외 쇠퇴와 재생 논의가 본격화되었다. 생산연령인구의 감소부터 저소득 외국인노동자의 유입, 안전·안심 및 치안, 그리고 지자체의 재정 및 공공서비스 대응 등에 대해, 정부 및 지자체의 대응도 통합적인 도시재생 정책을 모색해 나가게 되었다.[27]

4. 전후 일본 교외성: 중간의식과 상업공간

4.1. 교외성: 중간의식의 공간

서구사회에서 중간계급(middle class)이란 상·하층계급과는 경제나 문화 측면에서 질적으로 명료하게 구분된 사람들의 집합을 일컫는다. 하지만 전후 일본에서 '중간(中)'의식이란 상위의 경제적 서열의 중간 정도를 의미했다.[28] 고도성장기의 교외 지역은 균질적-도시적 생활양식과 경제적 혜택을 향유하려는 중간계급의 심리적-공간적 기반을 형성했다. 교외화의 생활양식이란 개발 주체인 국가, 철도 등 개발자들

27) 若林幹夫, 「郊外の「衰退」?: 社会学的視点から考える郊外, 郊外住宅地の現在と未来」, 『日本不動産学会誌』 23(1), 2009, 48~51쪽; 요시미 슌야, 최우영 옮김, 『고도성장: 경제후진국에서 경제대국으로』, 어문학사, 2013, 120쪽.
28) 片木篤, 「「中間」としての郊外」, 『都市住宅学』 2000(30), 2000 참고.

이 계획한 주택이라는 '물리적 측면'뿐만 아니라, 교외에 거주하는 주민들 자신에 의해 강화된 '자발적 측면'의 결합을 의미했다. 도시 및 교외 거주자들에게 침투된 중간의식은 고도성장기 교외화를 촉진한 가장 강력한 요인이었다.

1973년 총리부 〈국민생활에 관한 여론조사〉에서 '중(中)'의 어딘가에 속한다는 응답은 90%에 이르렀다. 일본인들 스스로 '중간'이라는 애매한 기분을 넓게 공유하는 '중간(중류)' 의식인 사회적 기조는 이후에도 지속되었다. 고도성장기 소비생활에서 '베이비붐 세대인 단카이(団塊) 세대'는 가족생활 형태의 변화를 주도했다. 3종 신기(三種の神器)라 불리는 텔레비전, 전기세탁기, 전기냉장고의 경이적인 보급은 중류계급의 주거생활에서 균질화된 소비를 가능하게 했다. 반세기에 걸친 전후 일본의 교외화는 중간의식, 상호작용에서 거리화와 동질화, 그리고 외견의 아메리카화로 나타났다.[29)]

전후 고도성장기를 대표하는 주택 단지의 '2DK'는 방 2개와 식당(dining room), 주방(Kitchen)이 있는 주택을 의미했는데, 이는 엄격한 예산 가운데 공적 주택의 설계 및 시공 분야의 표준화, 부품화, 생산의 합리화 등을 도모한 결과였다. 교외 거주자들은 거의 동일한 연령대의 핵가족으로 구성되었는데, 바로 'nDK'라 불리는 균질적 주택에서 생활했다. 이러한 균질성은 '베드타운' 교외의 사회조사에서 자녀들은 부친의 직업

29) 今田高俊, 『社会階層と政治』, 東京大学出版会, 1989, 147~164쪽; 西澤晃彦, 「第8章 郊外という迷宮, 逃げる」, 町村敬志 · 西澤晃彦, 『都市の社会学: 社会がかたちをあらわすとき』, 有斐閣, 2000, 203~238쪽.

을 '샐러리맨(サラリーマン)'이라고 응답하는 데에서도 드러났다. 일상생활에서 대도시권으로 출퇴근하는 통근자 남편은 그 직업이 다양하더라도 '샐러리맨'을 연기했고, 가정주부 대부분은 '시간제 근무자(part-timer)'로 고용되었음에도 불구하고 실제로는 '사모님(おくさま)'을 연기해 나갔다.

물론 교외에서 주부들의 활동은 식품의 공동구입, 리사이클 활동, 환경문제 등 커뮤니티와 생활협동조합 활동의 성패를 좌우할 정도로 활발했다.30) 하지만 대부분의 교외 거주자들은 자신의 문화적 출신을 숨기고, 폐쇄된 핵가족에서 '파파, 마마, 어린이'라는 중간계급 가족의 고정된 역할을 연기했다. 그러나 전후 일본의 고도성장을 주도해 왔던 일본 남성성을 대표하는 형태이자 지배적인 이미지였던 샐러리맨은 1980년대가 되면 '젖은 낙엽'이라는 유행어처럼 그 지위와 역할의 변화를 겪었다. 이는 기존 일본을 지탱하던 가족-기업 시스템과 주택소유를 통한 교외 시스템의 붕괴로 인해 남성성이 '케어 맨'으로 전환되는 과정을 의미했다.31)

한편, 고도성장기 일본의 사회이동은 공간이동과 밀접하게 결합되었다. 실제로 중간의식을 가진 사람들이 모두 교외에서 거주 가능한 사회계층이라기보다는 일종의 '상승이동'을 경험하는 과정이었다. 교외 거주자들은 과거 자신의 출신 배경에서 이탈해 도시에 거주하면서 겪는

---

30) 天野正子, 『「生活者」とはだれか: 自律的市民像の系譜』, 中央公論社, 1996, 184~236쪽.

31) 지은숙, 「"젖은 낙엽에서 케어맨으로": 포스트전후 일본 사회의 젠더관계 동요와 '사라리만' 남성성에 대한 도전」, 『민주주의와 인권』 20(2), 207~247쪽.

심리적-문화적 진공 상태를 메우기 위해 남들과 같은 의미의 '중간'을 지향했다. 이들의 주거 순환은 결혼 전에 근무처나 학교 기숙사, 주변 단칸방에 살거나 부모 곁에 거주했지만, 이후 결혼, 출산, 자녀의 성장을 기점으로 흩어져 대도시권역 교외로 이동하는 과정이었다. 따라서 사회계층의 관점에서 본다면 교외화 과정은 교외에 거주 가능한 사람들을 걸러내는 일종의 주택 필터링(filtering) 과정을 수반하는 것이었다.

정부가 뉴 타운에서 '사회계층혼합(social mix)'을 추진해왔음에도 불구하고, 주택 종류나 지역 구역별로 사회경제적 격차와 이질성은 점차 뚜렷해졌다. 1970년대 폭발적으로 확장되던 교외 지역은 신구(新舊) 주민의 대립을 낳았고, 동질적인 핵가족의 연령 구성은 학교, 병원, 스포츠 시설 등의 만성적인 부족을 낳았다. 높은 주택 소유율과 주택 대출 의존 등을 감수해야 했으며, 장기 불황 이후 경제생활을 유지하기 어렵게 되는 실직 등은 중간계급의 교외 생활을 위협하는 요인이 되었다. 1980년대 말 도쿄 23구 중 네리마구(練馬区) 히카리가오카 파크타운(光が丘パークタウン)에 대한 사회조사[32]에 의하면, 교외의 주택지 내부에도 분양, 임대, 도영(都営) 등 주택 종류별로 차별적인 '주택계층 문제'가 전반적으로 발생했다. 이후 교외 쇠퇴기에 생활권을 재구성하려는 여러 전략들이 시도되었지만, 주택단지 내부에 주민 구성의 이질성이 증가하면서 부정적인 측면도 공존하게 되었다.

32) 竹中英紀・倉沢進, 「ニュータウンにおける住宅階層と生活様式, 大都市集合住宅地における生活様式〈特集〉」, 『総合都市研究』 36, 1989, 5~18쪽.

4.2. 소비공간의 변화: 로드사이드 비즈니스와 교외 재생

일본 교외화가 가진 사회문화적 특성은 계층적으로 중간의식, 외견상 미국화된 경관과 로드사이드 비즈니스(roadside business, R · S로 약칭) 등처럼 특유의 인공적-자조적 성격으로 형성되었다. 물론 일본 교외의 경관 변화에 대해서 문학자 오다 미쓰오(小田光雄)[33]나 로드사이드 비즈니스라는 교외의 풍경에 대한 경제학자 마쓰바라 류이치로(松原隆一郎) 등이 존재했지만, 교외의 생활양식에 대한 본격적인 연구는 주로 도시사회학 영역에서 지속되었다. 와카바야시 미키오(若林幹夫) 등의 편저인 『'교외'와 현대사회(2000)』에서는 교외 지역의 감각과 사회의 변화를 "공이체(共異體)=공이체(共移體)", 즉 다르지만 이동하면서 공존하는 사람들이라 정의했다.[34] 오다는 교외 문학에 대해서 i) 대도시 주변에 유토피아적 요소를 내포한 '근대 교외'와 ii) 산업구조의 전환, 단지, 혼주(混住)사회, 패전과 점령, 그리고 로드사이드 비즈니스 등으로 구분한다. 특히 일상생활에서 라이프 스타일의 획일화와 함께 자동차 사회, 아메리카적 풍경과 연결된 '전후적 현대 교외'로 규정했다.[35]

---

33) 小田光雄, 『「郊外」の誕生と死』, 青弓社, 1997, 18~33쪽.

34) 若林幹夫ほか, 『「郊外」と現代社会』, 青弓社, 2000.

35) 대표적으로 이공간(異空間)으로서 단지를 그린 아베 고보(安部公房)의 『불타버린 지도(燃えつきた地図, 1976년)』, 혼주사회(混住社会)로서의 교외를 다룬 후루이 요시키치(古井由吉)의 『아내와의 칩거(妻隠, 1970년)』, 점령을 노출한 교외를 그린 무라카미 류(村上龍)의 『한없이 투명에 가까운 블루(限りなく透明に近いブルー, 1987년)』, 마을의 내측에서 본 교외를 묘사한 다테마츠 와헤이(立松和平)의 『멀리서 치는 천둥(遠雷, 1980년)』, 여성의 시점에서 바라본 주택단지와 신흥주택지로서 교외를 다룬 도미오카 다에코(富岡多恵子)의 『굽이치는 토지(波うつ土地, 1983)』, 교외와 단지를 고향으로 한 시마다

한편, 미우라는 1960년대 이후에 태어난 대도시권 교외에서 자라난 두터운 인구층을 '교외의 세대'로 규정했다. 그런데 교외 생활에서 획일적인 계층 질서를 관통하는 억압의 메커니즘과 동질성의 압박은 때로 공격성을 강화했다.36) 1970년대에서 시작되어서 1980~90년대까지 지속된 이러한 현대 교외 지역인 주택단지 등을 둘러싼 노스탤지어나 내향적인 세대, 고립된 분위기 등을 다룬 문학 작품들이 지속적으로 출간되었다. 실제로 1988~9년 도쿄와 사이타마의 미야자키 쓰토무(宮崎勤)의 유아연속살인사건, 1997년 고베(神戸) 연속아동살상사건 등은 근교 농촌에서 교외로 급변한 지역에서 발생하기도 했다.37)

일본 교외 경관의 특성에 대해서 요시미 슌야는 디즈니랜드의 폐쇄성과 자기 완결성, 소비사회화로 규정하고 있다. 여기서 디즈니랜드화는 '연극의 무대장치'처럼 교외 2세가 소비자로 성장하는 시기와 중첩되는데, 공원 거리, 스페인 언덕과 같은 이름 짓기 등은 대표적인 사례이다. 이러한 교외의 풍경에 대해 오다는 일본에 정착된 '로드 사이드 비즈니스'에서 교외생활자가 '아메리카 가면'을 쓰고 미국의 교외생활자를 모

마사히코(島田雅彦)의 『부드러운 좌익을 위한 희유곡(優しいサヨクのための嬉遊曲, 1983)』, 1998년 일본추리작가협회상을 수상한 교외의 고독한 군중을 다룬 기리노 나츠오(桐野夏生)의 『아웃(OUT)』 등이 있다. 小田光雄, 「第4章 郊外文学の発生」, 若林幹夫ほか, 『「郊外」と現代社会』, 青弓社, 2000, 149~170쪽.

36) 교외 2세대로서 시마다 마사히코(島田雅彦)의 소설 『잊혀진 제국(忘れられた帝国, 1995)』에서 '교외의 감수성'이 발견하는데, 주인공이 교외 지역을 하나의 세계로 인식하고 주변에서 공격 대상을 물색하는 사례를 보여준다. 島田雅彦, 『忘れられた帝国』, 毎日新聞社, 1995, 317~319쪽; 三浦展, 『新人類、親になる!』, 小学館, 1997, 64쪽.

37) 요시미 슌야, 서의동 옮김, 『헤이세이(平成) 일본의 잃어버린 30년』, AK, 2020, 176~182쪽.

〈그림 8〉 환상(環状) 8호선과 국도(国道) 16호선 지도

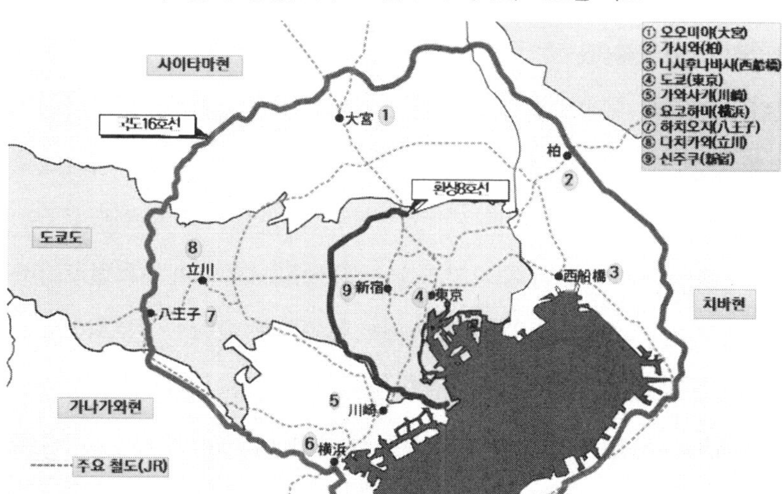

출처: 今後の不動産投資は「環八×R16号」の郊外物件を狙うべきワケ(杉山 浩一, 2020.9.2.) https://gentosha-go.com/articles/-/29174(최종검색일: 2022.05.10.).

〈그림 9〉 로드사이드 점포란: 국도 16호 연선(도쿄 근교(치바현~가나가와현)를 연결하는 도로

출처: 舗物件ポータルサイト/ロードサイド店舗とは(特徴やポイントなど, 2016.07.29.) https://www.temposmart.jp/contents/category/column/(최종검색일: 2022.01.10.).

방·연기한다고 분석했다. 교외화라는 토포스와 로드사이드 비즈니스, 그리고 사물로서의 자동차가 삼위일체로 하나의 메커니즘을 형성해 나갔다. 그 결과, 패밀리 레스토랑, 패스트푸드점, 수퍼마켓이나 서점, 가전제품, 신발, 신사복 등으로 구성된 교외 풍경은 점차 정착되어갔다 (〈그림 8, 9〉).[38]

미우라는 지역 고유의 기억과 역사 상실을 교외화의 병리현상이라 규정하고, 일본 교외 공간이 마치 패스트 푸드처럼 패스트 풍토화(fast 風土化)되는 것을 비판했다. 그는 전후 교외화의 풍경이 동질화되는 과정에서 일본 지방 도시들마저 외벽, 간판, 배색과 조경 등까지 규격화된 양식으로 확대되었다고 평가했다. 교외 생활의 기본적 특성은 중간계급의 '균질화'이지만, 그 속에서 차별적인 소비 스타일을 추구하는 모순적 양면성을 가진 메커니즘이 경쟁과 격차 의식을 부추긴다고 비판했다. 결과적으로 교외의 심리적 특성이 프티 내셔널리즘(petit nationalism)을 낳아 고립감과 공격성을 강화하거나, 자동차 생활 중심의 교외 생활이 환경 부하량을 증가시키는 등 여러 폐해를 양산하기도 했다. 그는 일본 교외화 문제의 극복을 위한 대안으로, 다양성, 개인성, 역사성 등을 발굴하고 새로운 커뮤니티로서 '슬로(slow) 풍토화'를 제안하기도 했다.[39]

그런데 일본의 교외 비즈니스는 교외생활자의 수요를 충족하는 방

---

38) 小田光雄, 『「郊外」の誕生と死』, 青弓社, 1997, 62~108쪽; 小田光雄, 「第4章 郊外文学の発生」, 若林幹夫ほか, 『「郊外」と現代社会』, 青弓社, 2000, 139~144쪽; 吉見俊哉, 『リアリティ・トランジット: 情報消費社会の現在』, 紀伊國屋書店, 1996, 45~71쪽; 요시미 슌야, 최우영 옮김, 『고도성장: 경제후진국에서 경제대국으로』, 어문학사, 2013, 113~114쪽.

39) 三浦展, 『ファスト風土化する日本: 郊外化とその病理』, 洋泉社, 2004. 참고.

식이 아니라, 미국의 사례를 참고한 기업들이 체인화된 점포의 대량 구매·저가 판매 메커니즘으로 확산되었다. 결과적으로 교외에는 소규모 자영업자나 고급 상품을 만드는 장인은 점차 사라져갔다. 1968년 후타고타마역(二子多摩駅)에 인접한 '다마가와다카시마야(玉川高島屋)를 시초로 해서, 교외의 쇼핑 센터(몰)은 1990년대 중후반 이후 대도시권역 교외와 일본 전역으로 확산되었다. 전후 일본에서는 점진적으로 세입자의 권리가 강화되었기 때문에, 도심지의 상가나 백화점, 또는 교외 쇼핑 센터 등 상업 지역도 재건축과 같은 특별한 사정이 없는 한은 입주한 상가의 세입자를 교체하는 것이 어려웠다. 과거 일본에서 '그립지만 정체된 상업공간'이라는 상업지의 모순된 이미지는 이러한 제도에서 비롯된 것이었다.

그러나 2000년에 업계 주도로 차지차가법(借地借家法)이 개정되면서 계약 기간(年數)을 명기하는 '정기건물임대차계약'이 가능해졌다. 이후 건설된 쇼핑 센터 대부분은 주로 높은 보증금 계약으로 변경한 대기업 계열이었기 때문에, 유행에 따른 디자인 리모델링을 통해 높은 이익 추구가 가능해졌다. 2000년 대규모소매점포입지법이 시행된 이후 중심시가지 활성화를 위해 교통체증에 대한 규제를 신설했다. 그 결과 도심에서 먼 지역에만 쇼핑 센터의 건설이 가능하게 되면서, 쇼핑 센터는 기존 교외 지역보다 더 멀어졌지만 그만큼 대규모화되었다. 쇼핑 센터는 거대한 주차장, 넓은 개방공간과 편리한 화장실 등 여러 부대 시설과 문화 및 어뮤즈먼트 시설을 확보한 저층(低層)의 쾌적한 소비공간으로 변해갔다.[40)]

40) 貞包英之, 「巨大化するショッピングモールは、地方都市の「最後の希望」か「未来の廃墟」か」, 『現代ビジネス』, 2016.04.26, https://gendai.ismedia.jp/articles/-/

더 큰 문제는 교외의 로드사이드 비즈니스와 대규모 쇼핑 센터 등이 증가할수록, 철도역 주변의 중심시가지의 소규모 상점가들은 폐점하거나 방치되게 된다는 점이다.[41]

대규모 교외 상업시설 위주의 소비문화는 90년대 중반 이후 젊은층에 초점을 맞춘 교외화의 분석[42]이나 쾌적함을 추구하는 욕망과 교외에 대한 분석[43] 등에서 잘 나타난다. 비평가 아즈마 히로키(東浩紀)와 기타다 아키히로(北田暁大)의 대담집 『도쿄로부터 생각한다: 격차 · 교외 · 내셔널리즘』(2007)이 출간되어, 교외지역에 대한 다양한 경험을 문화적 관점에서 서술한 통찰력으로 주목을 받았다. 이들은 과거 고도성장기 교외가 가진 '균질성'과는 달리, 최근 교외의 특성은 '이질성'이라고 강조한다. 일본의 교외 지역이 점차 ① 계층화, ② 고령화, ③ 외국인의 유입 등과 같은 성격으로 전환되면서, 각기 다른 지역 감각과 라이프 스타일을 가진 사람들이 혼재된 장소로서 변형되고 있다고 진단했다.[44]

1970년 전후 고도성장기를 뒷받침했던 교외거주자들인 단카이 세대가 75세 이상의 '후기 고령자'가 되는 2000년대 중반은 중요한 분기점

48464(최종 검색일: 2021.12.02.).

41) 이호상, 「일본 지방 중소도시의 유료주차장 확산과 중심시가지의 공동화: 가가와현(香川県) 다카마쓰시(高松市)를 사례로」, 『한국도시지리학회지』 22(1), 2019, 87쪽.

42) 宮台真司, 『まぼろしの郊外: 成熟社会を生きる若者たちの行方』, 朝日新聞社, 1997 참고

43) 内田隆三, 「第5章 郊外ニュータウンの〈欲望〉」, 若林幹夫ほか, 『「郊外」と現代社会』, 青弓社, 2000. 참고.

44) 東浩紀 · 北田暁大, 『東京から考える: 格差 · 郊外 · ナショナリズム』, 日本放送出版協会, 2007, 95~102쪽.

〈그림 10〉 교외 재생에 관련된 최근의 시책 예시

1) 점(点, 주택 등)
- 빈집 등 대책계획
- 중고주택 유통의 촉진

단체 기존 스톡의 유효활용

2) 면(面: 단지(団地), 일상생활권역 등)
- 스마트웰니스주택, 시티의 추진
- 단지의 지역의료복지 거점화
- 지역포괄케어시스템의 구축
- 생애활약의 마을 형성사업

지역의 거점 창출, 활동체제의 구축

3) 광역(広域: 도시, 도시권 레벨)
- 입지 적정화 계획
- 공공시설 등 총합관리계획
- 지역 공공교통망 형성 계획
- 철도 연선 지역만들기

교외의 지속성, 가치를 높이는 민간과의 연계체제로

출처: 田村隆彦.「人口減少、高齢化社会の郊外再生: 第1回 総論: 郊外再生に必要な条件とは?」,『MRI トレンドレビュー』(2016.07.26.), https://www.mri.co.jp/knowledge/column/20160719.html(최종검색일: 2022.01.10.).

이었다. 대도시권 교외 지역에서 빈집 급증, 의료 비용, 생활 지원 서비스, 상업 시설의 쇠퇴 등처럼 고령화 대응을 위한 '교외 재생'이 중요한 과제로 부상하게 되었다. 이제 교외 재생은 주택 등 점(点)적인 측면, 단지(団地)와 일상생활권역 등 면(面)적인 측면, 그리고 도시-도시권 레벨의 광역(広域)적인 측면의 시책들이 결합될 필요가 있다. 일본 정부도 2013년 지역 포괄 케어 시스템의 구축이나 2014년 '빈집 등 대책의 추진에 관한 특별조치법'(법률 제127호) 등과 같은 각종 정책들을 발표했다. 민간 레벨에서도 고령자의 사회 참여, 청년층의 고용 서비스 창출뿐만 아니라, 증가하는 빈집 스톡을 활용하도록 지역주민들과의 연계 체제를 정비해 나가고 있다(〈그림 10〉).[45]

45) 田村隆彦.「人口減少、高齢化社会の郊外再生: 第1回 総論: 郊外再生に必要な条

〈그림 11〉 히가시오가와(東小川) 총인구 · 연령별 인구의 추이

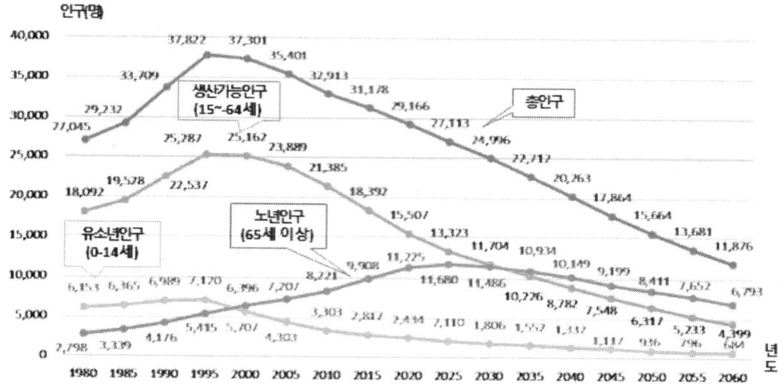

출처: 内閣府 地方創生, 「東小川住宅団地の多世代共生・持続可能なまちづくり」 https://www.chisou.go.jp/tiiki/tiikisaisei/dai59nintei/plan/a194.pdf(최종검색일: 2022.07.05.).

2019년 지역재생법 개정으로 '지역주택단지재생사업'이 새로 창설되었는데, 이 사업은 민간 기업이 개발한 단독주택 주택단지 재생 과제와 고도성장기형 거리에서 다세대 · 다기능의 거리로의 전환 요구에 대한 대응이 주된 목적이다.[46] 시정촌(市町村)이 직접 구역을 정하고 다양한 주체들과 연계해서 종합적인 사업 계획을 만들고, 주택단지 재생에 필요한 각종 행정 절차가 원스톱으로 이루어진다. 제1호 사업으로서 도

件とは?」, 2016.07.26, https://www.mri.co.jp/knowledge/column/20160719.html(최종 검색일: 2022.01.10.); 김은혜, 「[이슈브리프] 도시문제 현황과 대응방향-일본」, 『여시재 프로젝트: 국내 5대 협력연구기관 공동기획-세계 싱크탱크 동향분석』, 2018.01.03. https://www.yeosijae.org/research/380(최종검색일: 2021.12.20.).

46) 内閣府 地方創生, 「地域再生, 住宅団地の再生」 https://www.chisou.go.jp/tiiki/tiikisaisei/danchisaisei.html(최종 검색일: 2022.03.01.).

심에서 약 60km권의 사이타마현 오가와마치(埼玉県小川町)의 히가시오가와(東小川) 주택단지가 선정되었는데, 약 40년이 경과된 단지로서 빈집비율이 14.8%(사이타마현 전체 평균 10.2%)에 이르렀다. 주민들이 이용하는 상업시설, 상점 및 진료소, 자치회관 등이 거점을 형성했지만, 수퍼마켓과 주변 상점가들이 폐점하는 문제가 있다. 따라서 과거 주택 중심의 교외 지역은 청년층이나 육아 세대, 그리고 고령자를 지탱할 시설 부족 등 다양한 세대가 공존하는 터전으로 전환해 나가고 있다(〈그림 11〉).

5. 맺음말: 도쿄권의 미래

벤 윌슨(Ben Wilson)은 "교외는 자본주의와 세계화의 승리를 축하하기에 적합한 기념물이다. 교외의 거침없는 팽창성에는 우리의 모든 욕망을 충족시키고 무한한 성장의 원리에 따라 움직이는 맹렬한 소비문화가 반영되어 있다. 교외의 그 같은 팽창성 때문에 자연환경은 통제 가능한 인공적 환경으로 변모한다"고 비판했다.[47] 근현대 사회에서 교외 지역은 사적 소유와 개별 가구를 중요시하는 공동체적 비전을 구축했고, 가변적 토지 투기와 공동체의 안정에 대한 희망, 혹은 완고한 물질주의로 구성되어왔다. 하지만 이제 우리는 전후에 형성되었던 '성장하는 교외화'라는 20세기 도시생활의 양식이 과연 지속가능한 것인가를 질문

47) 벤 윌슨, 박수철 옮김, 『메트로폴리스: 인간의 가장 위대한 발명품, 도시의 역사로 보는 인류문명사』, 매일경제신문사, 2021, 588~589쪽.

해야만 한다.

전후 일본의 '교외'는 젊은 부부들이 입주하는 단독주택과 소비지상주의가 결합된 중간의식이 구현된 공간이었지만, 이제는 저출산・고령화와 복지의 딜레마, 그리고 격차사회를 떠안은 공간이 되고 있다. 고도성장기의 교외 형성이 불균등한 '성장'의 성격을 띠었다면, 저성장기에는 불균등한 '쇠퇴'의 형태로 나타나고 있다. 전후 일본 사회가 확장 기조를 유지했던 것과 달리, 이제는 인구나 재정의 기조는 축소 (압축) 사회(shrink (compact) society)를 지향하고 있다.[48] 21세기 인구감소와 도시축소 시대에 기존의 교외화 메커니즘이 쇠퇴하면서 교외 지역은 다층적 변화를 경험하고 있다. 생산연령인구의 감소와 국가나 지자체의 재정 확대의 한계로 인해, 지역 정책 전반의 재편 필요성이 높아지고 있다. 결과적으로 일본 대도시권 내부의 축소 도시 전략은 종합적인 교통・운송 재편, 친환경 에너지의 효율적 사용을 통한 도시 시설의 집중과 녹색네트워크 구축 등에 변화되고 있다.[49]

최근 코로나에 따른 재택근무의 증가는 도심 오피스로의 통근을 감소시키고, 도심 인구집중의 완화 등 교외 지역 재배치 논의를 촉발하고 있다. 일본에서는 인구감소 및 지방소멸 등의 사회 문제로 인해 기업 본사의 일부 기능을 지방에 재배치해야 한다는 논의가 지속되어 왔다. 일본 총무성에 의하면 2020년 인구가 증가한 지자체는 도쿄권(1도 3현)과

48) 清水亮, 「地域社会と人口学的視点」, 地域社会学会編, 『キーワード地域社会学』, ハーベスト社, 2011, 62~63쪽.
49) 강인호, 「일본 축소도시의 컴팩트 시티 추진전략」, 『한국정책학회보』 27(2), 2018.

오키나와현이 유일했으며, 코로나로 인한 도쿄권 도심에서 교외 지역으로의 인구 이동도 일부 발생했다.50) 그러나 기업 본사의 지방 이전 논의가 제기되어왔더라도, 일본 정부가 최근 추진하는 도쿄권에서 매년 1만 명을 이주시키는 내용의 '디지털전원도시 국가구상 종합전략(デジタル田園都市国家構想総合戦略)'이 현실적으로 인재·정보·거래관계 등이 집중된 도쿄권에서 지방으로 인구분산과 지역활성화를 낳을지는 여전히 미지수이다.51) 향후 코로나가 조금 더 장기화된다 할지라도, 조사에서 기업들은 본사의 일부 기능을 제외하고 본사 자체를 도쿄 이외 지역으로 이전할 의향은 낮았기 때문이다.52)

과거 고도성장기에는 통근권 확장에 기초한 베드타운 건설이 교외의 형성 논리였다면, 오늘날과 같은 저성장기에는 저출산 고령화와 가족 구성의 변화가 교외 쇠퇴와 교외 도시들 간의 경쟁을 부추기고 있다. 가족 구성에서도 싱글 기간의 장기화로 인해 '돌봄 공백'을 겪는 '가족 난민' 등과 같이 가족들 간의 격차는 심화되고 있지만, 그에 걸맞는 생애주기에 따른 주택 정책이 뒷받침되지 못하고 있다.53) 따라서 이제부터 교

50) 野中賢(調査企画: 新・公民連携最前線). "【分析編】新型コロナで23区の住民が郊外へ⁉ データで見る1都3県の人口動態, 東京23区の人口集中に歯止め、ビーチに近い湘南や外房が人気に(2021.12.16.) 日経BP総合研究所" https://project.nikkeibp.co.jp/atclppp/081700039/120300008/(최종 검색일: 2021.12.20.).

51) 「東京圏から地方に年1万人移住を目指す デジタル田園都市構想決定へ」, 『朝日新聞』, 2022.12.16.; 「社説 新・田園都市構想 デジタルが解決策とは」, 『東京新聞』, 2023.01.10.

52) 박경·허동숙, 『WP 21-16 기본 본사의 지방 이전 최근 동향과 정책 시사점 I: 일본 사례를 중심으로』. 국토연구원, 2021, 18~19쪽.

53) 야마다 마사히로, 니시야마 치나·함인희 옮김, 『가족 난민: 싱글화의 미래, 양극화된 일본인의 노후』, 그린비, 2019, 173~174쪽.

외 재생을 논의할 때에는 연령과 젠더의 구분을 넘어서 전세대 모두가 지속적으로 일하고 생활할 수 있는 지원정책을 충분히 제시해야만 할 것이다. 현대사회에서 여성들이 결혼 및 출산 이후에도 직장을 떠나지 않고 평생토록 자신의 일을 지속할 수 있는 시스템 구축이 절실하기 때문이다.

앞으로 교외 주택지에서 일터와 생활의 거점을 함께 형성하려는 새로운 시도들은 점차 늘어날 것이다. 30대 주부나 은퇴한 고령자 등 다양한 연령층이 공존하고 있기 때문에, 서로의 노하우 등을 공유하도록 하는 행정 지원도 필요하다.[54] 교외 거주자들이 생활권 내에서 일하고 돌보는 한편, 생활하는 거리에서 새로운 비즈니스도 구상할 수 있는 통합적인 교외 공간이 모색되어야 한다. 도심과 교외라는 이분법을 넘어 새로운 대도시권의 교외 생활은 가족 구성원들 간의 노동과 돌봄의 역할을 서로 배려하고, 주거와 비즈니스가 결합된 '탈(脫) 베드타운'을 지향해야만 한다. 도심의 직주근접(直住近接)이 새로운 주거생활 트렌드가 되는 21세기 교외 재생은 새로운 가족 구조에 적합한 직장과 가정의 조화와 돌봄 지원 체계를 통해 지속가능성을 확보해야만 할 것이다.[55]

---

54) 三浦展, 「都内から続々移住､築50年郊外団地のヒミツ: 衰退する郊外は37㎡･1LDK物件から蘇る?」, 『東京経済』, 2017.08.12, https://toyokeizai.net/articles/-/183343?page=5(최종검색일: 2021.12.30.).

55) 서정렬, 『스마트 디클라인, 창조적 쇠퇴』, 커뮤니케이션북스, 2017. 참조.

[부록] 도쿄권 공간구조의 변화

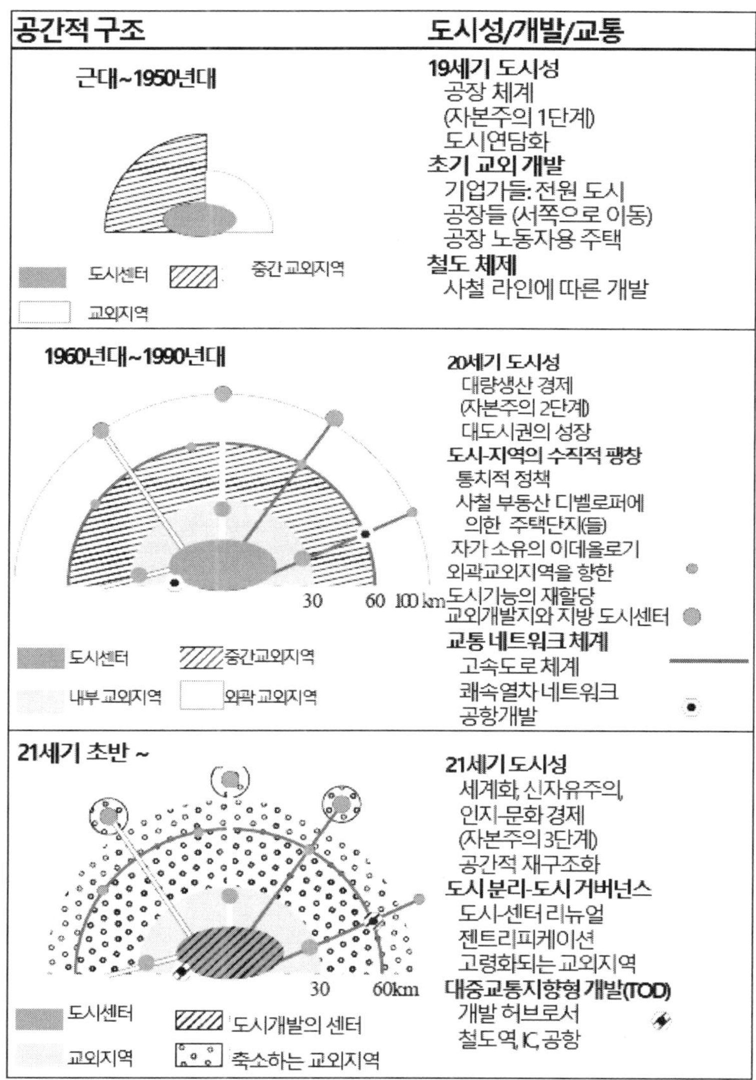

출처: Kubo, Tomoko, "Divided Tokyo: Housing Policy, the Ideology of Homeownership, and the Growing Contrast Between the City Center and the Suburbs," *International Perspectives in Geography* 11, 2020, p.41.

현대일본생활세계총서 18

일본자본주의 위기, 새로운 자본주의의 기회인가?

성장의 관성과 '부흥재해'의 곤경*

1995년 한신대지진 이후 신나가타역남지구 재개발사업을 중심으로

박승현

1. 1995년의 고베 나가타지역과 한신대지진

박사학위 논문을 쓰며 도쿄 기타구 키리가오카 공영단지(東京都北区桐ヶ丘都営団地)를 필드워크 하던 당시부터, 다음 조사지는 고베가 될 것이라고 생각했다. 키리가오카 단지는 공영주택법에 근거하여 1954년부터 1976년까지 건설된 5,020세대의 대규모 단지이다. 키리가오카 단지의 재건축은 1995년 한신・아와지대진재(阪神・淡路大震災 이하

* 이 글은 『일본비평』(14권 1호, 서울대학교 일본연구소, 2022)에 「고베 도시 경영의 계보와 '부흥재해': 한신대지진 이후 신나가타역남지구 재개발사업을 중심으로」란 제목으로 실린 필자의 논문을 단행본의 취지에 맞춰 일부 수정・보완한 것이다. 코로나19로 현지조사가 불가능하였기에 신나가타남지구 상업공간에 입점한 이들의 사례는 방송자료와 뉴스를 통해 수집하였으며, 2023년 1월의 조사를 통해 신나가타남지구의 사진을 추가하였다.

한신대지진) 이후 본격화되었다. 한신대지진의 희생자가 오래된 목조 주택에 거주하던 고령자에 집중되었기 때문에, 한신대지진 이후 '내진 설계'에 대한 정책적인 관심, 재난과 주거에 대한 사회적인 문제의식이 고조된 속에서 오래된 공공단지에 대한 재건축이 시작된 것이다. 한신대지진의 교훈 속에서 재건축이 시작되었지만, 주민의 고령화와 주거복지의 후퇴, 저비용을 앞세운 재건축 속에서 주민들의 일상적인 고립은 심화되었고 주민들은 '고독사가 가장 무섭다'라고 말하곤 했다. 일본에서 고독사가 사회적인 관심사가 된 것 또한 한신대지진 이후 가설주택에서 발생한 고독사 문제가 중요한 계기가 되었다. 도쿄의 공공단지에서 전개된 공간과 일상의 변화는 한신대지진 이후의 고베와 연결되어 있던 것이다.

필자는 2018년부터 간세이가쿠인대학(関西学院大学) 재해부흥연구소, 다문화・다언어커뮤니티 방송국 FMYY, 고베마찌즈크리회관(こうべまちづくり会館)을 거점으로 활동하는 마찌라보(まちラボ, Machi Labo) 및 한신대진재부흥 시민마찌즈크리 지원네트워크(阪神大震災復興市民まちづくり支援ネットワーク), 그리고 카페 나들이(ナドゥリ)를 중심으로 활동하는 고베 코리아교육문화센터 등을 통해 실마리를 얻으면서 고베 지역에 대한 연구를 시작하였다. 특히 구두 산업을 주축으로 하는 고베의 대표적인 지역산업의 현장이자 재일(在日)코리안 집주지이며, 한신대지진의 최대 피해지로 꼽히는 나가타(長田)지역을 중심으로 필드워크를 전개하였다.[1)]

필자가 고베에 머문 2020년 1월 17일은 한신대지진으로부터 25년

이 되는 시점이었다. 당시 텔레비전 방송을 통해 우연히 히사모토 기조(久元喜造) 고베시장의 인터뷰를 보게 되었는데, 당시 방송에서 기자는 '신나가타역남지구(이하 남지구)의 재개발은 실패'라는 여론의 평가를 어떻게 생각하는가를 물었고, 이에 고베시장은 재개발은 계획대로 완료될 것이라는 말을 한 번 더 반복했다. 1월 17일을 즈음하여 고베에서는 희생자를 추모하기 위한 많은 행사가 열렸다. 추모식에서는 한신대지진 이후에 태어나 재난을 경험하지 않은 세대가 이미 성인이 되었기에 한신대지진의 피해와 그 교훈을 잊지 않도록 교육에 힘쓰고, 한신대지진의 기억이 풍화되지 않도록 하자는 메시지가 전해졌다. 그러한 25년의 시점에 피재지 '재개발사업'이 여전히 진행 중이라는 것은 의외의 사실이었다. 신나가타남지구 재개발은 왜 25년의 시점에 미완으로 남겨졌으며, 왜 '실패'라는 비판을 받는 것일까. 이를 밝히는 것은 1995년 이후의 일본사회, 일본의 도시가 처해 있는 곤경을 조명하는 작업이 될 것이라 여겨졌다.

1995년 1월 17일 화요일 오전 5시 46분, 아와지섬 북부를 진원으로 하는 진도 7.3의 지진이 발생했다. 도시직하형 지진의 피해는 막심하여, 사망자 6,434명, 주택피해 약 64만 동, 피해총액은 약 9조 9,000억 엔에 이르렀다.[2] 중앙정부도 지자체도 초동대응에 실패했다. 당시 무라야마 도

---

1) 박승현, 「고베 구두마을 나가타와 재일코리안의 '케미컬슈즈'」, 지은숙, 권숙인, 박승현 엮음, 『재일한인의 인류학』, 서울대학교출판문화원, 2021.

2) 피해 규모는 주택, 점포, 공장 등의 건축물 약 5조 8,000억 엔, 항만과 도로 등의 사회기반 약 2조 2,000억 엔, 라이프라인 약 6,000억 엔에 달했다. 피해총액 9조 9,268억 엔은 당시 효고현 예산의 약 6년분에 해당하는 금액이었고, 일본 국가 예산규모(2014년도 일반회계 95조 9,000억 엔)의 약 10%에 달

미이치(村山富市) 총리는 오전 6시에 TV방송을 통해 지진 발생 사실을 알았고 비서관으로부터 정식보고를 받은 것은 7시 30분이었다. 정부 및 지자체는 지진발생 직후 피해규모와 심각성을 파악하고 상황을 장악하는 데에 실패했으며, 긴급구조와 화재진압 등 신속한 초동대응조치를 취하지 못하여 인명 및 재산피해를 키웠다.[3] 전후 처음으로 정부의 비상시 대응, 위기관리 능력이 현실적으로 추궁을 당했다. 고베 지역은 지진 안전지대로 여겨져 왔기 때문에 상상을 초월한 규모의 거대지진이었다는 변명이 뒤따랐다. 지진을 대비한 훈련을 해 왔으나, 교통과 통신이 마비된 상황은 '상정외(想定外)'의 것이었다.

고베시는 도시행정의 경영 수완을 발휘하고, 도시계획에 있어 '공공디벨로퍼'로서 그 역량을 유감없이 발휘해 온 도시다. '산을 깎아서 바다를 메운다'는 이른바 일석이조의 개발, 즉 롯코산[4]을 깎아 대규모 뉴타운을 만들고 산을 깎아 낸 토사로 바다를 매립하는 공사로 포트아일랜드(1966년 착공, 1981년 완공), 롯코아일랜드(1972년 착공, 1988년 완공)와 같은 첨단의 인공섬을 만든 것이 대표적이다. 전국의 공무원들이

했다. 한편, 2011년 3월 11일에 발생한 동일본대지진의 피해액은 약 16조 9,000억 엔으로 추산된다. 神戸新聞データで見る阪神淡路大震災, https://www.kobenp.co.jp/rentoku/sinsai/graph/sp/p1.shtml(최종 검색일: 2022.1.17.).

3) 이원덕, 「고베지진과 일본정부의 위기관리」, 김경동 엮음, 『일본 사회의 재해관리: 고베지진의 사례연구』, 서울대학교출판부, 1997, 50~52, 66쪽.

4) 고베의 지형적인 특징을 보면, 약 100만 년 전부터 여러 차례 지각변동이 반복되면서 해발 1,000미터의 롯코 산지가 동서로 펼쳐져 있으며, 산지에서 흘러내린 토사가 시가지의 토대를 만들었다. 롯코산이 융기한 것과는 반대로 바다 쪽은 깊게 가라앉아 수심이 깊어 선박 정박이 유리한 국제적 항만도시로 발전했다(조 지무쇼, 전선영 옮김, 「이국적 낭만과 지진의 아픔이 공존하는 국제 도시」, 『30개 도시로 읽는 일본사』, 다산북스, 2021, 284~285쪽.

1981년 포트 아일랜드에서 개최된 포토피아 엑스포(Portopia Expo)를 참관하러 왔으며, 고베는 '주식회사 고베'라는 부러움 섞인 야유를 받기도 했다. 고베 도시계획은 개발 및 성장주의가 강한 일본형 도시계획 중에서도 '큰 스케일과 세련된 방식'이라는 평을 받았다. 개번 멕코멕은 전후 일본의 고도경제성장이 지속된 수십 년 동안 일본 정치경제의 핵심에 토목과 건설이 있었으며, 정치가와 건설업계와 관료, 금융이 이권과 영향력이라는 철의 삼각형으로 유착되어 있음을 부각하는 용어로 '토건국가(construction state)' 개념을 썼는데 고베는 그 전형이었다. 시정부가 개발업자의 역할을 하면서 모든 정치세력을 흡수하고 모든 비정치적인 열망들을 경제개발이라는 목표에 결집시키는 가운데 첨단의 고베가 만들어진 것이다.[5)]

이러한 고베시의 성과들이 한신대지진으로 일순간에 무너져 내렸다. 1994년 4월에 개통된 한신고속도로는 10여 곳이 붕괴되었고 산요신칸센이 끊겼으며, 포트아일랜드와 롯코아일랜드는 액상화를 일으키며 지반이 침하하였다. 도시직하형 지진이었기에 붕괴의 충격은 고층빌딩이나 고속도로 등 도시 인프라에서 두드러졌고, 광범위한 지역에서 도로, 철도, 전기, 수도, 가스, 전화 등 라이프라인이 기능하지 못해 많은 사상자가 발생했다. 도시인프라와 공공시설이 광범위하게 파괴되어 260만 가구가 정전되었고, 고베시의 49만 5,300세대에 수도가 끊겼다.[6)] 한신고

---

5) 개번 매코맥, 한경구 등 옮김, 『일본, 허울뿐인 풍요』, 창작과비평사, 1998, 28, 51~116쪽.

6) 神戸新聞データで見る阪神淡路大震災, https://www.kobe-np.co.jp/rentoku/sinsai/graph/sp/p3.shtml(최종 검색일: 2022.1.17.).

속도로나 신칸센의 붕괴, 일본 건설 기술의 정수라고 여겨진 인공섬의 마비는 테크놀로지에 대한 신뢰가 무너지는 장면이었다.

대지진으로 인한 인명피해가 가장 막심했던 곳은 고베시가 추구해온 이러한 첨단의 개발이나 성장과는 가장 거리가 먼 지역들이었다. 한신대지진의 피해는 불량주거 및 고령자에 집중된 '인재'라는 비판을 받았는데, 대지진 당시의 기록사진 중 완전히 불타 폐허가 된 모습으로 자주 비추어지는 곳이 바로 나가타지역이다. 나가타지역은 나가야를 비롯한 오래된 목조주택, 구두 제조와 유통을 중심으로 펼쳐진 영세 공장과 상점이 밀집한 지역으로, 가옥과 건물 붕괴로 인한 압사나 화재로 인한 피해가 컸다. 고베시 전체의 건물 붕괴 비율(倒壊率)이 30.8%였는데 나가타구는 그 두 배에 가까운 57.2%로, 2만 3,803동이 무너졌다. 한신대지진 당시 나가타구에는 1960년 이전에 지어진 집이 38%를 차지하여 고베시 평균인 18.9%의 두 배 이상이었다. 전소(全焼) 건물 수도 고베시 전체 6,965동 중 나가타구에 4,759동이 집중되었다. 도로 마비로 소방차의 출동도 늦었지만, 필요한 소방수(消防水)를 확보하지 못해 17일과 18일에 나가타구의 48만㎡가 불탔다.[7]

구두산업 중심의 주공(住工)혼재지역이었던 나가타지역 주택과 공장의 약 80%가 붕괴되었고, 지진 전 약 5만 명을 고용하던 공장들의 설비시설이 파괴되었다. 케미컬슈즈는 1993년 684억 엔에서 1995년 285억 엔으로 절반 이상 생산고가 하락했다.[8] 이 글에서 주목하는 신나가타남지

---

7) 神戸市長田区. https://www.city.kobe.lg.jp/h20870/kuyakusho/nagataku/anzen1/index2/quake03.html(최종검색일: 2020.3.15.).

8) 日本ケミカルシューズ工業組合 제공자료; 박승현, 「고베 구두마을 나가타와 재일코리안의 '케미컬슈즈'」, 56~60쪽.

구는 '도심에 근접한 유리한 조건을 가지면서도, 도시기능이나 산업기능의 갱신이 늦고, 노후화가 진행되고, 인구감소와 고령화 등의 이너시티의 문제를 안고 있는 지역'으로 묘사되곤 했다.[9] 남지구의 피해상황을 보면 건물붕괴와 소실은 83%에 달했고, 피해가 없는 건물은 구역 전체의 8%에 불과했다.[10] 소유관계와 이해관계, 생산관계가 워낙 복잡하고 상호 밀접하게 얽혀 있던 오래된 시가지가 대지진으로 잿더미가 된 것이다.

고베대공습 이후 1945년 전후의 폐허에서 쌓아 올린 고베는 한신대지진으로 인해 전후 50년 다시 폐허가 되었다. 고베시는 이를 대대적인 개발의 기회로 삼았다. 나가타지역은 한신대지진 이전부터 '서부 부도심'으로 낙점이 되어 있었기에, 무너져내린 이 지역에 대한 재개발사업 계획이 일사천리에 추진된다. 대규모 부흥계획은 지진으로부터 불과 2개월 만에 신속하게 이루어져, 1995년 3월 17일 고베시는 지진 피해가 큰 18개 지구에 대한 구획정리사업, 6개 지구에 대한 재개발사업을 포함한 부흥도시계획사업을 발표한다. 이 중 신나가타역남지구 재개발사업은 가장 큰 규모로, 약 20.1ha 부지의 7개 구역에 2003년까지 44개 동의 재개발빌딩 건설, 주택 2,586호 정비, 5만 2,200㎡ 상업면적 조성으로 고베 서쪽 부도심으로 개발한다는 계획이 세워진다.

신나가타남지구를 제외한 니시노미야 등 5개 지구의 재개발사업은 2005년까지 완료되었다. 그러나 남지구 재개발만은 지역 내 의견대립과

9) 神戸市, 「新長田駅南地区災害復興第二種市街地再開発事業検証報告書概要版」 2021.3, 4쪽.
10) 神戸市, 「新長田駅南地区災害復興第二種市街地再開発事業検証報告書概要版」, 8쪽.

토지의 매수 및 매각의 난항으로 기간 연장을 거듭하였다. 그리고 2019년 효고현과 고베시의 합동청사(新長田合同庁舎) 완공 후, 토지매수가 진척되지 않는 한 구역을 사업대상에서 제외함으로써, 그리고 2023년까지 현립 종합위생병원을 이전한다는 것을 공식화함으로써 사업종료의 전망이 드러났다. '실패한 재개발'이라는 비판이 무성한 가운데 전문가의 검증이 처음으로 실시되었고, 2021년 1월에는 고베시 전문가 검증보고서가 공개되면서 '최소 328억 엔'의 적자규모가 드러났다. '실패'는 상업지구에 집중되었다. 미디어에서 재개발 실패를 다룰 때, 신나가타역(新長田駅)부터 고마가바야시역(駒ヶ林駅)까지 이어지는 주상복합시설, 아스타구니즈카(アスタくにづか)의 텅빈 아케이드와 지하 및 2층의 공실들이 비추어지곤 한다.

한신대지진 이후 피재지 주거문제를 연구해 온 시오자키 요시미쓰(塩崎賢明)가 '부흥재해'(Reconstruction Disaster)11) 개념을 처음 쓴 것은 한신대지진으로부터 10년이 경과한 시점이다. 이는 피난소, 가설주택, 부흥공영주택, 구획정리나 재개발 등 재해로부터의 '부흥'을 위한 정책이나 사업이 도리어 재해 후의 또 다른 재해를 안기는 역설을 담은 개념이다. 한신대지진 이후에도 지진과 태풍, 홍수 등의 자연재해와 이에 따른 부흥사업이 잇따랐던 일본 사회에서, 특히 동일본대지진이라는 거대재난 이후 '부흥재해'는 보통명사와 같이 쓰이고 있기도 하다. 한신대지진 직후부터 활동한 전문가집단 효고현진재부흥연구센터는 "부(負)의

11) 塩崎賢明, 『復興〈災害〉: 阪神・淡路大震災と東日本大震災』, 岩波新書, 2014.

유산을 지속가능한 유산으로"라는 제목으로, 고베시의 재개발사업검증 보고서를 검토하고 2022년에 '재・재개발'을 제안한 시민검증보고서를 출판하였다.[12] 이 보고서는 감축(減築)의 방향성 속에서 '재・재개발'의 제안을 담으며, '부흥재해'를 비판하고 있다. 헤이세이 30년은 흔히 '실패'로 설명되곤 한다. '헤이세이 잃어버린 30년의 실패'[13]의 엉킨 실타래를 더듬어 가면 1995년 한신대지진은 그 가장 중요한 매듭이며, 남지구 상점가의 실패는 오늘날 일본사회가 처한 곤경을 비추는 거울일 것이다.

2. 326억 엔의 적자와 상점가의 실패

2021년 1월 25일 〈고베시 신나가타역남지구 진재부흥제2종시가지 재개발사업(이하 신나가타 재개발사업〉의 사업수지, 부동산감정, 회계 등의 〈검증보고서〉가 발표되었다.[14] 재개발 '실패'에 대한 비판이 높은 가운데, 고베시가 재개발 종료를 앞두고 사업의 성과와 과제에 대한 전문가 진단을 받은 것이다.

---

12) 兵庫県震災復興研究センター・市民検証研究会・広原盛明・松本誠・出口俊一,『負の遺産を持続可能な資産へ: 新長田南地区再生の提案』, クリエイツかもがわ, 2022.

13) 요시미 슌야, 서의동 옮김,『헤이세이 일본의 잃어버린 30년』, 에이케이커뮤니케이션즈, 2020, 29쪽.

14) 고베시는 2020년 8월부터 대학교수 및 공인회계사 등으로 구성된 유식자회의(좌장 가토 요시마사(加藤恵正) 효고현립대 대학원 교수)를 네 차례 개최하여 그 검증결과를 발표했다.

〈그림 1〉 다이쇼스지상점가입구와 양쪽 아스타구니즈카 1호관과 2호관

출처: 『号外NET』, 2021.6.11.

2023년 완료예정인 신나가타 재개발의 성과는 다음과 같다. 총 사업비 2,279억 엔, 시설건축물 44동(상업, 업무, 공익시설, 주택, 주차장 등), 공공시설 도로 17노선, 공원 세 곳, 그 외 시설(주차장 3곳 총 650대), 3층 네트워크 보행로, 광장 설치. 생활재건을 위한 주택공급 2,674호(분양 1,783호, 임대 891호, 종전 약 1,500호), 상업면적 52,000㎡(종전 약 48,000㎡). 고베시는 도로, 공원 등 도시기반과 건물을 정비하여, 내진(耐震)과 내연(耐燃)화 100%를 달성하고, 도로 등 공공성 높은 공간을 늘렸다는 점에서 피재권리자의 조기생활재건, 재해에 강한 마을 만들기, 도시기능 갱신이라는 사업목적이 대체로 달성되었다고 평가한다. 그러나 매스컴을 통해 가장 주목을 받은 것은 사업완료 시점에 예상되는 326억 엔에 달하는 적자 규모였다. 181억 엔 분의 상업용면적이 매각되지 않은 채 임대되고 있어, 적자는 더 늘어날 수 있다.[15] 고베시는 지가 하락 지속으로 '디

플레이션과의 싸움'이 되어 당초 계획과는 차이가 생겼고, 사회정세의 변화에 맞추어 계획을 수정하지 못했다는 문제가 있으나 대규모 진재부흥사업에서는 불가피한 일이었다고 입장을 밝힌다. 사업구역이 광대하여 권리자수가 많고, 부동산가치의 하락이라는 사회경제정세의 영향 속에서 사업이 장기화되는 가운데 발생한 결과라는 것이다.[16)]

왜 326억 엔의 적자가 발생했는가를 따져보면, 가장 큰 요인은 부동산 가치의 하락이다. 고베시의 재개발은 피재지의 권리자에게서 선행매수로 용지를 취득하고, 재개발 후 매각하는 방식이었다. 그런데 표2에서 보듯 남지구 주변의 지가가 1995년부터 2002년 시점까지 49% 하락하였다. 2002년까지 고베시의 용지취득은 92% 완료되었던 반면, 건물이나 토지의 매각은 49%에 그쳤다.[17)] 고베시는 지가가 비싼 시기에 용지를 사들여, 지가가 떨어진 시기까지 건물과 토지를 팔지 못하고 있는 사정인 것이다.

고베시가 발표한 보고서의 326억 엔 적자 이상으로 '실패'를 각인시키는 것은 공실이 절반을 차지하는 텅빈 상점가의 모습이다. 신나가타역부터 고마가바야시역(駒ヶ林)까지 늘어선 상업면적에 대해 분양 및

15) 2020년 7월 30일 시점에 사업완료 예정 연도(2023)까지의 전체 사업수지 평가의 상세는 다음과 같다. 공사비, 용지보상비 등 사업비 2,279억 엔, 보조금・매각금 등의 사업수입 1,772억 엔, 향후 상업지 매각예상액 181억 엔으로 사업수지는 마이너스 326억 엔으로 예상된다. 적자는 일반회계 이월금으로 대응(2019년 말 시점에서 299억 엔 충당 완료함)한다. 고베시는 상업 공간 약 6만 7,000㎡를 조성했으나, 약 3만 9,000㎡는 매각이 되지 않은 상태다. 326억 엔은 이것이 모두 매각이 된다는 상정 하의 적자규모이며, 고베시가 소유하고 있는 181억 엔 분도 매각이 어렵기에, 사실상 적자는 500억 엔 이상이 될 수 있다.

16) 神戸市, 「新長田駅南地区災害復興第二種市街地再開発事業 検証報告書」, 20쪽.

17) 神戸市, 「新長田駅南地区災害復興第二種市街地再開発事業 検証報告書」, 100쪽.

〈그림 2〉 1995년(H7)을 100으로 했을 때 신나가타남지구 지가 추이

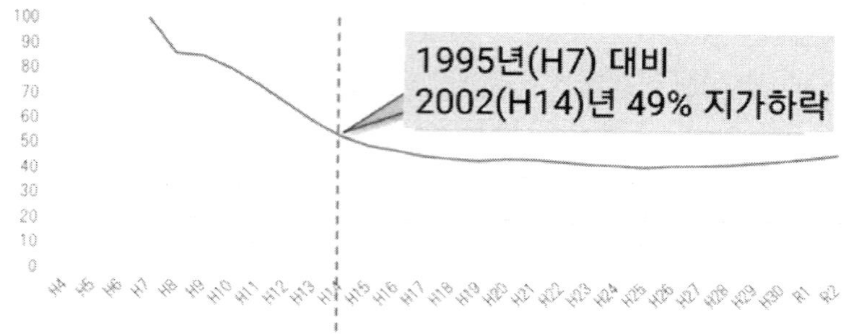

임대 총면적은 전체의 47%인 약 2만 4,700㎡에 머물러, 절반 이상이 빈 점포인 상태인 것이다. 뉴스 및 텔레비전 방송을 통해 신나가타의 분위기를 읽어보면, 신나가타 재개발의 '실패'를 다룬 방송들에서 상점 경영자들은 "적자규모를 보니 지역의 미래가 안 보인다"라며 재개발사업의 "대실패"를 비판했다.[18] "사회정세로 이렇게 되었다는 등 행정의 핑계"를 비난하기도 했다.[19] 상점가의 분노는 재개발 이후의 상점가가 지진 이전의 상황과 대비되기 때문에 더욱 심했다. 상인들은 대지진 전에는 다이쇼스지상점가 아케이드를 지나가는 사람들끼리 어깨가 서로 닿을 정도로, 자전거로 통과하기 어려울 정도로 붐비는 곳이었다고 얘기하면서 "이제는 그만두고 싶어도 그만둘 수가 없다. 세를 놓고 싶어도 빌리는 사람이 없다. 가게를 내놓아도 살 사람이 없다."[20]라고 말했다. "지진 전

18) 「新長田再開発, 神戸市検証 規模縮小, 見直しできず 震災後, 商業者半分に」, 『毎日新聞 兵庫地方版』, 2020.12.24.
19) 「阪神淡路大震災からまもなく26年」, 『ABCテレビ』, 2021.1.13.(최종 검색일: 2021.7.21.).
20) 「復興はしたけれど~神戸 新長田再開発・19年目の現実」, 『NHK仙台放送局』, 2016.

〈그림 3〉 아스타구니즈카 2호관 2층.

출처: 2023. 1. 23. 금요일 19시 필자촬영

〈그림 4〉 다이쇼스지상점가 아스타구니즈카 1호관과 2호관 부근.

출처: 2023. 1. 23. 금요일 19시 필자촬영

에는 대단히 활기찬 곳이었는데 말끔한 고스트 타운이 됐다", "완전한 셔터 거리가 되었다." 등의 뉴스 댓글들이 상점가의 사정을 전했다.

필자가 2023년 1월, 3년 만에 다시 남지구를 찾았을 때는 고베시의 보고서가 나온 당시의 뉴스보다 더욱 심각한 상황을 마주했다. 금요일 저녁 시간에 찾아간 아케이드 상점가는 그야말로 텅 비어있었다. 아케이드가 그러하니 지하와 2층이 텅 비어있는 사정은 말할 것도 없었다. 코로나19 팬데믹 속에서 버티지 못한 것이다. 그럼에도 에스컬레이터는 운행되고 있었다. 신나가타역 쪽의 사정은 조금 나아서 보행로에 면해 있는 식당가에는 손님이 있었지만, 2층과 지하가 비어있는 것은 마찬가지였다. 그러면 그 실패의 출발점으로 되돌아가, 신나가타역남지구 재개발이 왜 실패로 귀결될 수밖에 없었나를 짚어 보겠다.

4.8; 「新長田再開発事業, '商業にぎわいに課題'神戸市が検証報告書」, 『神戸新聞NEXT』, 2020.12.23.

3. 참사에 편승한 재개발사업

한신대지진 진재부흥의 구획정리에 있어서 '건축제한'은 가장 앞머리에 있는 규정이었다. 이는 무질서한 지역재생을 방지하기 위해 건축기준법 제84조에 따라 최장 2개월 건축제한이 가능한 조항이다. 일본사의 많은 '부흥'의 경험 속에서 임시거주를 지은 후 거주권을 주장하거나 피재자로부터 토지를 싸게 사들이는 이들로 인해 폐해를 겪은 경험이 있기에 '건축제한'의 규정은 중요한 것이었다. 한편, 1995년 2월 26일 피재시가지부흥특별조치법이 시행되어 건축제한을 최장 2년까지 연장하는 것이 가능해졌다. 그럼에도 고베시는 2개월 만인 3월 17일에 니시노미야시, 다카라즈카시 등의 6개 지구(총 33.4ha, 사업비 합계 약 4,890억 엔)에 대한 재개발사업 계획을 발표하였다. 그중 '고베시 신나가타역남지구 진재부흥 제2종시가지개발사업(이하 신나가타 재개발)'은 조기 생활재건, 방재거점구축, 도시기능 갱신을 목적으로 하는, 20.1ha, 2,710억 엔 규모의 일본에서 유례를 찾기 힘든 대규모 사업으로 계획되었다.

'제2종시가지재개발사업'이란 고베시가 지구 내의 모든 토지를 매수하여 개발하는 '관리처분방식'의 재개발을 의미한다. 막대한 재해를 입은 지역의 '부흥'이며, 토지가 세분화되어 소유 및 관리 관계가 복잡하며, 세입자가 많은 지구라는 나가타지역의 특성을 고려하여 행정주도의 도시계획사업이 불가피하다는 판단이 내려진 것이다. 행정 권한이 강한 제2종재개발방식(강제수용도 가능)의 방침에 따라 기존의 소유자들은 건물이나 토지를 고베시에 팔고 지역을 떠날지, 재개발건물의 구획을 다시 살 것인지를 결정해야 했다.

당시 고베시와 효고현의 도시계획심의회에는 '시민의 목소리를 무시한 성급한 결정이다. 절차가 불충분하다'라는 비난이 쏟아졌다.[21] 당시 고베시 도시계획 지방심의회에는 2,000건 이상, 니시노미야에는 600건 이상의 주민 의견서가 제출되었고 절반 이상이 절차가 비민주적이고 일방적인 관료행정임을 들어 재개발사업의 부당성을 지적했다.[22] 절차의 부당함은 1) 도시계획의 이해관계인이 지진으로 인해 지역에 존재하고 있지 않은 상황에서 피재지의 현실을 무시하고 일방적으로 재개발사업이 고지되고 총람(総覧)이라는 절차가 진행된 점, 2) 총람의 방법이 주민들에게 내용을 알리려는 자세가 아니었던 점, 3) 주민 협의 없이 각 시의 도시계획심의회나 현심의회의 결정이 일방적으로 이루어진 점 등이었다. 인구 150만 명의 고베시에 도시계획안의 내용을 알 수 있는 총람장소는 고베시청에 가까운 한 곳이었고, 교통이 상당 기간 불통이었던데다 많은 이들이 가족과 집을 잃거나 부상을 입어 열람이 어려운 상황이었다. 나가타지역은 화재와 붕괴로 인한 주거 피해가 가장 큰 지역이었기

21) 門野隆弘, 「工場も家も失ったケミカル業界」, 酒井道雄 編, 『神戸発阪神大震災以後』, 岩波書店, 1995, 109쪽.

22) 주민들의 충분한 이해와 동의가 없이 진행되었다는 점은 2021년의 검증보고서에서도 지적이 되는데, 행정으로서는 정보를 발신하였으나, 다수의 주민이 지역에 없는 상황에서, 특히 사업의 이해관계자에 정보가 전달되지 않는 문제가 있었다. 塩崎賢明, 「復興都市計画と民主主義」, 『世界』 1995. 5, 83~88쪽(김호섭, 「고베지진 부흥계획」, 김경동 편, 『일본 사회의 재해관리: 고베지진의 사례연구』, 서울대학교출판부, 1997, 136쪽 재인용).

에 피재자들이 지역을 떠났거나 피난소에 있는 상황이었다. 이런 속에서 주민의 의견이 수렴되기도 전에 심의회가 열리는 등 '부흥'의 재개발에 대한 충분한 고지와 협의 없이 행정주도의 일방적인 재개발계획이 내려진 것이다.[23] 고베시의 일방적인 결정에 항의하는 시민들이 심의회장 앞을 가득 메우고, 문을 잠근 채 심의회가 강행되는 영상도 남아 있다.[24] 다수의 주민이 지역에 없는 상황에서, 특히 사업의 이해관계자에 정보가 전달되지 않아 주민들의 충분한 이해와 동의가 없이 재건축이 진행되었다는 내용은 2021년 고베시의 검증보고서에서도 지적된다.[25]

이에 고베시는 피해의 규모가 크고 토지가 세분화되고 권리관계도 복잡하며, 임차인이 많은 지구였기 때문에 도시계획이 불가결하다는 입장이었다.[26] 신속한 도시계획 결정으로 국가보조금을 확보할 필요도 있었다고 해명한다.[27] 필자는 2020년 1월의 현지조사 당시 인간과방재미래센터(人と防災未来センター) 상급연구원 고바야시 이쿠오 씨[28]와

---

23) 김호섭, 「고베지진 부흥계획」, 87~140쪽.

24) 「復興はしたけれど~神戸 新長田再開発・19年目の現実」, 『NHK仙台放送局』, 2016.4.8.

25) 神戸市, 「新長田駅南地区災害復興第二種市街地再開発事業 検証報告書概要版」, 2021.3, 21쪽.

26) 神戸市, 「新長田駅南地区災害復興第二種市街地再開発事業: 検証報告書」, 2021.3, 108쪽.

27) 『朝日新聞』, 1995.3.17, (김호섭, 「고베지진 부흥계획」, 137쪽 재인용).

28) 고바야시 이쿠오는 1986년 주식회사 코・플랜(コー・プラン)을 설립하여 고베시 도시계획, 도시조성, 단지 개발 등에 종사하였다. 한신대지진 이후 지진재해부흥의 도시계획과 마을 만들기, 시민사회활동에 관여하며 인간과방재미래센터(人と防災未来センター) 상급연구원, 고베현립대학대학원 감재부흥정책연구과(減災復興政策研究科) 특임교수로 재직하였다. 코로나19 팬데믹으로 인해 현지조사를 할 수 없기에 고바야시 이쿠오 씨와의 온라인 인터

신나가타남지구를 돌아보았다. 고바야시 이쿠오 씨는 한신대지진 이후 지진재해부흥의 도시계획에 깊이 관여했고, 마을만들기의 시민활동에 있어서도 활발하게 활동하여, 대지진 전후의 나가타지역의 상황뿐 아니라 재개발의 배경에 대해서도 들을 수 있었다.

> 신나가타역남지구는 전형적인 시타마치(下町)였다. 나가타는 1980년대까지 잘나가는 곳이었다. 어디보다 먼저 상점들이 생기고 손님이 많았던 곳이다. 80년대 상점이 잘 됐기 때문에 다들 돈을 많이 벌었다. 신나가타의 지가가 산노미야와 다르지 않을 정도로 비쌌다. 90년대부터 인구가 줄어들기 시작하는 단계에서 지진이 났다. 1965년에 시작된 고베시 종합계획이 1995년에 끝났기 때문에, 1994년에 종합계획의 초안이 이미 잡혀 있었다. 구(区)마다의 구별 개발이 우선시되는 것이 계획의 주안점이었다. 인쇄하고 심의회까지도 했다. 1995년 3월에는 발표하고 실행할 계획이었다. 그렇게 준비가 되었기 때문에 (재해부흥에) 그 종합계획의 프레임을 썼다. 간토대지진 당시에도 1년 전에 세운 대정비계획을 베이스로 했다. 고베도 그랬다. 프레임이랄까 전체 계획이 이미 잡혀 있었다. 그렇기때문에 여기에 진재지역의 생활재건을 위한 계획을 더하면 되는 것이었다. 전체 방향이 인쇄까지 되어 있는 상황이었기 때문에 여기에 부흥계획을 더하면 되는 것이었다. 물론 피재지의 구획정리나 재개발에 있어 피재자의 의견을 충분히 듣지 못한 면이 있다[고바야시 이쿠오 씨 인터뷰 2021.8.27.].

고바야시 이쿠오 씨의 설명과 같이 나가타는 낙후된 이너시티의 면모와 함께 일본의 버블경제 속에서 번성한 곳으로, 고베 서부 부도심으

뷰로 신나가타역남지구의 개발에 대한 정보를 얻으며 큰 도움을 받았다.

로 낙점이 된 지역이었다. 막심한 재해를 입은 직후 남지구에 대한 거대 재개발계획이 단기간에 수립될 수 있었던 것은 나가타지역에 대한 개발계획이 이미 수립되어 있었기 때문이다. 절묘하게도 1995년은 1965년에 시작된 고베시의 1차 도시계획 마스터플랜 '고베시총합기본계획'이 완성된 해였다. 이 마스터플랜은 패전 후의 '전재부흥계획'에 이어 고도경제성장기의 절정기에 책정된 장기 도시계획으로, 고베시를 서일본경제권의 중심으로 성장시키는 것을 목표로 했다. 1995년은 30년의 장기계획이 완료되는 시점인 동시에 후속 마스터플랜이 새로이 시작되려는 시점이었다. 고베시는 지진 직전의 '제4차 고베종합기본계획'에서도, 그리고 지진 후 1995년 6월에 책정한 '고베시진재부흥계획'에서도 도시기능의 광역적 분산과 네트워크화에 기초한 '다핵도시구상'을 추진했다. 남지구를 서부 부도심으로 위치 짓는 사업은 이 다핵도시구상의 연속선상에 있었다. 대지진으로 인해 소유관계와 이해관계에 복잡하게 얽혀 있는 토지와 건물이 폐허가 된 상황에서, 고베시는 행정주도의 도시계획사업이 불가피하다는 입장에서 재건축에 속도를 내었다.[29)]

나오미 클라인은 위기가 진정한 변화를 만든다는 사고 속에서, 대규모 충격이나 위기를 이용하여 행동의 기회를 잡아 자유주의 시장을 확장하는 프리드먼의 전략을 '쇼크 독트린'으로 설명한다. 특히 재난을 절호의 기회로 여기는 풍조 속에서 재난을 틈타 공공부문에 대한 기습공격이 가해지는 현상을 '재난 자본주의(disaster capitalism)'로 설명한다.

---

29) 広原盛明,『震災・神戸都市計画の検証: 成長型都市計画とインナーシティー再生の課題』, 自治体研究社, 1996, 92쪽.

이는 대재해나 대규모 테러와 같은 충격적인 사건으로 피해자들이 망연자실한 상태의 공백을 시장원리주의적 기업이 빠르게 파고들어 영리를 추구하는 일련의 재해 비즈니스를 가리킨다. 클라인은 쇼크 독트린 신봉자들이 재난이 초래한 백지 위에 그들이 원하는 세상을 그려 자유시장 출현에 결정적인 역할을 해 왔음을 비판한다.[30] 고베시가 주도한 부흥사업은 시영주택 건설 등 주민들의 생활재건을 위한 공공의 역할을 수행한 부문이 많기에, 한신대지진 이후 고베시의 부흥계획을 재해 비즈니스만으로 설명할 수는 없다. 그러나 일본사회에서 유례없는 규모로 진행된 남지구의 사례를 본다면, 고베시가 한신대지진이라는 대규모 참사에 편승하여 일상적인 상황이었다면 불가능할 커뮤니티의 공백기에 일방적인 도시개발계획을 추진했다는 비판은 피할 수 없다.[31] 대지진과 그에 이어진 화재로 폐허가 된 공간 위에, 도시계획자들은 중앙정부의 대규모 공적자금을 끌어내어 새로운 도시 인프라를 구축하는 과감한 프로젝트를 구상한 것이다.[32]

대재난과 부흥사업의 계보는 2011년 3월 11일 동일본대지진 이후로도 이어진다. 동일본대지진 이후의 '부흥'에 주목한 오은정[33]은 부흥청을

30) 나오미 클라인, 김소희 옮김, 『쇼크 독트린』, 살림, 2008, 11~35쪽.
31) 池田清, 『災害資本主義と「復興災害」: 人間復興と地域生活再生のために』, 水曜社, 2014.
32) デビッド W. エジントン, 『よみがえる神戸—危機と復興契機の地理的不均衡』, 海青社, 2014, 7쪽.
33) 오은정, 「재후(災後)의 시공간에 울려 퍼지는 '부흥'이라는 주문(呪文): 후쿠시마 원전 사고 이후 부흥의 사회 드라마와 느린 폭력」, 『한국문화인류학』 53권 3호, 2020, 344~346쪽.

중심으로 하는 주택재건, 생산설비의 복구, 도로 재건의 과정을 관찰한다. 그리고 후쿠시마 제1원전이 있는 후쿠시마현 도미오카 마을의 '스마트타운' 구상에 주목하며, 쓰나미가 지나간 해변에 엄청난 비용을 들인 방파제가 설치되고, 주민들이 돌아오지 않는 마을의 도로가 말끔하게 정비되는 등 '부흥'이라는 주문(呪文) 속에서 중앙과 지방 정부, 도쿄전력의 '대규모 증여'가 자본주의적 욕망을 위해 활용되고 있음을 고찰한다.

4. 나가타지역은 왜 낙후한 채 지진을 겪었나.

한신대지진의 피해는 '불량주거' 및 '고령자'에 집중된 '인재'라는 비판을 받아왔는데 나가타 지역은 그 대표적인 사례이다. 나가타구는 고베시에서 가장 고령화율이 높을 뿐 아니라, 오래된 목조주택은 지진에 무방비였으며, 인화성 재료로 가득한 구두 가공업체들이 고밀도로 연쇄되어 대형화재의 불씨가 되었다.

나가타지역이 지진으로 큰 피해를 입을 수밖에 없었던 까닭은 여러 문헌에서 등장한다. 1995년 출판된 미치가미 게이코(道上圭子)[34]의 연구에서 나가타구는 케미컬슈즈산업이 집중되고, 공업과 주거가 혼합되어 있는 지역으로 묘사된다. 또한 재일코리안 거주 비율이 높고, 고령자, 독거노인, 고령자부부 세대의 비율이 높으며, 욕조가 없는 목조주택이 많고

34) 道上圭子, 「地域はもう一つの病棟」, 酒井道雄 編, 『神戸発阪神大震災以後』, 岩波書店, 1995, 10쪽.

월세와 물가가 싼 곳으로 묘사된다. 나가타지역의 도시문제는 이미 1971년의 논문에서도 드러나는데, 사회학자 이오카 쓰토무[35]는 고베시에서 가장 인구가 조밀하고 공장이 밀집하며, 목조뿐 아니라 막사 형태로 공장, 상점, 주택, 숙소 등이 혼재해 도시환경이 극히 열악하다고 나가타지역을 묘사한다. 2021년의 검증보고서에서도 나가타지역은 도심에 가까운 유리한 조건을 가지면서도 도시기능이나 산업기능의 개선이 지연되고, 인구감소 및 고령화의 문제를 안고 있으며, 도로폭이 좁고, 목조건물의 비중이 높으며(36%), 50㎡미만의 택지건수가 39%를 차지하여 협소한 부지에 노후 건물이 꽉 들어찬 상태로 기술된다.[36] 그렇다면 '주식회사 고베'라 할 대규모의 공공개발이 이루어지는 동안 왜 나가타지역은 낙후된 채 남아 지진의 가장 큰 피해를 입었나를 짚어 보지 않을 수 없다.

이를 파악하기 위해 먼저 1945년 태평양 전쟁 막바지로 거슬러 올라가 보자. 1945년 3월 17일, 5월 11일, 6월 5일의 세 차례 대공습으로 고베시 전역이 파괴되었다. 고베대공습[37]의 피해는 막심하여, 사망자 7,524명, 부상자 1만 6,948명이었으며, 가옥 14만 2,586호가 파괴되고 이재민 53만 1,694명이 발생했다. 다카하타 이사오(高畑勲) 감독의 1988년 작품 〈반딧불이의 묘(火垂るの墓)〉는 이 고베대공습을 배경으로 한다. '전재(戦災)도시'로 지정된 고베시는 전재부흥(戦災復興)의 계획을 책정

35) 井岡勉, 「大都市における地域福祉運動(I): 京阪神3つのモノグラフによる考察」, 『華頂短期大学研究紀要』 15号, 1971, 45~46쪽.

36) 神戸市, 「新長田駅南地区災害復興第二種市街地再開発事業: 検証報告書概要版(令和3年1月)」, 2021.3.4, 7쪽.

37) 「神戸の戦災概要」, 神戸市, https://www.city.kobe.lg.jp/a44881/bosai/disaster/war01/war02.html(최종 검색일: 2021.1.6).

했다. 후술하겠으나 이 전재부흥계획은 전후 고베시의 도시골격뿐 아니라 고베 독자의 도시계획방식을 만들어 가는 계기가 되었다. 1946년 3월 고베시는 전후 복구와 개선을 위해 최초의 장기 마스터플랜을 공표하는데, 당시 대공습의 피해를 면한 나가타지역 등 서부의 도심지는 '전재부흥'에서 제외되었다. 나가타지역에 목조집합주택의 비율이 높았던 것은 전전(戰前)부터의 나가야(長屋)가 남아 있었기 때문이다.

목조집합주택 나가야는 서민주택, 민간임대, 연속된 공동주택이라는 특징이 있다. 건물로서는 일체형이지만, 땅주인이자 집주인, 땅을 빌린 집주인, 세입자 등 소유관계는 각각 다르다. 연속된 공동주택이라는 나가야의 특징 때문에 개별적인 재건축이나 증축에 한계가 있고, 공공주도의 토지구획정리사업이나 재개발사업에 있어서도 주민협의 단계에서부터 난항을 겪을 수밖에 없다. 게다가 1980년대 지가상승으로 인하여 고베시는 기존 시가지 재개발보다 교외에 택지를 조성하여 신도시를 개발하는 사업에 집중했다. 고베시는 산을 깎아 바다를 메우는 이른바 '일석이조'의 대규모 토목사업, 해안을 따라 개발된 인공섬과 북부 교외의 뉴타운 개발에 전념했고[38] 시민참가와 협의, 정보공개, 주민의 권리조정 등으로 시간과 비용이 많이 드는 지역의 정비는 뒤로 밀려온 것이다.

나가타구와 효고구 등의 지역이 처해 있던 상황은 지진 직전인 1990년 국세조사 〈표 1〉에서 드러난다. 블루칼라 계층, 고령자, 외국인 거주 비율이 높은 지역 나가타구의 인구는 1980년부터 1990년의 10년간

---

38) デビッド W. エジントン, 『よみがえる神戸: 危機と復興契機の地理的不均衡』, 65쪽.

16.5%나 감소했다. 나가타지역은 대표적인 인구과밀 지역이었기에 이를 두고 인구과밀이 해소된 것이라고 할 수도 있으나, 교외 뉴타운 개발에 따라 젊고 소득이 높은 이들이 지역을 떠나고 주거환경개선사업 등이 이루어지지 않아 지역 쇠퇴는 가중되었다. 그런 가운데 값싼 주거를 구하기 쉬웠기 때문에 이주자, 고령자가 지역으로 유입되었다. 1971년 이오카 쓰토무의 연구에서 나가타가 인구과밀지역으로 묘사되는 것에 비해 1995년의 미치가미 게이코의 연구에서 나가타가 고령자의 공간으로 묘사되는 것은 이러한 변화를 시사한다.

〈표 1〉 고베시행정구역별 지진 전의 상황: 인구, 취업, 주택의 특성

	이너시티의 행정구						교외의 행정구			전역
	서쪽			동쪽						
	스마구(須磨区)	나가타구(長田区)	효고구(兵庫区)	주오구(中央区)	나다구(灘区)	히가시나다구(東灘区)	다루미구(垂水区)	기타구(北区)	니시구(西区)	
인구증감(1980~1990)	17.2	-16.5	-6.0	0.8	-8.9	3.9	44.7	20.5	---	8.0
65세 이상 인구비율	9.7	16.4	18.8	13.5	14.2	10.8	9.5	9.3	7.9	11.5
블루칼라 취업률	24.7	34.3	28.2	20.6	2.2	22.3	24.2	23.5	26.9	25.1
임대(賃貸) 주택거주자비율	5.0	16.4	18.8	13.5	10.1	6.8	5.4	3.8	3.5	6.9
외국인 인구비율	2.5	6.9	1.8	7.3	2.4	1.3	1.0	0.9	0.6	2.4

출처: 1990년 국세조사보고エジントン 2014: 72쪽)

5. 재해와 부흥재해의 반복되는 '인재'

재개발로 인한 도시 경관의 가장 근본적인 변화는 전형적인 시타마치였던 거리의 상점이나 주택을 빌딩 속으로 집약하고, 고층화하여 지역을 '입체적'으로 개조했다는 점이다. JR신나가타역에 내리면 조이프라자(ジョイプラザ), 피후레(ピフレ) 등 대형상가건물이 있으며, 아스타프라자 이스트와 웨스트 등의 대형상점가가 길 건너 다이쇼스지상점가로 이어진다. 다이쇼스지상점가의 아케이드로 들어서면 양쪽으로 각 건물의 지하 1층, 1, 2층의 세 개 층이 프롬나드 구조로 연결된 주상복합건물 '아스타구니즈카'(アスタくにづか)의 연속적인 건물들이 2001년 고베지하철 가이간센(神戸市営地下鉄海岸線) 개통과 함께 생긴 고마가바야시역(駒ヶ林駅)까지 이어진다. 신나가타역부터 고마가바야시역까지 상가건물이 연속되어 있는 셈이고, 남지구 재개발의 실패는 이 거대한 상업면적에 집중된다.

상업면적의 '과도한 규모'의 문제는 이미 재개발 10년의 시점에서도 제기되었다. 안도 모토오(安藤元夫)[39]는 지진으로부터 10년이 흐른 2004년

---

39) 安藤元夫, 「新長田駅南地区復興再開発ビル入居店舗経営者の意識調査による事業評価に関する研究」, 『日本都市計画学会都市計画論文集』 40巻 3号, 2005.10, 937~942쪽. 본 조사의 목적은 다음과 같다. 1) 완성된 재개발 빌딩에 입주-빈점포 상황을 조사하여, 재개발 빌딩 입주동향을 파악한다. 2) 재개발빌딩 입주점포경영자 앙케이트 조사로 경영실태 및 재개발사업의 필요성, 문제점을 분석한다. 3) 지진 4년 후, 8년 후의 앙케이트와 10년 후 시점의 앙케이트 조사를 비교하여, 경영상태의 변화나 진재 회복률, 재개발사업에 대한 의견 등의 변화를 파악한다.

12월에 재개발빌딩에 입점한 점포 경영자 240명에 대한 인터뷰조사를 실시했는데, 재개발 이후의 상가와 점포가 상점주들에게 어떤 평가를 받는가에 주목해 보자. 조사가 진행된 2005년 당시 재개발빌딩의 점포 총 385구획 중 입주한 점포는 292곳, 빈 점포는 24%인 93곳이었다. 특히 2층 이상과 지하의 빈점포율이 높았다. 초기에 입주한 점포 중에 이미 문을 닫은 곳도 있었다. 2005년 조사 결과를 통해 당시 상점가를 그려 보면, 입주 전의 예상 매상과 입주 후의 매상의 결과에 있어서 '높아졌다'라는 평가보다 '낮아졌다'라는 평가가 세 배 가까이 많으며, 임차인의 71%가 '이용객이 적은 것'을 어려움으로 꼽았다. 대지진 이전부터 이곳 상점가에서 점포를 운영했던 이들은 재난 이전과 비교해 시타마치(下町)의 활기를 잃어버린 것을 큰 문제로 꼽았다.

재개발 진행에 있어서 '현재 그대로 진행하면 된다'는 14%에 불과했으며 '점포 면적을 줄여야 한다' 21%, '고층 대신 중층, 저층 중심이 되어야 한다' 37%, '미착공 구역에는 구획정리 등 평면적 사업을 해야 한다' 15%, '미착공 구역은 재개발지구에서 제외시켜야 한다' 13% 등 경영자들은 현재 재개발사업을 근본적으로 수정하고 축소해야 한다고 진단하고 있다. 한편, 주민들의 의견이 재개발사업에 반영되지 않는다는 의견이 74%로 높아, 행정주도의 재개발이 가지는 문제가 여실히 드러났다. 재개발지구의 10년, 20년 후의 모습에 대해서 '재개발이 완료되어 점포와 주택이 완성될 것이다'는 11%에 불과했고, '다 지어도 빈 점포나 빈집이 많을 것이다' 45%, '고스트타운이 될 우려가 있다' 31%로 점포 경영자들의 미래 전망은 매우 어두웠다.

과도한 규모는 건물 유지 비용을 증가시켰고, 이에 따른 높은 관리비는 입점한 이들에게 과중한 부담이 되었다. 아스타 상가에서 주문양복점을 운영하는 A씨는 재해 당시에 40대였기 때문에 고민 끝에 대출을 받아 입점을 했다. 새 건물에서 일을 시작하고 나서 놀란 것은 고정경비가 너무 비싸졌다는 점이다. 재해 전에는 토지임대료가 매달 1만 4,000엔이었는데, 2016년 방송 당시 밝힌 고정자산세는 연간 26만 7,400엔, 한 달에 약 2만 3,000엔이었다. 관리비와 수선적립금도 다섯 배 이상 올라 매달 8만 엔을 내면서 대출금도 갚아야 한다. 고정비용이 많이 드는데, 손님은 오히려 줄어들었다. 그는 "생활재건, 상점재건이었으니 이 지구에서 상업을 하려면 들어가야 한다고 생각해 선택했다. 그게 큰 오산이었다."라고 말한다.[40] 대지진 이전부터 음식점을 해 온 B씨는 "서민적인 시타마치였던 곳에 분수에 맞지 않는 건물을 너무 많이 지었다. 쓸데없이 돈이 들게 되었으니, 고베시에 속은 것이다. 재개발이 거리를 없애버렸다"라고 비판했다.[41] 구두 매장을 경영하는 D씨는 대지진 이전에는 나가야 형태로 집주일체형이었는데, 재개발 후에는 점포는 1층에, 주거는 고층의 맨션으로 분리되어, 점포와 주거에 세금과 관리비를 각각 지출해야 하는 부담을 토로했다. 그는 상점가진흥조합의 회장직을 맡기도 했으나, 지금은 점포 매각을 희망하고 있다.[42] K씨는 한신대지진으로 식당이 전소하여 가설식당을 운영하며 재건축건물 완공을 기다렸지만, 개업

40) 「復興はしたけれど"~神戸 新長田再開発・19年目の現実」, 『NHK仙台放送局』, 2016. 4.8.
41) 「"再開発が街をなくした"復興した新長田のいま」, 『MBSニュース』, 2021.1.14.
42) 「商売が苦しい一因解明: 赤字326億円の復興再開発」, 『ABCテレビ』, 2022.3.1.

을 위한 제비용과 관리비가 매상을 뛰어넘는다는 것을 깨닫고 입점을 포기하고 폐업했다고 한다. 그리고 요즘 상황을 본다면, 고베시 점포를 샀다면 야반도주했을 것이라고 말했다.[43)]

높은 관리비에 대한 상점주들의 불만에 고베시는 적극적인 대응을 하지 않았지만, 관리비문제를 조사한 효고현진재부흥연구센터 연구자들은 점포 면적에 비해 공용부분이 지나치게 넓은 건축상의 문제가 관리비를 높였다고 비판한다. 상점가 아스타구니즈카 1호관에서 6호관은 1층은 물론이고 지하와 2층 모두 건물 사이를 연결한 '3층 프롬나드'구조로 지어졌고, 이 거대한 공용공간은 관리비 상승의 주범이다. 예를들어 아스타구니즈카 1호관 1층은 점포면적 40%에 공용면적이 60%로, 상점 경영자들은 이 지나치게 넓은 공용면적 이용에 대한 관리비를 부담하게 된다.[44)]

공실 문제는 상점가의 갈등 요인이기도 하다. 점포를 사서 입점한 이들은 대지진 이전부터 소유권을 가지고 여기서 상업을 해 온 이들이다. 종전의 권리자들은 고베시의 2종 재개발사업 방침에 따라 토지나 건물을 팔고 지역을 떠나거나, 새건물에 입점을 하거나 둘 중 하나를 선택해야 했다. 기존의 소유분에 대한 평가액보다 재개발 후 점포가 비싸기에 대출을 받아 입점한 경우가 대부분이며, 여기에 점포 내부 인테리어 비용 및 높은 관리비가 더해진 것은 물론이다. 그런데 기존권리자의 입

43) 「大赤字326億円の復興再開発 阪神淡路大震災から26年ようやく検証」, 『ABCテレビ』, 2021.1.13.
44) 「商売が苦しい一因解明: 赤字326億円の復興再開発」, 『ABCテレビ』, 2022.3.1.

점이 절반에 그치고, 임대도 적은 상황에서 고베시는 공실을 줄이기 위해 고베시 자금이나 부흥기금에서 임대료를 보조하기 시작했다.

한 시민극단은 12년 전부터 고베시의 빈 점포를 빌려 쓰고 있다. 이 극단의 대표는 월세 1만 엔의 제안에, 관리비는 비싸지만 운영해갈 수 있겠다는 생각에 145㎡의 점포를 빌렸다. 대신 관리비는 매달 8만 2400엔을 내고 있다. 이 관리비는 빌딩의 공용부분을 유지하는 데에 드는 비용으로 에스컬레이터나 엘리베이터에 드는 전기료, 광열비, 청소와 설비관리 등에 쓰인다. 이 사례는 공실을 줄이기 위한 고베시의 고육지책, 그리고 관리비 문제를 동시에 보여준다. 한편, 고베시가 빈 점포를 싼 가격에 임대하면서 기존 권리자들에 불공정의 문제가 발생하고, 임대료 하락은 자산가치를 더욱 떨어뜨려 기존 권리자들의 반발을 사고 있다.

> 주택은 값을 내리면 누군가는 사지 않는가. 그런데 상점은 싸다고 들어갈 수가 없지 않겠나. 주위에 빈 가게가 많으면 누가 상점을 내겠나. 집은 다소 리스크 있어도 들어가지만 가게는 그럴 수가 없다. 비싼 돈 내서 건물을 지었는데 상점이 비니까, 새로 오는 사람은 더 싼 임대료로 들어오지 않았겠나. 그것은 자본주의 사회에서 어쩔 수 없는 것이기도 하다. 재개발은 일반 개발과는 다르다. 더구나 20년 재해 복구는 일반 재개발과 다르다. 빌딩 한 채만 지으면 한 채로 얘기가 끝나지만 열 채 스무 채 짓는 것이 어찌 20년 변치 않는다 할 수 있었겠는가. 내가 한신대지진 직후에 산 집이 지금은 반값이다. 처음 계획한 지점에서 생각한 이익이 나오지 않는다고 해서 지금에 와서 불평을 해서야 되겠는가. 원인은 고베가 상점을 너무 많이 만든 것에 있다. 신나가타 기존 점포들이 다 올 줄 알았는데 오지 않은 사람들이 많았다(고바야시 이쿠오 씨 인터뷰 2020.5.31.).

〈그림 5〉 신나가타남지구 다이쇼스지상점가 아케이드의 금요일 저녁 7시. 자전거 세 대가 나란히 통과하는 모습이 보일 정도로 한가하다.

출처: 2023년 1월 20일 필자촬영.

신나가타남지구의 상점가는 '고스트타운'이라는 할 만큼 어려움을 겪고 있지만, 주상복합건물 아스타구니즈카의 주상복합아파트 및 시영주택 등 주택은 '완판'되었다. 재개발의 진행과 함께 지진 후 3년이 지난 시점에 주택공급이 시작되었고, 최종적으로는 고베시와 민간기업 주택이 지진 전의 약 2배인 2,800호 정비되어, 인구는 한신대지진 이전 4,456명(1995년 1월)에서 6,058명의 약 1.4배(2020년 6월 시점)로 늘어났다. 그러나 고베시 중심부와 오사카시 등으로의 통근자가 늘면서 낮 인구는 1991년 4,906명에서 2016년은 3,271명으로 약 3할이 줄었고, 이는 상점가가 활성화되지 않는 주요한 원인으로 꼽힌다.[45)]

경영자들은 지진 이전의 활기를 그리워하지만, 상점가의 쇠퇴는 신나가타만의 문제가 아니다. 상점가의 쇠퇴, 사라지는 거리는 일본 전역의 많은 지역이 함께 겪고 있는 문제다. 그럼에도 나가타지역의 특수성이 존재한다. 한신대지진으로 인해 나가타지역의 생활기반과 생산기반이 일순간에 무너졌기에 나가타지역의 부흥이란 도시의 인프라가 완전히 재정비되는 과정이었으며, 이는 지역산업과 커뮤니티에 근본적인 변화를 가져왔다. 지진 전 나가타지역은 주거와 상업, 공업이 혼재되어 있는 지역이었다. 그러나 '공업'의 중심이었던 구두산업이 재난 이후 본격적으로 내리막길을 걷고, 지역 내에서 거주하면서 일하고 소비하던 순환과 균형이 깨지면서 베드타운으로 지역의 속성이 바뀌어 버린 것이다.

사회변화에 아랑곳하지 않는 근시안적인 개발이 추가적인 재정적, 사회적 비용을 초래하는 문제는 서두에서 언급한 도쿄 기타구 키리가오카 단지 재건축에서도 그러했다. 한신대지진은 일본사회에 '재난과 주거'라는 화두를 던졌으나, 저비용을 앞세운 신자유주의적 공간계획이 공공단지 고령주민들의 일상적인 고독의 문제를 심화하였고, 키리가오카 단지는 다시금 고립과 고독을 완화하기 위한 '비용'이 드는 공간으로 되어 버렸다. 그렇기에 텅 비어있는 아스타구니즈카는 어쩐지 휑하게

---

45) 고베시 인구는 2004년 11월 1일 기준 1,520,581명으로, 대지진 직전인 1995년 1월 1일 기준 1,520,365명에 비해 9년 10개월 만에 인구 수준을 회복했다. 지진으로 고베시민의 4,571명이 사망했기 때문에, 헤이세이 7년에야 자연증가(2,488명)가 시작된다. 나가타구는 대지진 직후 74.5%까지 인구가 감소하였으며, 2004년 인구는 대지진 전의 80.1%에 머물러, 인구회복이 가장 저조했다(企画調整局総合計画課, 神戸市統計報告特別号, 「神戸市人口震災前人口を超える: 平成16年11月1日現在推計人口」, 2004.11.9.).

비어있던 키리가오카 단지의 복도를 떠올리게 한다.

6. 고베 성장주의 도시경영의 계보

앞서 언급한 고베시 전재부흥에서 주목할 점은 전재부흥사업을 통해 이후 고베시장이 되어 행정 및 관료주도 도시계획으로 이름을 떨치는 하라구치 추지로(原口忠次郎 1949년~1969년 시장 역임), 미야자키 다쓰오(宮崎辰雄 1969~1989년 시장 역임), 한신대지진 진재부흥 당시의 사사야마 가즈토시(笹山幸俊 1989~2001년 시장역임) 시장이 도시계획을 주도하는 행정관료로 배출되었다는 점이다.

1945년 패전 후 고베시의 '고베시부흥기본계획요망'(1946년 3월)은 중앙정부의 '부흥국토계획요망'보다도 반년이나 일찍 시행되어 '국제적 무역해운도시 · 고베시'의 건설을 목표로 도시확장을 추진한다. 전재부흥토지구획정리사업은 국가 보조가 8할, 효고현 부담 1할, 고베시 부담 1할로 진행되었는데, 고베시는 민간의 사유지를 구입하여 공공용지로 전환하는 방법으로 2차대전으로 파괴된 공장부지 등을 구입해 경륜장, 동물원, 육상경기장, 실내체육관 등을 개발하여 수익을 올렸다.[46]

하라구치 추지로는 전쟁 중 내무성 토목관료로 만주국 개발사업에

46) 財団法人神戸都市問題研究所編, 『神戸/海上文化都市への構図』, 勁草書, 1981, 42, 52쪽; 広原盛明, 『震災・神戸都市計画の検証: 成長型都市計画とインナーシティー再生の課題』, 20쪽.

참여했고, 롯코산 치산치수, 효고현 남부 및 시코쿠 4현의 국토관리를 맡은 인물이다. 그는 고베시부흥기본계획을 기획하고 입안했고, 당시 그를 보좌한 이가 미야자키 다쓰오이다. 이후 하라구치는 1949년부터 1969년까지 20년간 고베시장을 역임하며 전후 부흥사업에 앞장섰다.

미야자키 다쓰오는 1937년 고베시에 취직하여 1945년부터 전재부흥본부에서 일했고, 1953~1969년에는 고베도시계획의 기본이념과 골격을 짠 '고베시총합기본계획심의회'의 부회장을 맡았다. 이어서 1969년부터 1989년까지 20년간 고베시장을 역임했는데, 경제대국으로 일본의 자부심이 넘치던 이 시기에 고베시는 시가 공공개발자(public developer)로 나서는 도시경영으로 각광을 받는다.

미야자키 다쓰오 시장이 1985년 『일본경제신문』에 연재한 '나의 이력서'는 한국에서 출판이 되기도 했다. 여기서 그는 "포트아일랜드 포토피아81에서 100억 엔을 벌었다거나 외채 선물예약으로 100억 엔의 외환차익을 남겼다는 등의 풍문도 있었고, 최근에는 고베 와인이나 고베 생수의 인기를 두고 고베시는 시내 최대의 기업이라고들 한다."라고 자랑스레 말하며 '최소 경비로 최대의 시민복지를 실현'하는 도시경영을 강조한다. 그리고 "행정에서는 복지뿐 아니라 채산성이 요구되는 기업적 행정도 중요하며, 그에 상응하는 경영능력을 발휘하는 것이 시장의 책임이고 임무다. 대도시는 공공의 복합기업이기에 시장은 정치가로서보다 경영자로서의 능력이 더욱 요구된다."라고 소신을 밝히기도 했다.[47]

47) 미야자키 다쯔오, 오윤표 옮김, 『고베의 도시경영: 20년 고베시장 미야자키 다쯔오의 '나의 이력서'』, 세종출판사, 1994, 11~15쪽.

미야자키 시장의 시정은 기업적 도시경영으로 중앙지배에서 벗어난 자율성을 획득했다는 평가를 받기도 했고, 공공디벨로퍼야말로 개발이익을 사회적으로 환원하는 시스템이라는 자부심 또한 높았다.

1989년 고베시장으로 당선된 사사야마 가즈토시(1989년부터 2001년까지 고베시장 역임) 역시 1946년 토목건설자로서 전재부흥을 담당하는 부흥본부기획과에서 출발하여, 1981년 도시계획국장으로서 포트아일랜드 완공에 맞추어 '포트아일랜드선'을 개통시킨 인물이다. 이와 같은 경력 덕분에 그가 한신대지진 부흥에 있어 가장 먼저 떠올린 것은 '전재부흥'의 경험이었다. 사사야마 시장은 '고베전재부흥지'를 고베시의 '바이블'이라 하며 "지진 직후 시청에 도착했을 때 떠오른 것은 전재부흥계획이다. 전후를 다시 하는 거다."[48]라는 기획 속에 한신대지진 이후의 고베를 구상했다. 일본 역사의 일련의 부흥의 역사와 고베 도시경영의 계보 속에 한신대지진의 부흥사업이 전개되었으며, 한신대지진 진재(震災)부흥은 거슬러 올라가면 고베 전재(戦災)부흥의 유산이라 할 수 있다.

7. 재개발이 초래한 부흥재해

그러나 1995년 신나가타 재개발을 추진한 개발주의와 성장주의의 기조는 종래의 '도시경영'을 가능케 한 객관적인 조건이 더 이상 존재하

48) 『神戸新聞』 1995.8.10; 池田清, 『神戸近代都市の過去・現在・未来: 災害と人口減少都市から持続可能な幸福都市へ』, 社会評論社, 2019, 176쪽.

지 않는다는 것을 간과한 시대착오적인 것이었다. 1995년은 버블경제 붕괴의 충격이 본격화한 해다. 7월 코스모신용조합 파탄, 8월 효고은행 기즈신용조합 파탄 등 1990년대 이후 땅값 상승을 전제로 확대노선을 밟아 온 금융업계가 붕괴하기 시작했다. 일본 '경제백서'의 재정 관련 기술을 보면 1995년까지는 공공투자의 경기부양의 효과가 중심 내용이었으나, 1996년부터 재정적자 확대, 그 결과 국채 발행 잔고 증가 및 GDP대비 비율 상승 등이 언급되기 시작했다. 한신대지진 당시 고베시의 재정 역시 한계에 달해 있었다. 지방채상환비율이 해당 지자체 세입의 20%를 초과하면 지자체의 재정위기를 논하게 되는데, 고베시의 경우 지진 1년 전에 이미 22.5%에 달해 재정적인 여유가 없는 상태였다.[49] 더욱이 1995년 11월 다케무라 마사요시(武村正義) 대장상의 '재정 위기 선언' 이후 재정위기에 대한 의식이 높아졌고, "세계화의 진전과 격심한 환경 변화에 일본 경제가 못 따라가고 있다. 위기다. 앞날이 어둡다. 구조개혁이 필요하다" 등 일본경제 위기설이 빈번하게 논의되기 시작했다. 경제기획청의 '연차경제보고'(1996년판) 서두의 총론은 "전후 50년을 맞이한 일본 경제는 지금 역사적인 구조조정기에 있다. … 확실한 것은 지금까지의 경제 구조와 시스템, 경제 정책의 체계에 변속이 불가피하다는 것이다. 지금까지의 경제사회의 구조와 시스템에 매달려서는 일본 경제의 미래는 없다."라고 끝을 맺는다.[50]

---

49) Hirayama Yosuke, "Collapse and Reconstruction: Housing Recovery Policy in Kobe After the Hanshin Great Earthquake," *Housing Studies* Vol. 15, No. 1, pp.111~128.

50) 야베 유키오, 홍채훈 옮김, 『일본 경제 30년사: 버블에서 아베노믹스까지』,

일본형 복지의 근간을 이루던 고용이 본격적으로 무너지기 시작한 것도 1995년이다. 1995년, 일본경영자단체연맹은 「신시대의 '일본적 경영'」이라는 보고서를 통해 종신고용과 연공임금제를 부정하고, 파트타임이나 파견 등의 비정규직화를 통한 '고용유연화'를 주장했다. 1994년에는 65세 이상의 인구가 14%를 넘어 일본은 본격적으로 '고령사회'에 돌입했다. 이 '역사적인 구조조정기'에 부흥이 어떠한 방향성을 가져야 했는가는 자명하다.

패전 이후의 전재부흥이 한신대지진 이후 진재부흥의 '바이블'이었다 하더라도, 1945년부터의 '부흥'은 경제성장과 인구증가를 향해 가는 시기에 이루어진 것이었고, 그로부터 50년이 지난 1995년 이후는 버블경제 붕괴의 후유증이 확연해지는 시기였다. 고베시는 1980년대에 '주식회사 고베'라는 부러움 섞인 야유를 받을 정도로 경영적인 수완을 발휘한 지자체였다. '공공디벨로퍼'로서의 고베시의 역량은 '산을 깎아서 바다를 메우는' 공공개발에서 유감없이 발휘되었다. 그러나 기채(起債)주의, 즉 빚으로 개발자금을 조달하고, 개발지를 민간기업이나 개인에 분양하여 이익을 남기는 고베시의 사업방식은 경제성장, 인구증가라는 조건 속에서만 가능했다. 그리고 무엇보다 지가는 반드시 오른다는 '토지 불패 신화' 속에서만 가능한 것이었다.[51]

신나가타 재개발의 실패가 고베 부흥의 실패를 의미하는 것은 아니

에이지21, 2020, 96~101쪽.

51) 広原盛明, 『震災・神戸都市計画の検証: 成長型都市計画とインナーシティー再生の課題』, 23쪽.

다. 후쿠시마 료타[52]는 일본인에게 자연 재해와 패전 후의 부흥이 '삶의 보람'이었다고 서술한 하야시야 다쓰사부로(林屋辰三郎)의 한 구절을 떠올리며, 일본의 부흥기를 부흥의 에너지와 생기가 넘치는 시대로 기술한다. 그리하여 새로운 소재나 방법론을 끌어들여 재난의 흔적, 기존 시스템에 신선한 활기를 불어넣고 부상당한 사회를 일으켜 세운 창조적인 부흥 문화의 계보를 짚어 보는 것이다. 대재난의 경험은 사회적으로 의미 있는 변화를 불러일으키는 동력이 되어 왔다. 한신대지진 이후 고베는 국제도시로서의 개방성을 강화하고, 전지구화가 본격화된 20세기 말이라는 특수한 시간적 배경과 결합하여 시민주도형 다문화 커뮤니티의 실험적인 공간이 되기도 했다.[53] 나가타지역은 한신대지진 이후 도시계획 및 지역재생을 둘러싼 지역주민의 연대와 타협, 다문화공생 등 시민사회의 실천이 집중된 곳이다. 고베시가 주도한 개발계획의 다른 한 축에는 지역 시민사회가 존재하며, 오늘날 나가타 지역의 경관은 지역주민들의 격렬한 갈등과 타협의 결과이기도 하다. 한신대지진 이후 1995년은 일본 볼런티어의 원년으로 기록되고 있으며, 이후 고베는 시민사회 활동의 중심 무대이자 전국 재난 지역 네트워크의 중심이 되었다. 대재난 속에서 개발과 성장에 대한 의문이 제기되었고, 사회적 약자가 구조적으로 배제되어 왔음에 대한 사회적 각성 또한 있었다. 재난 이후 어떻게 '일상'을 회복할 것인가의 문제는 재해부흥과 지역재생을

52) 林屋辰三郎 等, 『日本史のしくみ—変革と情報の史観』, 中央文庫, 1976, 202쪽; 후쿠시마 료타, 『부흥문화론: 일본적 창조의 계보』, 407쪽.
53) 김백영, 「한신대지진과 일본 다문화 커뮤니티의 변화: 고베시 나가타구의 사례」, 『도시연구』 2호, 2009, 149~152쪽.

둘러싼 다양한 대항담론과 대항지식이 형성되는 계기가 되었다. 그런 의미에서 한신대지진 이후 고베는 일본에서 가장 새로운 도시로 재탄생했다.

그러나 동시에 신나가타 재개발사업의 '실패'는 1995년 이후 일본사회가 처한 곤경들을 고스란히 비춘다. 애초의 계획에 대대적인 수정이 불가피했음에도 고베시는 속수무책으로 시간을 흘려보냈다. 나가타지역은 전후 고베 도시경영이 초래한 지리적인 불평등을 상징하는 공간이었고, 그로 인해 궤멸적인 지진 피해를 입었고, 고베시의 부흥사업은 주민들의 오랜 삶의 역사와 이해관계가 얽혀 있던 커뮤니티가 무너진 공백을 파고들었다. 1995년 일본 사회에 종래의 고베식 도시경영을 가능케 하는 객관적인 조건이 존재하지 않았음에도, 신나가타 재개발은 관료주의와 성장주의, 개발주의의 낙관적인 관성 속에서 출발했으며, 도시는 축소되고 있는데 도시계획은 이를 전제로 하지 않았다. 신나가타 재개발은 전국에서 예가 없는 대규모의 재개발사업이었고, 사업기간이 장기화됨에 따른 사회경제정세의 영향을 계획 단계에서 예측하기 어려웠다고 변명할 수도 있다. 그러나 거대한 상업공간의 실패가 가시화된 이후에도 행정 내부에서 책임지는 이가 없고 책임소재를 물을 수 있는 기록이나 제도 또한 부재했다. 계획의 방향을 돌릴 수 있는 정치적 능력이나 사회적 제어력 또한 없는 탓에 기나긴 재개발 사업의 종료 시점의 나가타지역은 다시금 '부흥'의 과제를 안게 된 것이다.

현대일본생활세계총서 18

일본자본주의 위기, 새로운 자본주의의 기회인가?

원전 헤테로토피아*
후쿠시마 도미오카정의 마을사를 통해 본 원전 마을의 오늘

오은정

1. 역사의 웅덩이, 재후(災後)의 시공간

2011년 3월 11일 일본 미야기현 동쪽 바다에서 발생한 대지진은 일본 근대 지진 관측 사상 최대 규모인 진도 Mw 9.0-9.1로 기록되었다. 지진과 쓰나미로 일본의 12개 도도부현에서 1만 5천여 명이 사망하고, 2,500여 명이 실종됐으며, 완파된 건물이 12만 1992호, 반파된 건물은 28만 2920호에 달했다. 일본 정부는 이후 22만 8,863명이 이재민이 됐다고 보고했다.[1] 쓰나미와 지진 그리고 원전 폭발 사고가 겹친 삼중재난(triple

* 이 글은 『사회과학연구』(61권 2호, 2022, 강원대학교 사회과학연구원)에 「부흥과 위험의 헤테로토피아: 후쿠시마현 도미오카정의 발전 과정과 원전 마을의 오늘」이란 제목으로 실린 필자의 논문을 단행본의 취지에 맞춰 일부 수정 · 보완한 것이다.

1) 日本復興庁, 『東日本大震災からの復興に向けた道のりと見通し』, 日本復興庁, 2017;

disaster)을 맞닥뜨린 간 나오토(管直人) 당시 일본 총리는 "제2차 세계대전 종전 후 65년이 지난 지금 일본은 가장 어려운 시기이다"라고 말했다. 일본의 대표적인 사회학자 요시미 슌야(吉見俊哉)는 이 사건이 1990년대 거품경제의 붕괴와 정치의 폐색, 한신・아와지 대지진, 오움진리교의 사린가스 테러 등에 이어 '풍요로운 전후(affluent postwar)'를 종결짓는 기점이라고 평가했다.[2] 그러나 시간이 지나가면서 재해와 사고의 충격은 희미해졌고 시대의 종결과 전환을 이야기하는 논평은 잦아들었다. 어느새 사람들의 마음속에 후쿠시마는 다소 먼 곳의 이야기가 되었고, 동일본대지진 이후 10여년 간 진행되어온 '부흥의 사회 드라마'는 마무리를 향해 가고 있다.[3] 2022년 현재 후쿠시마 제1원자력발전소의 원자로 폭발로 인해 지정되었던 인근 마을의 피난구역이나 귀환곤란구역 등은 일부 지역을 제외하고 모두 해제되었다. 도쿄에서 일본 동북지방으로 이어지는 JR조반선(常磐線) 열차도 전구간 운행을 재개했다. 2020년, 일본 정부는 동북지방의 물리적 인프라는 대부분 복구가 완료되었다고 선언했다. 오구마 에이지(小熊英二)의 예언처럼 3.11과 후쿠시마 원전 사고는 지나고 보면 일본 역사의 한 장을 장식하는 또 하나의 에피소드에 지나지 않을 것인가?[4]

復興庁, 「住民意向調査速報版(富岡町)の公表について」, 2019.11.29.

2) 吉見俊哉, 『夢の原子力─Atoms for Dream』, 東京: ちくま新書, 2012.

3) 오은정 「재후(災後)의 시공간에 울려 퍼지는 '부흥'이라는 주문: 후쿠시마 원전 사고 이후 부흥의 사회드라마와 느린 폭력」, 『한국문화인류학』, 53권 3호, 2020, 339쪽.

4) 小熊英二 「東北と戦後日本─近代日本を超える構想力の必要性」, 『The Asian-Pacific Journal』, 2011. https://apjjf.org/2011/9/31/Oguma-Eiji/3583/article.html.

연구자가 처음 도미오카를 방문했던 2018년은 일본에서 "메이지 150년"을 기념하던 해이기도 했다. 후쿠시마 현의 여러 도서관과 서점에 "보신전쟁(戊辰戦争) 150년"을 기록하는 서적들이 다수 전시되어 있던 그해 10월 23일,[5] 도쿄 헌정기념관에서 열린 "메이지 150주년 기념식"에 출석한 아베 신조 당시 총리는 메이지 유신의 유산을 강조했다. 그는 기념식사에서 "기술이 앞선 열강이 식민지 지배를 진행하며 그 파도가 아시아에 밀어닥쳤을 때, 메이지의 인재들은 국내외의 왕성한 교류와 배움, 최첨단의 지식을 탐욕스러울 정도로 요구하는 자세"를 통해 "새로운 나라"를 가능하게 했으며 오늘날의 발전을 이루었다고 평했다.[6] 이어 그는 일본이 오늘날 "급속한 저출산 고령화가 진행되고 밖으로 눈을 돌리면 급격하게 변화를 이루는 국제사회의 거친 파도 속에서, 확실히 국난이라고도 할 수 있는 시대"를 맞아 메이지 시대의 정신을 다시 새기고 이 "난국(難局)"을 정면으로 맞서 극복하자고 제안했다.

후쿠시마 원전 사고 이후 일본의 원자력 정책에 대한 비판은 여러 분야에서 분출했다. 그리고 대체로 그러한 비판은 일본이 원폭 투하로

1쪽.

5) 일본 도호쿠 지방에서 '메이지유신 150주년'을 '보신전쟁 150주년'으로 기념하는 것에 대한 논의로는 이세연, 민덕기 등의 논의를 참조할 수 있다. 이세연, 「패자들의 메이지 150년」, 『일본역사연구』 52권, 2020, 57~89쪽; 민덕기, 「일본 도호쿠(東北)지방에선 왜 아베정권의 '메이지유신 150주년'을 '보신(戊辰)전쟁 150주년'으로 기념하고 있을까?」, 『한일관계사연구』 66권, 2019, 315~353쪽.

6) 「安倍首相「平和で豊かな日本を次の世代に」明治150年式辞・全文」, 『産経新聞』, 2018.10.23. https://www.sankei.com/article/20181023-JKLG5Q7RCBNULDH75D2FSU3ACA/

인한 패전에도 불구하고 어떻게 "평화를 위한 원자력"이라는 모토 아래 적극적으로 핵 기술을 도입했는가에 대한 질문으로 시작되었다. 이들 다수의 연구는 미소냉전체제 하에서의 미국의 동아시아 전략, '무기'와 '평화'를 위한 원자력이라는 이분법을 통해 시민사회와 과학계가 원폭의 피해에서 열광으로 나아가는 사상적 혼란을 수습해간 방식, 아시아태평양 전쟁의 패전후 미점령 당국의 검열 정책 등을 주목했다. 본 연구자 또한 후쿠시마 원전 사고 이후의 지역 부흥에 대한 연구에서, 이 문제를 세계 제2차대전 이후 '핵'기술과 그 피해로 한정 지어 문제를 설정하기도 하였다.[7)]

그러나 메이지유신 150주년 기념식에서의 아베 전 총리의 연설이 보여주듯이, 역사를 거슬러 올라가보면 에도 막부가 막을 내리기 시작한 19세기 중후반 서양의 과학기술은 난국을 헤치고 일본이 도달해야할 미래의 시공간을 확장하는 상상력의 원천으로 공명(resonance)했다.[8)] 국난과 위기가 부르짖어질 때 첨단의 과학기술은 만병통치를 위한 주술처럼 소환되었다. 이러한 맥락에서 후쿠시마 원전 사고 이후, 후쿠시마현 하마도오리 일대의 위기와 부흥의 움직임을 일본 자본주의의 역사, 그중에서도 일본 자본주의적 상상력의 원천으로서 첨단지식, 과학기술이라는 맥락에서 질문할 필요가 있다. 다만, 본고는 일본의 근대 자본주의를 지탱해온 첨단 과학기술에 대한 상상과 열망이 녹아든 곳으로서

7) 오은정, 「재후(災後)의 시공간에 울려 퍼지는 '부흥'이라는 주문: 후쿠시마 원전 사고 이후 부흥의 사회드라마와 느린 폭력」.

8) McDonnell, Terence E., Christopher A. Bail & Iddo Tavory, "A Theory of Resonance," *Sociological Theory* 35(1), 2017, pp.1~14.

지역이라는 장소 렌즈에 좀 더 초점을 맞추어보고자 한다. 여기서 장소 렌즈란 최근 역사학이나 과학학, 인류학 등에서 진행되는 '공간적 전환'의 경향 속에서 부각된 용어로, 인간을 비롯한 다양한 행위자의 관계와 네트워크가 하나의 장소에 천착되는 동시에 초지역적 상호 작용 속에서 다른 장소와 접합하면서 새로운 공간으로 생산/변형/해체/굴절해가는 양상을 고찰하기 위한 개념이다.[9] 연구자는 후쿠시마현 도미오카정을 일본 자본주의 발전 과정의 헤테로토피아로 볼 수 있지 않을까 하는 역사인류학적 물음에서 출발해, 이 헤테로피아적 공간의 생산과 관련된 일본의 자본주의 근대화를 향한 열망, 원전 인프라와 과학기술적 상상, 3·11 동일본대지진와 원전사고, 그리고 부흥의 움직임을 검토하고자 한다.

원전사고 이후 도미오카정은 파괴로부터의 복원, 붕괴된 질서의 회복을 목표로 하는 열망과 꿈이 직조되는 장소로서 선진 과학기술의 시험장이 되어 유토피아적 미래의 시공간으로 스케일을 확장하는 장소로 부상하였다. 그와 동시에 이 마을은 원자로 노심용융이라는 현실이 그려내는 디스토피아의 미-도래(未-到來)를 위해 오염의 스케일은 통제 가능한 것으로 축소되어야 하는 긴장과 마찰이 공존하는 장소이기도 했

9) Diarmid A. Finnegan, "The Spatial Turn: Geographical Approaches in the History of Science," *Journal of the History of Biology*, 41(2), 2008, p.369; Charles W. J. Withers, "Place and the 'Spatial Turn' in Geography and in History," *Journal of the History of Ideas* 70(4), 2009, p.638; 임안나, 「주말아파트와 공동체: 이스라엘 내 필리핀 노인 돌봄 노동자의 이주 공간 형성에 관한 연구」, 『비교문화연구』, 22권 1호, 2016, 436쪽.

다. 본고에서는 부흥과 위험에 관한 스케일링 작업이 역동적으로 펼쳐지는 도미오카정의 부흥 과정이 이곳을 부흥과 위험의 헤테로토피아적 공간으로 구축한다는 점을 제시하고자 한다.

여기에서 헤테로토피아라는 개념은 앙리 르페브르와 미쉘 푸코의 논의에 기대고 있다. 앙리 르페브르는 공간이 주체간의 사회정치적 점유와 지배, 계급 간 갈등과 권력을 통해 생산되는 사회적 성격을 띤다고 보았다. 이러한 논의의 연장선에서 그는 헤테로토피아를 자본주의 지배 공간의 경계에 저항하고 이를 변혁하려는 실천을 이해하기 위한 개념으로 제시했다.[10] 르페브르에 따르면, 도시의 주변부의 '타자의 장소'로 공식화된 헤테로토피아는 사회적 실천에서 타자를 포함하는 차이의 공간으로서, 그 차이들은 변증법적 역동 속에서 갈등과 충돌을 통해 통합됨으로써 유토피아를 출현시킬 잠재력을 지닌다.[11] 푸코의 헤테로토피아에 대한 논의는 르페브르의 그것과는 다소 차이가 있다. 푸코는 "타자의 공간에 대해서(Of Other Space)"라는 짧은 글에서 헤테로토피아에 대한 몇 가지 유형을 소개한 바 있는데, 약간의 차이가 있지만 그 기본적인 속성은 서로 공존할 수 없는 이질적인 것들이 병치하고 반향하며 변화해가는 혼란스러움이다.[12] 같은 글에서 푸코는 "인간의 삶이 분절되어 있는 모든 장소들, 모든 실재하는 공간을 더욱 환상적으로 보이게 하는 곳"

10) 장세룡, 「헤테로토피아: (탈)근대 공간 이해를 위한 시론」, 『대구사학』 95권, 2009, 285~317쪽.

11) 장세룡, 「헤테로토피아: (탈)근대 공간 이해를 위한 시론」, 7쪽.

12) Michel Foucault, "Of Other Spaces," translated by Jay Miskowiec, *Diacritics* 16(1), 1986, pp.22~27.

을 “환상의 헤테로토피아(heterotopia of illusion)”라고 하면서, 그 대척점에는 뒤죽박죽이거나 엉망진창인 현실과 달리 주도면밀하게 계획되고 세심하게 잘 정돈된 공간으로서 “보상의 헤테로토피아(heterotopia of compensation)”를 두었다.[13]

2. 도호쿠 100년의 비전, 메이지기 도미오카의 개간과 철도 부설

2014년 일본 부흥청이 조직한 〈후쿠시마 12시정촌 장래상(將來像) 관계회의〉(2014. 12. 23.)에 도미오카정이 제출한 자료에 따르면, 도미오카는 “매력과 편리성을 겸비한 하마도오리(浜通り)의 중심거점”이다.[14] 실제로 후쿠시마 현의 동부 해안가 지역을 일컫는 하마도오리 중간 즈음에 위치한 도미오카는 북쪽으로는 미나미소마(南相馬), 센다이(仙台)로 이어지고, 남쪽으로는 이와키(いわき), 이바라키(茨城), 도쿄(東京)로 이어지는 해안 도로와 철도가 지나가 수도권과 일본 동북 지방을 잇는 교통의 요지이다. 또한, 같은 자료에 따르면 도미오카는 에도 시대의 서막을 장식했던 세키가하라전투(関ヶ原)에서 도쿠가와 이에야스(德川

13) Michel Foucault, “Of Other Spaces,” p.27.

14) 福島県富岡町, 「双葉郡の中枢を担う富岡町の役割と復興に向けて, 福島12市町村の将来像に関する有識者検討会(第1回)」, 2014. https://www.reconstruction.go.jp/topics/main-cat1/sub-cat1-4/syoraizo_1_siryo3_2_tomiokamachi.pdf(최종 검색일: 2022.1.13.).

家康)를 따라 동군에 섰던 다테 마사무네(伊達政宗, 전국시대 다이묘로 다테 가의 당주이자 에도 시대 센다이번(仙台藩)의 초대 번주)가 전투를 이끌던 동북의 "최선전 지대"이기도 했다.15) 부흥청이 조직하는 후쿠시마 현 시정촌의 미래 기획을 위한 회의에서 '최전선 지대'라는 문구가 강조된 것은 도미오카가 일본에 중요한 시기가 도래할 때마다 그 변화의 한 가운데 있었음을 강조하기 위함이었을 것이다.

역사의 시공간에서 보면 도미오카는 에도 시대 이후 다소 변화는 있었지만 주로 이와키다이라번(磐城平藩)에 속하면서, 북쪽으로 소마번(相馬藩), 센다이번(仙台藩), 소마나카무라번(相馬中村藩), 서쪽으로는 아이즈번과의 교류 속에서 성장하였다. 오늘날의 도미오카 행정구역이 모양을 갖추기 시작한 것은 메이지 유신 이후다. 1889년 시정촌이 확립되면서 후쿠시마현 나라하군(楢葉郡) 도미오카 무라(村)가 되었고, 1896년에는 나라하군이 북쪽의 시네하군(標葉郡)과 합병되어 후타바군(双葉郡)이 되었다. 이때부터 도미오카는 후타바군에 속하게 되었다. 1900년에는 도미오카 쵸(町)로 승격되었다. 메이지 유신 이후 기존의 번이 해체되고 군현제 통치가 시작되면서, 도미오카를 포함한 후쿠시마 하마도오리 지역은 중앙 정부의 금납징세(金納徵稅)의 중요한 거점이기도 했다. 마을 자료에 따르면 메이지 초기 도미오카에는 국가가 지정한 세무소가 설치되었는데, 당시의 사정을 보자면 인근의 후쿠시마현 소마(相馬, 현 소마시)와 다이라(平, 현 이와키시)를 포함해 국가 단위 세무서가 설치

15) 福島県富岡町, 「双葉郡の中枢を担う富岡町の役割と復興に向けて, 福島12市町村の将来像に関する有識者検討会(第1回)」.

된 곳은 전국에서 위의 세 장소뿐이었다고 기록되어 있다.[16]

도미오카는 행정구역상 후타바군(双葉郡)에 속하고 있으며 오랫동안 후타바군의 중심지로 기능해왔다. 메이지 시대 후타바군청(현재 도미오카토목사업소)이 소재하고 있었고, 후쿠시마 원전 사고가 발생하기 이전까지 도미오카 재판소, 법무소, 노동기준감독서, 직업안정소, 영림서(営林署, 옛 산림청) 등의 국립 기관과 원자력입지진흥사무소 등의 현립 기관, 후타바경찰서(2010년 도미오카와 나미에경찰서 병합), 은행 지점 7개소(東邦, 福銀, 大東, 労金, あぶくま信金, 相双信組), 의료기관 7개소(응급의료기관 1개소와 개인의원 6개소), 우체국 3개소, 도쿄전력의 하마도오리 전력소(원자력발전)와 도호쿠전력(화력발전), 초중등 학교 4개소 등이 들어서 있어 상당히 번화한 읍을 이루고 있었다. 이러한 번성을 보여주듯 도미오카는 원전 사고 이전 후쿠시마 현내 정촌 중에서는 거의 유일하게 인구가 증가하고 있던 마을이기도 했다(2010년 1만 6천명).[17]

한편, 도미오카의 생활권을 보면, 후타바군으로 합병되기 이전에 존재하던 옛 나라하군과 시네하군이 각각 남부와 북부의 생활권으로 다소 구분되어 있었다. 즉, 남쪽의 나라하군은 도미오카 남부의 이와키, 그리고 이바라키현과 교류가 많았으며, 시네하군은 도미오카 북쪽의 소마나 센다이 쪽과의 교류가 활발했다. 다만, 도미오카를 경계로 한 이러한

16) 福島県富岡町, 「双葉郡の中枢を担う富岡町の役割と復興に向けて, 福島12市町村の将来像に関する有識者検討会(第1回)」.

17) 福島県富岡町, 「双葉郡の中枢を担う富岡町の役割と復興に向けて, 福島12市町村の将来像に関する有識者検討会(第1回)」.

생활권의 분리는 19세기 후반과 20세기 초반 조반선 철도 부설과 도로 개통을 계기로 차차 흐릿해져 갔다. 이후 원전폭발 사고 이후 원전 인근 지역이 귀환 곤란 구역으로 지정되면서 지역 내 역사들이 대부분 폐쇄되면서 도미오카에서 북부 쪽으로의 교류는 상당 시간 동안 단절되었다. 그러나 시간이 지나면서 철도 노선 복구와 제염의 진전됨에 따라 2017년, 도미오카 역과 나미에 역(浪江駅)이 영업을 재개했고, 2020년 3월에는 귀환곤란구역 내의 역으로 남아 있던 요노모리 역(夜ノ森駅), 오노 역(大野駅), 후타바 역(双葉駅)도 개방되었다.

후쿠시마 원전 사고 이후 입경금지 되었던 위의 세 구역 중 요노모리 역은 원전 사고 이전에는 전국의 벚꽃 명소로 꼽히는 곳이었다. 후쿠시마의 원전 재난과 부흥을 전시하기 위해 제작되는 다양한 포스터와 영상물에는 입경 금지를 알리는 간판과 함께 터널 형태의 벚꽃 나무길의 아름다움을 대비시키는 장면으로도 자주 등장한 곳이다. 후쿠시마 원전 사고 이후 마을의 위험과 옛 시절의 향수를 상징하는 요노모리 벚꽃 공원은 메이지기의 경세가이자 열정적인 농정가였던 한가이 세이쥬(半谷清寿, 1858~1932)라는 인물에 의해 조성된 인공숲이다. 이 절에서는 메이지 유신 이후 본격적인 근대화의 길을 걷기 시작한 도미오카정의 역사를 한가이 세이쥬라는 인물의 생애와 요노모리 개간 과정을 통해 간략히 살펴보고자 한다.

후쿠시마현 미나미소마시(南相馬市)의 오다카(小高区)에 자리잡은 옛 소마나카무라번(相馬中村藩)의 향사 집안의 장남으로 태어난 한가이 세이쥬는 메이지 말기 후쿠시마현 중의원으로 당선되어 내리 3선을 지낸 지역의 유지였다. 귀농한 번사들의 몰락과 소마나카무라번의 해체가 가속화되던 시기에 어린 시절을 보낸 한가이는 당시 소마 지방에 낙향한 옛 번사들이 에도 막부 말기 경세가였던 니노미야 손도쿠(二宮尊德)를 번시(藩是)[18]로 하여 그가 주창했던 보덕사법(報德仕法)[19]에 따라 농촌을 진흥하고자 했던 분위기를 잘 알고 있었다. 하지만 그는 니노미야 손도쿠의 보덕사법이 주창하는 도덕과 경제의 일원론에 입각한 현지주의와 순수 농업주의가 당시 나카무라번의 현실과는 동떨어져 있다고 생각했으며, 농업만을 통해서는 몰락해가는 번과 고향의 민중을

18) 번시(藩是)는 국시(國是)처럼 번(藩)에서 정한 번의 이념이나 정책의 기본방침을 말한다. 오영태(呉永台)에 따르면, 번시라는 개념을 둘러싸고 일본 학계에 합의된 정의는 존재하지 않지만, 이 개념은 에도 막부 말기 기존의 정치 질서가 붕괴하는 가운데 각 번 내에서 전국 정치와의 관계 설정을 둘러싸고 정쟁이 발생하자 번 정부가 이를 수습하고 결집력을 높이기 위해 자번(自藩)과 전국정치 사이의 관계를 표명할 필요가 있었던 데서 나왔다. 이 글에서는 오영태의 정의를 따라, '번시'를 "막부 말기 번 정부가 전국 정치의 바람직한 모습을 설정해 가신들에게 제시한 정치방침"으로 사용하고자 한다. 呉永台, 「幕末期肥後における」, 『〈藩是〉確立とその意味. 〈年報 地域文化研究』 23, 2019, 1~20쪽.

19) 장작을 등에 지고 책을 읽고 걸어가는 동상으로 한때는 일본 국민도덕의 상징으로 선전되었던 니노미야 손도쿠는 농촌개발의 실천가이자 지도자이기도 했다. 보덕사법에 따른 농촌 개발의 특징은 현지주의, 철저한 사전조사를 토대로 한 종합적·장기적 사업, 합리주의, 양식 작성, 검약 강조 등을 통해서 도덕과 행동 실천의 통합과 지역 진흥에 노력한 것을 들 수 있다. 그리고 보덕사상의 특징은 부국안민과 교화주의를 통해 농민을 풍요롭게 하는 것, 보덕4강령－지성, 근로, 분도, 추양－을 따르는 행동실천, 농민의 뜻을 존중하는 심전개발, 실천주의와 일원화합으로 이루어진 도덕경제일원론, 금욕주의로부터의 탈피 등을 든다. 임경택, 「니노미야 손토쿠(二宮尊德)의 농촌개발방식: '報德仕法'과 실천적 사상」, 『日本語文學』 1권 48호, 2011, 181~200쪽; 임경택, 「마을(무라) 갱생에서 흥국안민까지: 갱생의 현장 처방으로서의 보덕사법(報德仕法)의 유전(流轉)」, 『한국문화인류학』 49권 2호, 2016, 3~39쪽.

부흥시킬 수 없다고 보았다. 그는 실업이나 상업을 겸비하는 것이 농촌 지역의 부흥과 자립을 위해서 더 현실적인 방법이라고 생각했다. 청년 시절, 군인 징병이 면제되는 사범학교를 졸업한 한가이는 오다카 북쪽의 하라마치에서 점원, 교사 등으로 일하면서 자본을 모아 나가며, 일생의 실업과 경세 구상을 해나가게 된다. 그리고 주조업과 직물공장 등 당시 지역에서는 신산업에 해당하는 경영 기법을 통해 자본을 축적한 한가이는 마흔이 넘은 1900년, 자신의 지역 진흥과 자립을 현실화한다는 이상을 품고 오다카에서 도미오카로 이주해 온다.

도미오카로 이주해 온 한가이의 목표는 "밝은 마을(明るい村)", 즉 새로운 세상을 만들겠다는 것이었다. 이주 후 그는 사람들이 사용하지 않았던 지금의 요노모리 인근의 벌판을 사들여 개간을 시작했다. 이후 자신이 개간한 땅에 "아침 해의 언덕(朝日ヶ丘)"이라는 이름을 붙이고 자택에는 "한가이 농장(半谷農荘)"이라는 현판을 달았다. 한가이는 이후 농장 인근에 300그루의 왕벚나무 묘목을 심고 오동나무 숲을 조성하면서, 벚꽃나무 숲길을 요노모리로 명명했다.[20]

한가이는 조반선 철도 부설 당시 해변에 더 가까웠던 인근 구마마

---

20) 한가이 세이쥬의 아들이면서 후에 도미오카의 촌장이 된 한가이 로쿠로(半谷六郎, 1889~1976) 또한 요노모리 벚꽃길 정비에 노력을 기울였다. 1908년 다이쇼 천황이 황태자 시절 동북지방을 행차할 때 도미오카에 숙박을 하며 머무르면서 요노모리는 전국적인 벚꽃 명소로 알려지게 된다. 한기이 로쿠로는 촌장시절 요노모리에 1000여 그루의 벚꽃을 더 식재했다. 柴田哲雄, 「再論 半谷清寿: 富岡町夜ノ森に根差した思想家」, 『教養部紀要』 64(3), 2017, 2~28쪽; 柴田哲雄, 『フクシマ・抵抗者たちの近現代史: 平田良衛・岩本忠夫・半谷清寿・鈴木安蔵』, 東京: 彩流社, 2018.

치(熊町)로 가려던 철도를 현행의 요노모리 역을 지나도록 노선 변경을 주도하기도 했다. 도쿄에서 센다이로 가는 철도 조반선(常磐線)이 도미오카 해변을 가로지른다고 했을 때, 차에서 나오는 증기와 매연이 농사에 해를 끼칠 수 있다는 우려 때문에 농민들이 반대했지만, 한가이는 인근 토지 소유자들을 규합해 산업 발전을 위해 철도가 필요하다며 유치에 적극적으로 나섰다. 철도가 지나간다면 지역에서 나는 숯과 목재를 도시에 가져가 팔 수 있었고, 수도권과 접근성이 높아진다면 지역 경제 발전이 좀 더 용이해질 것이라고 생각했기 때문이다.[21] 당시의 영향으로 지금도 조반선 하행 철도 노선은 도미오카에서 나미에마치로 가는 길이 요노모리 역을 지나가느라 상당히 구불어져 있다.

한가이 세이쥬의 열정적인 농촌 개발에 대한 비전은 메이지 유신 이후 도미오카에 불어온 중요한 근대화의 바람이었다.[22] 그가 1906년에 간행한 "장래의 도호쿠(将来の東北)"(1906년 간행, 1908년 증보판)는 메이지 시대 위기에 처한 동북의 처참한 상황에 대한 인식에서 시작했다. 한가이 세이쥬는 "패자들의 땅"에 살아가는 자로서 메이지 중앙 정부의 지원을 받는 "승자"들과 달리 그 스스로 발전해 가야한다는 감각을 통해 근대화에 대한 열망으로 나아갔다. 한가이는 도미오카의 근대화가 도호쿠 지방이나 일본이라는 국가에 한정되는 것이 아니라 세계 속에서 구상되어야 한다고 생각했다. 때문에 그의 책에는 오직 벼농사만 짓는 농

21) 五十嵐泰正・開沼博, 『常磐線中心主義(ジョーバンセントリズム)』, 東京: 河出書房新社, 2015, 261~262쪽.

22) 大濱徹也, 「『将来之東北』という世界: 半谷清寿の東北像、現在何を問い質しますか」, 『学び！と歴史』, 48, 2011.

사법에 의지해서는 마을이 근대화될 수 없으며, 양조업, 직물업, 제련업 등 지역의 자립/자영의 길을 모색할 수 있다면 농업 이외의 산업도 적극적으로 도입하는 등 농촌 또한 근대적 산업을 일으켜야 한다고 주장했다. 한가이의 구상에서 도미오카의 요노모리는 막번체제의 농본주의적 전통이나 막부말기 보덕사법에 따라 무너지는 번정과 황폐한 농촌을 부흥시키려던 번사들의 농업중심의 공동체운동을 벗어나 지역에서 시작하는 자본주의적 실업가 정신을 구현하고 실천할 수 있는 장소로 부상했다. 또한, 그의 포부가 드러난『장래의 도호쿠』에서 보듯이 도미오카는 도쿄/중심/전방/국가/서남의 관점이 아닌 후쿠시마/주변/후방/지방/동북의 시각에서 사람들의 삶을 부흥시키고 발전시켜나갈 곳으로 개간되어 갔다.

그러나 조반선 철도 부설이 도미오카의 산업 진흥에 핵심적이었다는 점을 상기하면, 이 지역의 부흥과 발전에 중앙 정부의 지원은 필수적인 것이었다. 무엇보다 20세기 전반 도미오카의 부흥은 일본의 제국주의적 팽창과 식민지 건설의 붐과 맞물려 있었다. 경영의 다각화, 상품 작물의 재배, 농업 이외의 산업으로 농촌을 개발한다는 한가이의 목표와 그에 따른 열정적인 도미오카 개발의 결과는 일본의 식민지 건설과 아시아에서의 여러 전쟁으로 인해 전시 물품의 수요가 급증했던 20세기 전반에 빛을 발한다. 도미오카는 전전과 전시중 목재 산업과 숯 장사, 제염업, 담배 농사 등으로 지역은 번영을 구가했다. 그러나 이와 같은 산업의 발흥은 아시아태평양 전쟁의 종결과 함께 빠르게 쇠락의 길로 치달았다. 1950년대 전쟁에서 돌아온 이들과 베이비붐에 따라 1만 3천 명까지 빠르게 늘어났던 마을 인구는 도시로 떠나는 사람들로 빠르게 줄어들었다.

3. 제2의 태양, 도미오카의 원전 인프라와 아토모토피아

하부구조 또는 하부조직을 뜻하는 인프라(infrastructure)[23]는 흔히 경제 활동의 기반을 형성하는 기초적인 시설과 시스템, 제도, 정책 등을 이르는 용어다. 전통적으로는 상하수도, 에너지, 도로와 하천, 항만, 공항, 통신, 관개시설 등과 같이 경제 활동에 밀접한 사회 자본을 가리켰지만, 최근에는 학교, 박물관, 미술관, 병원, 공원 등과 같은 교육시설과 문화시설, 복시시설과 도시계획 관련 등 공동체 안에서 인간이 살아가는데 필요한 사회경제적 기초를 구성하는 자본 시설을 포함해 넓은 의미로 사용되는 경향을 보인다.

인류학에서는 오랫동안 인프라를 인간의 사회경제적 행위의 기반이 되는 물질적인 기초이면서, 공동체의 정치적 가치와 상징을 구현하는 매개체로 보아 왔다.[24] 때문에 인프라는 지역적인 것으로 여겨지는 속성들이 국가 및 글로벌한 권력 관계 속에서 지배적인 문화와 갈등하고 변화해가는 양상을 보여주는 장소로 관심을 받았다. "공간을 통한 교

23) 인프라는 기반 시설(基盤施設), 기간 시설(基幹施設), 사회적 생산기반 등 다양한 용어로 번역되어 사용된다. 출처: 두피디아 https://www.doopedia.co.kr/ (최종 검색일: 2021.1.13.).

24) Casper Bruun Jensen, Atsuro Morita, "Introduction: Infrastructures as Ontological Experiments," *Ethnos* 82(4), 2016, pp.615~626.

환의 가능성을 허용하는 물질의 형식"이자 "상품, 아이디어, 폐기물, 권력, 사람, 금융이 거래되는 물리적 네트워크"로서 인프라는 단지 사회적 행위를 담는 용기(container) 이상이다.[25] 물리적인 형식을 갖는 인프라는 네트워크의 속성, 그 움직임의 속도와 방향, 시간성, 붕괴에 대한 취약성을 가지며, 다른 사물의 운동과 이동을 가능하게 하는 사물이다.[26] 그런 점에서 인프라는 여러 분리된 요소들을 통합하고 그들 사이의 새로운 관계를 만들어내는 존재론적 실험 시스템(ontological experiment system)이기도 하다.[27] 인프라가 단지 사회관계의 반영이었다고 보았던 전통적인 견해와 달리 인프라는 사회, 문화, 정치에 형태를 부여하는 실천적이고 구체화된 여러 형태의 존재론을 생성하고 변형한다. 이 절에서는 1950년대 이후 도미오카 정이 도쿄전력 후쿠시마 제1원전의 인프라에 편입되며 구축하고 생성해낸 새로운 관계들을 검토해보고자 한다.

제2차 세계대전 종전 이후 일본을 점령한 연합군국최고사령관총사령부(GHQ/SCAP, General Head Quarters/Supreme Commander for the Allied Powers)는 일본의 원자력 연구를 전면 금지했다(1945.09.22. 연합국군최고사령관총사령부 지령 제3호-SCAPIN3호).[28] 1952년 샌프란시

25) Larkin, Brian, "The Politics and Poetics of Infrastructure," *Annual Review of Anthropology* 42, 2013, pp.327~343.

26) Larkin, Brian, "The Politics and Poetics of Infrastructure," *Annual Review of Anthropology* 42, 2013, p.329.

27) Casper Bruun Jensen, Atsuro Morita, "Introduction: Infrastructures as Ontological Experiments."

28) 吉岡斉, 『新版 原子力の社会史 その日本的展開 (朝日選書)』, 東京: 朝日新聞出版, 2011, 26쪽.

스코강화조약 체결 이후 일본의 원자력연구가 가능해졌을 때, 과학계는 예상보다 이 연구에 적극적이지는 않았으며 일부에서는 적극적으로 반대하기도 하였다. 원자력 연구에 회의적인 학계의 반대 움직임에도 불구하고 일본에 원자력 도입을 적극적으로 주도한 것은 나카소네 야스히로(中曾根康弘)를 비롯한 정계 인사들과 재계 인사들이었다. 정 · 관 · 재계 주도의 적극적인 원자력 도입 의사는 원자력을 핵무기가 아닌 산업적으로 이용하고자 했던 미국 민간 기업들의 요구와 원자력 협력을 통해 제3국으로의 영향력을 확대하려는 미국 정부의 이해와 맞물리면서 빠르게 현실화되었다.[29)]

1950년대 중후반부터 시작된 정 · 관 · 재계의 이러한 원자력 도입 움직임은 원자력에 대한 대대적인 홍보와 선전과 함께 진행되었다. 1954년 일본에서 후쿠류마루호의 비키니 피재 사건 이후 반핵여론이 높아질 때, 미국 정보청(USIA)은 핵 기술의 평화로운 적용이라는 문구에 더 큰 비중을 두어 홍보했다. "원자의 마법"이라는 제목으로 제작된 일련의 텔레비전 프로그램은 "무한한 동력," "원자와 농업," "원자와 산업," "원자 도시" 등 특정한 측면에 초점을 맞췄다. 이러한 홍보물들은 대중의 상상력을 사로잡는 버섯구름으로 상징되는 핵의 무시무시한 이미지를 의학 및 생화학 연구, 산업 및 농업 생산, 경제 발전이라는 평화로운 이미지로 대체하기 위해 고안되었다. 이들은 대체로 원자력이 안전하고, 싸고, 혁신적이고, 해방적이며, 무엇보다도 '미국적'인 것이었다.[30)]

---

29) 吉岡斉, 『新版 原子力の社会史 その日本的展開 (朝日選書)』.
30) 1953년 8월 창설된 미국 정보청(USIA)은 아이젠하워의 연설을 계기로 연설

한편, 1960년대 미국 정부의 제도적 후원을 받은 민간기업들의 경수로 수출 붐과 함께 일본은 미국 기업들이 개발한 경수로를 적극적으로 수입하게 되었다. 원자력 도입에 관한 정부와 산업계의 적극적인 움직임 속에서 도미오카와 인근의 유지들은 쇠락해가는 지역의 산업을 부흥시키기 위해 원자력발전소 입지 문제에 눈을 돌리기 시작했다. 50년대 후반 후쿠시마현은 도쿄전력의 발전소 입지계획을 적극적으로 유치하였고, 1960년, 도쿄전력은 후쿠시마를 원전입지계획안에 포함시켰다. 후쿠시마 제1원전 유치 방침이 발표되자, 자치단체는 원전이 생기면 다른 공장 등도 유치되어 지역 활성화가 진행될 것이라 기대하며 환영했다. 원자로는 낙후한 지역에 유입되는 지역 활성화를 위한 새로운 '생명의 에너지'로 여겨졌으며, '제2의 태양'(第2の太陽)'이라고 불리었다. 도쿄전력은 이 지역의 유지와 자치단체 직원을 동원해 용지취득과 어업보상 두 가지에 관한 지역과의 교섭을 진행하는데 협력했다.[31]

1963년 도쿄전력 사무소가 도미오카에 세워졌고, 마을에는 많은 교부금이 배부되었다.[32] 마을회관, 도로, 체육관, 학교가 새롭게 건설되었

문을 광고하는 포스터와 책자 1600만 장 이상을 전 세계에 배포했고, '미국의 소리'(Voice of America)는 이 연설을 35개국에 생중계했다. 25개국의 유력 신문들이 이 연설을 전면 게재했으며, USIA는 전 세계의 미국 기업 및 비정부기구와 협력해 약 40만 장의 리플렛을 살포했다. 일본에 원자력을 공급할 계획을 갖고 있었던 웨스팅하우스는 125개국 이상의 기업 임원, 엔지니어, 오피니언 리더에게 3만 5000장의 전단지를 배포하는 등, '평화를 위한 원자력(Atom for Peace)'을 알리려는 노력은 전 세계의 공공자원과 민간자원이 총동원되었다. Dominic Kelly, "US Hegemony and the Origins of Japanese Nuclear Power: The Politics of Consent," *New Political Economy* 19(6), 2014, pp.819~846.

31) 吉岡斉, 『新版 原子力の社会史 その日本的展開 (朝日選書)』, 150쪽.

고, 도미오카의 상가에는 돈이 돌았다. 지역의 연례 행사인 "에비스코우시(새우축제)"[33]는 마을간 대항 경기에 참여하는 지역주민과 관광객들로 북적였다. 도쿄전력은 주민들을 모아 원자력발전에 대한 강연이나 연수, 시설 견학을 운영했다.[34] 이 시기 세계 여러 나라에서 그러했듯이, 도미오카에서도 "원전은 안전하고 깨끗한 꿈의 에너지"라는 말이 낯설지 않았다. 체르노빌 사고가 터진 1986년 이후 미디어에서는 일본의 원전은 소련의 그것과 다르다고 이야기되었다. 이와 같이 일본의 원전 인프라가 원전 이용과 추진에 복잡한 이해관계로 얽힌 관산복합체(Government and Industry Complex)적 속성을 유지하는 데는 발전과 송전을 일체화해 지역 독점 시스템과 원전 입지 지자체에 막대한 양의 교부금을 배분하는 토건국가적 시스템과 깨끗하고 안전한 에너지라는 선전과 찬미가 함께 했다.[35]

---

32) 1974년 제정된 전원3법(電源三法, 발전용시설주변지역정비법, 전원개발촉진세법, 전원개발촉진대책특별회계법의 세 가지 법률의 총칭)에 따라 원전부지 인근 지자체에 지급되는 교부금은 날로 늘었다. 전력3법은 원자력뿐만 아니라 모든 발전소를 대상으로 하지만, 원전에는 같은 규모의 화력·수력 발전소의 두 배 이상의 교부금을 지급하며, 해마다 예산규모를 늘려 2010년 기준으로 1000KWh당 375엔이 교부금으로 책정되었다, 吉岡斉, 『新版 原子力の社会史 その日本的展開(朝日選書)』, 東京: 朝日新聞出版, 2011, 152쪽.

33) 새우 신을 모시고 풍년과 풍어, 장사 번창을 기원하는 행사로서 도미오카에서는 "도미오카 에비스코우시 운영위원회(えびす講市運営委員会)"가 이를 주관해왔다.

34) 후쿠시마 소책자 간행위원회, 「원전재해로부터 사람들을 지키는 후쿠시마의 10가지교훈」, 『후쿠시마 소책자 간행위원회』, 2015(https://issuu.com/i_greenkorea/docs/fukushima10lessons_kor/70).

35) 김은혜·박배균, 「일본 원자력복합체와 토건국가」, 『ECO』 20권 2호, 2016, 97~130쪽.

〈그림 1〉 도미오카정의 〈회전스시 아톰〉 입구.

출처: https://note.com/niq/n/nb597adbf96ac.

이와 관련하여 미국의 역사학자 케이트 브라운(Kate Brown)은 미국과 구소련의 플루토늄 생산 공장 지역에 대한 연구에서 냉전 체제 하의 미국과 소비에트의 핵무기 복합체가 생산한 것이 무기만이 아니라, 풍요로운 소비의 열망으로 가득 찬 공동체였음을 보여준 바 있다. 브라운이 "플루토피아"(plutopia, plutonium-topia)라고 이름 붙인 이 세계에서 사람들은 핵무기를 생산하는 성실한 노동자로서 높은 임금과 타 지역과 비교할 수 없는 수준의 복지를 누렸다. 주민(노동자)들은 그 대가로 그들의 시민적 · 정치적 권리를 후순위로 배제했으며, 오염되지 않은 땅에서 건강하게 살 수 있는 생물학적 권리에 대해 침묵하거나 혹은 그것을 가능하게 했던 무지 속에 있었다.[36] 원전이 입지한 지역의 인근 마을로서 도미오카라는 장소 또한 "아토모토피아"(atomotopia, atom-topia)라고 불리울 만했다. 원자력발전소로 인해 흘러 들어온 돈은 지역의 경제를 발전시키고 풍요로운 소비를 가능하게 했다. 〈그림 1〉의 도미오카정의 읍내 풍경으로 자주 등장하고는 하는 〈회전스시 아톰〉의 간판은 원전 인근 마을로서 원자력발전소와 함께 번영했던 마을의 경제를 상징적으로 보여준다.

1960년대 이후 일본에서 원전 입지를 둘러싼 반대운동이나 반전/반핵 운동이 있었음에도 불구하고, 도미오카를 비롯한 후쿠시마현에서 원자력에 대한 열광적인 지지와 찬미, 그리고 안전 신화는 오랫동안 크게 의심되지 않았다. 1970년대 활발했던 원전 입지 반대 운동도 후쿠시

36) 케이트 브라운, 우동현 옮김, 『플루토피아: 핵 재난의 지구사』, 서울: 푸른역사, 2021, 17쪽.

마현에서는 큰 흐름으로 전개되지 않았다.[37] 그러는 사이 도쿄전력은 후쿠시마 제1원전에 이어 제2원전을 건설하고, 2011년 3월까지 제1원전의 1~6호기와 제2원전의 1~4호기가 건설되었고, 후쿠시마 제1원전의 7~8호기도 건설을 준비해나갔다. 국가가 주도하는 원전 건설 과정에 지방자치단체나 지역 주민의 의견이 반영되지 못하는 이러한 구조는 오랫동안 유지되었다.

그러나 1990년대 이후 일본 원자력발전소 운영 과정에서 발생한 여러 사건・사고들이 빈발하면서 그와 같은 국가 주도의 원전 인프라 운영에 의문이 제기되기 시작했다.[38] 여기에는 1995년 12월 고속증식로 원형로 몬쥬(文殊)의 나트륨누출화재사고, 1997년 3월 도카이재처리공장이 화재폭발사고, 2007년 도쿄전력・호쿠리쿠전력 원전 임계사고 은폐사건 등 물리적인 사고, 그리고 간사이전력의 영국핵연료공사 BNFL의 데이터 조작 사건(1999년)과 도쿄전력의 각종 검사・점검 부정행위(2002년 발각) 등 원자로 운영과정에서 행해진 각종 허위 기록과 데이터 조작 등과 같은 사건들이 있었다.

후쿠시마현 지사로 재임하고 있던 사토 에이사쿠(佐藤栄佐久)도 1990년대 이후 후쿠시마 원전 인프라의 변화에 중요한 인물이다. 사토가 후쿠시마현 지사로 취임하던 해인 1988년, 후쿠시마 제1원전 2호기의 재순환 펌프 손상 사고가 발생했다. 하지만 사고를 담당하고 있던 통상산업성은 사고와 관련된 정보를 지역에 제대로 제공하지 않았다. 또한,

37) 吉岡斉, 『新版 原子力の社会史 その日本的展開(朝日選書)』.
38) 吉岡斉, 『新版 原子力の社会史 その日本的展開(朝日選書)』, 38쪽.

사용후핵연료의 보관 시설을 대체할 제2재처리공장 설치가 국가 계획에서 무효화되는 등, 정부 주도의 원자력 정책에서 후쿠시마 제1원전 입지 지역인 후쿠시마현의 입장은 전혀 받아들여지지 않았다. 이는 그때까지만 하더라도 국가가 주관하는 원자력 정책에 지방자치단체가 별다른 의견이나 이해관계를 갖지 않았던 현실과도 이어져 있다. 그러나 잇다른 원전 사고를 겪으면서 사토 지사는 당시 도쿄전력이 추진하려고 했던 플루써멀 계획[39]에 거부권을 행사하는 등 통산성과 도쿄전력이 추진하는 원전 정책에 자주 반기를 들면서 지방자치단체장으로서는 이례적으로 국가의 원자력 정책에 반대 의견을 내는 상황을 만들게 된다. 그리고 후쿠시마현은 지방자치단체로는 처음으로 운영이 정지된 원자로의 재개를 앞두고 운영의 안전이 확보되었는가를 판단한 후 운전재개를 승인하는 등, 관례상 행사되지 않았던 원전 지역 지방자치단체장의 권한을 행사하기 시작하였다. 그리고 이러한 현지사의 권한은 도쿄의 전력 수요가 피크를 맞는 여름철이 되면 전력위기설과 함께 원전 운전 재개를 압박하는 여론과 마찰을 빚기도 하였다.[40] 그러나 후쿠시마현이 정부의 정책에 반대하는 듯한 모습은 2006년 9월 도쿄검찰국특수부가 사토 에이사쿠의 동생인 사토 유지의 부정사건 수사로 사토 지사가 사임하는 것으로 종결되었다. 국가 주도의 원전 정책에 지방자치단체나 지역 주민들의 의사가 반영될 통로는 더욱 축소되었고, 후쿠시마 제1원

39) 플루써멀(pluthermal)은 사용후핵연료의 재처리를 통해 얻은 플루토늄을 우라늄과 함께 섞어 산화물 연료(Mixed Oxide Fuel)로 가동되는 원자로이다.
40) 吉岡斉, 『新版 原子力の社会史 その日本的展開 (朝日選書)』, 327쪽.

전과 제2원전의 원자로는 그 수를 더욱 늘려나갔다.

동일본대지진 직후 후쿠시마 제1원전의 원자로 3기가 폭발하고 사고 수습이 이어진 지난 10여 년간은 그러한 국가 주도의 원전 정책에 대한 지지가 철회되는 듯이 보이는 시기였다. 사고에 대한 대응이 한창이던, 2011년 11월 도쿄전력(TEPCO)의 재정 악화에 대한 우려가 커지자 일본의 한 정부 관계자는 "이것은 인간과 기술 간의 전쟁입니다. 전쟁이 진행되는 동안 파산에 대해 이야기해서는 안 됩니다"[41]라고 말했다. 그리고 이 이야기는 히로시마와 나가사키 원폭 이후 66년이 지나고, 또한 '평화를 위한 원자력'을 받아들인 지 55년이 지나, 일본이 마침내 원자력에 대한 과잉 의존의 진정한 비용을 받아들이기 시작했다는 사실을 보여주는 것으로 이해되었다.[42] 하지만 그러한 해석이 성급했다는 게 밝혀지는 데는 많은 시간이 필요하지 않았다.

2000년대 후반 기후변화를 늦추기 위한 대안으로 부각되었던 원전은 후쿠시마 원전 사고로 다소 관심에서 멀어졌다가 사고가 수습되면서 다시 탄소 제로를 위한 청정에너지로 재부상하고 있다. 2021년 스가 요시히데 당시 총리는 "2050년 탄소배출 제로(0)" 비전을 선언하면서, 화석연료를 줄이고 재생에너지 비율을 끌어올림과 동시에 원전 가동 비율을 2019년 6%에서 2030년 20~22%로 높이겠다는 계획을 밝혔다. 원전 에너지

41) "Japan's nuclear conundrum: The $64 billion question," The Economist, November 5th 2011. https://www.economist.com/leaders/2011/11/05/the-64-billion-question(검색일. 2020.10.14.).

42) Ran Zwigenberg, ""The Coming of a Second Sun": The 1956 Atoms for Peace Exhibit in Hiroshima and Japan's Embrace of Nuclear Power," *The Asian-Pacific Journal* 10(6), 2012, p.1.

비율 증가는 원전 재가동과 소형 모듈 원전(SMR, Small Modular Reactor) 등 차세대 원전 기술을 개발로 가능하다고 부연했다. 이 과정에서 원자력 에너지는 다시 일본이 부딪친 문제를 해결하기 위한 대안으로 제시되었다. 쓰나미와 지진으로 인한 원자로 3기 폭발과 그에 따른 노심용융이라는 재난에 가까운 기술적 실패에도 불구하고 차세대 기술로서 원자력을 고도화한다는 이러한 계획들이 지속되는 것은 어떻게 이해할 수 있을까?

후쿠시마 원전 사고 이후 일본의 원자력 정책에 대한 비판은 여러 분야에서 분출했을 때, 대체로 그러한 비판은 일본이 원폭 투하로 인한 패전에도 불구하고 어떻게 "평화를 위한 원자력"이라는 모토 아래 적극적으로 핵 기술을 도입했는가에 대한 질문으로 시작되었다. 이들 다수의 연구는 미소냉전체제 하에서의 미국의 동아시아 전략, 무기와 평화라는 원자력 이용의 이분법을 통해 시민사회와 과학계가 무기로서의 원폭에 대한 두려움을 평화로서의 원자력을 향한 열광으로 전환하며 사상적 혼란을 수습해간 방식, 아시아태평양 전쟁의 패전 후 미점령 당국의 검열 정책 등을 주목했다. 본 연구자 또한 후쿠시마 원전 사고 이후의 지역 부흥에 대한 연구에서, 이 문제를 세계 제2차대전 이후 핵기술과 그 피해로 한정 지어 문제를 설정하기도 하였다.[43)]

앞선 서문에서 인용한 메이지유신 150주년 기념식에서의 아베 전 총리의 연설이 보여주듯이, 역사를 거슬러 올라가보면 에도 막부가 막

43) 오은정, 「재후(災後)의 시공간에 울려 퍼지는 '부흥'이라는 주문: 후쿠시마 원전 사고 이후 부흥의 사회드라마와 느린 폭력」.

을 내리기 시작한 19세기 중후반 서양의 과학기술은 난국을 헤치고 일본이 도달해야할 미래의 시공간을 확장하는 상상력의 원천으로 "공명(resonance)"했다.[44] '국난'과 '위기'가 부르짖어질 때 첨단의 과학기술은 만병통치를 위한 주술처럼 소환되었다. 이와 관련하여, 영국의 국제정치학자인 도미니크 켈리(Dominic Kelly)는 석유 에너지 공급의 불안정성, 산업적 필요, 동북아의 지정학적 불안에서 오는 잠재적 군사력 확보에 대한 일본의 요구 때문이라는 현실적인 진단 이외에도, 일본의 과학기술과 진보에 대한 무조건적인 수용을 가능하게 했던 기술-민족주의(techno-nationalism) 문제를 제기한 바 있다.[45] 그는 일본이 근대화 과정에서 외부의 세력으로부터 언제든 군사적 공격에 노출될 수 있으며, 천연자원이 부족하다는 관점에서 취약하다는 인식을 형성해 왔으며, 이러한 취약성으로 인해 생겨나는 위기를 극복하는 유일한 수단이 과학기술의 발달을 통한 진보의 달성이라는 이념을 확고히 해왔다고 보았다. 과학기술의 진보에 대한 믿음은 국민의 상상력과 에너지를 정부의 필요에 적절한 방향으로 전달하는데 효과적이었으며, 급속한 산업화과 부국강병을 위한 제국주의에 대한 일본 국민의 동의를 확보하는 데도 중요한 역할을 했다. 기술민족주의는 단지 국가의 엘리트에 의해 주입된 것이 아니라, 일본 국민과 집단의 자기 결정으로서 개인보다는 국가를, 소비보다는 생산을, 민주주의보다는 민족주의를 우선시하는 것으로 이어졌

44) Terence E. McDonnell, Christopher A. Bail, Iddo Tavory, "A Theory of Resonance," *Sociological Theory* 35(1), 2017, pp.1~14.
45) Kelly, Dominic, "US Hegemony and the Origins of Japanese Nuclear Power: The Politics of Consent," *New Political Economy* 19(6), 2014, pp.819~846.

다. 그리고 이러한 관점에서 두 번의 원폭 투하와 패전에도 불구하고 전후 에너지 혁명을 위한 과학기술을 채택한다는 관점에서 "평화를 위한 원자력"의 논리의 수용, 즉 원자력 발전의 채택은 자연스러운 귀결이었다.

과학사학자인 야마모토 요시타카(山本義隆)도 유사한 맥락에서 이와 같은 상황을 과학기술총력전이라는 관점에서 제시하기도 하였다. 그는 메이지 이후 일본의 현대사를 아시아・태평양 전쟁 패전을 전후로 대일본제국헌법 시대와 전후 일본국 헌법 시대를 나누는 통상의 구분법에도 불구하고, 일본이 근대화 과정에서 열강주의와 대국주의를 지향하는 민족주의에 추동되면서 에너지 혁명과 과학기술 진보에 의한 경제성장을 추구해온 점은 일관되게 유지되었다고 보았다. 메이지 시기의 '신산흥업・부국강병'이 전시 총력전 체제에서 '고도 국방국가 건설' 지향으로, 그리고 이것은 패전 후에는 '경제성장・국제경쟁'으로 계승되었던 것은 현재에도 이어진다.[46)]

46) 야마모토는 일본의 근대화 과정에 관・산・(군)・학 협력의 저변에 흐르고 있는 '열강주의 내셔널리즘에 입각한 성장 이데올로기'와 이를 뒷받침해온 과학기술에 대한 무비판적인 신뢰와 무조건적인 예찬이 있었다고 지적한다. 근대화 과정에서 천황제를 유지한 일본이 서구의 정치사상은 온전히 소화하지 않았으면서도 열에너지와 전기에너지의 획기적인 발달의 근저를 이루는 서구의 과학기술에는 열광적으로 뛰어든 모습은, 과학기술의 진보가 사회발전과 문명의 진보를 견인한다는 믿음에 근거하고 있었으며, 이는 메이지 초기부터 현대에 이르기까지 계급과 정파를 불문하고 편만해 있었다. 후쿠자와 유키치의 문명개화 사상을 비롯한 이데올로기와 국가 주도의 제국대학 교육을 통한 엘리트 과학 교육은 서구에서 이식해오는 과학기술이 재래의 장인 기술과 차별화되는 상위의 가치를 지니며, 근대 서구의 자연과학이 동양과 일본의 자연관보다 압도적으로 우월하고 합리적인 체계라는 이

일본의 근대화 과정에서 나타난 이러한 기술-민족주의 담론은 근대 이후 도미오카정의 발전 역사와 원전 입지 과정 그리고 원전 사고 이후의 부흥 과정에서도 잘 드러난다. 메이지유신 이후 폐번치헌에 따라 낙향한 옛 번사들이 향촌의 재건을 위해 뛰어들었던 나카무라에서 농업이라는 단일한 산업 형태보다는 공업과 상업 등 다양한 자본주의적 경영 방식을 통해 농촌의 부흥을 꾀해야 한다고 여겼던 한가이 세이쥬의 도미오카정 요노모리 개간은 '패자의 땅'을 신산업으로 재건하고자한 노력의 일환이었다. 이후 "생명의 에너지", "제2의 태양"이라며 열광적으로 지지되던 원전 유치는 위와 같은 기술-민족주의 담론과 결합하여 전후 낙후되었던 지역의 경제발전을 이끌 것으로 기대되었으며, 실제로 이 지역의 경제적 풍요는 인근의 다른 농촌과는 다른 방식으로 경험되었다. 무엇보다 원전 사고 이후 이제는 일본 자본주의의 실재하는 위협과 디스토피아적 현재로 그려졌던 도미오카정은 정부의 부흥 정책에 따라 폐로기술과 제염과 재생의 기술 공학의 기지로의 전환을 준비하고 있다. 오늘날 도미오카는 다시 정부가 주도하는 후쿠시마현 하마오도리의 경제 부흥, 나아가 일본의 미래를 위한 "혁신 해안(Innovation Coast)"의 핵심 장소로 다시 부상하였다. 다음 절에서는 선진 과학기술의 시험장

해를 적극적으로 설파해나갔다. 일본의 자본주의 근대화 과정에서 중앙정부가 주도한 과학기술 정책 진흥에 대한 연구는 위의 야마모토를 비롯하여 일본의 과학기술사 연구자들에 의해 상당한 정도로 진척되었다. 야마모토 요시타카, 서의동 옮김, 『일본 과학기술 총력전』, 서울: 에이케이커뮤니케이션스, 2019; 中山茂・吉岡斉・塚原修一・川野祐二, 『日本の科学技術と社会の歴史 1, 2, 3』, 東京: 編集工房球, 2016; 吉岡斉, 『新版 原子力の社会史 その日本的展開(朝日選書)』, 東京: 朝日新聞出版, 2011.

으로서 일본 부흥의 유토피아적 미래의 시공간으로 스케일을 확장하는 도미오카의 오늘을 살펴보고자 한다.

4. 부흥의 유토피아, 도미오카의 혁신 해안

2018년 2월 후쿠시마현은 「챌린지 후쿠시마 프로젝트」의 일환으로 후쿠시마현 출신의 크리에이티브 디렉터 야나이 미치히코(箭内道彦)가 감수하고, 영상 디렉터 고다마 유이치(児玉裕一)가 감독・제작한 단편 뮤지컬 무비 「MIRAI 2061」을 공개했다.[47] 영상은 "그날(あの日)"로부터 50년이 지난 2061년의 후쿠시마현 J-빌리지힐(J-Village Hils)에 외계풍의 의상을 착용한 할머니와 손녀가 등장하는 장면으로 시작한다. 미래 도시가 구현된 언덕에는 번쩍이는 공중 설치물 사이로 자동차가 날아다니고, 손목 시계의 런치 박스 버튼을 누르면 3초도 되지 않아 어디선가 날아온 드론에서 갓 구워진 토스트가 전달된다. 이어 영상의 주인공 "후쿠시마 히카리(福島ひかり)"는 손녀인 "후쿠시마 미라이(福島みらい)"와 함께 후쿠시마에서 살아온 자신의 생애를 홀로그램 AR을 통해 되돌아본다. 주인공의 이름 '히카리'(光)가 빛을 뜻하고, 손녀의 이름 '미라이'는 미래를 뜻한다는 점에서, 영상에서 이들은 후쿠시마의 '빛이 미래에 전달된다' 혹은 '희망을 다음 세대에 전한다'는 이중적인 의미로 사용되었다.

---

47) 福島県, 「MIRAI 2061」, https://youtu.be/mLOeF2pW978(최종 검색일: 2021. 11.24.).

흥겨운 뮤지컬 형식의 노래와 춤으로 이루어진 이 영상에 대해 후쿠시마 현 관계자는 사람들이 후쿠시마의 각지를 돌아다니며 역사를 생각하고 미래를 상상하는 이야기라고 밝혔다. 할머니로부터 딸에게, 그리고 손자에게 계승되는 건강한 삶과 생명, 그 사이에 변화한 것을 표현하고 있다는 말도 덧붙였다.

놀라울 것 없이 이 홍보물이 기대고 있는 서사와 영상 이미지는 전혀 새로운 것은 아니다. 로봇과 드론, 하늘을 나는 자동차와 인공지능은 이미 1980년대 미국의 SF 영화 「백투더퓨쳐」를 비롯해 다양한 SF에서부터 구현되어 온 너무나 상투적인 미래 이미지가 아닌가. 그럼에도 불구하고 이 글에서 주목하는 것은 후쿠시마 원전폭발이라는 전대미문의 기술적 실패에도 불구하고, 그로 인한 실패와 위기를 극복하는 것으로서 다시 미래의 과학기술적 상상이 동원되어야 한다는 사실 그 자체다.

2011년 3월 11일 동일본대지진과 후쿠시마 원전 폭발 사고를 겪은 후쿠시마현이 재난으로부터 일어나 부흥하는 지역의 이미지를 전달하기 위해 제작한 이 영상물은 영상의 어디에도 특별한 설명이 없이 제시되는'그날'이 당시까지 일본에서 가장 첨단의 과학적 성과로 구축된 신화화된 원자력 기술의 체계적인 실패를 보여준 날이라는 사실을 상기한다면, 영상을 가득 채운 미래 과학기술의 물질화된 상징과 이미지가 지나치게 과잉 배치된 느낌도 지울 수 없다. 그럼에도 불구하고 이 영상에서 주목할 만한 점은 재난으로 고통 받았던 과거가 희망의 미래로 빠르게 변화할 수 있다는 믿음이 현재 후쿠시마현의 각지에 건설되는 건물이나 배치되고 있는 과학기술적 장치들과 함께 등장한다는 것이다. 영상에서 '그날'

은 빠른 속도로 지나가고, "2061년의 오늘"이라는 미래의 시간에는 드론과 AR, AI, 데이터 과학, 로봇 테스트 필드, 태양광과 풍력 발전소, 반듯하고 번쩍이는 높은 건물과 하늘을 날아다니는 자동차 등, 다양한 사물들은 현실의 인간과 가상의 인간 속에서 다 함께 즐겁게 춤을 춘다.

실제로 후쿠시마 원전 사고 이후 도미오카를 비롯해 후쿠시마현 하마도오리(浜通り) 일대에서 펼쳐지는 '위기'와 '부흥'의 이야기 속에는 과학기술적 상상으로 가득한 풍요로운 미래가 깖아 있다. 후쿠시마 원전 사고 이후 지역의 위기는 최첨단의 지식과 기술을 통해 극복될 수 있다고 이야기되었고, 지역에는 다양한 사물, 자본, 인력, 정보 등이 대규모로 투입되고 있다. 일본 정부는 후쿠시마 원전 사고로 피해가 컸던 해안의 마을에 '후쿠시마 로봇 테스트 필드' 건설을 비롯해 재난 이후 '복구 가속화 계획'을 이행하고 있다.

반듯하게 정돈된 도미오카 역 광장 앞으로 제방을 쌓기 위해 석재를 싣고 오가는 대형 트럭과 타워크레인이 분주하게 움직이고, 도미오카의 마을 중심가 쪽으로 들어서면 건물해체작업을 주로 하는 철거 업체들, 철거된 주택단지에 새로운 '뉴타운'과 '스마트타운'을 짓는다고 광고하는 건축업체들, 그리고 도쿄전력파워그리드주식회사 하마도리전력소 등의 영업중 간판을 달고 있었다. 중심가에 위치한 대형마트 '사쿠라몰' 또한 점차 손님들이 늘어갔다. 부흥주택 건설, 제염, 환경 재생을 위한 대규모의 재정이 투입되었으며, 마을의 도로는 원전 사고 이전보다 더 넓고 길게 정비되었고, 해변에는 바다가 보이지 않을 정도도 높은 방파제가 설치되었다.

후쿠시마 원전 사고 이후 지역 부흥에 있어 가장 역점을 두고 있는 것은 후쿠시마 혁신 해안 구상 추진기구(公益財団法人福島イノベーション・コースト構想推進機構)가 혁신 해안(innovation coast)이라고 이름 붙인 이 프로젝트다. 이 프로젝트는 동일본대지진 및 원자력 재해에 의해 잃어버린 하마도리 지역 등의 산업을 회복하기 위해 해당 지역의 새로운 산업 기반 구축을 목표로 하는 국가 프로젝트이다.[48] ICT나 로봇기술, 드론, 신재생에너지, 폐로, 농림수산, 방사선 안전, 의료 관련 산업 집적, 위험 커뮤니케이션 등 국내외의 최첨단 신기술과 새로운 산업을 집적시켜 연구 개발과 인재 육성을 도모하는 것이 혁신 해안 구상의 주요 축이다.

도미오카에서 혁신 해안 구상은 다양한 사물과 이벤트를 통해 가시화된다. 2017년 4월 도미오카의 일부 지역이 귀환곤란구역에서 해제되던 시기에 (주)후쿠시마발전과 (주)JR동일본에너지개발주식회사와 공동출자하여 설립한 도미오카부흥에너지합동회사는 도미오카 요노모리 지역에서 피난으로 주민들이 귀환하지 않은 토지를 빌려 "후쿠시마현 도미오카 부흥 메가 솔라・SAKURA"를 조성했다. 개발부지 약 40ha(헥타르) 규모에 30MW급 태양광 모듈 베이스를 설치한 이 사업은, 연간 발전양 33,000MWh를 생산할 것으로 예상되고 있으며 이는 일반 가정 약 9,100가구가 사용할 수 있는 분에 해당한다. 동일본대지진 이후 지역의 재생을 위한 상징으로 조성된 이곳은 수익의 일부를 후쿠시마현의 부흥

---

48) 「相双ビューロー SOSO BUREAU」, https://sosobureau.yumesoso.jp/(최종 검색일: 2022.1.13.).

기금과 도미오카의 마을 만들기, 농업 재생 사업을 추진하는 민간단체인 도미오카 플러스를 통해 현지에 환원한다. 도미오카에너지합동회사는 이 태양광 발전소가 요노모리의 벚꽃처럼 수백, 수천 년으로 이어가 차세대에 연결하려는 마음을 담았다고 밝혔다.[49]

2020년 11월 16일에는 도미오카 문화교류센터에서 공익사단법인 후쿠시마 혁신 · 코스트 구상 추진 기구와 후쿠시마현이 공동으로 주최한 "스마트 농업 · 첨단 기술 체감 페어 in 토미오카"가 개최되었다. 후쿠시마현 하마도오리 지역의 농업 관계자 및 학생들을 대상으로 최첨단 농업 기술을 실제로 보고 만져보는 등 체험형으로 진행한 이 박람회에는 로봇, IoT, 빅데이터, AI를 활용한 "스마트 농업"을 실행하는 사람들이 초대되었다.[50]

같은 시기 일본여행업협회(日本旅行業協会, 도쿄도) 또한 후쿠시마현 내에서 동일본대지진과 도쿄전력 후쿠시마 제1원전 피재지에 대한 시찰회를 진행했다.[51] 시찰회는 대기업 여행업체의 기획 담당자들이 재해지역의 현장을 배우는 '호프 투어리즘'(hope tourism)[52] 상품 기획을 위해 만들어진 자리였다. 시찰회에는 JTB, 긴키 일본 투어리스트(近

---

49) 「JR동일본에너지개발주식회사」, http://www.jr-energy.jregroup.ne.jp/challenging/tomioka/(최종 검색일: 2022.1.13.).

50) 「福島イノベーションコスト構想」, https://www.fipo.or.jp(최종 검색일: 2022.1.13.).

51) 福島民報社, 「被災地の現状学ぶ「ホープツーリズム」企画へ福島県視察 日本旅行業協会」, https://www.minpo.jp/news/moredetail/2021111692063, 2021.11.16.

52) 재난이나 전쟁의 유산이나 장소를 여행하는 것을 다크투어리즘(dark tourism)으로 부르는 것을 반대하며, 절망 속에서 '희망'을 찾을 수 있다는 의미에서 호프투어리즘(hope tourism)으로 명명했다.

畿日本ツーリスト), 일본 여행(日本旅行) 등 회원 기업 담당자 약 30명이 참가했다. 이들은 첫째날인 11월 15일에 후타바쵸(双葉町)의 동일본대지진・원자력 재해 전승관, 나라하마치・히로노쵸(楢葉・広野町)의 J빌리지, 쓰나미 당시 침수되었다가 정비된 나미에마치(浪江町)의 하야도코(請戸小) 등을 둘러보면서, 포토 포인트와 이동 수단, 여행 상품 개발에 필요한 행정 수단 등을 검토했다. 이튿날인 16일에는 도쿄전력 후쿠시마 제1원전과 도미오카의 요노모리(夜の森) 지구를 방문했다. 후쿠시마관광협회는 이 두 곳이 후쿠시마의 "빛"과 "그림자"를 보여주는 곳이자 후쿠시마 부흥의 핵심 장소임을 강조했다.[53]

아이러니하게도 후쿠시마 해변에 건설되고 있는 혁신 해안은 제2차 세계대전 중 미국의 비밀핵무기 프로젝트의 한 축을 담당하고 있던 미국의 핸포드를 모델로 한다. 앞서 3절에서 언급한 케이트 브라운의 저서 '플루토피아'의 중요 연구대상 지역이었던 핸포드는 미국 핵개발 네트워크의 핵심 지역으로서, 오늘날에는 공장의 탱크에 보관되어 있던 고준위 방사선 폐액이 지하로 누출되는 사고를 일으키는 등 미국에서 가장 오염된 지역 중 하나이기도 하다. 도미오카를 비롯해 후쿠시마현 하마도오리 지역에 위치한 여러 정촌들은 후쿠시마 혁신 해안을 구상하면서 방사능 오염으로 악명이 높았던 이 핸포드를 환경 정화 관련 기업과 연구 기관의 집적을 통해 고용 창출과 경제 활성화 지역으로 만든다는 목표로 활동하고 있는 비영리법인 "핸포드 트라이덱"(Hanford TRIDEC, Tri-City Development

53) 「公益財団法人福島県観光物産交流協会」, https://www.hopetourism.jp/facility.html?id=40.

Council)[54]의 "핸포드 커뮤니티즈"(Hanford Communities) 모델을 염두에 두었다.[55] 2021년 3월에 하마도오리에 속한 정촌들은 현지대학(동일본국제대학, 이와키단기대학 등), 현지 기업, NPO법인 등 43명의 설립 멤버를 중심으로 "후쿠시마 하마도오리 트라이덱"으로 불리는 민관학 연합 단체를 결성하고 폐로 작업과 후쿠시마 혁신 해안 구상, 국제교육연구거점 등 큰 규모의 프로젝트와의 접점을 마련해 지역 경제를 활성화할 수 있는 방법을 찾아 "지역 부흥의 틀"을 구축하자고 뜻을 모았다.[56] 플루토늄 생산기지로서 방사능 물질에 오염된 지역으로서 핸포드와 원전 사고로 누출된 방사능 물질에 오염된 지역으로서 후쿠시마를 '방사능 오염 지역'이라는 형태로 동일하게 범주화했기에 가능한 벤치마킹이었다.

이는 히로시마와 나가사키 원폭 투하일인 8월 6일과 9일에 '세계 유일 피폭국'이라는 이름으로 희생자를 추도하고 '반핵'이라는 용어는 언제나 '평화'와 쌍으로 배치하면서도, 첨단의 과학기술을 통해 만들어내는 미래와 그것을 가능하게 하는 '원자력' 에너지에 대한 열광을 직조해낸 일본의 전후 자본주의 산업화의 역사가 후쿠시마 원전사고 이후 이 지역의 부흥 정책에서도 큰 변화 없이 변주될 수 있음을 보여준다. 실제로 후쿠시마 혁신 해안 구상은 후쿠시마 원전폭발 사고 이후 이 지역의 부흥을 위해 원전 기술 이외의 다양한 과학기술적 측면에서 새로운 시

54) 「Tridec-Tri-City Development Council」, https://www.facebook.com/tcdevcouncil.
55) 中村隆行, 「米国ハンフォード地域との連携協力に関する最近の取組みについて」, 東日本国際大学 福島復興創世研究所 所長代行, 学校法人昌平黌 法人事務局長, 2020.
56) 「産学官民で浜通り復興: 福島の教育機関など連携組織を設立」, 『河北新報』, 2021. 3.7, https://kahoku.news/articles/20210306khn000046.html.

도와 노력을 기울이는 매개가 되었다. 환경 재생 산업, 스마트 농업 기술, 로봇이나 드론과 같은 차세대 기술, 첨단의 폐로 기술 등이 부흥의 전면에 등장했다. 도미오카정을 비롯해 후쿠시마 원전 지역에서 진행되는 이와 같은 과학기술적 혁신들 속에서 원전 폭발로 인한 재난은 수습되고 피폭의 위험은 통제될 수 있으며, 원자력 에너지는 여전히 '청정 에너지'라는 담론에 섞여 들었다. 원전 사고로 위기에 봉착했다고 일컬어졌던 원전 기술, 더 나아가 그러한 기술에 의존해 발전해온 일본 자본주의는 신산업의 총체들이 결합한 후쿠시마 혁신 해안 프로젝트를 통해 일본이 부딪친 위기를 기회로 바꾸고, "국난"을 극복해나간다는 오래된 민족-기술주의의 유토피아적 서사들 속에 녹아든다.[57] 그러는 사이 후쿠시마 현에서의 소아 갑상선암 증가나 오염토 재사용, 제염되지 않은 지역의 귀환 곤란 구역 해제 등의 문제가 때때로 사람들의 눈과 귀를 사로잡는다. 후쿠시마 원전 사고 이후 국가 주도의 사고 수습과 부흥 정책이 진행되는 동안 피난을 떠난 도미오카정의 주민들은 이와 같은 변화들을 어떻게 받아들이고 있는가? 마지막 절에서는 피난구역에서 해제된 현재 도미오카정에서 주민들의 피난과 귀환이라는 삶의 문제를 살펴보고자 한다.

---

57) 재난 이후 지역의 부흥을 도모하자는 움직임에서 과학기술적 장치들을 통해 확장되는 미래의 시공간이 단지 국가나 정부의 전유물만도 아니다. 오구마 에이지가 지적하고 있듯이 후쿠시마 원전사고 이후 원자력 에너지에 관한 비판적인 논의는 기존의 생태학, 근대문명 비판, 경제성장 재검토라는 문맥을 벗어나 재생가능 에너지와 스마트 그리드 등 전력 자유화의 토대가 되는 신기술을 통해 가능하다는 논조가 강해지고 있다. 小熊英二「東北と戦後日本—近代日本を超える構想力の必要性」, 『The Asian-Pacific Journal』, 2011. https://apjjf.org/2011/9/31/Oguma-Eiji/3583/article.html.

5. 부흥과 위험의 헤테로토피아, 피난해제구역으로의 귀환

> 아즈미나가모리 화물역에[58] / 줄지어 서 있는 가설 숙소에서 / 밤마다 꾸는 꿈 / 고향의 벚꽃 길인가 진달래 역인가 / 고야스관음사의 해변가에서[59] / 밀려오는 파도 소리 자장가 / 무거운 울림에 문득 잠에서 깨어 / 귀를 기울이면 야간 열차 / 생각해보면 여기는 임시 숙소 / 베개를 적시며 새벽을 기다린다(이타쿠라 마사오, FoE Japan 인터뷰 중).[60]

이타쿠라 마사오(板倉正雄, 2019년 FOE Japan 인터뷰 당시 나이 90세) 씨는 원전 사고 직후 고향인 도미오카를 떠나 후쿠시마현 고리야마시로 피난을 갔다. 그가 피난했던 임시 숙소에서 지내며 피난 생활의 고단함과 고향에 대한 그리움을 표현한 위의 시는 여러 사람들에게 회자되었다.[61] "후쿠시마 사람들이 입은 가장 큰 피해는 방사능 피폭이 아니라 그로 인한 피난 생활이다"라고 할 만큼 후쿠시마 원전 사고 이후 피난을 해야 했던 주민들이 호소한 고통은 컸다. 피난 생활로 "사람들은 직업을 잃고, 집을 잃고, 이웃을 잃고, 이것이 그들을 아프게 하고 심지어 죽게도 했다."[62] "후쿠시마 원전 가나가와 소송(福島原発かながわ訴訟)"을 진

---

58) 아즈미나가모리역(安積永盛駅)은 후쿠시마현 고리야마시(福島県 郡山市)에 있다. 동일본대지진 당시 피난민을 위한 임시가설주택의 대부분이 자치단체가 소유한 공용부지에 세워졌는데, 철도 인근에 위치한 가설 숙소도 적지 않았다.
59) 고야스관음사(子安観音)는 도미오카 해안가에 자리한 절이다.
60) 「후쿠시마현 도미오카로 귀환한 이타쿠라 마사오씨」, 『FoE Japan』, 2021.7.15., https://www.youtube.com/watch?v=sRvLriNl1p0.
61) 「故郷で最期を」避難指示解除の町に戻った夫婦の思い」, 『朝日新聞』, 2019.7.12., https://www.asahi.com/articles/ASM7B53DHM7BUQIP01H.html.
62) 「"문제 없다"와 "끝났다" 사이에 '후쿠시마의 진실'이 있다」, 『뉴스톱』, 2019.

행 중인 도미오카의 한 남성은 고향을 떠나 9년간을 생활하며 겪은 경험을 다음과 같이 이야기 했다.

> 가나가와현 하야마초(葉山町) 어머니 집으로 피난을 갔습니다. 그때까지 혼자 살던 모친은 갑작스럽게 여섯 명이 같이 살아야 하는 생활에 피폐해졌습니다. 얼마 지나지 않아 우리 다섯 가족은 이사를 했지만, 가나가와에서는 도미오카 자택과 같은 넓은 방을 가진 집을 빌릴 수는 없었습니다. 도미오카에서는 건강 그 자체였던 아내가 스트레스 때문에 여러 병을 앓게 되었고, 병원 통원과 약을 계속 복용해야만 했습니다. 의사에 따르면 이 약은 평생 계속 먹어야 한답니다...(중략)...우리는 앞으로도 가나가와현에 계속 살 생각입니다. 하지만 주민표(住民票)는 아직 도미오카에 있습니다. 집을 해체해도 땅을 처분할 수 없기 때문입니다. 건물을 해체한다 하더라도 선량이 높아 단독주택을 짓기에는 꺼려지고, 그렇다고 아파트를 신축할 만큼 넓은 땅은 아니기 때문에 아무도 사주지 않는 상황입니다. 땅이 팔리지 않은 채 주민표를 옮겨버리면 이번에는 고정자산세 감면조치를 받을 수 없게 됩니다(民の声新聞, 2020. 10.5.).[63]

여러 인터뷰에서 나타나듯이 고향을 떠나 임시 거처 등에서 피난 생활을 했던 도미오카의 주민들 중에는 피난구역이 해제된 이후 이곳으로 돌아온 이들이 없지 않다. 앞에서 처음 인용한 시를 썼던 이타쿠라 마사오 씨가 그중 하나다. 그는 피난 생활이 7년째가 넘어가던 2018년 4월

12.9., http://www.newstof.com/news/articleView.html?idxno=10102.

63) 「富岡町から避難した男性が9年半の苦しみを陳述「国や東電は責任認めろ」弁護士は被曝リスクや「避難の相当性」を主張~控訴審第3回口頭弁論」, 民の声新聞, 2020.10.5., http://taminokoeshimbun.blog.fc2.com/blog-entry-488.html(최종 검색일: 2022.1.13.).

임시가설주택에서의 생활을 접고 피난해제구역이 된 도미오카로 돌아왔다. 도미오카로 돌아와서는 더는 시를 쓰지는 않으며 지낸다는 이타쿠라씨. "FOE Japan"(지구의 친구들 일본 지부)의 무토 루이코(武藤類子)가 진행한 인터뷰에서 그는 나이가 많은 자신이 고향으로 돌아온 것은 개인적으로 잘한 결정이라고 생각하지만, 그렇다고 그 같은 귀환 결정을 모든 사람에게 권할 수 있는 상황은 아님을 잘 안다고 말했다.

> 저는 노인이라 여기 있는 거죠. 예를 들어 방사능 때문에 내일 (저에게) 무슨 일이 일어난다고 해도 아무도 방사능 때문이라고는 말하지 않을 겁니다. 나이가 들어 생긴 일이라고 하겠죠. 그래서 저는 손주와 아이들은 웬만하면 이곳에 오지 않도록 하고 있어요. 사람들이 왜 안 돌아오냐면요. 제가 지금 실감하는 건 생필품을 살만한 가게가 없어요. 저는 91살인데도 여전히 차를 몰고 3일에 한 번씩 장을 보면서 제 아내와 둘이서 지내고 있죠. 이게 안 되면 여기서 살 수가 없죠. 의사 선생님도 없고, 이발소도 없어요. (백발의 단발을 만지며) 제 머리 스타일 좀 보세요. 이발소가 없어서 그런 거에요. 시간을 들여서 해결될 일이 아닌 거 같아요. 동시에 시작해야죠. 다시 정착하러 돌아왔을 때 가게들도 생긴다면 사람들이 더 올 수도 있어요....여기 살면서 저녁이 되면 어디 있는지 착각을 일으킬 때가 있어요. 그래서 치매가 시작된 제 아내는 자꾸 착각을 일으키고 "이제 돌아가자"라고 해요. 도미오카로 돌아가자는 걸까요? 고리야마 가설 주택으로 돌아가자는 걸까요? 이곳 후쿠시마를 보지 않는 사람은 언론 보도만 듣고 텔레비전만 보는 사람은 이 현실을 상상조차 못할 거에요. 정말 이거 (방사성폐기물) 엄청난 양입니다. 이걸 도대체 어떻게 하려나 싶어요. 검은 봉지에 넣은 걸 트럭으로 가져 와서 놓고 갑니다. 그걸 펼쳐놓고 방사선량을 계산합니다. 점점 늘어나고 있어요. 임시 보관 장소에 두는 거죠. 임시 보관도 사실 아니에요. 2차 보관 장소는 어디냐고 물어봐도 그런 곳은 없거든요. 이런

상황에서 부흥이라는 구호만 목청껏 외치고 있습니다.[64])

후쿠시마 원전에서 6km 정도 떨어져 있는 도미오카의 공중선량 수치는 안전범위(0.23 ㎲v)라고는 하지만, 이타쿠라 씨의 집안 구석구석에는 여전히 0.7이 넘는 수치가 선량계에 찍혀 나오기도 한다. 그러나 마사오씨가 다른 사람들에게 이곳으로의 귀환을 선뜻 권하지 못하는 이유는 위와 같이 피난 구역 지정 이후 지역 상가의 황폐화와 생활 불편, 이웃의 부재 등 다양하다. 실제로, 2019년 일본 부흥청이 공표한 도미오카 주민 의견조사보고서에 따르면, 조사 대상 세대(6,612세대) 중 조사에 응한 2,922세대 중 도미오카의 주민들이 귀환을 판단하는데 있어 가장 중요하게 고려하는 사항으로는 의료기관(61%)과 상업시설(46%)이 상위에 있었고, 그외 다른 주민들이 귀환하는 비율, 개호 및 복지 시설, 방사선량 저감과 제염의 성과 등이 있었다. 귀환하지 않기로 결정한 세대의 경우 이미 피난처에서 생활기반을 잡은 경우가 61%였고, 피난한 곳의 생활편의가 높아서라고 응답한 경우도 40%에 이르렀던 것을 비추어 보면 원전 사고 이후 도미오카의 생활편의가 극히 낮아지고 공동체가 붕괴한 것이 귀환 결정에 중요한 고려사항이 되고 있음을 보여준다. 같은 조사에서 귀환 판단의 중요 고려 사항으로서 의료환경이 불안하다거나 원자력발전소의 안전성에 대한 의문이 있다는 것은 각각 33%, 28%로 위의 의료기관 및 상업시설 등과 같은 요소보다 상대적으로 낮은 경향을 보였다.[65])

---

64) 「후쿠시마현 도미오카로 귀환한 이타쿠라 마사오씨」, 『FoE Japan』.
65) 復興庁, 「住民意向調査速報版(富岡町)の公表について」.

같은 조사에서는 귀환 의향 조사도 이루어졌다. 2019년 조사 당시 도미오카에 귀환하여 거주하는 비율은 7.5%, 귀환을 희망하는 비율은 8.1%였다. 대신 과반에 육박하는 49%가 귀환을 하지 않을 것으로 결정하였고, 돌아가고 싶지만 사정이 되지 않거나 혹은 귀환 여부를 판단하기 어렵다고 한 비율이 32.8%에 달했다.[66] 2년이 지난 2021년 보고서에서는 귀환했거나 귀환을 희망하는 이들의 비율이 조금씩 늘어 각각 9.5%, 9.5%로 증가했다. 다만, 귀환하지 않겠다고 결정한 이들의 비율은 여전히 49.3%로 변화가 없었다. 즉, 귀환 비율이 다소 증가한 것은 그동안 귀환 결정을 미뤄왔던 이들의 비율이 다소 줄어든 결과다.

〈그림 2〉 귀환에 관한 2021년도 도미오카 주민의견조사 결과(復興庁, 2021)

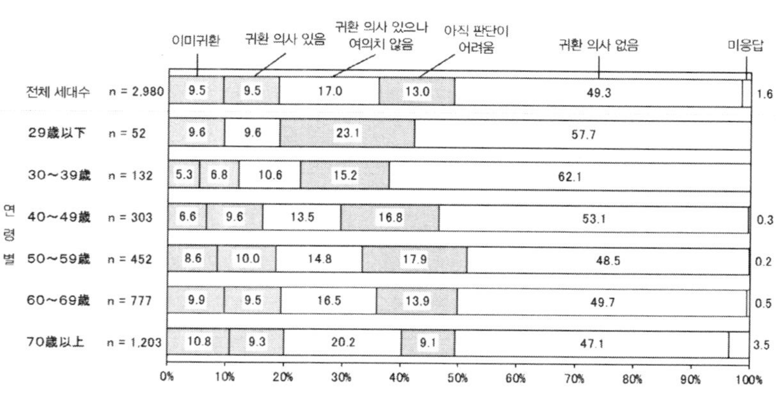

이 두 조사에서 주목할 만한 점은 귀향 의사에서의 세대별 차이이다. 2021년 조사보고서를 보면, 29세 이하의 세대중 귀환한 가구는 아예 없

66) 復興庁, 「住民意向調査速報版(富岡町)の公表について」.

다. 30대 세대 가구 또한 귀환을 하지 않겠다고 한 비율(62%)은 높고 귀환을 하겠다는 비율(5.3%)은 매우 낮다. 이와 반대로 70세 이상은 귀환 비율(10.8%)이 세대 중에서는 가장 높고, 귀환하지 않겠다고 한 비율(47%)은 가장 낮다. 이는 피난처에서의 현지 적응이 상대적으로 나은 편이었던 젊은 세대가 자녀의 학업과 본인의 직업 관계상 귀환을 하지 않으려는 비율이 높다는 점과 연결된다.[67]

도미오카로 귀환하려는 주민들의 수가 크게 증가하지 않는 점은 도미오카의 부흥에 중요한 장애로 인식되었다. 도미오카 사무소는 재해 직후인 2012년 "도미오카 재해 부흥 비전"과 "도미오카 제1차 부흥계획," 이어 2014년에는 "도미오카 부흥마을 만들기 계획" 등 일련의 "부흥스케쥴"을 완성했다.[68]

지진과 원전 폭발 이후 처음 세워진 "도미오카 제1차 부흥계획"에 따르면 2016년까지의 5년간을 '복구기,' 이후는 '부흥기'로 설정되었다. 이중 복구기에는 피난 환경 정비와 귀환시기 검토, 주민의견조사, 생활환경 조사 등을 통해 부흥계획을 수립, 주택과 농지의 제염과 제염 모니터링을 지속하면서 도미오카의 '인프라'를 복구하는데 힘쓴다고 되어 있다. 여기에서 '인프라의 복구'는 임시 복구와 정화시설 복구, 상하수도 복구, JR등 철도와 역사 복구, 재해공영주택 정비, 고속도로 통행료 무료 조치 등을 포함한 것으로서 대체로 이는 2018년까지 대부분을 완료되었다.

67) 復興庁, 「富岡町住民意向調査 調査結果(速報版)」, 2021.12.7.
68) 福島県富岡町, 「双葉郡の中枢を担う富岡町の役割と復興に向けて, 福島12市町村の将来像に関する有識者検討会(第1回)」.

문제는 "1차 부흥계획"의 중요 목표였던 귀환을 희망하는 주민을 증가시키는 것이었다. 도미오카는 주민들의 귀환을 위해 "생활을 하는 가운데 불안함을 줄이고 안심할 수 있는 환경을 정비하는 것"과 "지진 재해와 원전 사고를 계기로 종전의 마을 만들기 과제를 해결해 안전 · 안심할 수 있는 새로운 매력을 갖춘 고향 도미오카를 만드는 것"을 실행한다는 계획을 마련했다.

그러나 이러한 계획은 원전 사고 이후 1년이 지나도록 주민 대부분이 피난 생활을 청산하지 못하는 상황이 명확해지면서, "당분간 귀환할 수 없는 마을 주민의 심신 건강을 지켜 생활을 재건한다"는 목표를 추가하게 되었다. 이어 2015년에 마련된 "도미오카 제2차 재해부흥계획"에서는 기존의 부흥 계획 중 제염과 인프라 복구 등 생활 기반 정비를 위한 정책 이외에 마을 주민의 생활 재건을 위한 사항으로 국가기관 대응, 배상문제와 관련된 주민 요청 활동 등이 대거 추가되었다. 또한, 시간이 지날수록 도미오카로 귀환하는 것을 아예 단념한 주민들이 늘어나고 있다는 현실로 인해 마을의 역사와 문화 전통을 보존하자는 움직임이 생겨났다. 그에 따라 도미오카의 옛 역사와 문화와 관련된 자료를 수집하는 것이 재해 부흥 계획에 추가되었다.

한편, 도미오카의 옛 고향으로 돌아와 살지 않기로 한 주민들도 이곳에 돌아오는 때가 있다. 죽어서 묘지에 묻힐 때나 혹은 가족의 묘지를 방문할 때이다. 도미오카에서 건설 노동을 하던 사토 겐지(佐藤健治, 2019년 사망 당시 75세)는 미장일 등 건설 노동자로 살며 자기 손으로 지은 집에서 손자를 돌보고 농사를 짓던 주민이었다. 원전 사고 이후 그가

살던 도미오카 고라가하마지구(小良ヶ浜地区)는 귀환곤란구역으로 지정되었다. 오랜 피난생활 끝에 병을 얻은 겐지 씨는 입원중에도 "집에 돌아가고 싶다"고 했지만, 그가 고향에 돌아온 것은 사망해서 고향의 공동묘지에 묻혔을 때였다. 원전 사고 이후 10년 동안 귀환곤란구역 등 지정으로 인해 피난한 주민 2만 여명 중 2600 여명이 사망했다. 전체 피난민의 1할에 해당한다.

8월 15일 오봉마쓰리(お盆祭り)를 전후로 성묘를 하려는 주민들에게 귀환곤란구역 출입이 허용되기도 했다. 무더위 기간인 8월에는 귀환곤란구역 입장을 허용하지 않았던 정부지만, 성묘를 원하는 다수의 주민의 요청이 생기면서 오봉마쓰리 기간 전후의 며칠을 특정하여 국가(원자력재해 현지대책본부)가 위탁하는 교통수단을 통해 출입할 수 있도록 한 것이다. 마을에 일시 입장하는 주민들은 행사를 주관하는 기관에서 배부하는 방호 장비를 착용하고 개인 선량계를 장착해야 했다.

2021년 2월 아사히신문은 묘지를 통해 후쿠시마 원전 사고 이후 10년을 돌아보는 디지털 사진전을 기획했다. 여기에는 주민들이 돌아오지 않는 귀환곤란구역 내에 위치한 묘지에도 오봉마쓰리를 맞아 성묘를 하러 온 사람들의 발길이 이어지고 있는 사진들이 전시되었다. 부모 등 가까운 가족의 묘지는 피난처로 옮기는 경우가 많았지만, 그 윗대의 선조들의 묘지까지 옮기는 경우는 많지 않았다. 그럼에도 불구하고 방재림 조성이나 제염폐기물 중간저장시설 건설 등으로 기존의 공동묘지가 해체되어야 하는 경우가 적지 않았다. 후타바쵸의 나카하마 공동묘지는 2021년 2월초 방재림 정비를 위한 구역 내에 위치하고 있어 해체되어 새로운 공동묘지로 옮겨야 했다. 각자 여러 피난처에 모여 있던 주민들은 묘지 해체를 앞두고 공양을 위해 이곳을 방문했다. 해체가 되는 묘지 이외에도 쓰나미 당시 피해를 받은 공동묘지의 해체로 새로운 공동묘지 건설을 요구하는 주민들의 뜻을 모아 방사선량이 높아 주민의 거주가 어려운 곳에 새로운 공동묘지가 조성되기도 했다. 데라우치마에(寺内前) 공동묘지는 제염폐기물 중간저장 시설이 건설되는 구역으로, 방사선량이 높은 산간에 위치했다. 이곳에는 258개의 묘지가 조성되며, 사람들은 출입허가 없이 자유롭게 성묘할 수 있다. 이곳은 이미 전체 묘지의 30%가 입묘 완료되었다.[69)]

나미에마치 다니쓰다지구(谷津田地区) 귀환곤란구역 내 농지에 위치한 공동묘지는 주민이 없어 농지와 묘지 관리가 힘들었지만, 태양광 패널 사업(메가-솔라)을 통해 임대료 수입을 얻고 환경보존을 위한 고용을 창출해 묘지를 관리할 수 있게 되었다. 구역장인 하라다(原田栄) 씨는 사람들은 떠났지만 선조 대대로 내려오는 묘지만은 그대로 남기고 싶다고 말했다.[70)]

2021년 11월 11일 저녁 도미오카 해안의 항구에서 진혼과 액막이를 위한 불꽃놀이(하나비)가 진행되었다. 지역의 연례 행사인 "에비스코우시(새우축제)"가 코로나 감염병의 확대로 온라인으로 대체된 행사였다.

---

69) 「戻れぬ故郷で花を手向けて: 墓地から見える震災10年福島のいま」, 『朝日新聞デジタル』. 2021.2.22., https://www.asahi.com/gallery/photo/national/eastjapanearthquake/20210222/.

70) 「戻れぬ故郷で花を手向けて: 墓地から見える震災10年福島のいま」, 『朝日新聞デジタル』.

동일본대지진 이후 10년 8개월이 지나 재해로 인해 사망한 사람들의 위령과 코로나 바이러스 조기 종식을 기원하며 열린 행사로, 도미오카로 돌아오지 못하는 고향 사람들을 위해 온라인으로 생중계 되었다. 1923년(大正 12年)부터 개최되었다고 하는 이 행사는 2011년 동일본대지진 이후 6년간 중지되었다가 2017년 다시 재개했다. 비슷한 시기 동일본대지진 이후 희생자의 진혼과 옛 마을 재생을 염원하며 "빛의 모뉴멘트" 행사도 개최되었다. 2017년 미나미소마시에서 시작된 이 행사는 옛 하라마치(原町)의 상징인 "정령의 나무"(精霊の木)에 빛을 비추어 그 빛이 창공에 닿게 하는 것이 핵심이다. 후타바군과 미나미소마군 일대의 여러 마을이 참여한 이 행사에 도미오카는 스와신사(諏訪神社)가 함께 했다.[71)]

> (후쿠시마 원전 사고로) 잃어버렸다고 해야 할까요? '원전으로 숨겨진 것이 드러나는 거구나'라고 생각하고 있어요. 지금까지 보지 못했던 것이 점점 보이게 되면서 이 세상의 움직임이랄까, 틀이라고 할까, 숨겨져 있던 것이 점점 밖으로 나오며 밝아지게 된 부분이 있다고 생각하는 것.[72)]

위에 인용한 간노 쿠니 씨는 원전 인근의 후쿠시마현 이이다테무라에서 살았던 주민으로, 그의 이야기는 후쿠시마 원전 사고 이후 지역의 많은 사람들이 원전 산업의 거대한 구조에 대한 자각을 분명히 보여준

---

71) 福島民友新聞, 「鎮魂と古里再生願う「光のモニュメント」 福島・南相馬、師走の夜空青く貫く」, 2021.12.20. https://news.yahoo.co.jp/articles/5bd3466b744dcc88d4927cadca4c42f0054fb93a.

72) いいたてWING19, 『飯舘村の女性たち』, 福島: SEEDS出版, 2016, 184쪽.

다. 원전 사고 이전에는 '일본의 원전은 세계에서 가장 안전하다'는 말을 의심치 않던 주민들이었지만, 사고와 이후 수습 과정은 그 사고가 언제든 일어날 수 있는 일이라는 점을 분명히 보여주었다. 후쿠시마 원전이 마을에 들어섰을 때 그리고 원전 폭발 사고가 난 이후 '부흥'의 기간 동안 정부는 일관되게 이 장소를 첨단 기술이 현현하는 유토피아적 미래를 상상하자고 이야기했다. 그러나 죽어서야 자유롭게 돌아올 수 있는 이 장소, 먼저 간 이들을 추모하는 발걸음조차 가볍지 않은 이 장소를 우리는 유토피아적 장소라고 부를 수 있을까?

후쿠시마 제1원전의 원자로 노심용융이라는 현실은 폐로가 완료되는 시간을 지연시키고 도미오카 주민의 귀환을 장담하기 어렵게 했다. 다양한 부흥 정책과 엄청난 부흥 예산의 투입을 통해 도미오카는 피난구역에서 해제되었지만, 귀환하는 주민의 수는 원래 주민의 10% 정도에 그치고 있으며 그 다수도 노인들이었다. '죽어서야 고향에 돌아간다'는 자조 섞인 피난민들의 이야기는 도미오카가 마주한 디스토피아적 현실이다. 이러한 상황에서 다수의 도미오카 주민들은 사망하거나 혹은 사망한 가족이 거하는 장소로서 도미오카로 연결되었다. 도미오카의 묘지와 사당, 절, 신사 등은 이곳에 거주하는 주민들뿐만 아니라 그곳의 영혼들, 그리고 그와 연결되는 다양한 존재들과의 연결지점으로 이 장소를 다시 재구성하고 있다. 서로 공존하기 어려운 이질적인 것들이 병치하고 공명하면서 반향하고 변화해가는 혼란스러움을 가진 공간, 분절된 인간 삶의 장소들, 모든 공간을 더욱 환상적인 것으로 만드는 공간, 혹은 뒤죽박죽인 현실과 달리 주도면밀하게 계획된 장소를 '환상'과 '보상'의

헤테로토피아라고 한다면, 도미오카정은 그런 헤테로토피아의 공간으로 구축되고 있는 것이 아닌가.[73)]

6. 맺음말: 도미오카는 지지 않아!

2017년 3월 31일 도미오카 중심부인 쓰키노시타(月の下) 교차로 육교에 걸려있던 "도미오카는 지지 않아!" 현수막이 철거됐다. 쓰키노시타 교차로는 NTT동일본의 인터넷 라이브카메라가 24시간 비추는 곳으로 전국으로 피난을 간 주민들에게도 보일 수 있는 지점이다. 후쿠시마 제1원전 사고로 주민들이 돌아오지 않았던 도미오카의 국도 위에 6년 반에 걸쳐 있던 이 현수막은 원전 사고 직후인 2011년 8월, 마을 주민인 호텔 경영자 히라야마 쓰토무(平山勉) 씨가 피난을 간 주민들에게 "꺾일 것 같아도 포기하지 않고 살아나갔으면 한다."라는 생각으로 제작했었다. 이 날 현수막이 철거된 것은 다음날인 2017년 4월 1일이 도미오카 주민에 대한 피난지시가 해제된 날이기 때문이었다.[74)] 피난구역에서의 해제는 그렇게 후쿠시마 원전 사고에도 불구하고 "지지 않는" 도미오카의 '부흥'

---

73) Michel Foucault, "Of Other Spaces."

74) 처음 걸었던 현수막은 히라야마 씨가 수작업으로 제작했으며 12년 봄의 폭풍우에 끊어질 것을 우려해 지역 경찰서가 회수하고 업체가 제작한 것으로 대체하였다. 원본은 후쿠시마현립 박물관과 마을의 진재 유산으로 전시되었다. 「[原発事故]富岡は負けん！横断幕でエール」, 『河北新報』, 2016.5.6. https://kahoku.news/articles/20160505kho000000010000c.html (최종 검색일: 2022.1.13.).

을 알리는 시작이었다. "진재 따위에 지지 않고 반드시 부활한다"는 이 문구는 쓰토무 씨만이 아니라 지진과 쓰나미 그리고 원전 사고로 피해를 입은 지역의 많은 사람들의 바람이었을 것이다.

그러나 과연 도미오카에서 "지지 않을 것"이라고 외쳐야 했던 '진재'는 이곳에서 살아가던 주민들에게는 어떤 것이었을까? "도미오카는 지지 않아"라는 말은 상정하고 있던 것이 단지 한 순간에 사라져갈 재난에 관한 것이었다면, 이야기는 좀 더 단순했을지 모른다. 도쿄신문(東京新聞)이 후쿠시마 원전 사고 10주년을 기념해 기획한 "당신의 부흥이 한 고비 넘어가는 시점은 언제인가?"라는 기사에서 원전 사고 이전 도미오카에서 편의점을 운영하던 오오와다 노부나리(大和田信成, 2021년 도쿄신문 인터뷰 당시 64세) 씨는 편의점 경영도 그만두고 직원들도 다 떠나 돌아오지 않는 상황에서 "부흥의 고비"라는 말 자체를 생각할 수 없는 상황이라고 이야기했다. 도미오카로 귀환한 한 남성도 "살아 있는 한 고비를 넘긴다는 생각은 할 수 없다. 열다섯 곳을 전전하며 추위를 견디고 고리야마시의 가설 주택에서 5년 이상을 지내다 2020년에 돌아왔다. 이 고통을 그냥 지나갔다고 말할 수 있는 날은 오지 않을 것 같다."라거나 "지금도 TV에서 원전 사고 뉴스가 나오면 꺼버린다. '고비를 넘겼다'라는 말뿐만 아니라 아직도 원자력 발전 사고 자체를 생각하기 힘든 이재민이 있다는 것을 알았으면 한다"라고 호소했다.[75)]

75) 「あなたの復興の節目はいつですか? あの日から10年 福島で聞いた」, 『東京新聞』, 2021.3.17., https://www.tokyo-np.co.jp/article/91953(최종 검색일: 2022.1.13.).

도미오카의 마을사는 20세기 일본 자본주의적 발전과정에서 위기를 극복하는 상상의 핵심으로 첨단의 과학기술 혹은 선진기술의 도입을 반복적으로 희구하고 그것을 실현하는 수단으로 삼아 왔음을 잘 보여준다. 후쿠시마 원전 폭발 사고를 처음 접했을 때 사람들이 느꼈던 압도적인 위협감, 현존하는 인류가 살아가는 동안에는 감당할 수 없을 것 같았던 위험의 시공간 스케일은 점차 기술적으로 통제하고 관리 가능한 것으로 축소되어 가고 있다. 사고로 인해 증가한 핵 폐기물의 양과 심각성, 지속성에도 불구하고, '첨단의 원자로 폐로 기술'은 다시 이곳을 부흥으로 재창조될 수 있는 장소로 많은 이들의 상상을 이끈다.

20세기 생태학의 중요한 인문학적 상상의 토대를 마련한 것으로 평가받는 루이스 멈포드는 근대 과학혁명에 의해 발명된 기술들의 가장 큰 기여 중의 하나는 사후적 세계와 결합된 순수한 종교적 개념이었던 사후, 무한대, 영원, 불멸 등을 인간들의 세속적인 현실 속의 시간과 공간에서 작동할 수 있게 했다고 말한다.[76] 일본의 현대 자본주의 역사에서 원자력은 바로 그와 같은 존재였다. 자원이 부족한 나라, 서양의 과학기술에 뒤쳐진 나라에서 핵 에너지는 이 국가의 영화로운 미래를 약속하는, 즉 미래의 시공간을 확장하는 핵심적인 장치였다. 전쟁 시기에는 대량살상무기로서의 압도적인 힘에 대한 군사적인 욕망이, 그리고 20세기 후반을 지나면서는 플루써멀(pluthermal), 파이로프로세싱(PyRoprocessing), 핵융합(nuclear fusion) 등, 첨단 과학기술의 가장 고도화된 형태로서 핵

76) 루이스 멈포드, 김종달 옮김, 『기계의 신화 2: 권력의 펜타곤』, 대구: 경북대학교출판부, 2012. 47쪽.

에너지는 꿈의 에너지를 창출할 것으로 이야기되었다.

과거에는 경제적 차원에서 "낙후한 지역," "개발되어야 하는 공간"이라고 이야기되었던 도미오카는 이제 재난으로 파괴된 곳에서 다시 그 위기를 극복하고 눈부시게 발전할 수 있는 미래의 장소로 부흥해야 하는 곳으로 부상하였다. "진재 따위에는 지지 않는" 도미오카는 과연 어디로 나아갈 수 있을까. 오늘의 도미오카는 "홀로 혼수상태에서 깨어나 분연궐기하여 온갖 간난고초와 싸워서 스스로의 새로운 운명을 열어야 할 때를 조우하게 된 것"일까? 한가이 세이쥬가 100여년 전 했던 말들이 다시 도미오카으로, 도호쿠로, 일본으로 향한다.

현대일본생활세계총서 18

일본자본주의 위기, 새로운 자본주의의 기회인가?

제3부

문화산업과 자본주의의 혁신 가능성

VII 김보경

'가도카와 아이돌영화(角川アイドル映画)'와
전후 일본 영화산업의 재편

VIII 노유니아

일본 디자인계에 나타난 '신 민예운동'
무인양품(MUJI)과 디앤디파트먼트를 중심으로

IX 서동주

불황기 일본의 포스트자본주의론
가라타니 고진의 '새로운 어소시에이션 운동
(New Associationist Movement)'을 중심으로

현대일본생활세계총서 18

일본자본주의 위기, 새로운 자본주의의 기회인가?

‘가도카와 아이돌영화(角川アイドル映画)’와 전후 일본 영화산업의 재편*

김보경

1. 산업으로서의 일본영화와 ‘가도카와 아이돌영화’라는 카테고리

일정한 팬층을 확보한 일본의 라이트 노벨이나 만화가 현재 가장 인기 있는 아이돌 가수 겸 배우 주연으로 영화화된다. 영화화를 기념하여 원작은 단장을 새로 하여 출판되고 주연 배우가 직접 부른 영화 주제가도 공개되어 음원 순위에서 상위를 점한다. 영화의 개봉에 맞춰 주요 배역을 맡은 배우들은 여러 지역의 영화관을 찾아 무대 인사를 하고 예능 프로그램에 출연하여 영화를 홍보하며, TV에서는 영화의 선전용 트레일러가 흘러나오는 것을 심심치 않게 볼 수 있다. 앞서 관람한 관객들

* 이 글은 『인문연구』(99호, 영남대학교 인문과학연구소, 2022)에 같은 제목으로 실린 필자의 논문을 단행본의 취지에 맞춰 일부 수정·보완한 것이다.

의 입소문을 타고, 주연 배우가 부른 주제가와 함께 제공되는 쿠키 영상까지 꼭 봐야 영화를 다 본 것이라며 연일 화제이다.

지금은 전혀 새로울 것 없이 누구나 익숙한 이 같은 일련의 흐름이 일본영화계에서 본격적으로 주류가 된 것은 언제, 어떤 과정을 거치면서였을까? 일본의 관객 대중에게, 한 편의 영화를 소비하고 즐긴다는 것의 의미를 단순히 영화관에 가서 두 시간 남짓의 시간을 어둠 속에서 집중하며 화면을 바라보고 귀를 기울이고 돌아오는 것 이상으로 만든 것은 무엇이었을까.

사실 지금까지의 일본영화 연구에서는 이 같은 물음에 대한 학문적 탐색, 다시 말해 산업으로서 영화를 바라보는 학술적인 접근은 상대적으로 미진했다. 그보다는 역시 영화의 '예술'로서의 측면에 집중하여, 일본영화사에서 주목받는 감독과 작품을 중심으로 영화텍스트를 분석하는 작업이 가장 많은 비중을 차지한다고 봐야 할 것이다. 그러나 한편으로 생각해보면, 일본에서 영화는 그 시작부터 이처럼 예술적 감상의 대상으로서 그 지위를 얻은 것은 아니었다. 상당한 시간 동안 영화는 볼거리를 제공하는 오락의 일종으로 치부되었으며, 영화의 창작과 수용 못지않게 영화를 보여주는 것 즉 흥행의 주체와 관객, 그리고 그들 사이를 오고 가는 자본의 움직임은 매우 중요하다.

물론 최근 이 같은 문제의식이 점차 강해지고 있으며, 영화업계의 동향, 영화회사의 제작 및 홍보 방침, 영화산업과 국가 정책의 관계, 영화를 둘러싼 미디어 환경의 변화 등에 주목한 연구가 시도되기도 하였다. 가장 주목할 만한 최근의 연구로는 국제 일본문화 연구센터(国際日

本文化研究センター)의 공동연구팀 '쇼와 전후기 일본영화사의 재구축(昭和戦後期における日本映画史の再構築)'에 의한 일련의 연구 성과를 들 수 있을 것이다. 영화를 산업이라는 관점에서 접근한다는 점에서 이 글은 이들 연구와 문제의식을 공유한다.

이 글에서는 일본영화사에서 이처럼 영화의 산업적 측면을 시야에 넣은 재검토가 가장 필요하다고 생각되는 1980년대에 초점을 맞춘다. 주지하다시피, 일본의 영화산업은 대략 1960년대 말에서 1970년대에 거쳐 사상 최대의 구조적 전환과 변혁을 거친다. 이 같은 전환기 이후 1980년대에 들어서면서 일본영화계에는 기존과는 다른 제작, 배급, 선전 및 흥행의 방식이 자리 잡았으며, 다른 업계에서 영화계로 자본과 인적 자원의 유입이 활발하게 이루어졌다. 이 글은 이와 같은 전후 일본 영화산업의 구조적 변화를 가장 잘 보여주는 일련의 작품군을 '가도카와 아이돌영화(角川アイドル映画)'라는 별도의 카테고리로 설정하고, 이들의 분석을 통해 일본영화의 산업적 성장·확장을 가능하게 했던 '전후'의 산업 구조가 영화의 사양화 이후 어떻게 재편되었는지 그 과정을 고찰한다. 나아가 '가도카와 아이돌영화'의 선전 전략과 흥행 방식, 포스트 촬영소 시대의 영화 창작자들과 아이돌의 만남이 1980년대 일본에서 '영화'의 의미와 범주를 어떻게 움직였는지를 명확히 할 것이다.

이 글에서는 '가도카와 아이돌영화'를 1981년의 〈표적이 된 학원(狙われた学園)〉부터 1987년의 〈검은 드레스의 여자(黒いドレスの女)〉까지, 가도카와 하루키 사무소(角川春樹事務所)가 제작하고 이른바 '가도카와 세 소녀(角川三人娘)', 즉 야쿠시마루 히로코(薬師丸ひろ子), 하라

다 도모요(原田知世), 와타나베 노리코(渡辺典子)가 주연을 맡은 영화로 정의한다.

기존의 일본영화사에서 '가도카와 아이돌영화'를 하나의 카테고리로 기술한 예는 없다고 보아도 무방하며, 이들을 하나의 범주로 파악한 학술적인 시도도 제대로 이루어졌다고 볼 수 없다. 그 수가 많지는 않으나, 1960년대부터 제작된 당대의 인기 아이돌 가수가 출연한 영화를 '아이돌 영화'로 분류하거나, 1970년대 중반부터 1990년대까지 가도카와 하루키(角川春樹)가 주도하여 제작한 작품들을 '가도카와 영화(角川映画)'로 분류하여 기술하는 경우는 찾아볼 수 있다.[1)] 다만, 이 글에서는 이 같

---

1) 1960년대 후반부터 일본에서는 이른바 '아이돌' 가수가 출연하는 영화의 제작이 증가하였다. 이 같은 '아이돌'이 출연한 영화를 '아이돌 영화'로 분류하여 1960년대부터 1980년대까지의 주요 작품을 정리한 서적은 많지 않지만 찾아볼 수 있다. 梨本敬法編, 『アイドル映画30年史』, 洋泉社, 2003과 寺脇研, 『昭和アイドル映画の時代』, 光文社, 2020의 두 권이 대표적이다. 참고로 1970~1980년대에 데뷔한 여성 아이돌 가수를 중심으로 한 인터넷 아카이브 Idol.ne.jp에도 주요 작품 목록이 정리되어 있다(「Idol movie」, https://idol.ne.jp/category/chronicle/idol-movie(최종 검색일: 2022.5.25.)). 또한, 1970년대 중반부터 가도카와와 하루키가 주도하여 제작한 '가도카와 영화'를 하나의 카테고리로 분류한 서적도 존재한다. 1976년부터 1986년까지의 '가도카와 영화'를 연도순으로 정리한 中川右介, 『角川映画 1976~1986[増補版]』, 角川文庫, 2016이나, '가도카와 영화'의 서사적 특성을 통과의례를 거친 소녀의 성장으로 분석한 御園生涼子, 「少女・謎・マシンガン—〈角川映画〉の再評価—」, 杉野健太郎編, 『交錯する映画—アニメ・映画・文学』, ミネルヴァ書房, 2013, 301~324쪽, 또 1960년대 이후의 일본영화사를 산업 장르 중심으로 논하면서 '핑크 필름' 등과 더불어 1970년대 중반부터 제작된 '가도카와 영화'를 하나로 묶어 분석한 Alexander Zahlten, *The End of Japanese Cinema: Industrial Genres, National Times, and Media Ecologies*. Durham: Duke University Press, 2017가 이에 해당한다. 그러나 본 논문은 이처럼 1960~1980년대의 '아이돌 영화'나 1970년대 중반부터의 '가도카와 영화'를 하나로 묶은 기존의 분

은 선행연구에서 한 걸음 더 나아가 '가도카와 영화' 가운데에서도 특히 1980년대 전반에 전성기를 구가했던 '가도카와 세 소녀'가 출연한 일련의 영화를 별도의 카테고리로 분류하여 재고찰을 시도한다. 1980년대 전반에 최고의 전성기를 구가한 '가도카와 아이돌영화'는 그 이전의 '가도카와 영화'가 지향한 대작 영화들과도 차이를 보일 뿐 아니라, 촬영소 시스템(studio system)의 명맥이 유지되던 시기에 만들어진 아이돌 가수들이 출연한 영화들과도 성격이 다르다는 점에서 하나의 독립된 분석대상으로 다루어야 한다. 그것은 가도카와 서점에서 발행한 원작의 장르에 기본적으로 뿌리를 두면서도, 연출을 담당한 '신인' 감독들이 촬영소 시대 끝자락에서 쌓은 경험의 흔적과 영화를 둘러싼 미디어믹스 전략의 구심점으로서 가도카와 아이돌의 이미지–가수로서 출발한 타 아이돌들과는 차별화된 영화 스타적 토양에 발을 딛은–가 복합된 새로운 카테고리이기 때문이다.

2절부터는 먼저 '전후'적 일본영화의 체제가 종식한 1980년대의 일본 영화산업의 지형 변화와 '가도카와 아이돌영화'의 제작 및 흥행, 선전 전략에 대해 살펴보고, 이를 통해 당시 소비의 측면에서 영화 경험의 범주가 확장되었음을 확인한다. 다음으로 '가도카와 아이돌영화'가 배급수입 최고 기록을 달성했던 1983년까지의 초기 대표작들(배급수입 10억엔 이상), 〈표적이 된 학원(狙われた学園)〉(1981), 〈세일러복과 기관총

류와는 달리, 1980년대 가도카와 하루키 사무소에서 제작하고 '가도카와 세 소녀'가 주연을 맡은 일련의 작품을 '가도카와 아이돌영화'라는 카테고리로 새롭게 파악한다는 점에서 관점의 차이가 있다.

〈セーラー服と機関銃〉(1982), 〈시간을 달리는 소녀(時間をかける少女)〉(1983)를 중심으로 그 혼성적 특징과 영화사적 의의를 명확히 한다.

2. 촬영소 시대 이후의 '가도카와 상법'과 영화 경험의 확장

일본영화의 산업적 측면에 주목하는 이 글에서 1980년대는 일본영화 산업의 '전후'적 구조가 완전히 해체되었다는 점에서 중요한 의미를 지닌다. 1960년은 역사상 가장 많은 일본영화(547편)가 개봉된 해였다. 그러나 불과 2년 뒤 개봉된 일본영화 편수는 300편대로 떨어졌고, 이후 2000년대 초반까지 상당 기간 일본영화는 연간 200~300여 편 정도 개봉하는 수준에 머물렀다. 극장을 찾은 관객 수의 감소도 뚜렷했다. 잘 알려진 바와 같이, 일본의 영화관 입장 관객 수는 1958년 그 정점인 1,127,452명을 달성한 이후, 1962년에는 그 절반 수준인 662,279명으로 감소하였으며, 10년 뒤인 1972년에는 187,391명까지 감소하였다.[2)]

이 몇 가지 숫자가 잘 보여주듯이, 일본영화는 전후 1950년대에 그 황금기를 맞이하고 1960년대 이후 서서히 쇠퇴의 길을 걸었다. 그리고 일본 영화산업의 성장과 확장을 지탱하여 황금기를 맞이하게 한 것은 바로 영화의 '전후 체제'라고도 할 수 있을 '촬영소 시스템(studio system)'과 '블록부킹(block booking)'이라는 '대량 생산'과 '대량 소비'의 빠른 순

2) 一般社団法人日本映画制作者連盟, 「過去データ一覧(1955年~2020年)」, http://www.eiren.org/toukei/data.html(최종 검색일: 2022.5.25.).

환으로 이익을 극대화하려는 시스템이었다. 먼저 촬영소 시스템이란, 영화회사가 전속 고용 관계에 있는 배우와 스태프, 자사의 촬영소 설비를 사용하여 특정한 포맷에 따라 짧은 기간에 저예산으로 영화를 대량 생산하고, 전국에 분포하는 자사 계열 영화관에 일괄 배급하여 이익을 극대화하는 체제이다. 영화의 제작, 배급, 상영의 전 단계를 영화회사에서 수직적으로 통제할 수 있었기 때문에, 사실상 영화산업의 독점적 구조를 형성했다고 볼 수 있다. 그리고 배급의 단계에서 배급사가 흥행을 담당하는 영화관 측에 여러 편의 영화를 일괄 계약하도록 하는 강제적인 성격의 협약이 바로 블록부킹이다. 영화 제작과 배급을 담당하는 측에서는 블록부킹을 통해 영화의 판로가 안정되고 고정적인 관객을 획득할 수 있으며, 극장 측에서는 상영작을 확보하고 특정 영화사의 작품을 독점 공개할 수도 있다는 이점이 있다. 그러나 한편으로 제작사에서는 상영에 필요한 만큼의 영화를 반드시 공급해야 하므로 작품의 질보다는 양을 추구하게 된다는 점에서, 또 극장 측은 배급되는 작품을 선택할 권리를 포기해야 한다는 점에서는 문제의 소지가 있다. 이러한 촬영소 시스템에서 영화관에 매주 상영 프로그램을 채워 넣기 위해서 각 영화회사에서 대량 생산했던 영화를 '프로그램 픽처(プログラム・ピクチャー)'라고 불렀으며, 각 영화사의 프로그램 픽처는 회사별로 그 특색을 나타냈다.

전후의 일본영화계는 대형 영화회사인 도호(東宝), 쇼치쿠(松竹), 닛카쓰(日活), 다이에이(大映), 도에이(東映)를 중심으로 한 촬영소 시스템에 의해 산업으로서 그 절정기를 맞이하였다. 그러나 앞서 확인한 바와 같이, 1960년을 기점으로 일본 영화산업은 쇠락의 길을 걷는다.

일본의 영화산업 쇠퇴의 가장 큰 요인을 TV의 보급에서 찾는 것이 일반적이다. 앞서 언급했던 영화의 관객 동원 수가 급감하는 시기와 일본에서 TV 보급이 급증하는 시기가 거의 일치하기 때문이다.[3] 그러나 한편으로 일본영화의 쇠퇴는 사실 과열된 투자와 경쟁으로 인해, 전후 영화산업의 황금기를 가능하게 했던 '양산 체제' 자체가 극단으로 치달으면서 촉진되었음을 부정할 수 없다.

앞서 언급한 1960년의 일본영화 사상 최다 개봉 편수인 547편 중 99%가 대형 영화회사에 의한 프로그램 픽처였다는 사실[4]은 사실상 전후 일본 영화산업의 황금기는 촬영소 시스템에 의한 양산 체제에 의지한 결과임을 드러낸다. 또한, 영화가 "일수(日收)가 들어오는 유리한 장사"라는 인식이 퍼지면서, 1951년에 3,320관이었던 영화관 수는 1960년에 7,457관에 달할 정도가 되었다. 이로 인해 영화관 사이의 경쟁이 과열되었음은 물론, 경영 악화로 인해 폐쇄되는 영화관도 줄을 이었으며 영화회사에서도 위기를 느끼게 되면서,[5] TV보다도 오히려 이 같은 영화관의 난립이야말로 영화산업에 어려움을 초래한 원인으로 지적되기도 하였다.[6] 또한, 영화관 난립으로 인한 경쟁의 격화는 '여러 편 동시 상영(多本立て)'이라는 흥행 형태와 이에 따른 영화 요금의 인하를 불러왔다. 이

---

3) 北浦寛之,『テレビ成長期の日本映画—メディア間交渉のなかのドラマ』, 名古屋大学出版会, 2018, 86쪽.
4) 四方田犬彦,『日本映画史110年(増補改訂版)』, 集英社, 2014, 166쪽.
5) 北浦寛之,『テレビ成長期の日本映画—メディア間交渉のなかのドラマ』, 90쪽.
6)「映画企業は斜陽産業か」,『映画時報』1959年 4月号, 合同通信社, 1959, 18쪽.

렇게 경쟁의 심화로 인해 대량 생산=대량 소비 체제가 극단으로 치닫는 가운데, 배급 영화 편수를 채우기 위해서 각 영화사의 작품은 질적 저하를 보이면서 대중들의 발걸음을 영화관에서 멀어지게 만들었다.[7]

결국, 촬영소 시스템은 1970년대부터 1980년대에 걸친 닛카쓰 '로망포르노(ロマンポルノ)'를 마지막으로 종식을 맞이한다.[8] 대형 영화 회사들은 이제 이전처럼 영화를 양산할 수 없는 상황이었기에, 제작 부문을 대폭 축소하고 인원을 감축하는 등의 대대적인 구조 조정에 들어갔다. 그리고 영화산업의 쇠퇴에 따라 영화계 바깥에서 자본을 지닌 다른 주체들이 영화 제작에 뛰어들었다. 이때 출판 미디어의 자본력을 기반으로 영화 제작에 뛰어들고, 다른 미디어와의 연계 속에서 성공을 거둔 것이 가도카와 하루키 사무소인 것이다. 가도카와 하루키 사무소는 상업영화로 업계에서 가장 큰 성공을 거두었다는 점에서 '전위 영화'의 창작 주체였던 1960년대까지의 독립 프로덕션과는 완전히 달랐다. 가도카와 하루키 사무소는 가도카와 서점(角川書店)의 출판물과 연동시키는 방법으로 자사 제작의 영화를 성공시키고 이것이 다시 서적의 판매로 이어지게 만들었다. 그뿐만 아니라 기존의 영화계에서는 시도하지 않았던 TV 홍보에도 거액의 선전비를 투자하면서 영화가 아닌 타 미디어의 효율적인 이용으로 영화의 상업적인 성공을 이루었다.

일본영화사에서 '가도카와 영화'라 하면, 일반적으로 가도카와 서

---

7) 北浦寛之, 『テレビ成長期の日本映画―メディア間交渉のなかのドラマ』, 95쪽.
8) 鷲谷花, 「ポスト撮影所時代の「女性アクション映画」」, 四方田犬彦・鷲谷花 編, 『戦う女たち: 日本映画の女性アクション』, 作品社, 2009, 282쪽.

점에서 발행한 원작을 바탕으로 독립 프로덕션인 가도카와 하루키 사무소가 제작한 일련의 영화를 가리킨다.[9] 가도카와 서점은 국문학자이기도 했던 가도카와 겐요시(角川源義)가 1945년 설립한 출판사로, 원래 문학 전집이나 교과서, 사전 등을 주로 출판하였다. 1949년 창간한 『가도카와 문고(角川文庫)』 또한 그 첫 번째 작품이 도스토옙스키의 『죄와 벌』이었던 것처럼, 근대문학이나 고전에 주력하면서 독자 대중에게 '교양'을 전파한다는 성격이 강했다.[10]

그러나 1975년 아버지의 뒤를 이어 장남 하루키가 사장으로 취임하면서 가도카와 서점은 큰 변화를 맞이한다. 가도카와 하루키는 이듬해 영화 제작을 위한 가도카와 하루키 사무소를 설립하였고, 가도카와 문

9) 나카가와 유스케(中川右介)는 '가도카와 영화'를 시대순으로 정리하면서 다음과 같이 소개한다. "1976년 가을, 〈이누가미가 일족(犬神家の一族)〉이라는 영화가 공개되었다. 그때, 일본영화는 새로운 시대에 돌입했다. '가도카와 영화의 시대'이다. (……) 현재도 '가도카와 영화'는 예전의 다이에이를 계승하는 영화회사로서 존재하지만, 본서가 그리는 것은, 현 '가도카와 영화'와는 별개의 것이다. 가도카와 서점 사장이었던 가도카와 하루키 씨가 설립한 가도카와 하루키 사무소가 제작 또는 타사와 제휴한 작품군을 말한다. 현재도 '가도카와 하루키 사무소'라는 가도카와 하루키 씨가 설립한 출판사가 있지만, 이 책에 등장하는 '가도카와 하루키 사무소'와는 다른 회사이다. 그리고 가도카와 하루키 씨는 본서의 출판처인 현재의 KADOKAWA 그룹과는 관계가 없다. (……) 또한 당시에는 '가도카와 영화'라는 영화회사는 존재하지 않았고, '가도카와 영화'는 통칭일 뿐이다. 그렇다면, 그 '당시'란, 언제부터 언제까지를 가리키는가. 가도카와 하루키 씨가 진두지휘를 하여 영화 제작을 한 것은 1976년의 〈이누가미가 일족〉부터 1993년의 〈REX 공룡 이야기(REX 恐竜物語)〉까지 라고 한다." 자세한 내용은 中川右介, 『角川映画 1976~1986[増補版]』, 7~8쪽을 참조.

10) 大塚英志, 「角川歴彦とメディアミックスの時代・序」, 『最前線』, 星海社, 2014. 6.4., https://sai-zen-sen.jp/editors/blog/works/post-876.html(최종 검색일: 2022. 5.25.)

고 소설을 원작으로 한 블록버스터 영화 제작에 힘을 기울였다. 가도카와 서점의 인기 작가인 요코미조 세이시(横溝正史)의 소설을 원작으로 한 〈이누가미가 일족(犬神家の一族)〉(1976)이 그 첫 작품이었는데, 가도카와는 영화의 선전에 막대한 비용을 투자하였으며, 원작자 요코미조의 북 페어와 영화 흥행을 연동시켜 엄청난 수익을 올리면서 주목할만한 성공을 거두었다.

그러나 막대한 예산이 필요한 블록버스터 영화 제작의 위험 부담에 압박을 느낀 가도카와 하루키는 1980년대에 들어서면서, 영화 한 편에 막대한 예산을 쏟아붓는 기존의 방식 대신, 자사 소속의 여자 아이돌을 주연으로 기용한 영화를 양산하는 것으로 노선을 변경한다. 이때 '가도카와 영화'를 견인한 존재가 바로 '가도카와 세 소녀'로, 이들을 주연으로 내세운 일련의 작품군은 엄청난 인기를 끌게 된다. 또한, 대량의 TV 선전은 물론, 각각 자신이 주연을 맡은 영화 주제가를 '세 소녀'가 부른 음반 판매, 나아가 해당 영화의 TV 드라마 버전에 '세 소녀'를 출연시키는 등 TV 미디어로까지 확장해 나갔으며, 그녀들의 인기를 타고 사진집, 포스터, 에세이북, 잡지의 판매까지 이루어졌다.

이 같은 '가도카와 상법'을 통해 '가도카와 아이돌영화'는 영화 소비의 측면에서 기존의 '영화'라는 범주를 둘러싼 경계를 바꾸었다.

이미 언급한 바와 같이 '가도카와 상법'은 책의 판매와 영화, 음반, TV 드라마, 대량의 TV 광고와 연동된 복합적 미디어 전략이었다. 따라서 '가도카와 아이돌영화'는 영화 관객을 동원하는 것만이 목적은 아니었다. 아이돌을 통해 하나의 서사를 구현한 영화를 중심으로, 원작 소설과 주제가 음반, 나아가 영화의 TV 드라마 버전까지를 모두 소비하게 만드는 것이 궁극적인 목적이었다.

예를 들어, 〈시간을 달리는 소녀〉의 개봉을 앞두고 발매된 시나리오의 표지와 띠지는 이를 잘 보여준다. 1983년 7월 개봉한 〈시간을 달리는 소녀〉는 배급수입 28억 엔[11]을 기록하면서, 그해 일본영화 배급수입 2위를 차지한, '가도카와 아이돌영화'의 대표작 중 하나이다. 영화의 개봉을 앞둔 6월 25일에는 『시나리오 시간을 달리는 소녀(シナリオ 時をかける少女)』 문고판이 발행되었다. 표지를 장식한 것은 영화 속 한 장면이라고 생각되는, 교복을 입고 학교 실험실 안에 서 있는 주인공 요시야마 가즈코(芳山和子)로 분한 하라다 도모요의 모습이다. 더 눈길을 끄는 것은 띠지이다. 띠지에는 요시야마 가즈코를 연기한 배우 하라다 도모요가 턱을 괴고 있는 정면 사진과 영화의 캐치 카피와 함께 아래와 같은 내용이 적혀 있다(〈그림 1〉).

> 쓰쓰이 야스타카(筒井康隆) 페어 / 가도카와 영화 / 「시간을 달리는 소녀」 영화화 기념
> 「시간을 달리는 소녀」(가도카와 문고판) 영화화
> 7월 16일 (토) 도에이(東映) 외화계열(洋画系) 전국 대 로드 쇼 (……)
> 주제가=작사 · 작곡 마쓰토야 유미(松任谷由実) 노래 하라다 도모요 (캐니언 레코드)
> 동시상영 〈탐정 이야기(探偵物語)〉 원작: 아카기 지로(赤川次郎) 감독

---

11) 「日本映画産業統計 過去配給収入上位作品(配給収入10億円以上番組) 1983年(1月~12月)」, http://www.eiren.org/toukei/1983.html(최종 검색일: 2022.5.25.). 당시 동시 개봉작은 야쿠시마루 히로코 주연의 〈탐정 이야기(探偵物語)〉였다.

〈그림 1〉 시나리오 『시간을 달리는 소녀』 문고판의 표지와 띠지

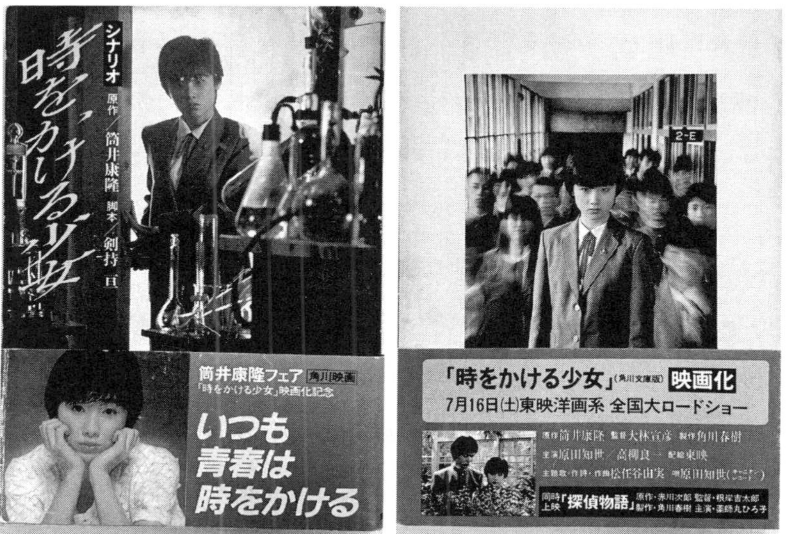

출처: 剣持亘 · 筒井康隆, 『シナリオ 時をかける少女』, KADOKAWA, 1983.

네기시 기치타로(根岸吉太郎) 제작 가도카와 하루키, 주연 야쿠시마루 히로코

가도카와 문고 소설의 영화화에 발맞춘 시나리오의 출판과 원작소설가의 북 페어, 영화와 함께 발매된 주연 배우가 부른 영화의 주제가, 그리고 〈시간을 달리는 소녀〉와 동시 상영하는 영화 〈탐정 이야기〉에 대한 홍보까지. 개봉 예정인 영화의 시나리오 문고판에 빼곡하게 자리한 상기 정보는 당시의 '가도카와 상법'의 목적과 '가도카와 아이돌영화'의 역할이 단순한 관객 동원이 아닌 문학 · 영화 · 음악이라는 미디어를 아우르는 이익의 추구에 있었음을 잘 보여준다. 이와 마찬가지로 1980년

대 당시 대량으로 전파를 탔던 '가도카와 아이돌영화'의 TV 광고도 '영화를 팔기 위한' 선전만으로는 볼 수 없었다. 이들 광고는 대부분 주연을 맡은 아이돌이 전면에 나오고, 원작 소설과 아이돌이 직접 부른 영화의 주제가에 관한 정보가 해당 곡과 함께 큰 글씨로 화면에 펼쳐진다.

더 나아가 '가도카와 아이돌영화'는 필름의 촬영과 제작 과정은 물론, 이후에 진행될 홍보 전략까지를 포함한 일련의 과정을 '하나의 영화'로 구상하여 만들어졌다.[12] 이러한 방식은 자연스럽게 동시대 관객들의 영화 수용 방식, 영화라는 범주에 대한 감각에도 변화를 가져왔을 것이다. 관객들에게 '가도카와 아이돌영화'를 '본다'는 것은, 단순히 영화 '한 편'을 극장에서 보는 행위에 그치지 않았다.

예를 들어, 1981년 12월 20일, 오사카 우메다(梅田)의 도에이 영화관에서는 〈세일러복과 기관총〉의 무대 인사가 열렸다. 약 천 명의 인원이 야쿠시마루 히로코를 보기 위해 몰려들었고, 결국 이 행사는 경찰에 의해 취소되었다.[13] 그러나 행사가 취소되지 않았더라도 이날 모인 인원은 영화관의 수용 인원을 훨씬 뛰어넘었기 때문에, 길을 막고 영화관 안으로 들어가려고 입구로 달려들던 사람 중 대다수는 어차피 영화를 보지 못했을 것이다.

당일 영화를 보지 못하더라도 영화관에 가는 관객들. 이는 '가도카와 아이돌영화'를 제대로 소비하기 위해서는 스크린 바깥에서 일어나는

---

12) 御園生涼子, 「少女・謎・マシンガン―〈角川映画〉の再評価―」, 304~306쪽.
13) 『バラエティ6月号別冊 角川映画大全集: THE KADOKAWA FILMS 1976→1986 永久保存版・データバンク』 1986年 6月号, 角川書店, 84~90쪽.

일련의 이벤트까지를 즐겨야 한다는 것이 일종의 상식처럼 공유되고 있었음을 보여준다. 다시 말해, 1980년대 일본영화계의 주류가 되어 갔던 '가도카와 아이돌영화'의 제작 및 선전 방식은 단순히 생산·유통 측만이 아니라 소비, 수용자 측까지를 포함하여 '영화'라는 것의 범주가 확장·변화하고 있었음을 나타낸다. 이제 영화의 감상은 완성된 필름을 보고, 주인공을 연기한 아이돌을 행사에서 직접 만나고, 그가 부른 주제가가 담긴 음반과 원작 소설을 구매하여 즐기는 것까지를 모두 포괄하는 행위가 된 것이다. 영화적 공간도 또한, 더는 암전된 극장 안에 국한되지 않고 '홍보'라는 작품의 일부가 상영되는 안방의 TV 앞, 주제가가 울려퍼지는 장소들, 작중 인물을 연기한 존재로서 아이돌을 직접 만날 수 있는 행사의 공간까지로 확대되었다.

3. 아이돌을 매개로 한 혼성적 영상 세계

출판과 영화, 음반을 넘나드는 영역 횡단적인 제작 및 유통인 '가도카와 상법'을 전개하기에 아이돌이란 더할 나위 없는 존재였다. 아이돌은 하나의 분야에 특출난 재능을 지닌, 그리고 해당 분야에서 자신의 기량을 연마한 '장인'으로서의 성격을 지닌 가수나 배우와는 다르다. 그래서 가수가 음악의 영역, 배우가 영화의 영역, 즉 자신들이 주로 활약하는 매체와 매우 긴밀한 관계를 맺고 있다면, 아이돌은 그 같은 관계에서 상대적으로 자유롭다. 그들은 가수나 배우와 같은 실력이나 높은 완성도를 요구받지 않으면서도, 영화에 출연하고 노래를 부르고 TV 드라마와 광고, 잡지에 출연하면서 다수의 대중에게서 사랑을 받는다. 이처럼 하나의 매체 또는 역할, 기량과 특정한 관계를 맺지 않고도 다양한 영역을 넘나들 수 있는 아이돌의 특성은 가도카와 하루키가 추구한 미디어믹스, '가도카와 상법'에 활용하기에 매우 유리했다.

또한, '가도카와 세 소녀'는 1970년대의 아이돌이 보통 야마구치 모모에(山口百恵)처럼 '아이돌 가수'로 출발하여 대중적 인기를 확보하고 나서 영화에도 진출한 것과는 달리, 자사가 제작한 '영화'에 출연하여 아이돌의 자리에 오른 뒤 자신이 부른 그 영화의 주제가로 음악의 영역에 나아갔다는 점에서 차이를 보인다. 더불어 '가도카와 세 소녀'는 자신이 출연한 영화의 주제가를 부르면서 대중음악 산업에 참여했음에도 불구하고 TV 출연이 상당히 제한되었다는 점도 중요하다. 이 같은 전략으로 인해, 기존의 아이돌 가수는 물론 동시대 다른 아이돌이 잦은 TV 노출이나 일상 공개 등으로 '친근감'을 내세운 것과는 다르게, 가도카와 세 소녀는 마치 예전 일본영화 황금기의 스타들처럼 다소 신비로운 매력을 지닌 존재로 여겨졌기 때문이다.14)

기존의 아이돌 영화는 원작의 문학성을 충실히 구현하는 것에 목적을 두거나 서사적 연속성으로서 하나의 시리즈로 분류되었다. 그러나 1980년대 '가도카와 아이돌영화'는 대부분 원작의 서사가 아닌 주연을 맡은 아이돌의 '상품성'을 중심으로 제작되었다는 점에 주목할 필요가

14) Zahlten, *The End of Japanese Cinema: Industrial Genres, National Times, and Media Ecologies*, pp.124~125.

있다. '가도카와 아이돌영화'는 원작의 주제 및 내용과 동떨어진 장면의 빈번한 삽입과 기존의 기준으로는 절대 하나의 작품에 공존할 수 없는 '다른' 장르의 문법이 혼재하였으며, 개별 작품 사이에 서사적인 연속성은 전혀 찾아볼 수 없다. 심지어 주인공을 연기한 아이돌이 부른 주제가는 영화의 서사와는 무관한 가사로 이루어졌다. 다시 말해, 원작의 서사와 작중 인물이 아닌 자사의 아이돌이 미디어 전반에서 지닐 시장성을 중심으로 문학과 영화, 음악이 연결되도록 기획·제작된 것이다. 따라서 당시 가도카와 하루키 사무소의 급선무는 '가도카와 세 소녀'의 첫 번째 주자인 야쿠시마루 히로코에게 가장 적합한 소설을 가도카와 문고에서 찾는 일이었다고 한다. 물론 일본 근대문학의 명작을 영화화하는 것도 하나의 방법이었지만, 이는 야마구치 모모에와 같은 기존 아이돌이 취한 노선이었기에 이들과의 차별성, 그리고 가도카와 문고의 북 페어와의 연동이 좀 더 용이하도록 다른 노선을 택한 것으로 보인다.[15]

야쿠시마루 히로코의 첫 '가도카와 아이돌영화' 〈표적이 된 학원〉도 바로 이러한 방침에 맞도록 제작되었다. 〈표적이 된 학원〉의 감독 오바야시 노부히코(大林宣彦)는 이 영화를 야쿠시마루 히로코가 단 "와펜이 예뻐서 모두가 이를 사게 만들 영화"를 목표로 하여, 그녀를 아이돌 스타로 부상시키기 위한 작품으로 만들었다고 한다.[16] 이러한 오바야시의 말을 증명이라도 하듯, 〈표적이 된 학원〉은 복수의 관객층에 아이돌 야쿠시마루의 매력을 전시하여 다양한 관객을 동원할 수 있도록, 기존의

---

15) 中川右介, 『角川映画 1976~1986[増補版]』, 167~168쪽.
16) 中川右介, 『角川映画 1976~1986[増補版]』, 170~171쪽.

장르적 카테고리가 여럿 뒤섞인 작품이다. 오바야시 감독의 경력을 짐작하게 하는 TV 광고나 독립영화와 같은 연출, 가수로서 춤추고 노래하는 모습을 볼 수 있는 뮤지컬적으로 연출된 장면, SF 영화적 연출, 실사영화보다는 오히려 애니메이션에 가깝게 표현된 장면, 학원물에서 익숙한 청춘 로맨스 등이 하나의 영화에 공존한다.

다시 말해 〈표적이 된 학원〉이 잘 보여주듯, '가도카와 아이돌영화'란 아이돌의 매력을 스크린에 전시하는 것을 최대의 목적으로 하는 영화이다. 테마, 스토리, 대사, 음악도 '가도카와 아이돌영화'에서는 부차적인 요소인 것이다.

물론, 이 같은 '가도카와 아이돌영화'의 '다양함'과 관련해서는 당시 '가도카와 아이돌영화'가 다양한 배경을 지닌 신인 감독들의 표현의 장으로서 기능했다는 측면도 상기할 필요가 있다.[17] 기존에는 대형 영화회사들이 촬영소 시스템을 통해 제작부터 흥행까지 모든 과정을 수직적으로 통제하였다면, 1980년대의 일본영화계는 더이상 수직적으로 완전히 분리된 촬영소에서 자체 생산을 하는 것이 아니라, 서로 경쟁해야 하는 외주 계열사의 집합체에 가까웠다.[18] 촬영소 시스템이 저무는 시기에 영화계에 발을 들여, 대형 영화회사에 조감독으로 입사해서 현장 경험을 쌓은 뒤에 감독으로 정식 승격한다는 기존 영화계의 일반적 코스를 거치지 않은 신인들이 대거 상업영화 감독으로 데뷔하였고, 영화회

---

17) 御園生涼子, 「少女・謎・マシンガン―〈角川映画〉の再評価―」, 312~313쪽.
18) 斎藤美奈子・成田龍一編, 『1980年代(河出ブックス)』, 河出書房新社, 2016, 110~111쪽.

사에 고용되지 않은 새로운 영화 감독들이 창작자로 대두하였다. 이런 가운데 '가도카와 아이돌영화'는 아이돌의 '상품성'을 훼손하지 않는다면, 그 외의 영역은 자유롭게 '작가성'을 발휘할 수 있도록 보장해주는 측면이 있었다. 따라서 독립 프로덕션이면서도 기존과는 달리 작가 중심주의나 이데올로기를 앞세우지 않은 가도카와 하루키 사무소의 '아이돌영화'가 당시 다양한 배경을 지닌 새로운 세대 감독들의 자유로운 표현의 실험실과 같은 역할을 함으로써, 더욱더 기존의 관점에서는 혼성적인 영화들이 제작되었을 가능성이 크다.

'가도카와 아이돌영화'의 혼성적 특성은 비단 기존의 다양한 영화 장르가 한 작품 안에 혼재하는 것에 그치지 않고, '영화적'이지 않은 영상의 포섭에까지 나아간다. 예를 들어, 〈세일러복과 기관총〉의 마지막 부분을 살펴보자.

야쿠시마루 히로코가 연기한 주인공 호시 이즈미(星泉)가 자신의 조직원이었던 사쿠마(佐久間)의 죽음을 확인하고 그에게 입을 맞춘 후, 장면이 전환되면서 거리를 걷는 모습을 비추는 것으로 〈세일러복과 기관총〉은 막을 내린다. 인파로 붐비는 거리를 걷는 야쿠시마루 히로코=호시 이즈미를 먼발치에서 바라보는 행인의 하나처럼, 카메라는 그 모습을 롱숏으로 담는다. 세일러복에 빨간 하이힐을 신고 붉은 립스틱을 바른 채 걸어오던 이즈미는 거리에서 놀던 아이들과 함께 총 쏘는 시늉을 하다가 지하철 통풍구 위에 올라서게 되고, 아래에서 올라오는 바람에 부풀어 오른 교복 치마를 펄럭이며 자신을 향해 몰려드는 인파에 둘러싸인다.

마릴린 먼로의 패러디로도 유명한 이 장면의 촬영에 대해 야쿠시마루는 "지하철 통풍구에서 올라오는 바람에, 세일러복 치마가 떠들어지는 호시 이즈미. 다가오는 구경꾼들. 나 자신이 배우임을 잊어버릴 정도의 부끄러움을 맛봤습니다. 마치 구경거리 같은 나. 내 안의 여러 망설임 때문에 쉽게 완전한 호시 이즈미가 되지는 못했던 것이죠. 몇 번이나 반복해서 찍어도 소마이 감독은 OK를 해 주지 않았어요. (……) 겨우 OK라는 목소리를 들었죠. 저는 가까이 있던 로케 버스에 뛰어들어서 큰 소리로 울었습니다. 열일곱 여자애에게는 울지 않고는 견딜 수 없었던 거죠." 라고 회상한다.[19]

야쿠시마루가 이 장면의 촬영에 이렇게나 어려움을 느끼고 결국은 울음을 터뜨릴 수밖에 없었던 이유는 사실 화면 속에서 그녀에게 다가오는 '구경꾼들'의 정체에 있었다. 이 장면에서 야쿠시마루=이즈미에게 다가오는 '구경꾼들'은 사실 실제로 그녀를 '구경'하기 위해 모인 사람들이었다. 야쿠시마루, 그리고 그녀와 함께 총 쏘는 놀이를 한 두 명의 아이를 제외하고, 이 장면에 등장하는 사람들은 엑스트라가 아닌 정말 당시 신주쿠 거리를 지나던 사람들이었다.[20]

이 장면의 촬영에 대해 당시 조감독으로 참여했던 구로사와 기요시(黒沢清)는 다음과 같이 회상한다.

---

19) 長門洋平, 「セーラー服と機関銃とサウンドトラック盤 初期「角川映画」における薬師丸ひろ子のレコードの役割」, 谷川建司 編, 『戦後映画の産業空間: 資本・娯楽・興行』, 森話社, 2016, 339~340쪽.

20) 「制作ノート〈セーラー服〉と〈機関銃〉の挟間で闘った映画魂」, 『バラエティ』 1982年 1月号, 角川書店, 1982, 65쪽.

신주쿠(新宿) 니시구치(西口)의 육교. 마지막은 히가시구치(東口)의 이세탄(伊勢丹)근처에서, 밑에서 바람을 보내면서. (……) 카메라가 훨씬 저쪽의 빌딩 위에 있었다고요. (……) 십 미터, 이십 미터 정도 떨어져서 찍으면 "아, 영화 찍는구나."라고 지나는 사람들도 알아차리겠지만, 빌딩 위에서 찍고 있으면 아무도 모르니까 "이 사람들 뭐 하는 거지?"라고 놀란 눈으로 쳐다본다고요. 몰래 촬영하면서 생생함을 추구하는 것이 아니라, 완전히 이상한 짓을 하고 있으니까 말이에요. 정말로 창피했습니다.[21]

구로사와의 설명으로 미루어 보자면, 당시 거리에서 야쿠시마루를 향해 몰려든 사람들은 〈세일러복과 기관총〉이라는 영화 촬영 현장의 호시 이즈미를 연기하는 그녀를 보기 위함이 아니라, 단지 야쿠시마루 히로코라는 아이돌 또는 한 명의 소녀를 향한 흥미와 호기심을 갖고 다가왔다고 해야 할 것이다.

야쿠시마루 본인과 구로사와의 기억에 따르면, 이 장면의 카메라에 담긴 것은 사실상 호시 이즈미가 아닌 야쿠시마루 히로코의 모습이라고 봐도 무방하다. 게다가 영화상에서 이 장면은 사실 작품의 서사와는 아무 상관이 없어서, 전개상으로는 다소 엉뚱하게 느껴지는 속칭 '보너스 컷'과 같은 인상을 준다. 이 같은 인상을 더욱 강하게 만들어 주는 것은 이 장면에서 등장인물들의 대사는 전혀 없이, 오로지 야쿠시마루가 부른 영화의 주제가 「세일러복과 기관총」이 흐른다는 점이다. 주제가의 가사는 다른 '가도카와 아이돌영화'의 주제가와 마찬가지로 영화의 서사와

21) 木村建哉, 藤井仁子, 中村秀之編, 『甦る相米慎二』, インスクリプト, 2011, 352~353쪽.

는 아무런 관련이 없다. 극의 서사와는 아무 연관이 없는 야쿠시마루가 부른 주제가를 배경으로, 호시 이즈미로서가 아닌 야쿠시마루 히로코로서 불특정 다수의 대중에 둘러싸인 그녀의 모습을 롱 테이크[22]로 찍은 마지막 숏. 이것은 아이돌로서의 야쿠시마루 히로코의 매력을 스크린에 재생시키기 위한 선전용 비디오적인 연출로 보아도 무방할 것이다.

바꾸어 말하면, 위 장면에서 분명히 극영화의 일부이지만 서사의 '바깥'인 영상이 영화 속에 편입된 셈이다. 호시 이즈미라는 영화 속 등장인물이 아닌 '아이돌 야쿠시마루 히로코'가, 영화가 아닌 노래 「세일러복과 기관총」의 언어와 함께 스크린 위에서 관객들에게 이질적인 영상으로 제시된다. 이는 아이돌이란 존재를 매개로 '가도카와 아이돌영화' 안에 고전적인 의미의 영화와는 다른 성질의 영상-그것이 프로모션 비디오이든, 뮤직비디오이든-이 삽입되었음을 의미한다.

이는 '가도카와 세 소녀' 중 한 명인 하라다 도모요의 대표작 〈시간을 달리는 소녀〉(1983)의 타이틀백에서도 확인할 수 있다. 영화의 마지막에서는 타이틀백으로 NG 장면을 포함한 영화의 장면들이 플래시백처럼 재생되는데, 여기에서 영화 속 등장인물들을 연기하는 다른 배우들과 달리, 하라다는 '아이돌 하라다 도모요'로서 카메라를 정면으로 응시한 채 홀로 주제가 「시간을 달리는 소녀」를 부르는 립싱크를 선보인다. 마치 하라다 도모요의 선전용 비디오와 같이 구성된 셈이다.[23]

---

22) 이를 두고 소마이 신지의 롱 테이크는 "서사를 효과적으로 이야기하기 위한 보통의 롱 테이크라는 것"에서 꼭 벗어나는 수준까지 간다는 평가도 있다. 木村建哉, 藤井仁子, 中村秀之編, 『甦る相米慎二』, 352쪽.

23) 太田省一, 「大林宣彦と「反時代的アイドル」たち」, 明石陽介 編, 『ユリイカ 2020年

영화연구자 와타나베 다이스케(渡邉大輔)는 '포스트 미디엄/포스트 시네마'를 "장르의 구조적인 혼효성(混淆性)이나 횡단성"을 지닌 영상 또는 영상 문화라고 정의하면서 1990년대 일본영화의 "다종다양한 영상"에서 그 기원을 찾는다.[24] 그리고 매우 흥미롭게도, 이치카와 곤(市川崑) 등의 1990년대 영화적 감성에 뿌리내린 이 같은 '잡다성(雑多性)'이 가도카와 영화의 미디어믹스와 보이는 높은 유사성을 지적하면서, 이러한 "「영화」적이지 않은" 영상의 선행자로서 '가도카와 아이돌영화'의 대표작을 여럿 연출한 오바야시 노부히코를 들고 있다. 이 같은 논의를 참조할 때, 앞서 확인한 〈표적이 된 학원〉과 〈시간을 달리는 소녀〉에서 오바야시가 '가도카와 아이돌'을 매개로 펼친 것은 이전까지의 고전적 의미의 '영화'의 경계를 자유롭게 넘나들면서 '영화'라는 범주를 넓히는 혼성적 영상의 세계라 할 수 있을 것이다.

4. '가도카와 아이돌영화'가 남긴 것

이 글에서는 1960년대부터 1970년대에 거친 일본 영화산업의 대대적인 구조 전환 이후, 기존과는 전혀 다른 제작, 배급, 선전 및 흥행 방식이 자리 잡고 다른 업계에서 영화계로 인적 자원과 자본의 유입이 확대

9月臨時増刊号 総特集 大林宣彦―1938~2020―』, 第52巻 第10号(通巻762号), 青土社, 2020, 256~263쪽.

24) 渡邉大輔, 「「ポスト日本映画」の起源としての九〇年代」, 大澤聡 編, 『1990年代論(河出ブックス)』, 河出書房新社, 2017, 203쪽.

된 1980년에 초점을 맞추어, 이 같은 영화산업의 변화를 드러내는 대표적인 작품군을 '가도카와 아이돌영화'라는 하나의 카테고리로 규정하여 분석하였다.

1980년대 '가도카와 아이돌영화'는 원작 소설의 충실한 영화적 구현보다는 '가도카와 아이돌'의 매력을 최대한 다양한 소비자층에 선보이는 것을 최대의 목표로 제작되었다는 점에서, 원작 소설의 장르 문법에 매우 충실하게 제작되어 어디까지나 '가도카와 노벨(ノベル)'의 영화화에 가까웠던 기존의 '가도카와 영화'와 구분되어야 한다. 또한, 가수로서 먼저 인지도를 확보한 '아이돌'을 배우로 기용하여 문학의 영화화를 꾀했던 이전 시대의 '아이돌 영화'와도 전혀 다른 성격의 작품군으로 보아야 할 것이다.

이러한 의미에서 '가도카와 아이돌영화'는 출판이라는 다른 미디어에서 영화산업으로 진출한 기업 가도카와 서점이 이윤 창출과 유지를 위해 택한 변경된 전략, 그리고 붕괴한 일본 영화산업의 '전후'적 체제의 끝자락에서 출발한 창작자들의 새로운 시도가 맞물려, 산업으로서의 영화와 소비의 개념이 확장・재편되고 구조적인 다양성을 획득해 가는 데 중요한 역할을 했다고 볼 수 있다.

다시 말해, '가도카와 아이돌영화'는 자유주의적 자본주의 시장 원리를 바탕으로 1980년대 영화산업과 소비문화의 조합을 통해 다양한 미디어 간의 새로운 관계 구축과 전후 일본영화의 재편에 한 축을 담당하였다. 복수의 미디어가 연계한 영화의 선전 전략과 다원적 스토리텔링을 바탕으로 한 미디어믹스라는 '가도카와 상법'은 현재에도 통용된다고 평가할 수 있다. 그러나 이 같은 '가도카와 아이돌영화'는 1980년대 중반을 정점으로 이후 점차 그 존재감을 잃다가 결국 영화사에서 퇴장하게 된다.

이는 어쩌면, 가도카와 하루키 사무소가 기존의 일본형 영화산업 시스템의 전면적인 개혁까지는 이루지 못하고 출판사라는 외부 자본을 통해 기존의 체제를 변형적으로 유지하는 데 그쳤다는 점, 그리고 자체적인 미디어믹스를 전개할 수 있는 독자적 플랫폼 구축에까지 나아가지 못했다는 점이 한계로 작용했기 때문일 것이다. 이에 관해서는 추후 별도의 논고를 통해 다루고자 한다.

현대일본생활세계총서 18

일본자본주의 위기, 새로운 자본주의의 기회인가?

일본 디자인계에 나타난 '신 민예운동'*
무인양품(MUJI)과 디앤디파트먼트를 중심으로

노유니아

지구의 자정능력과 자원이 한계 상태에 달하고 있다는 경계와 함께 전세계적으로 지속가능을 위한 디자인에 대한 수많은 이론적 논의가 있어 왔다. 그렇지만 그것이 모두 실천의 차원으로 옮겨질 수 있느냐는 별개의 문제다. 일본에서도 지속가능한 디자인에 대한 시도가 행정, 기업, 학교 등 여러 층위의 주체를 통해 다양한 방식으로 실험되고 있지만, 즉각적인 부가가치의 창출과 같은 플러스 요인 없이, 단순히 개인이나 기업의 윤리에만 호소하거나 정부(행정)가 주도하는 방식은 그 전략 자체가 지속가능하지 않다는 모순적인 약점을 갖고 있다는 것이 드러나고 있다. 그 중 생활용품을 판매하고 있는 무인양품(無印良品, 1980년 설립)[1)]과

* 이 글은 『일본학』(56호, 동국대학교 일본학연구소, 2022)에 같은 제목으로 실린 필자의 논문을 단행본의 취지에 맞춰 일부 수정・보완한 것이다.

1) '無印良品'의 일본어 발음은 '무지루시료우힌'으로, 앞부분을 알파벳으로 표기한 'MUJI'라는 명칭을 병용하고 있으며, 한자권이 아닌 해외 시장에서는 'MUJI'로 통용된다.

디앤디파트먼트 프로젝트(D&DEPARTMENT PROJECT, 2000년 설립)(이하, 디앤디파트먼트)는 20년 넘게 지속가능한 디자인과 관련된 사회적 실천을 유지, 확산하고 그것을 회사의 이윤 창출로까지 연결하고 있는 사례는 세계적으로도 그리 많지 않다는 점에서 눈길을 끈다. 무엇보다 두 브랜드 모두 한국에 진출하여 성공적으로 안착하였으며, 한국 지점이 자체적으로 지속가능한 디자인 사업과 운동을 진행하고 있다는 측면에서 볼 때, 이들에 대한 고찰은 국내에 시사하는 점이 적지 않을 것으로 생각된다.2)

---

2) 일본에서는 무인양품의 경영 전략과 디자인에 대한 개설서나 연구서가 꾸준히 출판되고 있으며 그 중 많은 수가 국내에 번역되고 있다. 대표적인 것으로, 마쓰이 타다미쓰, 민경욱 옮김, 『무인양품은 90%가 구조다』, 모멘텀, 2014; 에가미 다카오, 신상목 옮김, 『무인양품은 왜 싸지도 않은데 잘 팔리는가: 1,000억의 가치를 지닌 콘셉트의 힘』, 한즈미디어, 2014; 마쓰이 타다미쓰, 박제이 옮김, 『기본으로 이기다, 무인양품』, 위즈덤하우스, 2019; 닛케이 디자인, 정영희 옮김, 『무인양품 디자인』, 미디어샘, 2016; 닛케이 디자인, 이현욱 옮김, 『무인양품 디자인 2』, 미디어샘, 2017; 양품계획, 민경욱 옮김, 『무인양품의 생각과 말』, 웅진지식하우스 2020.
디앤디파트먼트 대표 나가오카 겐메이의 저서도 다수 번역되어 있다. 나가오카 겐메이, 이정환 옮김, 『디자이너 생각 위를 걷다』, 안그라픽스, 2009; 나가오카 겐메이, 이정환 옮김, 『디자이너 함께하며 걷다』, 안그라픽스, 2010; 나가오카 겐메이, 남진희 옮김, 『디자인하지 않는 디자이너』, 아트북스, 2010; 나가오카 겐메이, 허보윤 옮김, 『디앤디파트먼트에서 배운다, 사람들이 모여드는 전하는 가게 만드는 법: 사면서 배우고, 먹으면서 배우는 가게』, 에피그람, 2014; 나가오카 겐메이, 허보윤 옮김, 『또 하나의 디자인 나가오카 겐메이가 하는 일』, 에피그람, 2020; 나가오카 겐메이, 김송이 옮김, 『LONG LIFE DESIGN 1』, 에피그람, 2020.
기출간된 서적의 수에 비해 이들 기업의 활동에 대해 문화학이나 인류학적으로 다룬 연구는 일본에서도 찾기 힘들다. 무인양품과 디앤디파트먼트에 대한 국내 연구 역시 디자인학계를 중심으로 마케팅 전략이나 디자인 기법에 집중되어 왔다. 남미경, 「무인양품 사례와 하라켄야의 리디자인사고에

필자는 무인양품과 디앤디파트먼트의 활동을 각각 검토하면서, 일상적인 수공예품 속에서 '쓰임의 미(用の美)'를 발견하고 민중적 공예, 즉 '민예(民藝)'를 주창한 야나기 무네요시(柳宗悦, 1889-1961)의 민예운동과 유사점을 발견할 수 있었다. 특히 일상의 사물에서 발견한 아름다움을 알리며 전통공예와 지역문화를 중시한다는 점에서 그렇다. 현대 일본의 공예·디자인에서 일어난 새로운 움직임과 지속가능성에 대한 모색의 원점이 한 세기 이전의 민예운동에 있다는 점은 매우 흥미롭다. 그리고 이러한 현상을 통해, 민예운동이 단순히 역사 속 한 페이지로 기억되는 사라진 운동이 아니라 일본적인 미학과 사상의 한 갈래로 남아 오늘날까지 영향력을 발휘하고 있다는 점을 확인할 수 있다. 야나기가 '민예'라는 말을 만들고 사상을 설파한지 100년이 지난 지금의 일본 사회에서 민예운동의 미학과 사상이 유효할 수 있는 이유는 무엇일까? 어떤 사회적 배경이 다시 민예운동의 사상을 소환하여 호응을 이끌어내는 것일까?

일본뿐 아니라 한국의 연구자들 사이에서도 민예운동에 대한 연구는 꾸준히 진행되어왔다. 그것은 야나기가 1920년대 민예운동을 일으키는 데 있어서 조선의 백자가 촉매제로 작용하였으며 한국미술과 관련된

관한 연구」, 『한국디자인문화학회지』 25-3, 한국디자인문화학회, 2019, 115~126쪽; 박수진, 「지역브랜드 활성화를 위한 디자인 역할 연구-디앤디파트먼트의 일본 비전 프로 사례를 중심으로」, 『기초조형학연구』 14-6, 한국기초조형학회, 2013, 131~138쪽; 류안영·손원준, 「지역브랜드 자립화와 디자인 정체성 형성에 관한 연구-일본 디앤디파트먼트 사례를 중심으로」, 『한국디자인포럼』 24-1, 한국디자인트렌드학회, 2019, 49~58쪽 등.

글을 다수 남긴 점, 또한 야나기가 일제강점기에 보여줬던 친한국적인 행보 때문일 것이다. 그러나 민예운동의 사상이 오늘날 구체적으로 어떤 방식을 통해 일본 사회에서 힘을 발휘하고 있는지에 대해서는 관심의 영역 밖이었던 것으로 보인다.[3)]

이에 이 글에서는, 무인양품과 디앤디파트먼트의 사업과 사회적 활동에 주목하여 현대 일본사회에서 전개되고 있는 이른바 '신 민예운동'의 양상을 읽어내고자 한다. 민예운동에 관해서는 수많은 선행연구가 있는 점과 분량상의 제약을 감안하여, 일상용품을 통한 생활개선운동으로서의 성격과 한계에 대해서 간단히 살펴볼 것이다. 다음으로 무인양품과 디앤디파트먼트, 두 디자인 기업의 탄생과 성장 과정, 민예운동을 계승하고 있는 지점을 분석하고, 디자인을 통해 사회 '운동'을 실천해나가는 과정을 민예운동과 비교하여 종합적으로 고찰해본다. 더 나아가 그 운동들이 민예운동의 한계를 극복하고 새로운 시대에 어떻게 지속가능할 수 있을 것인지, 그 가능성을 검토함으로써 일본 생활세계에서 일어나고 있는 구조적 변동의 한 측면을 읽어내고자 한다.

---

3) 민예운동에 대한 국내연구는 대부분 민예운동이 한국미학에 미친 영향을 논하거나, 야나기 생전의 사상을 해석하는 데에 집중하고 있는 가운데, 무인양품의 기업 사상이 민예운동과 관련 있음을 밝힌 선행연구가 있어 주목된다. 이병진, 「'무인양품(無印良品)'의 성공사례를 통해 보는 야나기 무네요시의 민예사상의 전통 연구」, 『비교문학』 78, 한국비교문학회, 2019, 125~159쪽.

1. 민예운동의 한계와 새로운 계승자들

민예운동의 공식적인 활동은 1925년 야나기가 하마다 쇼지(濱田庄司, 1894-1978), 가와이 간지로(河井寬次郎, 1890-1966) 등과 함께 '민예'라는 용어를 만들고 다음 해 「일본민예미술관 설립취의서」를 발표한 때부터로 간주된다. 이들의 미학은 산업혁명 이후 기계화되고 산업화되는 조류 속에서 수공예의 인간적인 가치와 아름다움을 강조했다는 점에서 19세기말 영국에서 미술공예운동(Arts and Crafts Movement)을 이끈 윌리엄 모리스(William Morris, 1834-96)와 비교되곤 한다. 야나기는 서민들이 사용하는 도기나 직물, 칠기 등에서 아름다움 발견하고, 이러한 '게테모노(下手物)의 미'를 높게 평가하면서, 공예의 아름다움은 건강한 아름다움이며, 용(用)과 미(美)가 만나는 것이 공예라고 주장했다. 작가의 개성을 살린 순수미술이 아닌 무명의 직인이 만든 공예의 아름다움을 발굴하면서 그가 정의한 민예품의 특성은 실용성, 무명성, 복수성, 염가성, 노동성(반복되는 힘든 노동을 통해 얻어지는 숙련된 기술을 동반한다는 의미), 지방성, 분업성, 전통성, 타력성과 같은 것이었고, 이러한 민예품에 깃든 민예미를 '무심의 미', '자연의 미', '건강의 미'라고 설명했다.

황족과 귀족, 고위 관직자들의 자제를 교육하기 위해 세워진 가쿠슈인(学習院)에서 초등부터 고교까지의 과정을 마치고 도쿄제국대학을 졸업한 야나기 무네요시 본인의 출신은 상류층에 속했지만 민예운동 멤버의 대부분은 그렇지 않았고, 야나기는 민예운동을 전개하면서 '관'과 대립하는 '재야'를 강하게 표방했다.[4] 민예운동 멤버들은 특히 당시 일본인 관료들이 좋아하던 고려시대 청자가 아닌 조선시대의 백자를 애호했다. 이는 부르주아 엘리트층과 비교하여 상대적으로 사회적 계층이 낮고 부유하지도 않았던 민예운동 멤버들의 현실적인 선택이기도 했는데, 이에 대해 이들이 다도에서 새롭게 획득한 문화적 지위를 통해 일본 도예의 규범을 바꾸는데 성공했다고 평가되기도 한다.[5] 골동품 중에서도 오래되고 제작기술력이 뛰어난 고급품을 선호하는 엘리트 관료들 사이의 고전주의적인 취향과 대척점에 있었던 이들의 미감은 모더니즘 미학과 상통하는 부분이 있다. 민예운동 멤버들이 갖고 있던 미에 대한 태도는 향토적인 민예 양식(様式)[6]에 가려 쉽게 간과되곤 하지만, 당시의 관점에서 보면 전위적이었고 급진적이었던 모더니즘의 입장에 있었고, 바로 그렇기 때문에 전후 예술가들이 이들을 소환해내는 데 거리낌 없을 수 있는 것이다.

그러나 그러한 민예운동도 결국은 엘리트주의로 귀결되었다는 비난을 피할 수 없다. 민예운동에 참가한 도예가나 목공예가들은 근대 공예의 거장으로 불리우며 그들의 작품은 미술관의 진열장 안에 전시되어 일상생활과는 유리되고 말았다. 일반 서민들이 생활 속에서 사용하는

---

4) 花井久穂, 「民藝の「近代」－ミュージアム・出版・生産から流通まで」, 『民藝の一〇〇年』, 東京国立近代美術館 他, 2021, 220~221쪽.

5) Kim Brandt, *Kingdom of Beauty: Mingei and the Politics of Folk Art in Imperial Japan*, Duke University Press, 2007.

6) 이데카와 나오키(出川直樹)는 야나기 사후 일본에서 일어난 민예 붐이 야나기의 사상을 제대로 계승한 것이 아니라 야나기의 기호가 성립해 낸 한 양식으로서의 유행에 불과하다고 지적한다. 出川直樹, 『民芸ー理論の崩壊と様式の誕生』, 新潮社, 1988; 이데카와 나오키, 정희균 옮김, 『인간 부흥의 공예』, 학고재, 2002.

일용잡기의 무명성과 평범성의 미학을 부르짖던 이들의 창작품이 도저히 서민들이 일상생활에서 사용할 수 없는 고가의 예술품으로 취급되는 모순이 일어난 것이다. 참여 작가들의 권위화가 일어나면서 민예의 등급화가 일어났다. '민예 안의 소위 미적 엘리트'[7]가 형성된 것이다. 이는 애당초 야나기가 주장한 '직관'이나 '감식안'과 같은 모호한 평가기준이 배태한 결과일지도 모른다.

이러한 모순은 민예운동이 판매와 유통으로 향유층의 폭을 넓히기보다, 일정 수준 이상의 교육을 받은 엘리트 남성들-민예운동의 주요 멤버, 그리고 그들이 출간하던 『공예』지의 주요 독자층에도 해당된다-사이의 취향이자 사상을 공유하는 차원에서 그치고 말았다는 데에서 비롯된다. 하마다 쇼지가 1933년 도쿄 긴자에 민예점 다쿠미(たくみ)와 같은 판매시설을 열기도 했으나, 정작 야나기는 개점을 반대했다고 알려져 있다.

> "가장 먼저 반대했다. 그것은 경제적으로 모험이며 사상적 이해만으로는 너무 무리한 것이라고 생각했기 때문이다. 장사는 너무 세속적인 일과 관련되어 있어 학자나 취미가가 관계하는 것은 위험하다. 그러나 내 충고는 늦었고 이미 가게는 문을 열고 말았다."[8]

민예운동이 내세우는 기준에 맞춰 올바른 재료를 선택하고 사람이

---

7) 出川直樹, 『民芸ー理論の崩壊と様式の誕生』, 258쪽.
8) 柳宗悅, 「『たくみ』の開店に就て」, 『柳宗悅全集 第十巻』, 筑摩書房, 1982, 448쪽. 도리우미 기요코(鳥海希世子), 「'민예'의 창조-커뮤니티 디자인의 사상과 실천」, 『한림일본학』 11, 한림대학교 일본연구소, 2006, 306쪽에서 재인용.

〈그림 1〉 〈민예 100년〉 전시 포스터(도쿄국립근대미술관, 2021.10.26.~2022.2.13.).

직접 만드는 공정을 거친 민예품은 필연적으로 비쌀 수밖에 없으며 기계화로 대량생산된 염가의 제품들에 맞서기에 너무나 엘리트주의적이고 현실과 동떨어졌다. 그 결과 민예품은 일부 계층의 소비로 국한됐고, 민예운동은 스스로의 입지를 위축시키고 말았다.

그럼에도 일본에서 민예운동과 야나기 무네요시가 갖는 위상은 대단하다. 이데카와의 말을 빌리자면, 그의 이론 자체는 이른바 성역처럼 온존되어 여전히 침범할 수 없는 권위를 지니고 있다.[9] 최근 도쿄국립근대미술관에서 야나기 사후 60주년을 기념하여 대대적으로 열린 〈민예 100년(柳宗悅没後60年記念展民藝の100年)〉 전(〈그림 1〉)에서는 민예운동의 걸음은 근대화와 표리일체했으며 전후 일본인의 의식주와 지역의

9) 이데카와 나오키, 『인간 부흥의 공예』, 12쪽.

〈그림 2〉『월간민예(月刊民藝)』 1939년 4월호에 실린 민예나무(民藝樹)

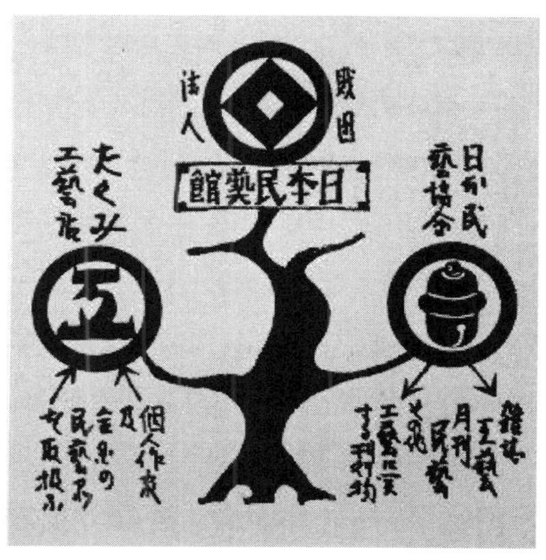

경관보존에까지 관여했다며, 민예운동의 신화를 더 공고히 했다. 전시를 기획한 하나이 히사오(花井久穗)는 『월간민예(月刊民藝)』 창간호인 1939년 4월에 실린 '민예나무' 그림에 주목했다.[10](〈그림 2〉) 민예운동 멤버들은 이 그림에서 자신들이 민예운동을 펼쳐나가는 데 중요한 요소를 일본민예관, 일본민예협회, 다쿠미 공예점으로 소개하고 있다. 재단법인 일본민예관은 이들의 활동 거점이 되었으며, 일본민예협회는 잡지 『공예』와 『월간민예』 외에 여러 간행물을 출간하는 역할을 했다. 다쿠미 공예점은 위에서 언급한 하마다가 긴자에 문을 연 민예 판매점으로, 개인작가와 회원의 민예품을 취급한다고 적혀 있다. 하나이는 이를

10) 花井久穗, 「民藝の「近代」－ミュージアム·出版·生産から流通まで」, 218쪽.

각각 "미술관-모으고 보여준다/출판-넓히고 연결한다/생산과 유통-만들어 전달한다"로 해석했는데, 그러한 해석은 마치 민예운동이 세 분야에 균형적인 자세를 취하고 있었던 것처럼 여겨지게 한다.

그러나 앞에서 인용했듯 야나기는 하마다 쇼지가 민예점을 여는 것에 반대했으며, 운동 내내 공인의 생활이나 유통에는 큰 관심이 없었다. 민예운동은 사실상 전시와 출판 외에, 생산과 유통에는 큰 비중을 두고 있지 않았던 것이다. 야나기가 "자본제도 그 자체가 아름다움을 구축(驅逐)하며, 이욕(利欲)은 아름다움을 희생시키는 것은 조금도 주저하지 않는다"고 말한 데 대해 "야나기의 글에서는 살아있는 인간, 먹지 않으면 살아갈 수 없는 생활인인 공인이 보이지 않는다."는 지적도 있다.[11] 야나기가 1927년 발표한 「공예의 협단에 관한 제안」에 따라 목공예가 구로다 다쓰아키(黒田辰秋, 1904~82)와 몇몇 멤버들이 교토에서 가미가모민예협단(上賀茂民藝協団)을 발족하였으나, 기업으로서 길드(guild)를 성립시킬 수 있는 경제적 비전과 운영에 대한 구체적 방책이 없었던 이들은 얼마 존속하지 못하고 1929년 해산해야 했다.

그럼에도 불구하고 민예사상이 세상에 태어난지 100년이 지난 지금에도 일본을 대표하는 디자인 기업들이 민예운동의 계승자를 자처하고 있다는 것은 무엇을 의미할까? 가장 눈에 띄는 기업은 한국인들에게도 익숙한 무인양품이다. 무인양품의 자문 위원이자 디자이너로 활약하고 있는 후카사와 나오토(深澤直人, 1956~)는 일본민예관장을 맡고 있으

11) 이데카와 나오키, 『인간 부흥의 공예』, 47쪽.

며 여러 차례 민예 관련 전시를 기획해왔다. 최근에는 아예 무인양품과 일본민예관이 공동으로 〈민예-생활미의 형태(MINGEI-生活美のかたち)〉 전을 기획하여 전시시설을 갖춘 대형 무인양품 매장에서 순회전을 열고 있다.[12] 총괄 기획을 맡은 후카사와는 다음과 같이 말했다.

> "무인양품은 브랜드를 내세우는 마케팅 전략에 기대는 모노즈쿠리에 저항하여, 간결하고 풍요로운 진짜 가치를 목표로 1980년에 설립되었습니다. 그것은 제품에 의한 현대의 민예운동이라고 할 수 있을 것입니다. 사람들이 마음 깊은 곳에서 소중히 생각하고 있는, 평화롭고 아무렇지도 않은 일상생활에 함께 하는 것. 일본민예관도 무인양품도 그 마음은 다르지 않다고 생각합니다."[13](번역 필자)

한편 디앤디파트먼트는 〈민예 100년〉 전에서 전시회장 안에 특설된 아트샵 기획을 담당하며 자타공인 민예운동의 계승자임을 분명히 했다.

> "우리들 D&DEPARTMENT는 오랫동안 사용되어온 생활용품 등, '롱 라이프 디자인'을 소개하고 판매하는 활동체로서 2000년에 탄생했습니다. 저희의 활동은 '민예운동'과 공통되는 부분이 많고, 최근의 지구 환경을 생각하는 지속가능을 위한 사고와도 합치합니다. 이번에 아트샵으로 참가하여 '새로운 민예 감각의 롱 라이프 디자인'을 소개합니다."[14](번역 필자)

---

12) 2021년 1월 16일부터 2022년 1월 30일까지 니가타 나오에쓰 Open MUJI, 도쿄 긴자 ATELIER MUJI GINZA, 히로시마 파르코 Open MUJI, 후쿠오카 MUJI 캐널시티 하카타를 순회하며 진행되었다.

13) MINGEI-生活美のかたち전 홈페이지, https://www.muji.com/jp/ feature/mingei/(최종 검색일: 2022.3.27.).

14) 柳宗悦没後60年記念展 民藝の100年전 홈페이지, https://mingei100.jp/shop/(최종 검색일: 2022.3.27.).

그러나 이들이 출발 당시부터 민예운동을 의식한 것은 아니었다. 디앤디파트먼트의 대표 나가오카 겐메이(ナガオカケンメイ, 1965~)[15]는 이렇게 말한 바 있다.

> "우리의 활동을 보고 "민예운동 같다"고 생각할 수 있다. 민예운동이나 야나기 무네요시를 알게 된 것은 지금으로부터 약 10년 전 일이다. 그전에 알았더라면 달랐을지도 모른다. 몰라서 다행이었다는 생각도 든다. 미리 알았다면 이 일을 시작하지 않았을지도 모르기 때문이다."[16]

무인양품과 디앤디파트먼트는 고도자본주의가 정착된 현대사회에서 기계생산된 물건을 더 많이 판매하여 이윤을 남기는 것을 목표로 한다는 점에서 '사상'으로 출발했던 민예운동과 본질적으로 출발이 다르다. 특히 제조업과 유통업을 겸하고 있는 무인양품은 같은 아이템을 대량생산하여 생산가격을 낮추는 데에 주력하고 있으며 획일화된 규격의 제품을 주로 취급한다는 점에서 기계주의에 대해 극도로 회의주의적이었던 야나기의 미학과 대치되는 면이 크다. 디앤디파트먼트는 무명성, 익명성을 강조했던 야나기와는 달리 스타 디자이너의 작품을 다수 취급한다. 일본 디자이너들의 사상 이윤추구를 목적으로 하는 기업들이 어째서 민예운동을 계승한다고 나섰으며 실제로 그들은 어떤 지점에서 민예 운동을 계승하고 있는 것일까? 이들은 야나기의 민예운동이 가졌던 한계를 극복하고 새로운 시대를 선도해나갈 수 있을까?

---

15) 본명은 나가오카 마사아키(長岡賢明)이나 본인이 한자의 읽는 방법을 달리하여 가타카나로 표기하는 방법을 택하고 있다.
16) 나가오카 겐메이, 『또 하나의 디자인 나가오카 겐메이가 하는 일』, 285쪽.

2. 무인양품과 디앤디파트먼트의 탄생과 성장

무인양품은 1980년, 슈퍼마켓 체인 세이유(西友)의 PB상품(private brand products) 브랜드로 출발하였다. 일본에서는 1973년 제1차 오일쇼크를 겪은 뒤 사회적으로 절약을 장려하는 분위기가 형성되었다. 1978년 다이에가 처음으로 식품과 생활잡화에 PB상품을 도입하자, 쟈스코, 이토 요카도 등의 대형 유통업체가 모두 참전하였다. 후발주자였던 세이유는 타사의 PB상품이 가격 경쟁력에만 집중하여 저품질은 당연시된다는 점에 착안하여, 저렴하더라도 품질이 좋은 상품을 취급하자는 기획을 내세웠다. 품질에 영향을 주는 부분은 줄이지 않되 포장을 간략화하거나 소재와 공정을 개선하여 가격을 저렴하게 한 식품 31품목, 가정용품 9품목의 총 40가지 PB상품을 세이부(西武)백화점, 세이유, 패밀리마트에서 판매하기 시작하면서 무인양품의 역사가 시작되었다.[17)]

흔히 무인양품을 고도경제성장기에 유행했던 고급브랜드의 안티테제라고 말한다. 그러한 배경에는 당시 세이부 백화점의 대표이자 무인양품의 창시자 쓰쓰미 세이지(堤清二, 1927~2013)가 있다.[18)] 세이지

17) 무인양품의 탄생 과정과 역사에 대해서는, 무인양품 홈페이지(https://www.muji.com/jp/about)와 주식회사 양품계획 홈페이지(https://ryohin-keikaku.jp/about-muji, https://ryohin-keikaku.jp/corporate/history/1980. html), 『매거진 B 53호: MUJI』, JOH & Company, 2017, 116~117쪽을 참조하여 정리했다.

18) 무인양품의 안티테제적인 성격에는 브랜드 창시자인 쓰쓰미 세이지의 개인사와 성향이 많이 반영되었던 것으로 보인다. 세이부 그룹의 창업자이자 중의원 의장을 지낸 쓰쓰미 야스지로(堤康次郎, 1889–1964)의 장남인 세이지

가 입사한 당시 세이부 백화점은 다카시마야, 미쓰코시 등 전통있는 백화점에 밀려 이류에 머물러 있었는데, 그는 에르메스, 이브 생 로랑, 루이비통, 아르마니 등 해외의 고급 브랜드를 일본에 처음으로 수입하며 세이부 백화점을 고급화하는 데 성공했다. 또한 해외의 현대미술과 전위연극 등을 백화점에 병설한 미술관, 극장 등을 통해 소개하여 문화적으로 앞서나간다는 이미지를 만들고 젊은 고객을 유치하였다. 1980년대 전반, 세이부 이케부쿠로 본점의 매상고가 미쓰코시 니혼바시 본점을 제치고 1위를 기록하며, 세이지는 경영자로서의 입지를 탄탄히 했다.

일본의 1980년대는 흔히 버블경제기로 불리는 시대로, 가타카나로 된 외래어 이름의 고급 브랜드가 유행하던 시대였다. 그러나 고급 브랜드를 수입, 유통한 당사자는 정작 브랜드 상품이 실용성이나 기능과 관계없이 브랜드 로고만이 자기주장(一人歩き)하는 것에 대한 환멸을 느꼈던 것 같다. 세이지는 PB상품 개발에 있어 "야채, 고기, 면, 비단 같은 소재처럼 로고가 없어도 가치를 인정받는 상품을 만들고 싶다, 이름은 가타카나로 하고 싶지 않다."고 주장하였고, 그렇게 '상표가 없는 좋은

는, 이복형제를 여럿 지닌 복잡한 가정환경 때문에 아버지에 대한 반항심이 컸다고 한다. 그는 도쿄대 경제학부 재학 당시 일본공산당에 소속되어 활동하기도 했으며 문학에 경도한 청년이었다. 세이부 그룹의 핵심사업인 철도, 호텔, 부동산 등은 모두 이복동생인 쓰쓰미 요시아키(堤義明, 1934~)가 물려받게 되었고, 세이지는 비중이 훨씬 떨어지는 유통업을 물려받아 세이부 백화점에 입사하게 되었다. 그는 고급 브랜드 수입을 통해 세이부 백화점의 고급화를 이뤄냈지만, 그러는 한편으로 1996년 츄오대에서 소비사회를 비판하는 내용의 논문으로 경제학 박사학위를 취득했고, 소설가, 시인으로도 활동하는 등 일면 이율배반적인 독특한 이력을 지니고 있다. 鈴木哲也, 『セゾン 堤清二が見た未来』, 日経BP, 2018, 29~32쪽.

물건'이라는 의미의 한자 네 글자로 이뤄진 '무인양품'이라는 이름이 탄생하게 되었다.[19] 그는 빈부의 격차가 크지 않은 일본 사회에서는 단순히 가격만 싸게 만든 PB상품은 매력이 없을 것이라고 생각했다. 그는 무인양품의 브랜드 컨셉과 전략 개발을 위해 당시 일본 최고의 디자이너였던 다나카 잇코(田中一光, 1930~2002), 크리에이티브 디렉터 고이케 가즈코(小池一子, 1936~), 인테리어 디자이너 스기모토 히로시(杉本博司, 1948~)를 아트 디렉터로 영입했다. 외부 크리에이터로 구성된 자문조직 어드바이저리 보드(Advisory Board)에서 무인양품의 사상을 관할하는 전통은 지금까지 이어지고 있다.

티슈나 기름 등을 리필 용기에 담아 판매하고 상품가치가 없는 것으로 여겨졌던 부서진 건조 표고버섯을 국물용으로 저렴하게 상품화하는 전략 등은 고이케 가즈코가 만든 "이유가 있어 저렴하다", "이것으로 충분하다", "사랑은 장식하지 않는다" 등의 카피와 딱 맞아 떨어졌다. 40종의 품목으로 출발한 무인양품은 판매 첫해부터 매상 목표 30억 엔을 훨씬 넘는 55억 엔을 달성했고,[20] 1983년에는 고급 브랜드 부티크가 즐비한 아오야마에 단독매장을 오픈했다. 1989년에는 세이유의 사업부에서 독립하여 주식회사 '양품계획'을 세워 독자적인 길을 걷게 되었다. 1991년 런던 지점을 오픈하며 해외 진출을 이뤘고 2021년 8월 기준으로 32개국에 1,068개(일본 국내 497, 해외 571)의 점포를 갖고 있는 글로벌 디자인 브랜드로 자리매김했다. 현재는 7,500여 가지의 상품 종류를 취

19) 鈴木哲也, 『セゾン 堤清二が見た未来』, 36~37쪽.
20) 鈴木哲也, 『セゾン 堤清二が見た未来』, 39쪽.

급하며 일본 생활잡화 업계 매출액 1위를 차지하고 있다.[21] 캠핑장, 호텔, 신축 주택 및 리모델링 사업, 식당, 베이커리, 카페 등의 사업도 전개하고 있다.

한편 디앤디파트먼트는 생활잡화와 가구를 주로 취급한다는 점에서는 무인양품과 같지만, 규모 면에서는 비교할 수 없을 정도로 작은 회사다. 무인양품이 철도 재벌그룹 총수의 장남이자 도쿄대 경제학부 출신의 엘리트가 일본 최고의 크리에이터들을 모아 출발한 브랜드인 것에 반해, 디앤디파트먼트의 설립자 나가오카 겐메이는 상업고등학교 출신의 디자이너가 세운 영세업체로 출발했다. 나가오카는 고등학교 졸업 후 곧바로 디자인회사에 입사하여 그래픽 디자인 업계에 발을 담는다. 1989년 아사히 광고상[22]을 수상한 것을 계기로 1990년 일본디자인센터[23]에 입사하게 되는데, 거기서 하라 겐야(原研哉, 1958~)를 만난 것이 인생의 전환점이 된다. 하라 겐야는 뒤에서 언급하겠지만 후일 무인양품 어드바이저리 보드에도 관여하게 되며 현재 일본을 대표하는 디자이너 중 한 명이다. 나가오카는 1991년, 일본디자인센터 산하의 '하라 겐야 연구소' 설립에 참가하게 되었고, 1997년에는 독립하여 영상제작자 히

---

21) 『会社四季報 業界地図 2022年版』, 東洋経済新報社, 2021, 237쪽.

22) 아사히신문에서 주최하는 광고 공모전. 신문 지면에 실린 광고를 대상으로 하는 광고주 참가부문과 일반 크리에이터가 참가 가능한 일반 공모부문으로 나뉜다. 1952년에 창설되었다.

23) '새로운 시대에는 여러 회사가 공동으로 선전부서를 갖도록 하자'는 취지로 디자이너 가메쿠라 유사쿠, 하라 히로무, 다나카 잇코 등이 중심이 되어 도요타 자동차, 아사히맥주, 신일본제지, 노무라 증권 등 8개 회사의 출자를 받아 1959년 설립한 광고회사.

시카와 세이치(菱川勢一, 1969~)와 함께 디자인회사 드로잉 앤 매뉴얼(D&MA)을 설립했다.

당시 나가오카에게는 리사이클샵을 돌아다니며 디자인적 가치가 있거나 재미있는 중고 제품들을 구입하는 취미가 있었다. 그렇게 구입한 물건들이 쌓여 사무실과 자신의 방 세 개짜리 맨션이 포화상태에 다다르자 재미 삼아 웹스토어를 만들어 물건의 사진을 찍어 올리고 간단한 설명을 달아 판매하기 시작했다. 그런데 예상외로 인기가 있자 그는 본격적으로 사업을 구상하기에 이른다. 단순한 재활용품 가게가 아닌, '구입한 물건을 쉽게 버리지 않고, 애정을 갖고 물건을 다루며 줄곧 사용해온 물건의 가치를 공유하는 것'에 대한 의식과 의지를 전하는 가게를 열기로 결심한다. 그는 20년 가까이 디자이너로 일하면서 디자인에 대한 회의가 들었고, 무엇이 '올바른 디자인'인지 찾고 싶었다고 회고한다. 한편 중고품 매입과 판매를 거듭하면서 그에게는 일종의 '디자인 감식안'이 생겼다. 2000년, '디자인의 백화점'이라는 의미와 '실험하며 진행해나가는 중'이라는 의미를 담아 '디앤디파트먼트 프로젝트'를 설립했다. 그리고 도쿄 세타가야구의 한적한 주택가에 1호점을 오픈하면서 디앤디파트먼트의 역사가 시작됐다.[24]

디앤디파트먼트의 활동은 '롱 라이프 디자인(long life design)' 활동으로 대표된다. '롱 라이프 디자인'은 디앤디파트먼트가 '올바른 디자인'을

24) 나가오카 겐메이의 이력과 디앤디파트먼트의 설립과정에 대해서는, 나가오카 겐메이, 『디앤디파트먼트에서 배운다, 사람들이 모여드는 전하는 가게 만드는 법: 사면서 배우고, 먹으면서 배우는 가게』를 참고하여 정리했다.

판별하는 기준이다. 시간이 증명한 디자인, 생명이 긴 디자인은 바로 올바른 디자인이라는 것이다. 따라서 디앤디파트먼트는 제품을 새로 디자인하는 것이 아니라, 탄생한 지 20년 이상 지났지만 여전히 생명력을 지니는 좋은 디자인의 생활용품을 발굴하여 판매하는 편집샵 운영을 주력사업으로 한다. 이들의 제품 선별 기준은 '1) 알기-만드는 사람에 대한 이해가 담긴 물건, 2) 사용하기-판매자가 먼저 사용해본 물건, 3) 되사기-되사서 다시 팔 수 있을만한 수명의 물건, 4) 고치기-수리해서 계속 사용할 수 있는 물건, 5) 지속하기-제작자가 꾸준히 만들 물건'으로, 이 조건에 부합하는 제품이라면 신제품이건 중고품이건 구분하지 않고 판매한다.[25)]

앞으로의 디자인에 필요한 것에 대해 나가오카는 네 가지를 꼽는다. 먼저, 지역에 '뿌리내리기'로, 지역에서 탄생하고 그 지역에서만 성장할 수 있는 현상만이 그 지역만의 가치 있는 창작이 된다고 보는 것이다. 지역다움을 확실하게 의식하고 운용할 수 있는 것이 곧 새로운 디자인을 개발하는 열쇠가 될 것이라는 생각이다. 둘째, '건강함'이다. 가치의 기준이 '돈'이 아니라 사람과 환경 모두에 부담이 없는 다양한 것으로 변화하기 때문에 모든 면에서 건강한 디자인이 중요하다고 한다. 셋째, '동료'다. 확실한 관계성을 계속해서 만들 수 있는 상호 이해를 바탕으로 연결된 동료, 생산자와 계속해서 관계를 맺을 수 있는 동료가 필요하다. 마지막으로 '역사'다. 지금을 사는 것은 과거를 의식하면서 지금에 대한 해답을 찾는 일이며, '롱 라이프 디자인'은 새로운 것을 탄생시키기 위한 디자인이다.

---

25) 디앤디파트먼트 홈페이지, https://www.d-department.com/ext/about.html (최종 검색일: 2022.3.27.).

이러한 '롱 라이프 디자인'이라는 개념은 많은 사람들에게 공감을 불러일으켰고 자신이 사는 지역에서 디앤디파트먼트를 운영해보겠다는 사람들도 생겨났다. 디앤디파트먼트는 2023년 4월 현재 일본 내 11개 지점, 해외 3개 지점(서울, 제주, 중국 안후이성 황산시)을 직영 혹은 위탁의 형태로 운영 중이다. 대부분의 지점은 식당, 카페를 겸하여 운영 중이며 제주점은 작은 규모의 호텔을 함께 운영하고 있다.

3. '발견'을 '운동'으로: 무인양품과 디앤디파트먼트가 일하는 방식

무인양품은 직접 식품과 잡화, 가구를 만들고 디자인해서 판매하는 제조업과 유통업의 역할을 겸하지만, 디앤디파트먼트는 직접 물건을 만들거나 새로 디자인하지 않고 원래 세상에 나와있던 제품 중에서 올바른 디자인을 지닌 제품을 골라서 판매한다는 점에서 근본적으로 같아질 수 없는 구조를 지니고 있다. 공통점을 찾자면 식품과 잡화, 가구 등 생활용품에 걸쳐있는 취급품목인데, 디자인 전략을 전면적으로 내세우는 점은 여느 생활용품 브랜드에서도 볼 수 있는 공통적인 현상이므로 새롭지는 않다. 무인양품과 디앤디파트먼트가 다른 생활용품 브랜드와 차별화되는 지점은 취급하는 의식주와 관련된 제품을 통해 소비자의 생활습관에 깊이 관여하고 소비와 관련된 의식을 바꾸려 든다는 점, 그러한 메시지를 전하는 데에 초점을 둔다는 점이다. 즉, 하나의 '운동'이라는 점

〈그림 3〉 1980년 무인양품 론칭 당시 출시한 40종의 품목

출처: 주식회사 양품계획 홈페이지, https://www.ryohin-keikaku.jp

이다. 이때 무언가를 새로 디자인하거나 적극적으로 개입하기보다는, 일상과 주변을 되돌아보고 '발견'함으로써 생활을 개선할 수 있다고 설득한다. 이들은 생활용품을 판매하는 수준을 넘어 사회에 영향력을 행사하고자 하며, 이것이 바로 이들이 민예운동을 계승하는 지점이라고 볼 수 있다.

2021년 무인양품의 새로운 사장으로 취임한 도마에 노부오(堂前宣夫)는 "무인양품은 '사회운동'이며, 사장인 나는 전도자에 지나지 않는다."[26]고 발언한 바 있다. 앞에서 살펴보았듯 무인양품은 탄생 과정에서

부터 사회운동적인 측면을 갖고 있었다. 무인양품의 아트 디렉터를 맡은 다나카 잇코는 '간소한 아름다움(簡素の美)'이라는 브랜드 콘셉트를 내걸고 "화려함 앞에서 주눅 들지 않는 간소함, 그 간소함 안에 숨어있는 지성을 발견하고 그것을 자랑스럽게 생각할 수 있는 가치체계를 넓혀가는 것이 가능해진다면 적은 자원으로 충분히 생활을 풍요롭게 할 수 있다."고 주장하며 표백되지 않은 재생지에 수수한 적갈색의 잉크로 단색 인쇄한 패키지와 상표를 디자인했다.[27](〈그림 3〉) 이 컨셉은 브랜드 탄생 40년이 지난 지금도 크게 변하지 않았다.

무인양품의 제품은 최소한의 패키지와 디자인을 가지며 제품에 자기주장이 거의 없다. 장식이 거의 없이 소재가 가진 색을 그대로 사용하는 심플한 형태의 제품들은 어느 곳에 두어도 무난하게 어울린다. 이러한 미니멀리즘 디자인에도 디자이너는 있을 터, 그러나 무인양품은 제품 디자이너의 이름을 드러내지 않는다. 스웨덴의 가구 브랜드 이케아(IKEA)가 제품마다 각각의 디자이너 이름을 명시하는 것과 대조적이다. 다나카 잇코의 뒤를 이어 2001년부터 어드바이저리 보드에 합류한 하라 겐야가 2008년 제작한 포스터 〈그림 4〉에는 이러한 익명성이 잘 나타난다. 요리하거나 공예품을 만드는 사람의 손에 집중한다. 그 사람이 누구인지는 중요하지 않다. 오로지 작업 중인 손에만 화면 가득 초점을 맞춘다.

하라 겐야는 '리 디자인(re-design)' 사고 방식으로도 잘 알려져 있

26) 「無印は「社会運動」、異色の新社長が明かした真意」, 『東洋経済オンライン』, 2021.11.5. https://toyokeizai.net/articles/-/466685(최종 검색일: 2022.3.25.).
27) くらしの良品研究所, 『MUJI IS―無印良品アーカイブ』, 良品計画, 2020, 198~201쪽. 『매거진 B 53호: MUJI』, JOH & Company, 2017, 116~117쪽.

〈그림 4〉 하라 겐야가 제작한 무인양품 포스터

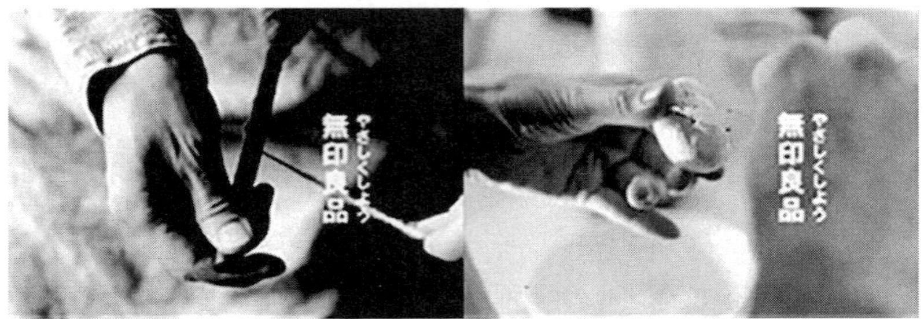

출처: 주식회사 양품계획 홈페이지. https://www.ryohin-keikaku.jp

다. 이미 디자인되어진 제품들을 새로운 관점으로 관찰하고 새롭게 인식하여 처음으로 돌아가 다시 디자인하는 방식인데, 그는 로컬리티(locality)와 전통(tradition)의 가치를 중요한 리 디자인 요소로 손꼽고 있다.[28] 그가 2003년부터 진두지휘하며 전개하고 있는 '파운드 무지(Found MUJI)'에는 하라의 리 디자인 사고 방식이 잘 반영돼 있다. 파운드 무지는, 세계 곳곳에서 오랜 기간 애용되어 온 생활용품을 찾아(found), 현대인들의 보편적인 생활문화와 관습에 맞춰 약간의 개량을 가한 후 적정한 가격으로 상품화하여 판매하는 것을 목표로 한다. 특정 지역에서 오랫동안 사랑받으며 사용되어 온 물건 중에서 가장 '무인양품다운' 것을 찾아가는 활동이다. '무인양품이 전 세계 각지에 있다면, 어떤 형태로 존재할까'에 대한 고민에서 시작되었고, 그렇게 발견한 물건 중 일부는 연구자료가 되어 새로운 상품을 만드는 데 주요한 단서로 활용되며, 일부

28) 「디자인을 디자인하는 디자이너 하라 켄야」, 『디자인』, 디자인하우스, 2010년 2월호, 70쪽.

는 무인양품의 색을 입혀 재생산해 파운드 무지라는 브랜드 라벨을 달고 세상에 선보인다. 제품을 개발할 때 중요한 것은 지역에서 '발견'한 물건의 본질을 훼손하지 않는 것이라고 한다. 이를 위해서는 지역과의 공조가 중요한데, 예를 들어 특정 지역의 종지그릇을 발견해 무인양품 방식으로 재생산한다면, 공정은 그 지역의 방식대로 진행하되 그릇의 무늬는 무인양품 스타일로 생략하거나 줄이고 심플하게 디자인하는 것이다.

이러한 작업과정을 전시로 기획하여 오픈 무지(Open MUJI), 아뜰리에 무지(ATELIER MUJI) 등의 전시공간을 통해 소비자와 공유하기도 하고, 상품으로 이해시키는 데 한계가 있는 가치를 보다 효율적으로 전달하기 위해서 '무지 북스(MUJI Books)'를 설치하여 직접 출간한 책이나 혹은 무인양품의 사상과 가치에 공감하는 기존 간행물들을 큐레이팅하여 판매한다.

한편 디앤디파트먼트에서는 '발견'을 날 것 그대로 활용한다. 이미 디자인 포화상태에 달한 세상에 새로운 디자인을 더하지 않고, 이미 존재하는 좋은 디자인을 '발견'하여 보다 적극적으로 유통하는 것, 이것이 바로 '디자인하지 않는 디자이너' 나가오카 겐메이의 또다른 '리 디자인' 방식이다. 이러한 방식을 나가오카 본인은 "또 하나의 디자인", 디자이너이자 평론가 우치다 시게루는 "재발견주의"라고 부른다.[29] 이러한 발견을 행하는 '감식안'과 '직관', 그리고 그 발견을 공유하고자 하는 '운동'은 디앤디파트먼트 활동의 핵심을 이룬다. 특히 나가오카 개인의 '감식안'

29) 内田繁, 『戦後日本デザイン史』, みすず書房, 2011, 330~331쪽.

이 디앤디파트먼트 활동에 전적으로 영향력을 행사하는 점은 민예운동에서 야나기가 차지하던 역할을 떠올리게 한다.

나가오카는 1960년대에 주목했다. 그는 1960년대를 일본에 마케팅 개념이 침투하기 전으로, 제조업자들이 소비자 니즈에 경도되지 않고 스스로 고민하면서 세계에 적용할만한 기준을 만드는 데 정열을 다했던 시기라고 평가한다. 또한 세계적으로도 굿 디자인 운동이 일어났던 시기로, 제2차 세계대전 후 재건과 부흥이 일단락되고, 견실한 디자인으로 생활을 풍성하게 만들고자 했던 시대였다고 한다.[30] 중고품을 매입하는 일을 반복하면서 물건을 보는 눈과 경험치가 쌓이고 나서 보니, 1960년대에 만들어진 제품들이 심플하면서도 품질이 좋고 보편적인 것이 많다는 것이다. 그는 1960년대부터 지속적으로 생산되고 있는 좋은 디자인의 가구나 생활용품, 혹은 생산이 중단된 제품 중에서도 중고시장에서는 아직도 사랑받고 있는 디자인의 제품인 경우 제조업체에 복각을 의뢰하여 판매하는 프로젝트 '로쿠마루 비전(60 VISION)'을 시작했다.

디앤디파트먼트의 '닛뽄 비전(NIPPON VISION)' 프로젝트는 60 VISION을 지역 산업 버전으로 발상을 발전시킨 것이다. 2007년, 미에현의 한 공무원으로부터 "60 VISION은 기업의 원점과 기업다움을 되돌아보면서 소비자에게 제품을 제공하는 방식으로 확대되고 있다. 지금 47개 도도부현의 지역 산업도 원점을 재인식하고 지역다움을 재확인하지 않으면 안되는 상황이다. 60 VISION의 사업 경험을 지역 산업에 맞춰 강연해줄

30) 나가오카 겐메이, 『디앤디파트먼트에서 배운다, 사람들이 모여드는 전하는 가게 만드는 법: 사면서 배우고, 먹으면서 배우는 가게』, 45쪽.

수 없겠는가?"라는 의뢰를 받은 데에서 비롯되었다.[31)]

나가오카는 이에 그 지역의 풍토와 관습에 맞게 생겨난 지역 산업과 공예를 그 토지의 '원점', '그 토지다운 디자인'으로 규정하고, '액세서리', '선물'과 같은 테마로 47개 도도부현의 산물을 모아 전시해 보았다. 일본디자인위원회 멤버 자격으로 개최했던 '일본 디자인 물산(DESIGN BUSSAN NIPPON) 전이 그것이다. 나가오카는 '오래 지속되어 온 지역 물건', '디자인을 통해 진화한 지역 물건', '디자인을 통해 진화한 지역 음식', '오랜 전통은 아니더라도 이미 정착한 지역 축제', '지역문화'와 같은 범주를 세우고 물건을 수집했는데, 이 전시를 준비하면서 그의 생각이 크게 바뀌었다고 한다. 디자인은 해외에서 들어와 도쿄를 기점으로 확산되는 것이 아니라는 점을 확신했으며, 일본 47개 지역의 개성을 분명하게 전하고 싶다는 생각이 든 것이다.[32)] 이 전시는 현재 디앤디파트먼트의 핵심사업인 d47의 전신인 셈이다.

여기에서 더 나아가 나가오카는 굿 디자인상을 받아 'G마크'를 획득한 제품이 중고품이 되어도 가치가 있을지를 확인해보는 실험을 진행했다. G마크는 수출상품의 지적재산소유권 침해방지와 뛰어난 디자인을 선정하여 사회에 보급한다는 목적으로 일본 상공성에서 1958년부터 굿 디자인으로 선정한 제품에만 부여하는 일종의 인증제도다. 나가오카는 G마크를 획득한 제품 중에서 더 이상 생산되고 있지 않은 제품을 중고로

31) 나가오카 겐메이, 『디앤디파트먼트에서 배운다, 사람들이 모여드는 전하는 가게 만드는 법: 사면서 배우고, 먹으면서 배우는 가게』, 46쪽.
32) 나가오카 겐메이, 『또 하나의 디자인 나가오카 겐메이가 하는 일』, 59~60쪽.

〈그림 5〉 디앤디파트먼트의 USED G 프로젝트 포스터. 1966년 발매가격 8,800엔, 2003년 프로젝트 당시 디앤디파트먼트의 중고매입가는 6,000엔, 판매가격은 18,000엔이라는 문구가 적혀 있다.

매입한 뒤 판매하는 '유즈드 G(USED G)' 프로젝트(〈그림 5〉)를 전개했고, 굿 디자인상 위원회에서는 2004년 이 프로젝트에 굿 디자인상을 수여함으로써 힘을 보탰다.

60 VISION이나 USED G 프로젝트를 통해 판매되는 제품은 결코 싸지 않다. 원래의 가격도 저렴한 제품은 아니었지만, 발매된 지 오랜 세월이 지나 희소성이 더해지고 중고로 매입하고 판매하는 과정에서의 수수료와 클리닝 비용 등이 추가되기 때문일 것이다. 대체가능한 염가의 물건이 넘쳐나는 시대에 이러한 프로젝트가 성공할 수 있기 위해서는 단순히 물건을 판매하는 것에서 그치지 않고, 왜 그러한 소비를 해야 하는지에 대한 설득이 필요하다. 그리하여 나가오카가 내세우는 것은 "전하는 상점"이라는

컨셉이다. 멤버십 제도를 운영하며 회원을 상대로 한 연구회, 지역 주민 참가 워크샵 등을 정기적으로 운영하여 교류의 네트워크를 형성하는 데에 판매만큼이나 큰 공을 기울이고 있다. 그는 소비자가 '배움'에 따라 물건에 관심을 갖게 된다고 믿으며 다음과 같이 예를 들어 설명한다.

> "만드는 사람이나 생산지의 스토리, 그 안에 있는 정보를 얻으면 얻을수록 생활자는 그 물건에서 가치를 발견할 수 있습니다. (...) 모처럼 고급스러운 칠기 국그릇을 샀는데, 안에 담는 된장국이 변함없이 인스턴트여서는 안 되겠다는 생각이 드는 겁니다. 이때 맛있는 된장국을 만드는 법을 배울 수 있는 모임은 상당히 울림이 있습니다. 좋은 다시마는 어떻게 찾는지, 국은 어떻게 내는지 된장국 만드는 법을 열심히 공부합니다. 그리고 실전에서 정말 맛있는 된장국을 만들죠. 자, 바로 이때 좋은 국그릇을 사용할 수 있는 상황이 마련되는 겁니다."[33]

나아가 보다 많은 소비자들에게 기업의 사상과 이념을 전하고 학습시키기 위해 전시와 출판이라는 미디어를 적극적으로 활용한다. 47 도도부현별로 지역문화를 정리하여 『디 디자인 트래블(d design travel)』이라는 잡지를 발간하고, 전시공간인 '디47 뮤지엄(d47 Museum)'을 젊은이들이 많이 모여드는 시부야역과 연결되는 고층 상업건물 안에 오픈했다. 뮤지엄과 같은 층에는 디앤디파트먼트 도쿄 지점과 함께 각 지역의 재료로 만든 음식과 지역 음료, 술을 판매하는 '디47 식당(d47 食堂)' 사업을 함께 전개함으로써 전시의 관람객이 물건을 구입하거나 지역의 식문

---

33) 호소야 마사토, 김현정 옮김, 『브랜드스토리디자인』, 비엠케이, 2019, 231쪽.

〈그림 6〉 디47 뮤지엄의 전시풍경

출처: 디앤디파트먼트 홈페이지, https://www.d-department.com.

화를 즐기는 체험을 할 수 있도록 유도하고 있다(〈그림 6〉).

4. 새로운 시대의 디자인 운동

야나기는 "민예의 쇠퇴는 자본주의의 발흥과 평행한다."[34]고 말했다. 이 말을 거꾸로 해석하면, 자본주의가 발달하면서 민예가 쇠퇴할 때 비로소 민예의 가치를 알아보고 지킬 것을 주장하는 운동이 일어난다고 볼 수도 있을 것이다. 민예운동이 전후에 힘을 잃었다가 1961년 야나기

34) 柳宗悦, 『柳宗悦全集 第八巻 工芸の道』, 筑摩書房, 1980, 21쪽.

사후 그를 기념하는 각종 사업들과 함께 고도경제성장기의 인간성 상실에 대한 회복 욕구와 맞물려 다시 한 번 붐을 일으켰다는 점도 이를 뒷받침한다. 그렇다면 지금 이 시점에서 민예운동이 소환되는 것 역시 자본주의의 위기에 봉착해있기 때문일지 모른다. 도시화로 인한 심각한 지역불균형, 개발지상주의가 낳은 환경 문제, 거듭되는 재해... 야나기의 계승자들은 이제 야나기의 시대에는 상상조차 할 수 없었던 큰 과제와 직면하고 있다. 고도의 자본주의가 낳은 해결하기 쉽지 않은 난제-지역소멸 위기라는 로컬 과제와 지구 환경의 위기라는 글로벌한 과제-속에서 앞으로 이들의 실험과 운동이 계속해서 소비자의 공감과 실천을 유도할 수 있을까?

나가오카는 일본 중소기업청에서 실시한 지역 브랜드 사업 〈저팬 브랜드(Japan brand)〉가 대부분 일회적인 이벤트로 그치고 만다는 점에 주목하여, '판매=지속성'이라는 결론을 내게 되었다. 그는 제품 생산과 디자인 외에 제작과 판매를 위한 환경이 포함되어야 브랜드가 성공적으로 지속될 수 있다고 보고, 지역의 특성을 살린 잡화점의 형태를 통해 시장을 형성하고 프로모션 시스템을 개발하여 추진한다. 정작 민예운동은 생산자나 직인의 이윤, 산지를 윤택하게 하는 것까지는 큰 책임감을 갖지 않았지만 지역소멸론이 대두되고 있는 오늘날에는 결코 등한시할 수 없는 문제해결의 핵심이다. d47 프로젝트에서는 일본의 47개 지자체의 비중이 각각 같다. 최북단인 홋카이도부터 최남단 오키나와까지 차례대로 번호가 매겨지며, 각 지자체는 균등하게 취급된다. 수도인 도쿄도는 13번으로, 1번 홋카이도와 47번 오키나와까지의 다른 모든 지자체와 평등하게 같은 크기의 전시공간을 배정받고 비슷한 페이지수의 지면을 할애받는다.

자원 고갈, 환경 오염과 같은 문제는 계속해서 물건을 판매해야만 존속할 수 있는 이들에게 더욱 복잡한 문제로 다가온다. 무인양품은 펄프 표백과정이 생략된 종이로 제품을 패키징하고 깨져서 상품가치가 없다고 여겨졌던 표고버섯을 상품화하는 등, 환경을 생각하는 사고가 일찍부터 디자인 정신의 근저에 깔려있었다. 최근에는 소비자가 무인양품에서 구매한 옷을 입다가 기부하면, 재생 작업 가능한 옷은 라벨을 달아 판매하고, 판매가 불가능한 옷은 에탄올로 환원하여 에너지로 사용한다는 '리 무지(Re Muji)' 프로젝트를 실시하고 있다. 디앤디파트먼트는 작은 규모의 기업이 살릴 수 있는 순발력과 융통성을 이용해 더 적극적인 친환경 행보를 보인다. 앞에서 소개한 '롱 라이프 디자인' 활동과 USED G 프로젝트와 같은 중고제품 매입과 판매 이외에도 섬유 공장에 쌓인 재고를 활용하여 가방이나 러그 등을 만드는 '프롬 라이프 스톡(from life stock)', 매장에서 새로운 포장재를 사용하는 대신, 소비자들로부터 불필요한 종이봉투와 박스를 기증받아 디앤디파트먼트 로고가 인쇄된 테이프만을 붙여서 재사용하는 등(〈그림 7〉), 디테일한 부분까지 환경을 배려하는 방법을 설립 초기부터 계속 이어오고 있다.

두 기업은 대중의 관심과 호응을 이끌어내며 일본 사회에 영향력을 행사하고 있다는 점에서 엘리트주의에 경도되고 말았던 민예운동의 한계는 이미 극복한 것으로 보인다. 봉건제가 무너지고 자본주의로 이행하던 시대에 태어난 민예운동에서 가장 도외시되었던 유통과 판매업을

〈그림 7〉 디앤디파트먼트에서는 손님들에게 쇼핑백을 기증받은 뒤
자사 로고 테이프를 붙여 재활용한다.

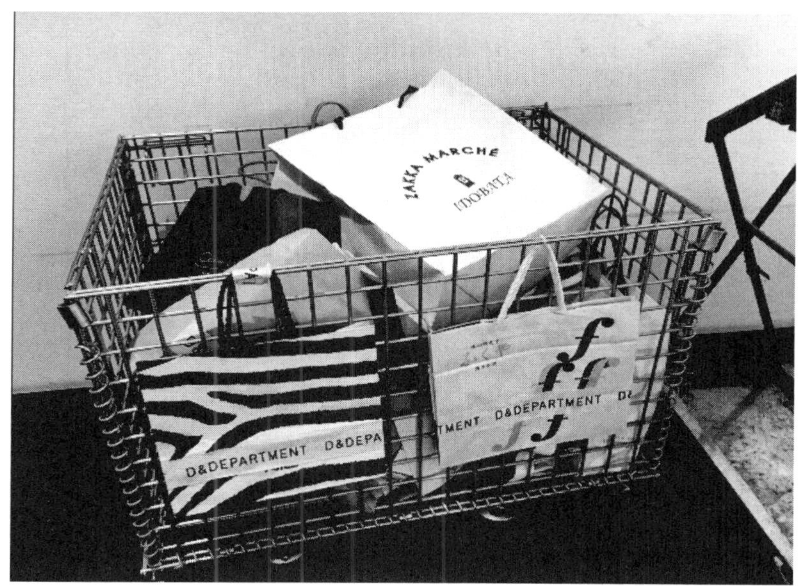

출처: 디앤디파트먼트 후쿠오카점, 필자 촬영

본업으로 하는 이들에게는 자본주의가 대항해야 할 적이 아니라, 존재의 전제가 된다. 그들이 민예운동의 한계와 모순점을 모를 리는 없다. 민예운동을 소환하는 이유는 민예운동의 사상을 그대로 실천하기 위함이 아니라, 역사성과 정통성을 획득하기 위한 전략일지도 모른다. 이미 신화화된 민예운동을 계승하는 것 자체가 이들을 다른 기업과 차별화하며, 운동을 행하는 데 있어 호소력과 존속할 수 있는 힘을 주기 때문이다. 이들에게 앞으로 중요한 문제는 사상과 이념을 전파하는 이상으로서의 '운동'체와 이윤 추구를 지상과제로 하는 '기업'체 사이의 밸런스를 유지

하며 지속해가는 것이다. 21세기 일본에 나타난 새로운 민예운동이 어떻게 진행될지 계속해서 지켜보고자 한다.

불황기 일본의 포스트자본주의론
가라타니 고진의 '새로운 어소시에이션 운동(New Associationist Movement)'을 중심으로

서동주

1. '탈혁명' 사회의 자본주의 비판론

2021년 일본 출판계의 최대 이슈는 신예 경제사상가 사이토 고헤이(斎藤幸平)의 『인류세의 「자본론」(人新世の「資本論」)』이 거둔 이례적인 상업적 '성공'이라고 할 수 있다. 『인류세의 「자본론」』이 거둔 '성공'을 이례적이라고 말하는 이유는 다음과 같다. 우선 2020년 9월에 출간된 이 책은 2021년 8월 시점에서 300만 부가 팔렸는데, 출판되어 1년도 지나지 않은 '신서'가 이 정도의 판매 부수를 올린 사례가 이전에 없었기 때문이다. 또 하나의 이유는 이 책의 내용과 관계되어 있다. 이 책에서 사이토는 계

* 이 글은 『일어일문학연구』(제123집, 한국일어일문학회, 2022)에 「일본의 현대사상은 '자본주의 이후'를 어떻게 정당화하는가―가라타니 고진의 '새로운 어소시에이션 운동(New Associationist Movement)'을 중심으로」란 제목으로 실린 필자의 논문을 단행본의 취지에 맞춰 일부 수정 · 보완한 것이다.

속되는 경제성장이 환경의 위기를 심화시키고 있는 점을 비판하며 기존의 생산수단을 비롯해 지구도 커먼즈(공유지)로서 관리하는 사회(탈성장 코뮤니즘)라는 비전을 제시하고 있다.[1] 저자는 이것을 마르크스의 『자본론』에 대한 면밀한 독해를 통해 이끌어내고 있는데, 냉전 해체 이후 마르크스주의를 전면에 내세운 서적 가운데 이 책만큼 출판시장에서 성공을 거둔 경우는 찾아보기 어렵다. 즉, 이 책의 '성공'은 현실사회주의의 붕괴 이후 이념으로서의 유효성을 상실했다고 여겨졌던 마르크스주의에 대한 분명한 지지 위에 이루어졌다는 점에서 이례적이라고 말하지 않을 수 없다.

『자본론』에 대한 현대적 재해석을 표방하는 이 책이 거둔 상업적 성공은 분명 이례적이지만, '무한 팽창'을 그 속성으로 하는 자본주의의 지양 없이 오늘날 인류와 지구가 직면한 위기, 즉 '인류세'의 위기를 극복할 수 없다는 저자의 호소는 적어도 21세기 일본의 현대사상 안에서는 결코 이례적인 것이 아니다. 즉, 지난 20여 년간 일본의 현대사상계가 보여주는 특징적 경향의 하나는 자본주의의 '지양' 혹은 '극복'을 주장하는 이른바 '포스트자본주의(Post-capitalism)' 담론이 지속적으로 나타나고 있다는 점이다. 그리고 이런 사상의 흐름 안에서 가라타니 고진의 『트랜스크리틱-칸트와 마르크스』(2001)는 선구적 위치를 점한다. 이 책에서 가라타니는 칸트와 마르크스를 각각 상대방의 시점에서 다시 읽는 비평적 작업(트랜스크리틱)을 거쳐 책의 후반부에 자본주의를 넘어서기 위한 이

1) 斎藤幸平, 『人新世の「資本論」』, 集英社, 2020, 277~323쪽.

론적, 실천적 전망을 담은 '새로운 어소시에이션 운동(New Associationist Movement)'(일명, NAM)에 관한 내용을 서술하고 있다. 이 책에서 본격적으로 모습을 드러낸 자본주의 체제를 대신할 새로운 교환양식인 '어소시에이션'에 대한 가라타니의 구상은 이후 『세계공화국으로』(2006), 『세계사의 구조』(2010)와 같은 저작으로 이어지며 내용적으로 확장되고 동시에 서술은 보다 정교해진 모습이다. 그리고 이런 가라타니의 이론적 작업과의 직간접적인 영향 속에서 2010년대에는 다양한 포스트자본주의 담론이 등장했다. 예를 들어 과학철학자로 알려진 히로이 요시노리(広井良典)는 『포스트자본주의–과학·인간·사회의 미래(ポスト資本主義ー科学・人間・社会の未来)』(2015)를 출간했고[2], 이론사회학자 오사와 마사치(大澤真幸)는 혁명을 향한 의지는 실패에도 불구하고 사라지지 않는다는 주장을 담고 있는 『사회는 끊임없이 꿈을 꾸고 있다(社会は絶えず夢を見ている)』(2011)를 시작으로 『서브컬처의 상상력은 자본주의를 넘어설 수 있는가(サブカルの想像力は資本主義を越えるか)』(2018)에 이어서 최근에는 사이토 고헤이의 『인류세의 「자본론」』에 대한 비평을 포함하고 있는 『신세기 코뮤니즘–자본주의 안으로부터의 탈출(新世紀のコミュニズムー資本主義の内からの脱出)』(2021)을 내놓으

2) 가라타니 고진과 히로이 요시노리는 직접적인 접점을 갖거나 영향관계를 보여주고 있지는 않지만, 자본주의 문제에 천착하고 있는 대표적 지식인으로 간주되고 있다는 점은 분명한 것 같다. 예를 들어 두 사람은 이와나미서점 창업100주년 기념심포지엄에 강연자로 참석해 각자의 포스트자본주의 전망 위에서 지식의 미래상을 제시하는 내용을 발표하기도 했다. 柄谷行人, 広井良典 外, 『知の現在と未来』, 岩波書店, 2014, 1~111쪽.

며 포스트자본주의 담론을 주도하고 있다.[3)]

이렇게 21세기의 일본의 현대사상에서 자본주의 '이후'를 향한 이론적 관심은 결코 일시적이거나 돌출적인 현상이 아니다. 그럼에도 불구하고 이것을 일본의 사회운동이 처한 상황과 결부시키면 또 다른 차원의 '이례성'을 확인하게 된다. 즉 사상은 급진적 성격을 더해가고 있지만, 정작 급진적 사회운동은 부진을 면치 못하고 있다. 주지하는 바와 같이 1970년대 초반 '신좌익 운동'이 좌초된 이래 일본의 이른바 '반체제' 사회운동은 그 명맥이 단절되었고, 사회민주주의를 표방한 공산당과 사회당의 정치적 영향력도 탈냉전 이후 지속적으로 약화되었다. 요컨대, 현대 일본에서는 급진적 '반체제운동' 뿐만 아니라 사회민주주의도 사회를 변화시킬 수 있는 역량을 상실한 지 오래다. 현대의 포스트자본주의 담론은 약체화된 사회운동과의 접점을 갖지 못한 채 사상 그 자체의 내용적 급진성만을 높여가고 있는 모습이다.

이 글은 이런 '이론'과 '운동' 간의 극심한 '낙차' 혹은 '괴리'에 대한 문제의식에서 출발한다. 하지만 초점은 이론과 운동 간의 비대칭을 낳은 배경을 분석하는 데 있지 않다. 오히려 이 글은 포스트자본주의 이론이 불리한 현실적 조건 안에서 어떻게 자본주의 지양(극복)의 필연성을 어

3) 이런 일본 사상계의 동향과 함께 프랑스의 경제학자 토마 피케티(Thomas Piketty)의 『21세기 자본』(2014년 일본어 번역본 출간)이 격차사회에 대한 사회적 위기감을 배경으로 주목을 받은 일이나 슬라보예 지젝(Slavoj Zizek)과 같은 유럽의 최신 마르크스주의자의 저작이 꾸준히 소개되면서 현대일본의 자본주의 비판론의 중요한 일부를 차지하는 현상도 포스트자본주의 담론의 유행에 연동된 '동시대적 경향'으로써 덧붙일 수 있다.

떻게 주장하고 있는가라는 정당화의 논리에 주목한다.[4] 여기에서는 가라타니 고진의 'NAM=새로운 어소시에이션 운동'에 관한 내용을 분석 대상으로 삼아 현대일본의 포스트자본주의 담론이 이론과 조건 사이의 극단적 '낙차 혹은 괴리'에 대해 자신의 존재 의의를 어떻게 논증하고 있는가를 집중적으로 다룬다.[5]

NAM은 가라타니가 만든 포스트자본주의론(자본=국가에 대한 대항운동론)의 명칭이자 동시에 그가 2000년에 출범시킨 동명의 공동체운동을 가리킨다. 이 운동은 2003년에 종결되었지만, 가라타니는 이후에도 여러 저술들을 통해 자본주의 극복의 '필연성'을 논증하는 이론적 작업을 지속하고 있다. 그런 의미에서 NAM은 실천으로서는 '과거형'일지 모르지만, 이론으로서는 '현재진행형'이다.[6] 다만, 가라타니의 NAM에 대한 기존의 논의가 마르크스주의의 지성사 안에서 그것의 내용적 새로움과 대안이론으로서의 가능성을 검증하는 데 주력했다면[7], 이 글은

4) 이런 사상적 아이러니의 발생 배경에 관해서는 마르크스주의의 지적 전통, 버블붕괴 이후 장기불황이 초래한 충격과 상실감, 일본정치의 '우경화' 등을 거론할 수 있는데, 이 문제에 관해서는 '지식사회학'적 관점에 입각한 별도의 분석이 필요함.

5) 가라타니 고진의 포스트자본주의론은 오사와 마사치, 사이토 고헤이의 포스트자본주의론(새로운 코뮤니즘론)의 사상적 원천으로 기능하고 있다는 점에서 우선적인 분석이 요구된다고 할 수 있다.

6) 가라타니는 최근에 발간한 저서에서도 NAM이 여전히 진행 중인 운동임을 다음과 같이 말하고 있다. 즉, "새로운 어소시에이션 운동이라는 의미였기 때문에 2000년의 시점에 있었던 것으로 한정할 필요는 없습니다." 柄谷行人, 『ニュー・アソシエーショニスト宣言』, 作品社, 2021, 16쪽. 이렇게 가라타니는 NAM이 2000년대 초반에 해산되었다는 이유로 어소시에이션 운동을 끝난 것으로 간주할 필요는 없다고 말하고 있다.

7) 예를 들어 사사키 아쓰시는 『일본의 사상』에서 가라타니 고진을 무엇보다

NAM을 1980년대 이후 일본자본주의의 구조적 변용에 대응하는 사상형태라는 관점에서 분석한다. 바꿔 말하면 기존 연구가 NAM에 관한 담론을 자본주의 극복을 주장하는 일종의 '일반적 이론'으로 취급한다면, 여기에서는 이런 시각에 대해 NAM을 '전후일본'이라는 특수한 시공간 위에 출현한 '역사적 담론'으로 간주한다는 점에서 차별적이다.[8)]

이상과 같은 문제의식 위에서 구성된 이 글은 다음과 같은 가설을 검증한다. 첫째, 가라타니 고진의 NAM은 '파국의 예감'과 '역사의 반복' 그리고 사라지지 않는 '혁명의 충동'과 같은 요소들을 통해 자본주의 극복의 필연성을 정당화하고 있다. 둘째, NAM의 이론이 전제로 삼고 있는

하스미 시게히코와 함께 '1980년대'를 대표하는 사상가로 위치 짓고, NAM에 대해서는 '거대 이론'이 더 이상 통용되지 않는 시대에 '혁명'을 주장했다는 점에서 처음부터 불가능한 과제를 목표로 삼은 사상적 '넌센스'라고 평가하고 있다. 佐々木敦, 『ニッポンの思想』, 講談社, 2019, 270~271쪽. 또한 잡지 『현대사상(現代思想)』은 2014년 1월 '가라타니 고진의 사상'을 특집으로 한 임시증간호를 발간했는데, NAM은 가라타니에 대한 인터뷰 내용에서 다루어지고 있다. 여기서도 질문자는 『트랜스크리틱』에 대해 지젝이 높이 평가했다는 사실을 거론하며 사회주의 운동의 역사와 마르크스주의 철학사라는 맥락 속에서 NAM의 이론적 의의를 언급하고 있으며, 가라타니도 이에 호응하는 형태로 자신의 생각을 개진하고 있다. 柄谷行人, 「『トランスクリティーク』から『帝国の構造』へ」, 『現代思想総特集＝柄谷行人の思想』, 2014, 46~59쪽. 그 외 국내에서 발표된 NAM에 관한 논문들도 NAM을 새로운 마르크스주의 이론으로 다루고 있을 뿐, 그것이 관련맺고 있는 일본적 맥락은 거의 고려되고 있지 않다. 국내 연구의 현황은 참고문헌을 참조할 것.

8) 물론 가라타니의 사상을 '일본사상사'라는 맥락에서 다룬 연구가 없는 것은 아니다. 대표적인 사례로 사사키 아쓰시의 『일본의 사상』을 들 수 있다. 하지만 앞서도 언급했듯이 사사키는 기본적으로 가라타니를 '1980년대'를 대표하는 지식인으로 간주하며, NAM에 관한 논의도 아즈마 히로키라는 사상가의 등장에 앞서 2000년대 초반의 일본의 현대사상의 지형을 묘사하는 과정에서 소략하게 언급하는 정도에 그치고 있다.

'소비'와 '인터넷(정보화)'이 사회의 변화에 기여할 수 있다는 발상은 1980년대 이후 일본자본주의의 성숙이 초래한 사회적 변용—소비사회의 확산과 정보화의 진전—을 배경으로 출현했던 소비사회론과 정보사회론에 기대고 있다는 점을 논증한다. 셋째, 자본, 국가, 네이션과 구별되는 새로운 교환양식으로 가라타니가 제안하는 '어소시에이션'은 기존 마르크스주의 역사유물론과 칸트의 영구평화론에 대한 비판적 재해석을 통해 얻은 이론적 산물이자, 동시에 '주권의 포기'를 규정하고 있는 일본국헌법의 가치에 대한 적극적 승인 위에서 '자신의 약체화(혹은 무력화)를 통해 타자를 변화시킨다'는 특수한 계몽의 논리에 의존하고 있는 점도 확인하고자 한다.

2. NAM의 원리와 '혁명'의 필연성

NAM은 가라타니 고진이 제창해 2000년 6월 결성된 '자본과 국가에 대한 대항운동'의 명칭이자 이 운동을 위한 단체를 가리킨다. 약 700여 명이 온라인으로 연계되어 소규모 커뮤니티를 형성했다. 커뮤니티 안에 몇 개의 분과를 두었는데, 회원 간 소통은 이메일로 이루어졌다. NAM의 활동은 교육, 지역통화 등을 주제로 한 몇 개의 '소모임 활동'을 통해 새로운 '공동체'의 가능성을 모색했고, '지역통화' 운동을 통해 자본에 종속되지 않는 자립적 경제의 현실성을 시도했다.

이렇게만 보면 NAM은 정보화의 진전을 배경으로 온라인의 범용성에 주목한 소규모의 사회운동 조직처럼 보인다. 하지만 적어도 참여자들에게 NAM은 기존의 정당과 노동조합을 대신하는 대안적 사회운동 조직이면서 동시에 국가나 시장이나 네이션과는 다른 '교환양식'에 기초하는 자본주의 이후의 '공동체'를 의미했다. 그러나 이런 야심찬 비전에도 불구하고 시간이 지남에 따라 공동체가 가라타니 고진의 '팬클럽'으로 변질되고, 이메일에 의존한 커뮤니케이션이 초래한 운영상의 혼란 등의 문제가 불거지면서 결국 2003년 1월에 최종 해산되었다.

자본과 국가에 대항해 새로운 사회적 원리를 창출한다는 NAM의 실험은 최초 제안자인 가라타니 고진이 마련한 소위 'NAM의 원리'를 실천에 옮긴 것이다. 가라타니 고진은 NAM이 결성된 이듬해인 2001년에 출간한 『NAM의 생성』라는 책에서 NAM이 지향하는 대항운동의 내용과 방식을 다음과 같이 제시하고 있다.[9)]

1. NAM은 윤리적-경제적인 운동이다. 칸트의 말을 빌려 말하자면 윤리 없는 경제는 맹목적이고 경제 없는 윤리는 공허하기 때문이다.
2. NAM은 자본과 국가에 대한 대항운동을 조직한다. 그것은 트랜스내셔널 '소비자로서의 노동자'의 운동이다. 그것은 자본제경제의 안쪽과 바깥쪽 양쪽에서 전개된다. 물론 자본제경제의 외부에 서는 것을 불가능하다. 따라서 그것의 바깥쪽이란 비자본제적 생산과 소비의 어소시에이션을 조직하는 것, 그것의 안쪽이란 자본에 대한 대항의 장소를 유통(소비)과정에 두는 것을 의미한다.
3. NAM은 '비폭력적'이다. 그것은 이른바 폭력혁명을 부정할 뿐만 아니

9) 柄谷行人, 『NAMの生成』, 太田出版, 2001, 4쪽.

라 의회에 의한 국가권력의 획득과 그 행사도 지향하지 않음을 의미한다. 왜냐하면 NAM이 지향하는 것은 국가권력에 의해서는 폐기할 수 없는 자본제경제의 폐기이며 국가 그 자체의 폐기이기 때문이다.

4. NAM은 그 조직형태 자체가 운동이 실현해야 할 것을 체현한다. 즉 그것은 선거만이 아니라 제비뽑기를 도입함으로써 대표제의 관료적 고정화를 막고 참여민주주의를 보증한다.
5. NAM은 현실의 모순을 지양하는 현실적 운동이며 그것은 현실적인 여러 전제로부터 일어났다. 바꿔 말하면 그것은 정보자본주의적 단계로의 이행이 초래한 사회적 제 모순을 그것이 초래한 사회적 제 능력을 통해 넘어서는 것이다. 따라서 이 운동에는 역사적인 경험의 음미와 동시에 미지의 것에 대한 창조적인 도전이 불가결하다.

NAM이란 생산이 아닌 소비를 거점으로 자본에 대항하면서 자본제경제를 대체할 어소시에이션(새로운 공동체)을 형성하는 운동으로 정의되고 있다. 가라타니가 NAM을 '윤리적-경제적' 운동이라고 정의한 이유는 NAM의 내부에서는 자본으로 전화하지 않는 통화를 사용(경제적)함으로써 부의 불평등을 초래하지 않기 때문(윤리적)이다. 그에 따르면 어소시에이션은 '지역통화'가 유통되는 시장이지만 부의 불평등을 초래하지 않기 때문에 자본주의적 시장과 다르다. 부의 불평등이 없으니 통상 국가에 의해 수행하는 부의 재분배도 필요없다. 통화가 없으면 그저 윤리적인 강제가 되기 쉬운데, 어소시에이션은 자본이 되지 않는 통화를 도입함으로써 윤리적이면서 경제적인 것이 될 수 있다는 것이다.[10)]

---

10) 가라타니 고진, 송태욱 옮김, 『일본정신의 기원-언어, 국가, 대의제, 그리고 통화』, 이매진, 2003, 168~169쪽.

어소시에이션이 자본주의의 '외부'에서 자본주의에 대항하는 거점이 된다면, 자본주의 '내부'에서의 저항은 소비자운동을 통해 이루어진다. 가라타니는 지금까지 자본에 대한 저항은 주로 노동조합에 의해 '생산'의 영역에서 일어났지만, 새로운 대항운동은 '소비'의 영역에서 가능하다고 말한다. 뒤에서 상술하겠지만, 그가 보기에 생산의 영역에서 노동자는 구조적으로 자본가에 대해 불리한 위치에 놓여있기 때문에 '파업'과 같은 저항의 방법은 일시적으로는 성공할 수 있어도 지속될 수 없다는 것이다. 그는 19세기 이래 서유럽 노동운동의 역사가 이를 증명하고 있다고 말한다. 대신 그는 상품이 판매됨으로써 이윤이 발생한다는 점에 주목할 것을 제안한다. 왜냐하면 자본이 추구하는 이윤이란 시장 혹은 유통과정에서 소비자가 상품을 구매함으로써 실현되기 때문이다. 이런 이유로 소비에서는 노동자도 소비자가 되어 자본에 대해 우위를 점할 수 있다는 것이다.

NAM의 이론체계에서 중요한 것은 어소시에이션이 자본과 국가에 대항하는 운동의 거점이자 국가, 시장, 네이션과 동등한 수준의 '교환양식'으로 간주되고 있는 점이다. 가라타니는 경제를 하부구조로 보고 국가나 네이션을 상부구조로 보는 기존의 마르크스주의의 관점을 비판하며, 그것들은 하부구조나 상부구조의 어느 한 쪽에 포함시킬 수 없는 넓은 의미에서 '교환'의 유형에 해당한다고 말한다. 가라타니에 따르면 인류의 역사에는 세 가지의 교환양식이 존재했다. 첫째는 농업공동체에서 볼 수 있는 증여의 호수제이다. 그는 이것이 근대에 들어와 네이션으로 부활했다고 말한다. 둘째 수탈과 재분배의 교환인데 국가가 여기에 해당한다. 셋째, 화폐에 의한 교환 위에서 자본이 성립된다. 그리고 교환양식은 현실에서 어느 하나만이 존재하는 것이 아니라 이 세 가지 교환양식의 결합으로 나타나는데, 가라타니는 역사적으로 등장했던 사회들이란 이렇게 복수의 교환양식으로 구성되었다는 점을 들어 그것을 '사회구성체'라고 부르고 있다.

따라서 자본주의 체제란 자본의 상대적 우위에 기반해 자본과 국가과 네이션이 결합한 사회구성체로 규정된다. 그에 따르면 봉건적인 농업공동체는 상품경제의 침투에 의해 해체되지만 자본주의 체제에서 다른 형태로 회복된다는 것이다. 그것이 네이션이다. 그는 근대의 네이션을 앤더슨의 표현을 빌려 '호수적 관계'를 기본으로 한 '상상의 공동체'로 정의한다. 그것이 자본제가 가져온 계급적인 대립이나 모순을 넘어선 상상적인 공동성을 가져온다는 것이다. 그 결과 소위 자본주의적 사회구성체는 '자본=네이션=국가(세금을 통해 부를 재분배하는 복지국가)'라는 결합체(매듭)로서 존재하게 된다고 말한다."[11]

교환양식(A) 공동체 안의 교환: 호수(互酬)적, 호혜적 교환
교환양식(B) '국가'에 의한 교환: 수탈과 재분배
교환양식(C) '시장'에서의 교환: 화폐에 의한 상품교환

그럼 어소시에이션이란 무엇인가? 그는 이것을 아직 실현되지 못한 교환양식으로 간주한다. "여러 개인의 자유로운 계약에 근거하며 상호부조적이지만 배타적인지 않으며, 화폐를 사용하지만 그것이 자본으

11) 가라타니 고진, 조영일 옮김, 『세계공화국으로』, 도서출판b, 2007, 49쪽.

로 전화되지 않는 교환"[12]에 기초하고 있는 것을 어소시에이션으로 정의한다. 가라타니는 네이션, 국가, 시장을 각각 '호수제', '수탈과 재분배', '화폐에 의한 교환'과 같은 방식 위에 성립하는 교환양식으로 규정하면서 거기에 아직 도래하지 않는 교환양식으로 어소시에이션을 위치시킨다. 그것은 아직 도래하지 않았고 그 구체적인 모습을 알 수 없다는 의미에서 종종 'X'로 표기되기도 한다. 가라타니가 정리한 네 가지 교환양식의 구도는 다음과 같다.

〈표 1〉 가라타니가 정리한 네 가지 교환양식의 구도

교환양식(A)=호수제 (네이션)	교환양식(B)=수탈과 재분배 (국가)
교환양식(C)=화폐에 의한 교환 (시장=자본)	교환양식(D) X (어소시에이션에 의한 교환)

그런데 이러한 주장은 하나의 비전이자 이론으로서 충분히 성립될 수 있지만 그것이 어떻게 현실화될 수 있을 것인가는 전혀 다른 차원의 문제이다. 더구나 앞서도 말한 것처럼 일본은 이미 1970년대 초반 신좌익 운동이 실패한 이후 '반체제운동'의 명맥이 거의 단절되었고, 세계적으로도 1990년 이후 사회주의 국가들이 몰락하면서 '마르크스주의'에 입각한 급진적 사회운동의 영향력도 급격히 실추되었다. 적어도 탈냉전 이래 자본주의를 지양한다는 의미의 '혁명'을 하나의 현실적 상태로 상상하는 것은 곤란해졌다고 할 수 있다. 그렇다면 다음과 같은 질문은 필

12) 가라타니 고진, 『NAMの生成』, 148~152쪽.

연적이다. 가라타니 고진은 자본주의 극복의 필연성을 어떻게 정당화하고 있는가?[13)]

자본주의에 대항하는 새로운 어소시에이션에 관한 가라타니의 이론은 무엇보다 '파국'에 대한 예감에 기대고 있다. 그는 어소시에이션을 NAM과 같은 소규모 공동체만이 아니라 주권국가들로 이루어진 국제정치체제를 대신하는 '글로벌 커뮤니티' 의미로도 사용하면서, 특히 후자를 칸트의 말을 빌려 '세계공화국'이라고 명명한다. 즉, 세계공화국은 글로벌한 수준에서 전개되는 자본과 국가에 대한 대항운동이 표방하는 이상이라고 할 수 있다. 그렇다면 세계공화국을 향한 움직임을 추동하는 파국의 예감은 어떤 문제들로부터 발생하고 있는 것일까? 예를 들어 가라타니는 세계공화국을 향한 도정에서 현재 인류가 직면한 과제로 '전쟁', '환경파괴', '경제적 격차'를 거론한다. 물론 이것들은 분리될 수 없으며 궁극적으로 자본과 국가의 문제로 귀결된다. 따라서 그는 국가와 자본을 통제하지 않는다면 인류는 파국의 길을 걷지 않을 수 없다고 경고한다.[14)] 즉, 세계공화국(글로벌한 어소시에이션)은 다가오는 파국을 회피하려는 의지와 실천에 의해 역사적 필연성이라는 의미를 부여받고 있는 것이다.

특히 가라타니는 앞서 거론한 세 개의 과제 가운데 '환경파괴'를 가

13) 여기서 '혁명의 당위성'이 아니라 '혁명의 필연성'이라고 표현한 이유는 다음과 같다. 즉, 가라타니의 포스트자본주의 이론 안에서 혁명은 주체가 의무적으로 추구해야 할 가치라기 보다는 주체의 의지를 초월해 언젠가 도래하는 사건처럼 간주되고 있다. '혁명'에 관한 이런 '탈주체적' 관점을 표현하기 위해서 이 글에서는 '당위'보다는 '필연'이라는 개념을 사용하고 있다.

14) 가라타니 고진, 『세계공화국으로』, 224~225쪽.

장 파국적 사태로 묘사한다. 왜냐하면 환경파괴는 자본의 무한한 가치 증식에 의해 초래되는 사태이기 때문이다.

> 자본주의는 가치증식이 불가능하게 되면 끝나는 것이 아니지요. 내버려두면 스스로 무너지는 것이 아닙니다. 자본은 인간이나 자연환경이 어떻게 되든 상관없기 때문에 당연히 자신을 존속시키려 합니다. 예를 들어 […] 미국이나 유럽의 나라들은 어쩌면 아프리카 사람들이 모두 죽어도 상관없다고 생각하고 있는 것은 아닐까요? […] 환경문제가 정말로 등장했을 때 최초의 희생자는 개발도상국 사람들이지요. 농업국에서는 물이 없으면 끝입니다. 그런 파국이 조만간 올 것이라고 생각합니다. […] 이후 30년 정도 더 산다면 그런 사태에 직면할지도 모릅니다."[15)]

가라타니는 환경파괴를 20세기 자본주의 대항운동의 주류를 점했던 사회민주주의와 같은 이념으로도 대응할 수 없는 '괴멸적 사태'로 간주한다. 그에 따르면 사회민주주의는 자본과 대결하기보다 자본이 초래한 '경제적 격차'를 국가의 재분배 기능을 통해 해결하려 하기 때문에 결코 자본의 증식운동을 제어할 수 없다.[16)] NAM이 자본과 국가에 대한 대

---

15) 가라타니 고진, 조영일 옮김, 『근대문학의 종언』, 도서출판b, 2008, 164~165쪽.
16) 예를 들어 가라타니는 사회민주주의의 한계를 다음과 같이 언급한 바 있다. "자본주의의 전 지구화에 의해 각국의 경제가 압박당하면, 국가에 의한 보호(재분배)를 요구하고, 또한 내셔널한 문화적 동일성이나 지역경제 보호와 같은 것으로 향한다. 자본에 대한 대항이 동시에 국가와 네이션에 대한 대항이어야 하는 이유가 여기에 있다. […] 자본제 경제에 대해 생각할 때 우리는 동시에 그것과는 다른 원리에 서는 것으로서의 네이션이나 스테이트를 고려하지 않으면 안 된다. 다시 말해서 자본에 대한 대항은 동시에 네이션=스테이트에 대한 대항이어야 한다. 그런 의미에서 사회민주주의는 자본주의 경제를 넘어서는 것이 아니라 오히려 자본제=네이션=스테이트가 살아남기 위한 최후의 형태이다." 가라타니 고진, 이신철 옮김, 『트랜스크리틱 칸트와

항운동을 표방하는 배경에는 이와 같은 사회민주주의와 자본의 '결합'에 대한 가라타니의 비판적 인식이 자리잡고 있다. 요컨대 NAM은 환경과 타자의 파괴를 초래하는 자본의 증식운동을 제어할 새로운 정치적 운동의 필요성에 자신의 존립 근거를 두고 있다.[17]

이런 파국에 대한 예감과 함께 자본주의 극복의 필연성을 보증하는 또 다른 근거는 '역사의 반복'이라는 구조이다. 즉 가라타니는 1990년대 이후의 일본은 60년 전인 1930년대를 닮아있다는 점에서 위기적 국면으로 규정한다. 물론 이런 주장은 단순히 그의 주관적 직감에 따른 것이 아니다. 이런 그의 주장은 쇼와 시기에 일어났던 사건들과 유사한 사건들이 약 60여년 전 메이지 시기에도 있었다는 점에 근거하고 있다.[18] 예를 들어 다음과 같은 대응관계를 제시하고 있다.

헌법발포(M22) – 신헌법공포(S21)
청일전쟁(M27) – 강화조약·안보조약(S26)
러일전쟁(M37) – 도쿄올림픽(S39)
대역사건(M43) – 전공투운동(S43)
조약개정(M44) – 오키나와반환(S44)
노기장군 자살(M45) – 미시마 유키오 자살(S45)

맑스』, 도서출판b, 2013, 431~432쪽.

17) 다가오는 파국을 사회민주주의 같은 정치적 이념으로 막을 수 없다는 주장은 일본의 정치적 현실에도 적용되고 있다. 즉, 가라타니는 예를 들어 자민당이 정권을 상실하는 일어나도 이런 '괴멸적 사태'를 향한 움직임을 멈출게 하는 것은 불가능하다고 말하고 있다. 柄谷行人, 『NAMの生成』, 39쪽.

18) 柄谷行人, 『定本5 柄谷行人集 歴史と反復』, 岩波書店, 2004, 64~67쪽.

그리고 이러한 반복의 구조에 따라 1990년대를 60년 전인 1930년대의 '반복'으로 파악한다. 즉 1990년대 버블붕괴와 뒤이은 정치적 변화는 1930년대 경제불황과 그 뒤에 등장한 파시즘과 유사하다는 것이다. 그는 다음과 같이 말하고 있다. "1990년 이후에는 말하자면 다시 한번 쇼와초기, 즉 1930년대로 되돌아가는 것은 아닐까 하는 생각을 했습니다. […] 더욱이 일본의 버블경제가 붕괴되었습니다. 이런 상황은 일본의 문맥에서 말하자면 '다이쇼'가 끝나서 다시 '쇼와'로 들어가는 것을 의미합니다. 바꿔 말하면 그것은 1930년대의 경제불황과 파시즘 시대와 유사한 상태를 반복하는 것입니다. 때문에 이후의 상황은 1930년대와 닮아가지 않을까 생각했던 것입니다."[19]

그런데 이후 가라타니는 '역사의 반복'이라는 논리를 고수하면서도 '60년 주기설'을 포기하고 '120년 주기설'로 입장을 변경한다. 이런 변경의 배경에는 60년 주기설의 도식에 따르면 2005년은 1945년의 반복에 해당하는 데 이 둘 사이에는 사건의 반복성이 잘 드러나지 않았는 문제가 놓여있다. 대신 그가 주목하고 있는 것은 근대의 소위 세계경제시스템에서 '제국주의' 단계 다음에 '자유주의' 단계가 오는 식의 패턴이 120년을 주기로 '반복'되고 있는 현상이다. 즉 '120년 주기설'이라고 부를 만한 반복성이다. 예를 들어 가라타니는 18세기 중반 이래 제국주의(중상주의)와 자유주의가 60년마다 번갈아 등장하는 세계자본주의의 변화에 조응해 헤게모니국가, 주요자본, 세계상품, 국가형태, 주요예술의 변화과정을 다음과 같이 제시하고 있다.

---

19) 가라타니 고진, 『근대문학의 종언』, 92쪽.

〈표 2〉 세계경제시스템에서의 패턴주기

	1750~1810	1810~1870	1870~1930	1930~1990	1990~
세계자본주의	중상주의	자유주의	제국주의	후기자본주의	신자유주의
헤게모니국가	(제국주의적)	영국 (자유주의적)	(제국주의적)	아메리카 (자유주의적)	(제국주의적)
자본	상인자본	산업자본	금융자본	국가독점자본	다국적자본
세계상품	모직물	섬유공업	중공업	내구소비재	정보
국가	절대주의	네이션= 스테이트	사회주의/ 파시즘	복지국가	지역주의
주요예술	이야기	소설	영화	TV	멀티미디어

위의 〈표 2〉에 따른다면 미국이 세계자본주의체제의 '헤게모니국가'의 지위를 잃어가는 1990년 이후의 국면은 1930년대 아니라 서구열강이 대립했던 19세기 후반의 반복으로 간주된다. 즉, 가라타니는 1990년대의 신자유주의를 19세기 후반의 제국주의의 현대적 변용으로 파악하고 있는 것이다. 나아가 그는 동아시아의 지정학적 구도를 보면 120년 주기설의 타당성을 확인할 수 있다고 말한다.

> 현재 일본은 전전으로 돌아가고 있기 때문에 위험하다는 견해가 있습니다. 하지만 나는 그런 견해가 현실에서는 별 도움이 안 된다고 생각합니다. 일본은 1930년대처럼 '대동아공영권'을 목표로 하고 있지 않습니다. 오히려 그것에 등을 돌리고 있습니다. 즉 '탈아'를 선택한 것입니다. 그런 의미에서 1930년대를 반복하는 일은 없습니다. 그러나 대신 1880년대를 되풀이하고 있습니다. 즉 현재(2005년)는 청일전쟁이 닥쳐오고 있던 시기와 닮아있습니다. 현재 중국은 1930년대처럼 식민지적 지배와 내전으로 분열된 힘없는 나라가 아닙니다. 청나라처럼 그 세력을 남

> 아시아 일대로 넓히고 있는 '제국'입니다. 한편 북한은 조선과 유사합니다. 즉 동아시아에는 청일전쟁의 산물인 대만을 포함해 청일전쟁 전후에 형성된 지정학적 판도가 그대로 살아있는 것입니다.[20]

한편 앞서 가라타니가 어소시에이션을 자본=국가=네이션의 '삼위일체'를 대신할 새로운 교환양식으로 간주하고 있다는 점에 대해 언급했다. 이 어소시에이션은 아직 도래하지 않은 교환양식이지만 완전히 상상의 영역에 속하는 것은 아니다. 어소시에이션에 관해 가라타니가 강조하는 것은 그것을 실현하려는 시도가 주로 종교운동의 형태로 과거에도 수 차례 있었고 대부분 실패로 끝났지만, 어소시에이션을 향한 충동 그 자체를 인간의 역사에서 제거하는 것은 불가능하다는 점이다.

> 그러나 그와 같은 자본주의적 사회구성체에는 반대로 그곳으로부터 빠져나오려는 운동이 생겨납니다. 그것은 상품교환(C)이라는 위상에서 생겨난 자유로운 개인 위에서 호수적 교환(A)을 회복하려는 것이라고 해도 좋을 것입니다. 나는 그것을 어소시에이션이라고 부릅니다. [⋯] 그런데 어소시에이션이 교환양식 A, B, C와 다른 것은 후자가 실재하는 것에 반해 상상적인 것이라는 점입니다. 실제 그것은 역사적으로 보편종교가 설명하는 '윤리'의 형태로 나타났습니다. 하지만 그것은 단순한 관념이 아니며 현실적으로 커다란 역할을 했습니다. [⋯] 근대의 사회주의 운동 역시 이 D라는 위상에서 나타났다고 할 수 있습니다."[21]

여기서 가라타니는 사회주의 운동도 어소시에이션을 실현하기 위

20) 가라타니 고진, 『근대문학의 종언』, 96쪽.
21) 가라타니 고진, 『세계공화국으로』, 49~50쪽.

한 운동의 하나였다고 말하고 있지만, 양자를 신중하게 구별하고 있다. 즉 그가 보기에 현실에 존재했던 사회주의는 '국가사회주의'로서 국가에 의한 교환(수탈과 재분배)을 극복하지 못했을 뿐만 아니라, 네이션에 입각한 '일국사회주의'였다는 점에서 새로운 교환양식의 현실태가 아니다. 그런 점에서 사회주의의 실패를 어소시에이션을 향한 운동의 실패로 간주해서는 안 되며, 어소시에이션을 향한 충동은 또 다른 형태로 나타나지 않을 수 없다.[22] 이것을 설명하기 위해 가라타니는 실패했음에도 불구하고 계속해서 나타나는 어소시에이션을 향한 의지를 프로이트의 '억압된 것의 회귀'를 이용해 설명하기도 한다. 달리 말하면 어소시에이션을 실현하려는 의지는 의식을 초월한 무의식의 영역에 속하는 것이기 때문에 억압할 수는 있어도 사라지게 할 수는 없다는 것이다.[23]

그리고 흥미로운 사실은 자본주의를 넘어서고 싶다는 바람을 '무의식' 혹은 사라지지 않은 '충동'과 같은 것으로 해석하는 것은 가라타니만의 것이 아니다. 사회학자 오사와 마사치도 자신의 포스트자본주의론에서 혁명은 실패로 끝나는 것이 아니며, 실패에도 불구하고 소위 유토피아를 바라는 마음은 남는다고 말하고 있다. 즉, 혁명의 실패는 유토피아를 향한 열망의 관점에서 보면 일종의 '약속위반'을 의미하기 때문에 약

22) 가라타니는 사회주의의 붕괴가 NAM의 정당성을 훼손시킬 수 없다고 말하고 있다. 거꾸로 냉전이 해체됨으로써 기존의 사회주의와는 다른 새로운 사회주의 이론과 운동이 비로소 가능해졌으며, NAM은 바로 이런 지적 상황에서 나올 수 있었다고 강조하고 있다. 柄谷行人, 「『トランスクリティーク』から『帝国の構造』へ」, 48쪽.

23) 이에 관해서는 다음을 참조할 것. 가라타니 고진, 최혜수 옮김, 『「세계사의 구조」를 읽는다』, 도서출판b, 2014, 46~49쪽.

속을 지키기 위해 유토피아의 열망은 다시 사람들을 혁명으로 나서게 한다고 것이다.

> 비속한 현실의 배후에 자유와 평등 혹은 동포애로 장식된 유토피아적 영역이 숨겨져 있고, 일단 혁명이 일어나면 그것은 현실에 부착된 채 떨어질 리 없다는 것이 마르크스의 코멘트("역사는 반복된다. 처음에는 비극, 다음에는 소극(笑劇)으로…")의 함의라고 나는 생각합니다. 혁명이 실패로 끝나도 유토피아적 원망은 남습니다. 같은 시장경제의 현실에 있어도 유토피아를 향한 원망이 없는 경우와 그런 원망에 이끌린 경우는 전혀 다릅니다. 후자의 경우에는 현실의 공리주의적 세계는 필연적으로 감춰진 유토피아적 기대에 대한 배신과 약속위반으로 나타나기 때문입니다. 그렇다면 어떻게 되는가? 혁명은 반복됩니다. 실현되지 못한 약속을 실현하기 위해 말입니다.[24)]

혁명을 파악하는 가라타니와 오사와의 관점의 유사성에서 짐작할 수 있는 것처럼 실제로 오사와는 가라타니의 NAM에 대해 강한 공감을 여러 곳에서 표현하고 있다. 예를 들어 오사와는 가라타니와의 대담에서 사회주의가 소멸한 이후 대부분의 사람들은 자본주의를 바꾸는 것이 불가능하다고 말하지만, 지금 사회사상이나 사회철학이 다루어야 할 중요한 테마가 있다면 그것은 자본주의와 국가 혹은 내셔널리즘을 넘어설 수 있는가, 그것을 대신할 시스템은 가능한가라는 물음이라고 말하며, 가라타니의 NAM이야말로 이런 물음에 맞서고 있으며, 그 위에서 그것이 실제로 가능하다는 답을 내놓고 있다며 높이 평가한 바 있다.[25)] 뿐만 아니라 최

24) 大澤真幸, 『社会は絶えず夢を見ている』, 朝日出版社, 2011, 301~302쪽.

근에 출간한 『신세기 코뮤니즘을 향해』의 결말부에서 자본주의로부터 벗어나려는 투쟁은 〈미래의 타자〉의 타자와 연대할 때 가능하다는 주장을 펼치고 있는데, 가라타니는 2000년에 출간한『윤리21』에서 이미 이런 생각을 피력하고 있다. 요컨대 가라타니도 환경위기라는 '파국'을 피하려면 미래세대의 입장에서 생각하는 것이 긴요하다고 말하고 있다.[26]

정리하면, 가라타니 고진에게 환경위기라는 파국과 제국주의의 반복적 도래라는 세계자본주의의 구조가 '혁명'을 필연적으로 만드는 외부적 요인이라면, 혁명을 제거할 수 없는 충동으로 간주하는 발상은 혁명에 대한 내부적 정당화를 의미한다고 말할 수 있다. 즉 밖으로부터의 '위기'와 의식의 심층에 존재하는 '충동'을 근거로 삼아 불가능한 것으로 간주되는 혁명에 '잠재적 현실성'을 부여하고 있는 것이다. NAM의 해산 이후에도 가라타니가 자본주의를 지양한다는 목표를 결코 포기하지 않는 이유 또한 이와 같은 혁명의 필연성에 관한 논리와 무관하지 않다.

3. 어소시에이션 혁명론의 사상적 원천: 정보사회론과 소비혁명론

가라타니의 이론 안에서 어소시에이션은 자본주의에 대항하는 운동의 거점이자 자본=국가=네이션의 삼위일체를 대신할 새로운 교환양

25) 가라타니 고진, 『「세계사의 구조」를 읽는다』, 46쪽.
26) 가라타니 고진, 송태욱 옮김, 『윤리21』, 사회평론, 2001, 189~190쪽.

식을 의미한다. 즉, 그것은 자본제에 대항하기 위해 현재 필요한 것이자 동시에 미래에 실현해야 할 목표라는 이중적 의미가 있다. 그리고 어소시에이션은 비록 완전하지 않지만 이미 현재에 그 형태를 드러내고 있다고도 말한다. 여기서 가라타니가 경험 가능한 어소시에이션의 사례로 거론하는 것이 정보산업 분야의 '벤처(기업)'이다. 일찍이 가라타니는 NAM의 선언문에 해당하는 『NAM의 원리』(2000)라는 책에서 정보화의 진전이 가져올 사회적 변화의 계기에 대해 강한 기대감을 표명했는데, 예를 들어 여기서 그는 '정보자본주의가 현단계의 자본주의의 모순을 극복하는 데 기여'할 수 있다고 말하고 있다.[27]

가라타니가 '벤처'에 주목하는 이유는 비록 규모는 작지만 사회적 영향력은 기존 거대 기업에 못지않다는 점에 있다. 그가 보기에 20세기의 자본과 국가에 대한 대항운동은 규모가 '혁명'의 조건처럼 간주되었다. 예컨대 사회주의를 표방한 정당이나 조직은 거대한 규모의 독점화된 자본이 국가의 지원을 받아 '생산의 사회화'를 진척시키면 그것을 국영화해서 한 번에 사회주의로 넘어갈 수 있다는 발상에 기대고 있었다는 것이다. 그러나 1990년대 이후 정보자본주의의 본격화는 벤처기업들이 작은 규모에도 불구하고 시장에서 큰 이익을 거두는 일을 가능케 했

---

27) 이처럼 NAM을 운동으로 시작할 당시 어소시에이션의 이미지는 주로 벤처기업을 통해 제시되었으나, 최근에는 개별화된 개인의 결사라는 형태라면 그 모두가 어소시에에션에 해당한다고 말해 그 의미를 확장시키고 있다. 예를 들어 가라타니는 현대일본이 '데모가 가능한 사회'가 되려면 결사(어소시에이션)를 만들 필요가 있으며, 그것에는 작은 모임(회합, 집회)이나 연락회 같은 것도 포함된다고 말하며 어소시에이션의 형태를 넓게 정의하고 있다. 가라타니 고진, 윤인로 옮김, 『사상적 지진 강연집III』도서출판b, 2020, 136~137쪽.

다고 말하며, 이와 마찬가지로 대항운동의 성패는 더 이상 규모에 의해 결정되지 않는다고 말한다. 예전에는 큰 이익을 거두려면 규모가 중요한 중공업을 해야 했는데, 이제는 벤처로도 가능하다는 것이다. 그리고 대학생 때 세 명이서 기업을 시작해 성공을 거둔 빌 게이츠의 경우를 규모에 구속받지 않은 기업의 성공사례로 거론한다. 그는 빌 게이츠의 성공은 중공업이 아니라 정보산업이었기 때문에 가능했다고 말한다. 정보자본주의는 NAM의 사회적 토대로 간주된다.[28)]

그리고 이런 정보산업에 대한 긍정적 기대감은 실제로 NAM의 형태를 결정할 때 영향을 미쳤다. 첫째, 그것은 정보기술로 성공한 '벤처'기업처럼 NAM도 비록 회원수는 수 백명에 불과하지만 정보자본주의의 이점을 잘 활용한다면 자본주의를 대신하는 새로운 교환양식으로서 영향력을 가질 수 있다는 생각을 뒷받침했다. 둘째, NAM의 내부 커뮤니케이션 수단으로 이메일을 적극적으로 도입했다는 점에서도 정보화에 대한 기대감을 확인할 수 있다. 달리 말하면, NAM을 시작할 당시의 가라타니는 '인터넷이 세상을 바꿀 수 있다'는 초기 정보사회론의 주장에 깊이 공감하고 있었다고 할 수 있다.[29)]

---

28) 가라타니 고진, 『근대문학의 종언』, 130~131쪽.

29) 1990년대 후반 정보화에 관한 일본 내 상황에 관해서는 다음을 참조할 것. 宇野常寛・濱野智史, 『希望論 2010年代の文化と社会』, NHK出版, 2010, 68~136쪽. 여기서 『아케텍처의 생태계(アーキテクチャの生態系)』(2008)의 저자인 정보사회학자 하마노 히사시는 2000년대 초반 일본경제의 침체 속에서도 IT산업만이 예외적으로 성장을 거듭하는 상황을 배경으로 'IT가 세상을 바꾼다'는 목소리가 힘을 얻었지만, 실제로 인터넷이 초래한 것은 일본사회의 '갈라파고스적' 분단이라고 지적하고 있다. 宇野常寛・濱野智史, 『希望論 2010年代の文化と社会』, 73~75쪽.

NAM이 이렇게 정보화에 대한 기대감 위에서 출범했지만, 인터넷과 같은 전자미디어가 초래하는 커뮤니케이션의 문제로 결국 좌초되었다는 사실은 역설적이다. 예컨대 가라타니는 NAM의 해산 이후 어떤 인터뷰에서 이메일에만 의존한 커뮤니케이션이 실패의 중요한 원인을 제공했다고 술회한 바 있다.

> NAM이 잘 되지 못했던 이유 중 하나는 우선 인터넷 메일링리스트에 지나치게 의존한 탓입니다. 그것은 기본적으로 해외에 있는 일이 많은 내 형편 때문에 나온 방식으로 그것이 실패로 연결되었다고 생각합니다. 잘 할 생각이었다면 일본에 있으면서 실제로 사람들을 만나야 했습니다. 그렇게 하지 않고 자신의 형편에만 맞게 운동을 일으켰기 때문에 결국 그것의 폐해를 나 자신이 받게 되었습니다. 또 하나는 운동에 경험이 있는 미지의 사람들과 만나서 그들을 조직해야 했음에도 불구하고 나의 독자만을 모았기 때문입니다. 인터넷으로 하면 반드시 그렇게 됩니다. 그러므로 가라타니 팬클럽처럼 되어버렸습니다. … 가라타니 비판을 하는 것이 진짜 팬이라고 생각했기 때문에 그 안에서 알력이 생겼습니다.[30]

가라타니는 실제로 만나지 않고 인터넷에만 의존했기 때문에 실패했다고 말한다. 하지만 이것으로 설명이 충분하다고 할 수 없다. 왜 인터넷 소통이 폐쇄적인 공동체로 귀결되었는가라는 의문에 대답할 필요가 있다. 여기서 중요한 논점은 정보화에만 의존했기 때문에 실패한 것이 아니라 정보화라는 기술 자체가 새로운 커뮤니케이션의 모델이었다는

30) 가라타니 고진, 『근대문학의 종언』, 227쪽.

점을 이해할 필요가 있다. 그리고 이 문제를 생각할 때 사회학자 기타다 아키히로가 말한 '연결(つながり)의 사회성'이 참고가 된다. 그는 1990년대 후반에 등장한 '2찬네루' 내부의 커뮤니케이션 방식을 분석하며 거기에는 메시지의 전달이 아니라 타인과 '연결'되고 있다는 감각이 커뮤니케이션을 작동시키는 동기가 되고 있다고 지적한다. 그는 그런 현상을 '연결의 사회성'이라는 개념으로 설명한다.

> 대문자의 타자가 공급하는 가치체계에 대한 개입을 줄이고, 자신과 매우 가까운 위치에 있는 사람들과의 《연결》을 중시하게 된다. 중요한 것은 이 《연결》이 '공통의 취미'나 '카탈로그'와 같은 제3항에 의해 담보되는 것이 아니라, 휴대전화의 자기목적적 사용에서 보는 것처럼, 《연결》의 지속 그 자체를 지향한다는 점이다."[31]

즉, '연결의 사회성'이란 용건이나 내용이 아니라 커뮤니케이션 그 자체가 목적인 상황을 가리킨다. 그렇다면 NAM의 실패도 이런 관점에서 이해할 수 있지 않을까? 즉 '가라타니 고진'을 논하는 것이 커뮤니케이션의 목적이 되고(연결의 사회성), 나아가 그를 비판하는 것(아이러니컬한 시선의 투사)이 보다 유의미한 행위로 간주되면서, 결국 NAM이 '가라타니 고진'이라는 소재를 둘러싼 폐쇄적인 '내륜'공간으로 변질되었던 것은 아닐까? 가라타니의 NAM은 정보화라는 일본자본주의의 구조적 변용에 대응하는 새로운 사회운동을 표방했지만, 그것을 긍정적으로만 파악한 나머지 정보사회가 초래한 커뮤니케이션 양식의 변용에는 자각

---

31) 北田暁大, 『嗤う日本のナショナリズム』, 日本放送出版協会, 2006, 205~206쪽.

적이지 못했다.[32)]

가라타니 고진이 주도한 NAM이 의존했던 사회적 변용은 정보사회만이 아니다. 그것은 1980년대 심화하는 소비사회를 배경으로 출현했던 '소비혁명'이라는 발상을 이어받고 있기도 한다. 즉, 가라타니의 어소시에이션의 혁명론은 인터넷이 세상을 바꾸는 새로운 도구가 될 수 있다는 정보화에 대한 낙관주의와 함께 노동조합의 파업이 아니라 소비라는 행위를 통해 계급대립에 기반하는 자본주의를 변화시킬 수 있다는 소비혁명론의 전망을 반복하고 있다.

오쓰카 에이지는 1980년대 소비사회를 배경으로 등장한 수평적 관계를 강조하는 담론의 등장을 전공투 세대인 카피라이터 이토이 시게사토(糸井重里, 1948~)의 미디어적 실천을 들어 다음과 같이 적고 있다. "그렇다면 80년대 초반의 '혁명'이란 무엇이었나? 「변태 착한 아이 신문(ヘンタイよいこ新聞)」을 보면 깨닫게 되는 것은 독자투고란 속에 유명 음악가인 호소노 하루오카(細野晴臣)와 같은 사람들이 '아마추어(素人)'들과 섞여 게재되고 있다는 점이다. (이 신문을 매개로) 의도적으로 프로와 아마추어의 차이를 상실시키려 하고 있다는 느낌이다." 오쓰카는 이런

32) 가라타니의 정보화에 대한 인식의 한계는 인터넷을 이용한 정보플랫폼에서 사용자가 얻는 가치보다 플랫폼기업이 사용자로부터 획득한 정보의 가치가 월등히 크다는 사실에서도 확인할 수 있다. 이와 같은 정보사회론의 관점에 따른다면 인터넷은 결코 중립적인 커뮤니케이션 수단이 될 수 없다. 거대 플랫폼기업은 인터넷을 대중에게 무료로 개방하는 대신 거기서 획득한 '개인정보'를 활용해 막대한 이익을 얻어내고 있다. 이에 관해서는 다음의 문헌을 참조할 것, Shoshana Zuboff, *The Age of Surveillance Capitalism: The Fight for a Human Future at the New Frontier of Power*, New York: Profile Books, 2019, pp.88~89.

이토이의 시도를 전공투 세대에 의한 새로운 형태의 '좌익혁명'이라고 부르고 있다.[33]

> 1980년대에 일어난 기성의 계급적(혹은 수직적) 관계를 해체하려는 시도는 이토이만의 것이 아니었다. 당시 우에노 치즈코도 이토이의 견해를 인용하며 이런 흐름에 뛰어들고 있었다: "세이부 백화점의 올해 선전 전략은 '맛있는 생활(おいしい生活)'이라고 한다. 카피라이터 이토이 시게사토의 견해에 따르면 '맛있다에 이유는 없다. 좋은 것이 좋은 것이다'라는 메시지라고 한다. […] 차별화의 위아래를 따지지 않는 횡적인 기준이 이만큼 훌륭하게 표현된 것은 없다"[34]

또한 요시모토 다카아키는 '중층적 비결정'이라는 개념을 제시하며, 『자본론』과 통속소설이 차이를 무화(無化)시켜 버리는 논법을 전개했다. 그는 '중층적 비결정'이란 개념을 제시했는데, 그는 그것을 '현재'의 다층적으로 쌓인 문화와 관념의 양태에 대해 어딘가에 중심을 두는 것을 부정하고 층마다 같은 중량으로 비결정적으로 대응한다는 것으로 정의한다. 예를 들면 그것은 『자본론』과 배우 구로야나기 데쓰코(黒柳徹子)의 자전소설인『창가의 토토(窓ぎわのトットちゃん)』을 같은 수준에서 완전히 같은 문체와 언어로 다루는 방식을 통해 나타난다고 말한다. 그러면서 서구의 자본주의 사회와 일본은 전체주의적인 사회주의 사회보다 오히려 평등한 사회에 가깝다고 말한다. 즉, "민중의 생활을 풍요롭게 하고, 사상의 자유를 어느 정도 보장"하는 "선진자본주의 국가"가

---

33) 大塚英志, 『「おたく」の精神史 一九八〇年代論』, 講談社, 2004, 62~63쪽.
34) 上野千鶴子, 「商品−差別化の悪夢」, 『現代思想』 10(7), 1982, 98~111쪽.

"민중을 억압하고 생활을 빈곤하게 만들고 학살과 강제수용을 실현하고 있는 사회주의 '국가'"보다 "프롤레타리아트의 해방을 실현"하고 있다는 것이다. 진정한 사회주의는 역설적으로 '소련'이 아니라 '일본과 같은 선진국'에서 그 모습을 나타내고 있다는 주장이다.[35] 즉, 요시모토는 사상서와 패션잡지의 등가성을 주장하며 그것을 소비사회로 돌입한 일본의 전후자본주의가 성취한 '프롤레타리아 혁명'의 증표로 제시하고 있는 것이다. 그에게 소비사회는 모든 것이 기호로서 중심과 서열이 사라지고, 횡적인 지평에서 선택되는 사회를 의미한다는 점에서 과거 사회주의자들이 꿈꿨던 '계급 없는 사회'가 되는 것이다.

이러한 1980년대 '소비혁명'처럼 가라타니도 대항운동의 거점으로서의 소비에 주목한다. 그는 '소비'라는 장이 마르크주의자에게 이차적이고 기만적인 것으로 간주되어 왔지만, 예컨대 산업자본을 존속시키는 것은 원리적으로 총체로서의 노동자가 만든 물건을 그들 자신이 되사는 것에만 존재한다고 지적한다. 즉 생산과정이 어떠하든 유통과정에서만 소위 '잉여가치'가 실현된다는 것이다. 그런 점에서 가라타니는 유통의 영역을 자본이 판매자로서 '목숨을 건 도약'을 해야만 하는 장이라고 부른다."[36]

나아가 소비자운동은 해체주의(=탈구축)적 측면을 갖는다. 즉 가라타니는 소비에 대한 재인식은 노동운동의 우위성만이 아니라 대항운

35) 吉本隆明, 「重層的な非決定へ」, 『吉本隆明,全集20』, 晶文社, 2019, 273~297쪽.
36) 가라타니 고진, 이신철 옮김, 『트랜스크리틱 칸트와 맑스』, 도서출판b, 2013, 442~443쪽.

동의 남성중심주의를 해체시키는 의의가 있다고 말한다. “고전파 경제학을 이어받은 맑스주의자는 생산 지점에서의 노동운동을 우선시하고, 그것 이외의 것을 부차적·종속적인 것으로 간주했다. […] 생산과정 중심주의에는 남성 중심주의가 내포되어 있다. 사실상 노동운동은 남성이, 소비자운동은 여성이 중심이 되어 왔는데, 그것은 산업자본주의와 근대국가가 강제하는 남녀분업에 기초하고 있다.”[37] 요컨대, 가라타니는 ‘소비’를 노동자가 자본에 대해 능동적인 주체가 되는 장으로 간주함으로써 기존의 소비에 대한 노동의 우위만이 아니라 대항운동의 남성중심주의를 해체시키고 있다.

여기서 확인해 두어야 할 점은 소비자를 자본의 ‘타자’로 보고, 생산과 소비의 우열관계에 대한 부인만이 아니라 ‘파는 것’과 ‘사는 것’ 사이에 ‘심연’을 상정하는 관점은 이미 1980년대 후반에 간행된 『탐구1,2』(1986, 1989)에 이미 표명되어 있었다는 사실이다. 즉, 대항운동으로서 소비자운동의 가능성에 대한 인식은 2000년대에 들어와 처음 나타난 것이 아니라 이미 1980년대 마르크스에 대한 해체주의적 비평에서 그 윤곽을 드러내고 있었다.

물론 이에 대한 비판이 없는 것은 아니다. 예를 들어 우치다 다쓰루(内田樹)는 가라타니 고진의 소비자=주체에 대한 인식에는 ‘상징가치’에 대한 대중의 욕망이 간과되어 있다는 점을 비판한다. 즉, 그에 따르면 후기자본주의 시장에서 우리들은 ‘필요’하기 때문에 사지 않고, ‘갖고 싶기

37) 가라타니 고진, 『트랜스크리틱 칸트와 맑스』, 447쪽.

때문에' 산다는 점이 두드러지고 있는데, 이 '갖고 싶다'는 기분을 일으키는 것은 상품의 '사용가치'도 '교환가치'도 아닌 '상징가치'이다. 그는 가라타니의 자본과 상품의 인식에는 이 '상징가치'의 중요성에 대한 인식이 완전히 누락되어 있다고 지적한다.[38] 이와 더불어 1980년대의 소비사회 혁명론과 2000년대 가라타니 고진의 소비자운동은 탈중심화라는 해체주의 전략만이 아니라 어떤 외부의 압력으로부터도 자유로운 소비자라는 주체관도 공유하고 있다는 점도 비판적으로 다룰 필요가 있다. 왜냐하면 이런 인식에는 현대 소비자의 욕망이 광고와 미디어의 위력 속에서 조작의 가능성에 노출되어 있다는 점이 간과되고 있기 때문이다.

4. 국가를 넘는 방법: '세계동시혁명'과 '증여의 정치학'

20세기에 자본주의의 지양을 목표로 했던 반체제운동이 주로 정당이나 노동조합에 자신의 조직적 기반을 두었다면, 가라타니는 새로운 대항운동인 어소시에이션은 소비자운동에 중심을 둔다고 말한다. 즉, 그는 기존의 반자본주의 운동이 생산지점에서 저항했다면, 새로운 대항운동은 소비의 영역에서 전개되어야 한다고 주장한다. 왜냐하면 파업(스트라이크)과 같은 방법은 자본에 대한 저항의 방법으로써 일시적으

38) 「12月16日」, http://blog.tatsuru.com/2000/12/16_0000.html(최종 검색일: 2020. 10.19.).

로 효과가 있지만, 근본적으로 생산과정에서 노동자의 지위는 자본에 대해 종속적이기 때문에 자본주의 자체를 변화시키는 데 한계가 있기 때문이다. 그렇다면 왜 소비가 중요한 이유는 무엇인가? 그것은 자본의 이익이 최종적으로 유통과정에서 실현되기 때문이다. 즉, 소비자가 상품을 구매하지 않으면 자본의 이익은 실현되지 않는다. 따라서 소비의 영역이라면 생산의 영역과 달리 소비자가 자본에 대해 우위를 점할 수 있다. 가라타니는 소비영역에서의 대항운동은 불매운동(보이콧)의 형태를 띠게 되는데, 그런 비폭력적이고 합법적인 투쟁에 대해 자본이 취할 수 있는 수단을 제한적이라고 말한다.[39]

소비자운동이 자본에 대한 대항운동이라면, 국가에 대한 저항은 어떻게 가능한가? 앞서도 말한 것처럼 가라타니는 국가를 죄악시하고 부정하는 아나키즘과도 거리를 두지만, 국가를 통해 자본이 초래한 불평등을 시정하려는 사회민주주의에 대해서도 비판적이다. 그는 '자본제의 대항암(癌)'에 비유할 수 있는 새로운 어소시에이션 운동은 국가를 없애거나 탈취한다는 생각과 관계가 없다고 말한다. 어소시에이션은 자본, 국가, 네이션과는 다른 교환원리에 입각하고 있기 때문에 어느 것에도 환원될 수 없다.

> 국가권력을 타도한다거나 탈취한다는 생각은 언제나 그와 같은 운동을 '국가'와 닮게 만든다. […] 그에 반해 일부의 아나키스트가 바라듯이 국가를 그저 파괴하고 혼란에 몰아넣는 것이라면, 역으로 국가가 더욱더

39) 가라타니 고진, 『세계공화국으로』, 160~162쪽.

> 강력한 형태로 소생할 것이다. 화폐와 국가도 역시 쉽게 폐기할 수 없다. 한편 의회를 통해 국가권력에 참여하면서 사회를 바꾸어 간다는 사회민주주의적 전술은 바로 국가가 환영하는 것이다. 그것은 현대 국가 시스템의 일환에 지나지 않는다. 그것들에 맞서 국가를 '지양'하는 운동은 자본이나 국가나 네이션의 교환원리와 다른 것으로서의 어소시에이션을, 그리고 어소시에이션의 어소시에이션을 서서히 만들어내는 것이다. 그 경우 이 운동은 그것이 달성해야 할 것을 스스로에게서 실현해 가지 않으면 안 된다.[40]

그렇다면 가라타니가 제안하는 국가를 넘는 방법이란 어떤 것인가? 여기서 그는 국가의 지양을 일국 차원에서 바라봐서는 안 되며, 언제나 다른 국가들과의 관계에서 파악해야 한다고 강조한다. 그 이유는 한 국가의 '혁명'만으로는 국가를 지양할 수 없기 때문이다. 그래서 그는 기존의 마르크스주의 안에 존재했던 '세계동시혁명'이라는 발상을 다시 끄집어낸다. 물론 이를 통해 그가 말하고 싶은 것은 세계 각지에서 동시적에 일어나는 혁명과 같은 것은 아니다. 또한 이미 사회주의 국가들이 무너진 현대에서 세계동시혁명이 일어날 것 같지도 않다. 그렇다면 가라타니가 '세계동시혁명'이라는 말을 통해 표현하고 싶었던 새로운 혁명의 이미지는 과연 어떤 것일까? 예컨대 가라타니는 칸트의 '세계공화국'의 이념을 참고로 세계동시혁명의 이미지를 새롭게 규정하려 한다.

> 여기서 열쇠가 되는 것은 19세기 동안 줄곧 무시되어왔던 칸트의 '세계공화국'이라는 이념입니다. 이것은 주권을 양도함으로써 성립하는 것입

40) 가라타니 고진, 『트랜스크리틱 칸트와 맑스』, 460~461쪽.

니다. 칸트는 그 제일보로서 국제엽합을 구상했습니다. 이것은 국가를 말하자면 '위로부터' 억압하는 것입니다. 사회주의는 국가에 대한 '아래로부터'의 혁명에 의해 실현된다고 생각해 왔다. 그러나 그것만으로는 충분하지 않다. 동시에 국가를 '위로부터' 꼼짝 못하게 하는 시스템을 형성하는 것이 불가결하다. 그리고 그와 같은 시스템형성이야말로 점진적인 '동시적 세계혁명'이라 생각해도 좋을 것입니다."[41]

세계동시혁명에 대한 가라타니의 강조점은 '동시적'보다는 '점진적'인 것에 있다. 실제로 그는 어소시에이션에 의한 혁명을 언급할 때 그것이 장기적인 운동임을 강조한다. 그는 지난 20세기 사회주의 운동사에서는 보면 자본=국가의 연합을 넘어서는 것에 대한 조급함이 역설적으로 국가를 강화하는 것으로 귀결되었다는 점을 상기시킨다. 예컨대 그는 다음과 같이 말한다. "솔직히 말하면 어소시에이셔니즘에 의한 자본제=네이션=스테이트의 지양은 가까운 시일 안에 실현되기는커녕 몇 세기나 걸리는 운동이다. 이상적인 사회를 당장 실현하려고 하면, 사람들은 국가권력에 호소하게 된다. 그것은 국가를 강화하는 것밖에 되지 않는다. 그러므로 이상적인 사회는 결코 성급하게 실현되어서는 안 된다. 점진적으로 실현할 수밖에 없다."[42]

칸트의 '세계공화국' 개념을 이용해 국가를 극복하기 위한 '세계동시혁명'의 의미를 새롭게 전환시켰지만, 그럼에도 불구하고 가라타니가 말하는 혁명의 이미지는 여전히 모호하다. 지금까지의 논의는 세계동시

41) 가라타니 고진, 『세계공화국으로』, 203~204쪽.
42) 가라타니 고진, 『일본정신의 기원-언어, 국가, 대의제, 그리고 통화』, 181~182쪽.

혁명에 관한 일반론에 불과하며, 여기에는 일본이 어떤 식으로 관련될 수 있는가라는 문제가 빠져있기 때문이다. 가라타니는 전쟁포기 조항을 담은 헌법 위에 성립된 전후일본이 세계동시혁명의 계기가 될 수 있다는 주장을 통해 국가를 지양하는 방법의 현실적 가능성을 구체화한다. 그는 이것을 논증하기 위해 이번에는 칸트의 '영구평화론'을 가져온다. 가라타니는 칸트가 영구평화의 도래를 전쟁을 피하려는 노력이 아니라 거꾸로 '인간의 반사회성(공격성)'에서 그 계기를 찾고 있다는 점에 주목한다. 그가 주목하는 대목은 칸트의 다음과 같은 언급이다. "최종적으로 많은 황폐함과 국가의 전복을 거쳐 더 나아가 국력을 남김없이 내부로부터 소모시킨 후에, […] 즉 야만인의 무법상태로부터 벗어나 국제연맹을 결성하는 방향으로 나아간다. 여기에서 국가는 모두 최소국가조차도 자국의 군비와 자국의 법률상의 판단이 아니라 오직 이 커다란 국제연맹(Foedus Amphictyonum), 즉 통일된 권력과 통일된 의지의 법에 따른 결단으로부터 자국의 안전과 권리를 기대할 수 있다"[43]

가라타니는 제2차 세계대전 후에 출범한 'UN(국제연합)'과 일본의 '헌법9조'를 칸트가 말한 '무법상태'를 거쳐 태어나는 '국제연맹'이 현실에서 실현된 예로 거론한다. 그런데 문제는 UN도 일본의 '헌법9조'도 현실에서는 주권국가 체제에 대해 '무력'한 인상을 주고 있다는 점이다. 실제로 현실의 UN은 누가 보더라도 몇몇 강대국에 좌지우지되는 측면이 있으며, 또한 점점 더 많은 일본인들은 '헌번9조'가 일본을 지키는 데 충

43) 柄谷行人, 『憲法の無意識』, 岩波書店, 2016에서 재인용.

분하지 않다고 생각하고 있다. 그렇다면 가라타니는 UN과 '헌법9조'가 전쟁을 저지할 충분한 힘을 갖고 있지 못한 현실에서 어떻게 '세계공화국'으로 가는 길을 정당화하고 있는 것일까?

그는 일본이 '헌법9조'를 명목적인 것이 아니라 실질적인 것으로 만듦으로써 결과적으로 UN을 주권국가들과의 관계에서 지금보다 강하게 변화시킬 수 있다고 말한다. 바꿔 말하면 'UN의 근본적 개혁'은 일본이 '헌법9조'를 '실행하는 것'에서 시작될 수 있다는 것이다. 일본 내의 개헌세력은 '헌법9조' 때문에 일본이 외부의 공격에 무력하다고 말하지만, 가라타니는 일본이 '헌법9조'를 철저히 지키면 어떤 국가도 간섭할 수 없다고 말한다. 즉, 일본이 '헌법9조'를 철저히 지키겠다는 것을 UN에서 선언하는 것만으로 상황은 변한다고 주장한다. 무엇보다 일본의 결정에 동의하는 국가들이 나올 것이고, 나중에는 그런 국가들이 연대함으로써 영향력을 확대할 수 있기 때문이다. 결국 그런 연합이 상임이사국이 지배했던 UN의 체제를 변화시킬 것이라고 말한다. 그것에 의해 UN은 진정으로 칸트적인 이념에 근거한 세계공화국의 모습을 띠게 되는 것이다. 그런 의미에서 일본이 '헌법9조'를 말 그대로 실행하는 것은 자위권의 단순한 포기가 아니라 주권의 '증여'를 통한 세계동시혁명이 된다.[44]

그런데 이 '증여의 혁명론'은 변화를 주도하는 주체의 성격과 관련하여 기존의 계몽주의와는 이질적인 발상에 기초하고 있다는 점을 간과해서는 안 된다. 즉, 주권의 포기를 증여의 개념으로 포착하는 가라타니

44) 柄谷行人, 『憲法の無意識』, 132~133쪽.

의 혁명론은 자신을 강한 주체로 만듦으로써 계몽을 실현하는 방식이 아니라 거꾸로 '자신의 약체화(혹은 무력화)를 통해 타자를 변화시킨다'는 발상에 따르고 있다는 점에서 특징적이다. 바꿔 말하면 그는 평화를 지키기 위한 주권의 강화가 아니라 그것을 포기하는 행위가 결과적으로 국가를 해체시키고 평화상태를 가져오는 혁명의 계기가 될 수 있다고 말하고 있는 것이다.

그렇다면 '약한 주체'에 의한 계몽(세계변화)은 도대체 어떤 방식로 실현되는 것일까? 일반적으로 전쟁포기를 명기하고 있는 일본국헌법 '제9조'는 승전국이 패전국에게 강요한 주권 포기의 조항으로 간주되지만, 가라타니의 해석은 이와 다르다. 그는 일본국헌법 '헌법9조'를 전후 일본이 국제사회를 대상으로 무력에 기반한 주권을 '증여'한 것으로 파악한다. 나아가 그는 이런 식의 증여는 예컨대 어떤 보답도 기대하지 않고 신에게 올리는 기도를 닮아있다고 말한다. 그리고 이런 기도는 보답을 전제로 하지 않는다는 점에서 '순수한 증여'로 간주된다. 즉, '헌법9조'는 '순수한 증여'에 다름 아니다.[45]

그리고 순수한 기도가 종교적 힘을 갖는 것처럼 주권을 포기한 자는 타인에 대해 '무력한 존재'처럼 보이지만, 거꾸로 그런 무력함이 타인을 주권포기의 선택으로 이끌 수 있다.[46] '헌법9조'를 '실행한다'는 결정

45) 이와 관련하여 가라타니는 '순수한 증여'의 힘을 교환양식과 결부시켜 다음과 같이 말하고 있기도 하다. "순수증여에는 힘이 있다. 그 힘은 어떤 군사력과 자금력보다도 강한 것이다. 칸트가 인류사의 목표라고 말한 '세계공화국'은 (교환양식) A, B, C에서 유래하는 힘이 아니라 D, 즉 순수증여의 힘에 의해 형성된 것이다." 柄谷行人, 『憲法の無意識』, 133쪽.

46) 柄谷行人, 『憲法の無意識』, 128~129쪽.

이 세계공화국으로 가는 시발점이 되는 이유가 여기에 있다. 달리 말하면 가라타니는 전쟁포기 조항을 담은 헌법 위에 존재하는 '무력한 국가'로서의 전후일본의 이미지를 종교적인 순수증여와 결합시킴으로써 그것이 타자와 세계를 변화시키는 힘이 될 수 있다고 주장하고 있는 것이다. 그런 의미에서 일본이 군사력의 포기를 규정하고 있는 헌법을 철저하게 준수한다는 행위는 세계의 주권국가 체제에 변화를 가져올 수 있 '일국혁명'이 된다. 즉, 가라타니의 혁명 서사는 강한 주체가 변화를 이끌 수 있다는 일반적인 계몽주의가 아니라, 달리 여러 국가들 앞에 자신을 약한 주체의 모습으로 제시함으로써 세계에 평화주의를 실현시킬 수 있다는 발상에 기초하고 있다. 이것은 일본국헌법의 가치를 적극적으로 옹호함으로써 성립하고 있다는 점에서 일본의 '전후파적 사고방식'의 일례라고 할 수 있다. 요컨대 가라타니의 자본=국가에 대한 대항이론은 새로운 마르크스주의 이론을 만들겠다는 보편적 지향이 일본국헌번의 존재에 기반을 두고 있는 전후파적 심정이라 부를 만한 특수성과 결합함으로써 성립하고 있는 것이다.

5. '전후사상'으로서의 포스트자본주의론

1970~80년대는 일본자본주의의 성공을 배경으로 '예찬'하는 담론이 쏟아져 나왔다. 일본의 지식인들은 일본인 특유의 사고방식과 행동양식으로부터 경제적 '성공'의 요인을 이끌어내는 무수한 일본문화론을

산출했다. 물론 이것은 일본에 국한된 것이 아니다. 예컨대 1979년 하버드대학 교수 에즈라 보겔이 출간해 세계적인 화제를 모았던 『Japan as No.1』은 일본 예찬론의 하나의 정점이자 그것이 트랜스내셔널한 현상임을 보여준다. 연공서열과 종신고용을 축으로 하는 '일본식경영'이 해외에서 주목을 받은 것도 바로 이 시기였다.

하지만 1990년대 후반 이후 일본이 깊은 디플레이션의 늪에 빠져들자 이런 일본예찬론도 설득력을 잃어가지 않을 수 없었다. 장기화되는 불황과 성장의 정체는 오히려 일본자본주의에 대한 위기의식을 불러왔고, 글로벌화가 초래하 양극화, 인구감소와 지방소멸 등의 문제가 부상하면서 자본주의 그 자체에 대한 비판적 목소리도 높아지기 시작했다. 토마 피케티의 『21세기 자본』이 전세계적으로 주목을 받은 일도 이런 맥락에서 이해할 수 있다. 그리고 일본에서는 급진적 사회운동이 지리멸렬한 가운데서 자본주의의 지양 내기 극복을 주장하는 소위 '포스트자본주의'론이 21세기 사상공간에 뚜렷한 존재감을 드러냈다. 이 글은 이 현상에 주목해 1980년대 이후 현대사상에서 독보적인 영향력을 행사했던 가라타니 고진의 어소시에이션 이론에 초점을 맞춰 급진적 사회운동의 영향력이 해체된 일본사회에서 자본제에 대항하는 이론이 자본주의 지양의 정당성을 어떻게 논증하고 있는가를 분석했다.

가라타니는 자본주의 '지양=극복'의 필연성을 파국의 예감과 역사의 반복이라는 방식으로 정당화한다. 나아가 혁명에 대한 충동은 운동의 실패와 상관없이 무의식처럼 결코 사라지는 법이 없다고 주장함으로써 필연성의 주장을 강화하고 있다. 한편 그의 새로운 어소시에이션 이론은 마르크스주의 이론과 운동의 세계사에 대한 독자적인 비판에 근거한 것임은 두말할 나위도 없지만, 국내적으로는 1980년대 이후 일본자본주의 성숙이 초래한 사회적 변용, 즉 소비사회와 정보사회의 등장에 대응하는 사상형태라는 점도 확인할 수 있었다. 기존 연구가 가라타니 고진의 어소시에이션의 혁명론을 마르크스주의 혁명이론의 역사라는 일반적 맥락 속에서 다루었다면, 이 글은 그것을 전후일본이라는 특수한 시공간 위에 출현한 '역사적 담론'으로 간주하면서 그의 이론이 자신의 논리적 정당성을 어떻게 제기하고 있는가를 분석하였다. 여기에 이 글이 갖는 방법상의 독창성이 놓여있다고 말할 수 있다.

현대일본생활세계총서 18

일본자본주의 위기, 새로운 자본주의의 기회인가?

주요 참고문헌

Ⅰ. 아베 정부의 인구구조 변화에 대한 대응 전략

김동겸, 「일본 공적의료보험의 고령자 대상 자기부담금 개편 논의」, 『KIRI 고령화 리뷰』 24호, 2018.

김명중, 「일본의 후기고령자의료보험제도의 실시와 문제점」, 『국제노동브리프』 6권 7호, 2008.

김명중, 「일본의 정년제도와 최근의 동향」, 『국제노동브리프』 8권 9호, 2010.

김명중, 「일본 정부의 점진적 은퇴 및 정년연장 대책과 한국에 주는 시사점」, 『국제노동브리프』 18권 1호, 2020.

김성조, 「일본 고령자 의료보험 개혁의 정치적 동학」, 『한국정치연구』 26권 1호, 2017.

김성조, 「일본의 연금개혁과 정당정치」, 『한국정치학회보』 52권 2호, 2018.

박명희, 「일본의 고령자 의료제도 개혁과 비난회피의 복지정치」, 『담론』 17권 4호, 2014.

박성빈, 『아베노믹스와 일본 경제의 미래』, 박영사, 2019.

박승현, 「리뷰논문: '지방소멸'과 '지방창생'-'재후'(災後)의 관점으로 본 '마스다 보고서」, 『일본비평』 9권 1호, 2017.

박지선, 「아베 정부하 당정 관계의 권력 집중화: 자민당 총재직속기관의 활동을 중심으로」, 『일본비평』 13권 2호, 2021.

박창건, 「글로벌 위기 이후 일본의 경제정책: 변형적 발전주의」, 『일본공간』 26호, 2019.

박철희, 「아베 시대의 대전환: 자민당 지배 공고화를 통해 탈전후하는 일본」, 『일본비평』 13권 2호, 2021.

송지연, 「일본 연금개혁의 정치경제」, 『국제 · 지역연구』 28권 4호, 2019.

송지연, 「저출산 · 고령화 시대 아베 정부의 성장전략」, 『한국과 국제정치』 35권 3호, 2019.

이응필 · 문상호, 「일본의 1973년~1985년 복지정책변동에 관한 분석: 비난회피전략을 중심으로」, 『한국행정연구』 22권 2호, 2013.

이정환, 「리뷰논문 인구감소와 지속가능한 지방만들기 - 지방소멸(地方消滅)을 둘러싼 논점」, 『일본공간』 21호, 2017.
이주경, 「일본의 정치개혁과 보수화의 메커니즘」, 『한국정치학회보』 52권 1호, 2018.
이주경, 「수상관저의 관료 통제와 관저주도 정치의 확립」, 『일본비평』 13권 2호, 2021.
이창민, 「디플레이션 탈출을 겨냥한 아베노믹스」, 박철희 외 엮음, 『아베시대 일본의 국가전략』, 서울대학교 출판부, 2018.
정영훈, 「공적 의료보험의 보험료 부담의 형평을 둘러싼 일본의 논의에 관한 검토」, 『사회보장법연구』 2권 2호, 2013.
한의석, 「팬데믹 속의 2020 도쿄올림픽과 일본의 국내정치」, 『일본연구논총』 54호, 2021.

厚生労働省, 「平成28年10月から厚生年金保険・健康保険の加入対象が広がっています！(社会保険の適用拡大)」, https://www.mhlw.go.jp/stf/seisakunitsuite/bunya/2810tekiyoukakudai.html(최종 검색일: 2021.11.29.).
厚生労働省, 『令和2年版厚生労働白書』, 東京: 厚生労働省, 2020.
厚生労働省, 「非正規雇用」の現状と課題」, 2021, https://www.mhlw.go.jp/content/000830221.pdf(최종 검색일: 2021.12.03.).
厚生労働省年金局, 「年金制度の機能強化のための国民年金法等の一部を改正する法律参考資料集(令和2年法律第40号、令和2年6月5日公布)」, 2020, https://www.mhlw.go.jp/content/12500000/000636614.pdf(최종 검색일: 2021.11.29.).
首相官邸, 「ニッポン一億総活躍プラン」, 2016, http://www.kantei.go.jp/jp/headline/ichiokusoukatsuyaku/index.html(최종 검색일: 2021.12.15.).
首相官邸, 人生100年時代構想会議, 「人づくり革命 基本構想」, 2018, https://www.kantei.go.jp/jp/singi/jinsei100nen/pdf/torimatome.pdf(최종 검색일: 2021.12.15.).
首相官邸, 全世代型社会保障検討会議, 「第4回 全世代型社会保障検討会議 資料1: 基礎資料」, 2019, https://www.kantei.go.jp/jp/singi/zensedaigata_shakaihoshou/dai4/siryou1.pdf(최종 검색일: 2021.12.15.).
首相官邸, 全世代型社会保障検討会議, 「全世代型社会保障検討会議中間報告(令

和元年12月19日)」, 2019, https://www.kantei.go.jp/jp/singi/zensedaigata_shakaihoshou/pdf/cyukanhoukoku_r011219.pdf(최종 검색일: 2021.12.08.).
首相官邸, 全世代型社会保障検討会議, 「全世代型社会保障改革の方針」, 2020, https://www.kantei.go.jp/jp/singi/zensedaigata_shakaihoshou/pdf/kaikakuhosin_r021215.pdf(최종 검색일: 2021.12.08.).
内閣官房, 全世代型社会保障構築会議, https://www.cas.go.jp/jp/seisaku/zensedai_hosyo/index.html(최종 검색일: 2021.12.05.).
内閣官房, 新しい資本主義実現会議, https://www.cas.go.jp/jp/seisaku/atarashii_sihonsyugi/index.html(최종 검색일: 2021.12.17.).
内閣官房, 「緊急提言~未来を切り拓く「新しい資本主義」とその起動に向けて~第2次 新しい資本主義実現会議」, 2021, https://www.cas.go.jp/jp/seisaku/atarashii_sihonsyugi/pdf/kinkyuteigen_honbun_set.pdf (최종 검색일: 2021.12.17.).
内閣官房, 「コロナ克服・新時代開拓のための経済対策の概要(内閣府HP)」, 2021, https://www5.cao.go.jp/keizai1/keizaitaisaku/2021/20211119_taisaku_gaiyo.pdf(최종 검색일: 2022.03.06.).
中北浩爾, 『自民党―「一強」の実像』, 東京: 中央口論新社, 2017.
二木立, 「二木立の医療経済・政策学関連ニューズレター(通巻198号)」, 2021, http://www.inhcc.org/jp/research/news/niki/20210101-niki-no198.html#toc1(최종 검색일: 2022.02.09.).
日本創成会議, 人口減少問題検討分科会, 「成長を続ける21世紀のために: ストップ少子化・地域元気戦略」, 2014, https://www.soumu.go.jp/main_content/000301631.pdf(최종 검색일: 2021.12.01.).
日本年金機構, 「公的年金の種類と加入する制度」, https://www.nenkin.go.jp/service/seidozenpan/20140710.html(최종 검색일: 2022.03.07.).
野中尚人・青木遥, 『政策会議と討論なき国会』, 東京: 朝日新聞出版, 2016.
増田寛也, 『地方消滅: 東京一極集中が招く人口急減』, 東京: 中公新書, 2014.
みずほ総合研究所, 『図解 年金のしくみ』, 東京: 東洋経済新報社, 2015.
三浦まり・濵田江里子, 「日本における社会的投資戦略の静かな浸透?" 三浦まり編」, 『社会への投資: 〈個人〉を支える〈つながり〉を築く』, 東京: 岩波書店, 2018.

Asahi Shimbun, "Medical Fees for People 75 and Older Expected to Go Up in 2022," *Asahi Shimbun,* December 1, 2020.

Esping-Andersen, Gøsta, *The Three Worlds of Welfare Capitalism, Princeton,* NJ: Princeton University Press, 1990.

Esping-Andersen, Gøsta, "Hybrid or Unique?: the Japanese Welfare State Between Europe and America," *Journal of European Social Policy* 7(3), 1997.

Estévez-Abe, Margarita, "Japan's Shift toward a Westminster System: A Structural Analysis of the 2005 Lower House Election and Its Aftermath," *Asian Survey* 46(4), 2006.

Japan Statistics Bureau, Statistical Handbook of Japan 2021, 2021, https://www.stat.go.jp/english/data/handbook/index.html(최종 검색일:2021.12.01.).

Kato, Junko, *The Problem of Bureaucratic Rationality: Tax Politics in Japan, Princeton,* NJ: Princeton University Press, 1994.

Kawaguchi, Daiji, and Hiroaki, Mori, "The Labor Market in Japan, 2000~2016," *IZA World of Labor,* DOI: 10.15185/izawol.385/, 2017.

OECD, OECD Data, "Fertility Rates," https://data.oecd.org/pop/fertility-rates.htm (최종 검색일: 2022.02.15.).

OECD, OECD Data, "General Government Debt," https://data.oecd.org/gga/general-government-debt.htm(최종 검색일: 2022.03.08.).

OECD, OECD Data, "Social Spending," https://data.oecd.org/socialexp/social-spending.htm(최종 검색일: 2021.12.10.).

OECD, OECD Data, "Working Age Population," https://data.oecd.org/pop/working-age-population.htm(최종 검색일: 2022.02.10.).

OECD, OECD Stat, "LFS by Sex and Age, Indicators," https://stats.oecd.org/index.aspx?queryid=64197(최종 검색일: 2021.12.15.).

Pempel, T.J., *Policy and Politics in Japan: Creative Conservatism,* Philadelphia, PA: Temple University Press, 1982.

Shinoda, *Tomohito, Contemporary Japanese Politics: Institutional Changes and Power Shifts,* New York, NY: Columbia University Press, 2013.

Song, Jiyeoun, "Economic Empowerment of Women as the Third Arrow of Abenomics," *Journal of International and Area Studies* 22(1), 2015.

Song, Jiyeoun, "The Political Dynamics of Japan's Immigration Policies during the Abe Government," *Pacific Focus* 35(3), 2020.

Terada, Takashi, "Japan and TPP/TPP-11: Opening Black Box of Domestic Political Alignment for Proactive Economic Diplomacy in Face of 'Trump Shock'," *The Pacific Review* 32(6), 2019.

Yoshida, Kenzo, Yung-Hsing Guo, and Li-Hsuan Cheng, "The Japanese Pension Reform of 2004: A New Mode of Legislative Process," *Asian Survey* 46(3), 2006.

김삼수, 「4장 고용제도와 장기고용」, 정진성 · 김삼수 · 여인만, 『일본의 기업과 경영』, 한국방송통신대학교출판문화원, 2020.
김양태, 「헤이세이불황 이후 일본의 고용과 노동」, 임채성편, 『저성장시대의 일본경제』, 박문사, 2017.
여인만, 「일본 전자산업의 국제경쟁력 하락과 그 원인」, 『일본연구』 26집, 고려대학교 일본연구소, 2016.
은수미 · 오학수 · 윤진호, 『비정규직과 노사관계시스템 변화 Ⅱ－한미일 비교를 중심으로』, 한국노동연구원, 2008
정이환, 『경제위기와 고용체제－한국과 일본의 비교』, 한울아카데미, 2011.

禹宗杬 · 連合総研編, 『現場力の再構築へ』, 日本経済評論社, 2014.
梅崎修 · 八代充史, 「『新時代の日本的経営』の何が新しかったのか?」, RIETI Discussion Paper Series 19-J-009, 経済産業研究所, 2019.
唐津博, 「『働き方改革』?」, 『日本労働研究雑誌』, No.666, 2016. 11.
北浦正行, 「『新時代の「日本的経営」』をめぐって」, 『DIO』(連合総研), No. 295, 2014.
熊沢誠, 『能力主義と企業社会』, 岩波書店, 1997.
小池和男, 『日本の熟練』, 有斐閣, 1981.
小池和男, 『仕事の経済学』, 東洋経済新報社, 1991.
小池和男, 『日本の雇用システムーその普遍性と強み』, 東洋経済新報社, 1994.
小池和男 · 猪木武徳編, 『ホワイトカラーの人材形成ー日米英独の比較』, 東洋経済新報社, 2002.
雇用政策研究会, 雇用政策研究会報告書, 「持続可能な活力ある社会を実現する経済 · 雇用システム」, 2010.
厚生労働省 · 都道府県労働局, 『勤務地などを限定した「多様な正社員」の円滑な導入 · 運用のために』, 2014.
佐口和郎, 『雇用システム論』, 有斐閣, 2018.
崔勝淏, 「非正規の正規化と正社員の限定化」, 『跡見学園女子大学マネジメント学部紀要』, 第26号, 2018.
「多様な形態による正社員」に関する研究会, 「『多様な形態による正社員』に関する研究会報告書」, 2012.
成瀬健生, 「雇用ポートフォリオ提言とこれからの雇用問題」, 『DIO』(連合総研), No.295, 2014.
仁田道夫, 「非正規雇用の二層構造」, 『社会科学研究』(東京大学社会科学研究所), 第62巻第3号, 2011.
仁田道夫・久本憲夫, 『日本的雇用システム』, ナカニシヤ出版, 2008.
野村正実, 『日本的雇用慣行』, ミネルヴァ書房, 2007.
浜口桂一郎, 『日本の雇用と中高年』, 筑摩書房, 2014.
浜口桂一郎, 『若者と労働』, 中央公論新社, 2013.
浜口桂一郎, 『新しい労働社会』, 岩波書店, 2009.
早川英男, 「今こそ『日本的雇用』を変えよう(1)~(4)」富士通総研, 2015(최종 접속일: 2021.8.30).
宮本光晴, 『日本の企業統治と雇用制度のゆくえ』, ナカニシヤ出版, 2014.
八代尚宏, 『日本的雇用慣行を打ち破れ』, 日本経済新聞出版社, 2015.
八代尚宏, 『日本的雇用慣行の経済学』, 日本経済新聞社, 1997.
八代充史ほか編, 『「新時代の日本的経営」オーラルヒストリー』, 慶応義塾大学出版会, 2015.
労働市場改革専門調査会, 「労働市場改革専門調査会第4次報告―正規・非正規の『壁』の克服について」, 2008.
労働政策研究・研修機構編, 『多様な就業形態に関する実態調査―事業所調査・従業員調査』, 労働政策研究・研修機構, 2011.
労働政策研究・研修機構編, 『「多様な正社員」の人事管理に関する研究』, 労働政策研究・研修機構, 2013.
労働政策研究・研修機構編, 『多様な働き方の進展と人材マネジメントの在り方に関する調査(企業調査・労働者調査)』, 労働政策研究・研修機構, 2018.
労働政策研究・研修機構編, 『日本的雇用システムのゆくえ』, 労働政策研究・研修機構, 2019.

Aoki, Masahiko, *Information, Incentives, and Bargaining in the Japanese Economy,* Cambridge University Press, 1988 (永易浩一訳, 『日本経済の制度分析ー情報・インセンティブ・交渉ゲーム』, 筑摩書房, 1992).
Cappelli, Peter, *The New Deal at Work: Managing the Market-driven Workforce,* Oxford University Press, 1999(若山由美 訳, 『雇用の未来』, 日本経済

新聞社, 2001).

Dore, Ronaldo P., *British Factory, Japanese Factory: the Origins of National Diversity in Industrial Relations,* University of California Press, 1973(山之内靖・永易浩一 訳,『イギリスの工場・日本の工場ー労使関係の比較社会学』, 筑摩書房, 1987).

Dore, Ronaldo P., *Stock market capitalism, welfare capitalism: Japan and Germany versus the Anglo-Saxons,* Oxford University Press, 2000(藤井真人 訳,『日本型資本主義と市場型資本主義の衝突ー日・独対アングロサクソン』, 東洋経済新報社, 2001).

OECD, *Reviews of Manpower and Social Policies: Manpower Policy in Japan,* OECD, 1972(労働省 訳,『OECD対日労働報告書』, 日本労働協会, 1972).

荒川和久,『超ソロ社会「独身大国・日本」の衝擊』, PHP新書, 2017.
江崎玲於奈,「教育改革国民会議座長緊急アピール」, 教育改革国民会議, 2000.05.11.
糸田和樹・皆川雅仁・柏木 睦・佐藤真,「企業や団体との連携・協働による社会教育事業の実践について」, 秋田大学教育文化学部教育実践研究紀要 第41号, 2019.
後藤雅彦, 戦後社会と青少年行政の変遷: 青少年の「健全育成」から「市民育成」への転換, 現代社会文化研究 37, 新潟大学大学院現代社会文化研究科, 2006-12, 2016.
佐々木毅・金泰昌 編, 公共哲学(第1期全10巻/第2期全5巻/第3期全5巻), 東京大学出版会, 2001~2006.
鵜川昇,『「日本」がなくなる日:今のままの憲法・教育基本法では、子どもが、国民が、国が滅びる!』, 海竜社, 2003.
志位和夫,『教育基本法改定のどこが問題か』, 新日本出版社, 2006.
杉山春,『ネグレクト: 育児放棄: 真奈ちゃんはなぜ死んだか』, 小学館, 2004.
高橋哲哉[ほか] 編,『教育基本法「改正」に抗して: 緊急報告: 全国各地からの声』, 岩波書店,2004.
高橋世,「社会参加する高齢者は9年後の要介護リスク0.8倍、死亡リスクも0.8倍」, 愛知老年学的評価研究プロジェクト報道発表Press Release No: 202-19-36, 2020.02.
辻哲夫,「柏プロジェクトにおける生きがい就労—目的と成果」, Aging&Health No.91(第28巻第3号), 2019.
橘木俊詔,『無縁社会の正体 血縁・地縁・社縁はいかに崩壊したか』, PHP研究所, 2011.
松下幸之助,『実践経営哲学/ 経営のコツここなりと気づいた価値は百万両』, PHPビジネス新書, 2014.
藤森純,「1956年|太陽族映画上映反対運動から新映倫発足へ」,『COLERE JOURNAL』, 2016.09.25.
矢島正見,『【改訂版】戦後日本青少年問題考』, (財)青少年問題研究会, 2013.
华丹(Dan Hua), 郭媛(Yuan Guo),「危险的转向 : "爱国心"取代"个人的尊严"—兼论日本」,『教育基本法(修正案)』, 比較教育研究編輯部, 比較教育研究,

Vol.27 (11), 2006.11.01.

教育基本法, 文部科学省, 「新しい教育基本法と教育再生」, 2007.03.

教育改革国民会議, 「教育改革国民会議報告―教育を変える17の提案―」, 2000.12.22.

法務総合研究所, 「無差別殺傷事犯に関する研究」, 法務総合研究所研究部報告, 50, 2013.

特集・連載：パナソニック 老衰危機, 2020.1.6.~2020.1.21., DIAMOND, INC.

財団法人日本生産省本部, 『調査研究：企業の社会的責任:その指標化と意見調査』, 労使協議制常任委員会調査報告書, 74, 1964.

「園児が「安倍首相頑張れ」＝国有地取得の学校法人－民進、教基法違反の疑い指摘」, 『時事通信』, 2017.2.27.

「通り魔殺傷、179件 94年以降、毎年発生―警察庁」, 『時事通信』, 2021.11.18.

「無差別殺傷 孤立社会の病が見える」, 『朝日新聞デジタル社説』, 2022.1.17.

ＮＨＫ「無縁社会プロジェクト」取材班, 『無縁社会』, 文藝春秋, 2010.

(이하 모든 인터넷 정보의 최종 검색일은 2022년 9월 15일)

教育改革国民会議座長緊急アピール(2000.05.11.), http://m-ac.jp/education/administration/kyouiku_kokumin/website/jp/kyouiku/index.html.

教育基本法, https://www.mext.go.jp/b_menu/kihon/about/mext_00003.html.

文部科学省, 新しい教育基本法と教育再生, 2007(平成19年3月), https://www.mext.go.jp/b_menu/kihon/houan/siryo/07051112/001.pdf.

教育改革国民会議, 「教育改革国民会議報告―教育を変える17の提案―」, 平成12年12月22日, https://www.kantei.go.jp/jp/kyouiku/houkoku/1222report.html.

教育課程審議会答申 昭和 26年1月4日(1951), 国立教育政策研究所(2005).

地方教育行政の組織及び運営に関する法律の一部を改正する法律の概要, https://www.mext.go.jp/component/b_menu/other/__icsFiles/afieldfile/2014/06/30/1349283_01.pdf.

児童虐待の防止等に関する法律施行規則, https://elaws.e-gov.go.jp/document?lawid=420M60000100030_20180402_429M60000100133.

法務省, 『平成25年版 犯罪白書』 https://hakusyo1.moj.go.jp/jp/60/nfm/n_60_2_3_1_1_1.html.

内閣府,『平成27年版 子ども・若者白書』(全体版), https://www8.cao.go.jp/youth/whitepaper/h14hakusho/pdf/ywp1-2-3.pdf.

法務総合研究所,「無差別殺傷事犯に関する研究」, 法務総合研究所研究部報告50, 2013.

厚生労働省(2020), 令和2年度 児童相談所での児童虐待相談対応件数, https://www.mhlw.go.jp/content/000863297.pdf

文部科学省, 初等中等教育局児童生徒課, 児童生徒の問題行動・不登校等生徒指導上の諸課題に関する調査, https://www.mext.go.jp/a_menu/shotou/seitoshidou/1302902.htm.

2018年度「我が国と諸外国の若者の意識に関する調査」, https://www8.cao.go.jp/youth/whitepaper/r01gaiyou/s0_1.html.

Panasonic, 松下幸之助の生涯, 80. 労働組合の結成大会に進んで出席 1946年(昭和21年), https://www.panasonic.com/jp/corporate/history/konosuke-matsushita/080.html.

特集・連載: パナソニック 老衰危機, 2020.1.6.~2020.1.21., © DIAMOND, INC. https://diamond.jp/list/feature/p-panasonic2020.

財団法人日本生産省本部,『調査研究:企業の社会的責任: その指標化と意見調査』, 労使協議制常任委員会調査報告書74, 1964.

財団法人松下政経塾, 設立趣意書, https://www.mskj.or.jp/about/setsu.html.

[정법강의] 491강 가족－4 사회가족화, 모임(4/6), 2012.05.23., https://www.youtube.com/watch?v=im3oCl-6vS0&t=6s.

[정법강의] 493강 가족－6 正의 재단시대(6/6), 2012.05.23., https://www.youtube.com/watch?v=f4pvQx_gQJM.

[홍익인간 인성교육] 12067강 사회부모클럽의 의미와 이념, 2022.03.05., https://www.youtube.com/watch?v=EHiwFMm1ubY

강인호, 「일본 축소도시의 컴팩트 시티 추진전략」, 『한국정책학회보』, 27(2), 2018.

김은혜, 「1990년대 중반 이후 일본의 도심회귀와 젠트리피케이션」, 『지역사회학』 17(3), 2016.

김중은, 『고도성장기에 계획된 韓日 수도권 교외신도시의 성장과정 비교 연구』, 국토연구원, 2013.

로버트 피시만, 박영한 옮김, 『부르주아 유토피아: 교외의 사회사』, 한울, 2000.

마스다 히로야, 김정환 옮김, 『지방소멸: 인구감소로 연쇄붕괴하는 도시와 지방의 생존전략』, 와이즈베리, 2015.

미우라 아쓰시, 김중은 · 임화진 옮김, 『도쿄는 교외 지역부터 사라져간다!』, 국토연구원, 2016.

박승현, 「주거복지의 후퇴와 거주의 빈곤: 전후 일본에서 '공공주택에 산다는 것'의 의미변화」, 『한국문화인류학』 49(2), 2016.

박승현, 「'공공의 집' 다시 짓기: 도쿄 대규모 공영단지의 재건축과 커뮤니티」, 『한국문화인류학』 51(2), 2018.

벤 윌슨, 박수철 옮김, 『메트로폴리스: 인간의 가장 위대한 발명품, 도시의 역사로 보는 인류문명사』, 매일경제신문사, 2021.

서정렬, 『스마트 디클라인, 창조적 쇠퇴』, 커뮤니케이션북스, 2017.

야마다 마사히로, 니시야마 치나 · 함인희 옮김, 『가족 난민: 싱글화의 미래, 양극화된 일본인의 노후』, 서울: 그린비, 2019.

에벤에저 하워드, 조재성 옮김, 『내일의 전원도시』, 한울아카데미, 2006.

여인만, 「고도성장기 일본 자동차산업의 시장 및 수요구조」, 『한일경상논집』 61, 2013.

요시미 슌야, 최우영 옮김, 『고도성장: 경제후진국에서 경제대국으로』, 어문학사, 2013.

요시미 슌야, 서의동 옮김, 『헤이세이(平成) 일본의 잃어버린 30년』, AK, 2020.

이영아, 「제11장 도시 쇠퇴와 도시재생」, 손정렬 · 박수진 외, 『도시해석』, 푸른길, 2019.

이호상, 「일본 지방 중소도시의 유료주차장 확산과 중심시가지의 공동화: 가가와현(香川県) 다카마쓰시(高松市)를 사례로」, 『한국도시지리학회지』 22(1), 2019.

지은숙, 「"젖은 낙엽에서 케어맨으로": 포스트전후 일본 사회의 젠더관계 동요와 '사라리만' 남성성에 대한 도전」, 『민주주의와 인권』 20(2), 2020.
장양이,「2000~2019년 일본의 도시 거주공간에 관한 연구 동향」, 『한국도시지리학회지』 23(1), 2020.
하시모토 겐지, 김영진 외 옮김, 『계급도시: 격차가 거리를 침식한다』, 킹콩북, 2019.
山本理奈, 『マイホーム神話の生成と臨界: 住宅社会学の試み』, 岩波書店, 2014.
間宮陽介, 「2 都市のかたち—その起源、変容、転成、保全」, 『岩波講座 都市の再生を考える〈第1巻〉都市とは何か』, 岩波書店, 2005.
高木恒一, 「第9章 郊外のゆくえ 均質から多様へ」, 松本康 編 , 『都市社会学・入門』, 有斐閣, 2014.
宮台真司, 『まぼろしの郊外: 成熟社会を生きる若者たちの行方』, 朝日新聞社, 1997.
今田高俊, 『社会階層と政治』, 東京大学出版会, 1989.
吉見俊哉, 『リアリティ・トランジット: 情報消費社会の現在』, 紀伊國屋書店, 1996.
内田隆三, 「第5章 郊外ニュータウンの〈欲望〉」, 若林幹夫ほか, 『「郊外」と現代社会』, 青弓社, 2000.
都市住宅学会, 「ワークショップ, 2: 「郊外化の光と影」」, 2000(30), 2000.
島田雅彦, 『忘れられた帝国』, 毎日新聞社, 1995.
東浩紀・北田暁大, 『東京から考える: 格差・郊外・ナショナリズム』, 日本放送出版協会, 2007.
鈴木博之, 『〈日本の近代10〉都市へ』, 中央公論新社, 1999.
朴承賢, 『老いゆく団地: ある都営住宅の高齢化と建替え』, 森話社, 2019.
蓑原敬・平井允, 「コンパクト・シテイーと郊外居住」, 『都市住宅学』 61, 2008.
山口幹幸・川崎直宏編, 『人口減少時代の住宅政策: 戦後70年の論点から展望する』, 鹿島出版会, 2015.
三隅一人, 「都市社会学的「郊外「研究のために」, 『日本都市社会学会年報』 19, 2001.
三浦展, 『「家族と郊外」の社会学—「第四山の手」型ライフスタイルの研究』, PHP研究所, 1995.
三浦展, 『新人類、親になる!』, 小学館, 1997.

三浦展,『「家族」と「幸福」の戦後史: 郊外の夢と現実』, 講談社, 1999.
三浦展,「第2章 郊外の比較文化史と「第4山の手」の現在」」, 若林幹夫ほか,『「郊外」と現代社会』, 青弓社, 2000.
三浦展,『ファスト風土化する日本: 郊外化とその病理』, 洋泉社, 2004.
西澤晃彦,「第8章 郊外という迷宮, 逃げる」, 町村敬志·西澤晃彦,『都市の社会学: 社会がかたちをあらわすとき』, 有斐閣, 2000.
小田光雄,『「郊外」の誕生と死』, 青弓社, 1997.
小田光雄,「第4章 郊外文学の発生」, 若林幹夫ほか,『「郊外」と現代社会』, 青弓社, 2000.
松本康,「大都市圏/地方圏」, 地域社会学会編,『キーワード地域社会学』, ハーベスト社, 2011.
松本康,「第6章 都市圏の発展段階 都市化·郊外化·再都市化」, 松本康編,『都市社会学・入門』, 有斐閣, 2014.
松原隆一郎,『失われた景観: 戦後日本が築いたもの』, PHP研究所, 2002.
若林幹夫,「郊外論の地平」,『日本都市社会学会年報』 19, 2001.
若林幹夫,「郊外の「衰退」?: 社会学的視点から考える郊外, 郊外住宅地の現在と未来」,『日本不動産学会誌』 23(1), 2009.
若林幹夫 ほか,『「郊外」と現代社会』, 青弓社, 2000.
原武史,「「私鉄王国」大阪の近代」,『日本都市社会学会年報』 16, 1998a.
原武史,『「民都」大阪対「帝都」思想としての関西私鉄』, 講談社, 1998b.
竹中英紀·倉沢進,「ニュータウンにおける住宅階層と生活様式, 大都市集合住宅地における生活様式〈特集〉」,『総合都市研究』 36, 1989.
曽根陽子,「日米の郊外建売住宅・団地の成立過程に関する比較研究」,『日本大学生産工学部研究報告A理工系』 40(1), 2007.
倉沢進,「2章 東京圏の空間構造とその変動 1975~90」, 倉沢進・浅川達人編,『新編 東京圏の社会地図: 1975~90』, 東京大学出版会, 2004.
天野正子,『「生活者」とはだれか: 自律的市民像の系譜』, 中央公論社, 1996.
清水亮,「地域社会と人口学的視点」, 地域社会学会編,『キーワード地域社会学』, ハーベスト社, 2011.
片木篤,「「中間」としての郊外」,『都市住宅学』, 2000(30), 2000.
平山洋介,『住宅政策のどこが問題か:「持家社会」の次を展望する』, 光文社, 2009.

Cohen, Lizabeth, 2003, *A Consumers' Republic: the Politics of Mass Consumption in Postwar America,* New York: A,A, Knopf, 2003.

Garreau, Joel, *Edge City: Life on the New Frontier,* New York: Doubleday, 1991.

Hanlon, Bernadette, Thomas Vicino, and John Rennie Short. "The New Metropolitan Reality in the US: Rethinking the Traditional Model," *Urban Studies,* 43(12), 2006.

Harvey, David, *The limits to capital, Oxford,* England: Blackwell, 1982.

Hayden, David, *Building Suburbia: Green Fields and Urban Growth, 1820~2000,* New York: Vintage Books, 2004.

Herbers, John, *The New Heartland: America's Flight Beyond the Suburbs and How it is Changing our Future,* New York, N,Y,: Times Books, 1986.

Hirayama, Yosuke, "2 Reshaping the Housing System: Home Ownership as a Catalyst for Social Transformation," Hirayama, Yosuke, and Richard Ronald ed, *Housing and Social Transition in Japan,* New York; Routledge, 2007.

Jackson, Kenneth, T. *Crabgrass Frontier: The Suburbanization of the United States,* New York; Oxford: Oxford University Press, 1985.

Kubo, Tomoko, "Divided Tokyo: Housing Policy, the Ideology of Homeownership, and the Growing Contrast Between the City Center and the Suburbs," *International Perspectives in Geography,* 11, 2020.

Lefebvre, Henri, *The Urban Revolution,* trans, by R, Bonono, Minneapolis, MN: University of Minnesota Press, 1970/2003.

Nicolaides, Becky, and Andrew Wiese. *The Suburb Reader,* New York: Routledge, 2006.

Van den Berg, Leo, et, al, *Urban Europe: A study of Growth and Decline,* Oxford, Pergamon Press, 1982.

Walks, Alan, "Suburbanism as a Way of Life, Slight Return," *Urban Studies,* 50(8), 2013.

Wirth, Louis, "Urbanism as a Way of Life," *American Journal of Sociology,* 44(1), 1938.

[문헌 및 논문]
김백영, 「한신대지진과 일본 다문화 커뮤니티의 변화: 고베시 나가타구의 사례」, 『도시연구:역사·사회·문화』 2, 2009.
김호섭, 「고베지진 부흥계획」, 김경동 엮음, 『일본사회의 재해관리: 고베지진의 사례연구』, 서울대학교출판부, 1997.
매코맥, 개번, 한경구 등 옮김, 『일본, 허울뿐인 풍요』, 창작과비평사, 1998.
미야자키 다쯔오, 오윤표 옮김, 『고베의 도시경영: 20년 고베시장 미야자키 다쯔오의 '나의 이력서'』, 세종출판사, 1994.
박승현, 「고베 구두마을 나가타와 재일코리안의 '케미컬슈즈'」, 지은숙·권숙인·박승현 엮음, 『재일한인의 인류학』, 서울대학교출판문화원, 2021.
얀베 유키오, 홍채훈 옮김, 『일본 경제 30년사: 버블에서 아베노믹스까지』, 에이지21, 2020.
오은정, 「재후(災後)의 시공간에 울려 퍼지는 '부흥'이라는 주문(呪文): 후쿠시마 원전 사고 이후 부흥의 사회 드라마와 느린 폭력」, 『한국문화인류학』 53(3), 2020.
요시미 슌야, 서의동 옮김, 『헤이세이 일본의 잃어버린 30년』, 에이케이커뮤니케이션즈, 2020.
이원덕, 「고베지진과 일본정부의 위기관리」, 김경동 엮음, 『일본사회의 재해관리: 고베지진의 사례연구』, 서울대학교출판부, 1997.
조 지무쇼, 신선영 옮김, 「이국적 낭만과 지진의 아픔이 공존하는 국제 도시」, 『30개 도시로 읽는 일본사』, 다산북스, 2021.
클라인, 나오미, 김소희 옮김, 『쇼크 독트린』, 살림, 2008.
후쿠시마 료타, 안지영·차은정 옮김, 『부흥문화론: 일본적 창조의 계보』, 리시올, 2016.

安藤元夫, 「新長田駅南地区復興再開発ビル入居店舗経営者の意識調査による事業評価に関する研究」, 『日本都市計画学会都市計画論文集』 No. 40(3), 2005.
井岡勉, 「大都市における地域福祉運動(I): 京阪神3つのモノグラフによる考察」, 『華頂短期大学研究紀要第』 15号, 1971.
池田清, 『災害資本主義と「復興災害」: 人間復興と地域生活再生のために』, 水曜社, 2014.
池田清,『神戸近代都市の過去・現在・未来: 災害と人口減少都市から持続可能な幸福都市へ』, 社会評論社, 2019.
門野隆弘,「工場も家も失ったケミカル業界」, 酒井道雄 編,『神戸発阪神大震災以後』, 岩波書店, 1995.
財団法人神戸都市問題研究所 編,『神戸/海上文化都市への構図』, 勁草書, 1981.
塩崎賢明,「復興都市計画と民主主義」,『世界』1995.5.
塩崎賢明,『復興〈災害〉: 阪神・淡路大震災と東日本大震災』, 岩波書店, 2014.
デビッド W. エジントン, 香川貴志・久保倫子 訳,『よみがえる神戸: 危機と復興契機の地理的不均衡』, 海青社, 2014.
林屋辰三郎・梅棹忠夫・山崎正和,『日本史のしくみ: 変革と情報の史観』, 中央文庫, 1976.
朴承賢,『老いゆく団地 : ある都営住宅の高齢化と建替え』, 森話社, 2019.
広原盛明,『震災・神戸都市計画の検証: 成長型都市計画とインナーシティー再生の課題』, 自治体研究社, 1996.
兵庫県震災復興研究センター・市民検証研究会・広原盛明・松本誠・出口俊一,『負の遺産を持続可能な資産へ: 新長田南地区再生の提案』, クリエイツかもがわ, 2022.
道上圭子,「地域はもう一つの病棟」, 酒井道雄 編,『神戸発阪神大震災以後』, 岩波書店, 1995.

Yosuke, Hirayama, "Collapse and Reconstruction: Housing Recovery Policy in Kobe After the Hanshin Great Earthquake," *Housing Studies* Vol. 15, No. 1.

[고베시자료]
企画調整局総合計画課 神戸市統計報告特別号 平成16年11月9日「神戸市人口震災前人口を超える: 平成16年11月1日現在推計人口」.
神戸市 長田區, https://www.city.kobe.lg.jp/h20870/kuyakusho/nagataku/anzen1/index2/quake03.html(최종 검색일: 2020.3.15.).
「神戸の戦災概要」, 神戸市 homepage. https://www.city.kobe.lg.jp/a44881/bosai/disaster/war01/war02.html(최종 검색일: 2021.1.6.).

「新長田駅南地区災害復興第二種市街地再開発事業: 検証報告書概要版(令和3年1月)」, 神戸市, 2021. 3.
「新長田駅南地区災害復興第二種市街地再開発事業: 検証報告書(令和3年1月)」, 神戸市, 2021. 3.

[신문 방송]
大正筋商店街写真『号外NET 神戸市兵庫区・長田区』 2021.6.11., https://kobehyogoku-nagataku.goguynet.jp/2021/06/11/ongakunosyukujitsu/(최종 검색일 2022.7.15.).
「データで見る阪神淡路大震災」, 『神戸新聞』, https://www.kobe-np.co.jp/rentoku/sinsai/graph/sp/p3.shtml(최종 검색일: 2022.1.17.).
「新長田再開発, 神戸市検証 規模縮小, 見直しできず 震災後, 商業者半分に」, 『毎日新聞 兵庫地方版』 2020.12.24.
「新長田再開発事業, '商業にぎわいに課題'神戸市が検証報告書」, 『神戸新聞NEXT』 2020.12.23.
「震災前より人口増えたが…にぎわい戻らず長田の再開発」, 『朝日新聞』 2020.1.17.
「大赤字326億円の復興再開発 阪神淡路大震災から26年ようやく検証」, 『ABCテレビ』, 2021.1.13. 방송, https://www.youtube.com/watch?v=lrtTtK4d4Xs&t=2s(최종 검색일: 2021.7.23.).
「商売が苦しい一因解明: 赤字326億円の復興再開発」, 『ABCテレビ』, 2022.3.1., https://www.youtube.com/watch?v=QIzKJx-gmEg(최종 검색일: 2022.7.29.).
「震災から26年『新長田の復興再開発』を検証…見えてきた"住民置き去りの街づくく」, 『MBS News』, 2020.12.23. https://www.youtube.com/watch?v=jfm5Lh52oTk(최종 검색일: 2021.7.21.).
「"再開発が街をなくした"復興した新長田のいま」, 『MBS News』, 2021.1.14., https://www.youtube.com/watch?v=8oLQ4_w_rYg(최종 검색일: 2022.7.20).
「"復興はしたけれど"~神戸 新長田再開発・19年目の現実」, 『NHK仙台放送局』, 2016.4.8., https://www.youtube.com/watch?v=MTfVC8N5sBM(최종 검색일: 2021.6.1.).

VI. 원전 헤테로토피아

김은혜 · 박배균, 「일본 원자력복합체와 토건국가」, 『ECO』 20권 2호, 2016.

루이스 멈포드, 김종달 옮김, 『기계의 신화 2: 권력의 펜타곤』, 대구: 경북대학교출판부, 2012.

민덕기, 「일본 도호쿠(東北)지방에선 왜 아베정권의 '메이지유신 150주년'을 '보신(戊辰)전쟁 150주년'으로 기념하고 있을까?」, 『한일관계사연구』 66권, 2019.

케이트 브라운, 우동현 옮김, 『플루토피아: 핵 재난의 지구사』, 서울: 푸른역사, 2021.

야마모토 요시타카, 서의동 옮김, 『일본 과학기술 총력전』, 서울: 에이케이커뮤니케이션스, 2019.

오은정, 「재후(災後)의 시공간에 울려 퍼지는 '부흥'이라는 주문: 후쿠시마 원전 사고 이후 부흥의 사회드라마와 느린 폭력」, 『한국문화인류학』, 53권 3호, 2020.

이세연, 「패자들의 메이지 150년」, 『일본역사연구』 52권, 2020.

임경택, 「니노미야 손토쿠(二宮尊德)의 농촌개발방식: '報德仕法'과 실천적 사상」, 『日本語文學』 1권 48호, 2011.

임경택, 「마을(무라) 갱생에서 흥국안민까지: 갱생의 현장 처방으로서의 보덕사법(報德仕法)의 유전(流轉)」, 『한국문화인류학』 49권 2호, 2016.

임안나, 「주말아파트와 공동체: 이스라엘 내 필리핀 노인 돌봄 노동자의 이주공간 형성에 관한 연구」, 『비교문화연구』, 22권 1호, 2016.

장세룡, 「헤테로토피아: (탈)근대 공간 이해를 위한 시론」, 『대구사학』, 95권, 2009.

후쿠시마 소책자 간행위원회, 「원전재해로부터 사람들을 지키는 후쿠시마의 10가지교훈」, 『후쿠시마 소책자 간행위원회』, 2015, https://issuu.com/i_greenkorea/docs/fukushima10lessons_kor/70.

小熊英二, 「東北と戦後日本—近代日本を超える構想力の必要性」, 『The Asian-Pacific Journal』, 2011, https://apjjf.org/2011/9/31/Oguma-Eiji/3583/article.html.

いいたてWING19, 『飯舘村の女性たち』, 福島: SEEDS出版, 2016.

大濱徹也, 「『将来之東北』という世界: 半谷清寿の東北像、現在何を問い質しますか」, 『学び！と歴史』, 48, 2011.

五十嵐泰正・開沼博『常磐線中心主義(ジョーバンセントリズム』, 東京: 河出書房新社, 2015.

呉永台,「幕末期肥後における」,『〈藩是〉確立とその意味. 〈年報 地域文化研究』23, 2019.

吉岡斉,『新版 原子力の社会史 その日本的展開(朝日選書)』, 東京: 朝日新聞出版, 2011.

吉見俊哉,『夢の原子力―Atoms for Dream』, 東京: ちくま新書, 2012.

中山茂・吉岡斉・塚原修一・川野祐二,『日本の科学技術と社会の歴史 1, 2, 3』, 東京: 編集工房球, 2016.

日本復興庁,『東日本大震災からの復興に向けた道のりと見通し』, 日本復興庁, 2017.

柴田哲雄,「再論半谷清寿: 富岡町夜ノ森に根差した思想家」,『教養部紀要』64(3), 2017.

柴田哲雄,『フクシマ・抵抗者たちの近現代史: 平田良衛・岩本忠夫・半谷清寿・鈴木安蔵』, 東京: 彩流社, 2018.

Finnegan, Diarmid A., "The Spatial Turn: Geographical Approaches in the History of Science," *Journal of the History of Biology* 41(2), 2008.

Foucault, Michel, "Of Other Spaces," translated by Jay Miskowiec, *Diacritics* 16(1), 1986.

Jensen, Casper Bruun & Atsuro Morita "Introduction: Infrastructures as Ontological Experiments," *Ethnos* 82(4), 2016.

Kelly, Dominic, "US Hegemony and the Origins of Japanese Nuclear Power: The Politics of Consent," *New Political Economy* 19(6), 2014.

Larkin, Brian, "The Politics and Poetics of Infrastructure," *Annual Review of Anthropology* 42, 2013.

McDonnell, Terence E., Christopher A. Bail & Iddo Tavory, "A Theory of Resonance," *Sociological Theory* 35(1), 2017.

Withers, Charles W. J. "Place and the 'Spatial Turn' in Geography and in History," *Journal of the History of Ideas* 70(4), 2009.

Zwigenberg, Ran, ""The Coming of a Second Sun": The 1956 Atoms for Peace Exhibit in Hiroshima and Japan's Embrace of Nuclear Power," *The Asian-Pacific Journal* 10(6), 2012, https://apjjf.org/2012/10/6/Ran-Zwigenberg/

3685/article.html

〈자료〉

「"문제 없다"와 "끝났다" 사이에 '후쿠시마의 진실'이 있다」, 『뉴스톱』, 2019.12.9., http://www.newstof.com/news/articleView.html?idxno=10102.

「이타쿠라 마사오 인터뷰」, https://youtu.be/sRvLriNl1p0(최종 검색일: 2022.1.13.).

「후쿠시마현 도미오카로 귀환한 이타쿠라 마사오씨」, 『FoE Japan』, 2021.7.15., https://www.youtube.com/watch?v=sRvLriNl1p0.

「安倍首相「平和で豊かな日本を次の世代に」明治150年式辞・全文」, 『産経新聞』, 2018.10.23. https://www.sankei.com/article/20181023-JKLG5Q7RCBNULDH75D2FSU3ACA/(최종 검색일: 2022.1.13.).

「公益財団法人福島県観光物産交流協会」, https://www.hopetourism.jp/facility.html?id=40.

「相双ビューロー SOSO BUREAU」, https://sosobureau.yumesoso.jp/(최종 검색일: 2022.1.13.).

「福島イノベーション・コースト構想(FIPO: Fukushima Innovation Coast Promotion Organization)」, https://www.fipo.or.jp/(최종 검색일. 2022.1.13.).

「Tridec-Tri-City Development Council」, https://www.facebook.com/tcdevcouncil.

福島県 商工労働部 企業立地課, 「福島から、拓く: 福島県企業立地ガイド 2020年度版」, http://www4.pref.fukushima.jp/investment/(최종 검색일: 2022.1.13.).

福島県, 「MIRAI 2061【本編】」, https://youtu.be/mLOeF2pW978 (검색일: 2022.1.13.).

福島県富岡町, 「双葉郡の中枢を担う富岡町の役割と復興に向けて, 福島12市町村の将来像に関する有識者検討会(第1回)」, 2014, https://www.reconstruction.go.jp/topics/main-cat1/sub-cat1-4/syoraizo_1_siryo3_2_tomiokamachi.pdf(최종 검색일: 2022.1.13.).

福島県富岡町, 「富岡町の復興状況と再生に向けた今後の取り組み, 第7回 福島12市町村将来像提言フォローアップ会議[令和2年6月1日]」, https://www.reconstruction.go.jp/topics/main-cat1/sub-cat1-4/f12fup/200601_3-6tomiokamachi.pdf.

復興庁, 「住民意向調査速報版(富岡町)の公表について」, 2019.11.29.

復興庁, 「富岡町住民意向調査 調査結果(速報版)」, 2021.12.7.

福島民友新聞, 「鎮魂と古里再生願う「光のモニュメント」 福島・南相馬、師走の夜空青く貫く」, 2021.12.20., https://news.yahoo.co.jp/articles/5bd3466b744dcc88d4927cadca4c42f0054fb93a.

「故郷で最期を」避難指示解除の町に戻った夫婦の思い」, 『朝日新聞』, 2019.07.12., https://www.asahi.com/articles/ASM7B53DHM7BUQIP01H.html.

「富岡町から避難した男性が9年半の苦しみを陳述「国や東電は責任認めろ」弁護士は被曝リスクや「避難の相当性」を主張~控訴審第3回口頭弁論」, 民の声新聞, 2020.10.5., http://taminokoeshimbun.blog.fc2.com/blog-entry-488.html(최종 검색일: 2022.1.13.)

「日死ななければ、帰れないのか」, 『NHK』, 2021.3.17., https://www.nhk.or.jp/politics/articles/feature/55571.html

「戻れぬ故郷で花を手向けて: 墓地から見える震災10年福島のいま」, 『朝日新聞デジタル』, 2021.2.22., https://www.asahi.com/gallery/photo/national/eastjapanearthquake/20210222/.

「3.11から10年: 宮本皓一・富岡町長」, 『日本記者クラブ』, 2021.2.4., https://www.youtube.com/watch?v=NBcb77WVmJs(최종 검색일: 2022.1.13.).

「[原発事故]富岡は負けん!横断幕でエール」, 『河北新報』, 2016.5.6., https://kahoku.news/articles/20160505kho000000010000c.html(최종 검색일: 2022.1.13.).

富岡町公式チャンネル, 「「鎮魂・厄払い花火」生配信」, https://youtu.be/RjvEsmpS9yQ(최종 검색일: 2022.1.13.).

「富岡インサイド」, http://www.tomioka.jpn.org/index.html(최종 검색일: 2022.1.13.).

「富岡町3·11を語る会」, http://www.tomioka311.com/ (최종 검색일: 2022.1.13.).

「あなたの復興の節目はいつですか? あの日から10年 福島で聞いた」, 『東京新聞』, 2021.3.17., https://www.tokyo-np.co.jp/article/91953(최종 검색일: 2022.1.13.).

「福島第一の汚染処理水処分、9市町村長は是非明言せず2回目の意見聴取」, 『東京新聞』, https://genpatsu.tokyo-np.co.jp/page/detail/1363(최종 검색일: 2022.1.13.)

〈논문 및 단행본〉

伊地智啓著, 上野昂志·木村建哉編,『映画の荒野を走れ—プロデューサー始末半世紀』, インスクリプト, 2015.

太田省一,「大林宣彦と「反時代的アイドル」たち」, 明石陽介編,『ユリイカ 2020年9月臨時増刊号総特集◎大林宣彦—1938~2020—』第52巻 第10号(通巻762号), 青土社, 2020.

大塚英志,「角川歴彦とメディアミックスの時代・序」,『最前線』, 星海社, 2014年 6月 4日, https://sai-zen-sen.jp/editors/blog/works/post-876.html (최종 검색일: 2022.5.25.).

北浦寛之,『テレビ成長期の日本映画—メディア間交渉のなかのドラマ』, 名古屋大学出版会, 2018.

木村建哉·藤井仁子·中村秀之編,『甦る相米慎二』, インスクリプト, 2011.

剣持亘・筒井康隆,『シナリオ 時をかける少女』(角川文庫 緑 305-99), KADOKAWA, 1983.

斎藤美奈子·成田龍一編集,『1980年代』(河出ブックス), 河出書房新社, 2016.

寺脇研,『昭和アイドル映画の時代』(光文社知恵の森文庫), 光文社, 2020.

中川右介,『角川映画 1976~1986[増補版]』(角川文庫), KADOKAWA, 2016.

長門洋平,「セーラー服と機関銃とサウンドトラック盤 初期「角川映画」における薬師丸ひろ子のレコードの役割」, 谷川建司編,『戦後映画の産業空間: 資本·娯楽·興行』, 森話社, 2016.

梨本敬法編,『アイドル映画30年史(洋泉社MOOK別冊映画秘宝)』, 洋泉社, 2003.

御園生涼子,「少女·謎·マシンガン—〈角川映画〉の再評価—」, 杉野健太郎編,『交錯する映画—アニメ·映画·文学』, ミネルヴァ書房, 2013.

四方田犬彦,『日本映画史110年(増補改訂版)』(集英社新書), 集英社, 2014.

鷲谷花,「ポスト撮影所時代の「女性アクション映画」」, 四方田犬彦・鷲谷花編,『戦う女たち: 日本映画の女性アクション』, 作品社, 2009.

渡邉大輔,「「ポスト日本映画」の起源としての九〇年代」, 大澤聡編,『1990年代論』(河出ブックス), 河出書房新社, 2017.

「映画企業は斜陽産業か」,『映画時報』1959年 4月号, 合同通信社, 1959.

「制作ノート〈セーラー服〉と〈機関銃〉の挟間で闘った映画魂」,『バラエティ』1982年 1月号, 角川書店, 1982.

『バラエティ6月号別冊 角川映画大全集: THE KADOKAWA FILMS 1976→1986 永久保存版·データバンク』, 1986年 6月号, 角川書店, 1986.

Zahlten, Alexander. *The End of Japanese Cinema: Industrial Genres, National Times, and Media Ecologies,* Durham: Duke University Press, 2017.

〈자료〉

一般社団法人日本映画制作者連盟, 「過去データ一覧(1955年~2020年)」, http://www.eiren.org/toukei/data.html(최종 검색일: 2022.5.25.).

一般社団法人日本映画制作者連盟, 「日本映画産業統計 過去配給収入上位作品(配給収入10億円以上番組) 1983年 1月~12月」, http://www.eiren.org/toukei/1983.html(최종 검색일: 2022.5.25.).

나가오카 겐메이, 이정환 옮김, 『디자이너 생각 위를 걷다』, 안그라픽스, 2009.
나가오카 겐메이, 이정환 옮김, 『디자이너 함께하며 걷다』, 안그라픽스, 2010.
나가오카 겐메이, 남진희 옮김, 『디자인하지 않는 디자이너』, 아트북스, 2010.
나가오카 겐메이, 허보윤 옮김, 『디앤디파트먼트에서 배운다, 사람들이 모여드는 전하는 가게 만드는 법: 사면서 배우고, 먹으면서 배우는 가게』, 에피그람, 2014.
나가오카 겐메이, 허보윤 옮김, 『또 하나의 디자인 나가오카 겐메이가 하는 일』, 에피그람, 2020.
나가오카 겐메이, 김송이 옮김, 『LONG LIFE DESIGN 1』, 에피그람, 2020.
남미경, 「무인양품 사례와 하라켄야의 리디자인사고에 관한 연구」, 『한국디자인문화학회지』 25-3, 한국디자인문화학회, 2019.
닛케이 디자인, 정영희 옮김, 『무인양품 디자인』, 미디어샘, 2016.
닛케이 디자인, 이현욱 옮김, 『무인양품 디자인 2』, 미디어샘, 2017.
도리우미 기요코, 「'민예'의 창조－커뮤니티 디자인의 사상과 실천」, 『한림일본학』 11, 한림대학교 일본연구소, 2006.
류안영·손원준, 「지역브랜드 자립화와 디자인정체성 형성에 관한 연구－일본 디앤디파트먼트 사례를 중심으로」, 『한국디자인포럼』 24-1, 한국디자인트렌드학회, 2019.
마쓰이 타다미쓰, 민경욱 옮김, 『무인양품은 90%가 구조다』, 모멘텀, 2014.
마쓰이 타다미쓰, 박제이 옮김, 『기본으로 이기다, 무인양품』, 위즈덤하우스, 2019.
박수진, 「지역브랜드 활성화를 위한 디자인 역할 연구－디앤디파트먼트의 일본 비전 프로 사례를 중심으로」, 『기초조형학연구』 14-6, 한국기초조형학회, 2013.
양품계획, 민경욱 옮김, 『무인양품의 생각과 말』, 웅진지식하우스 2020.
에가미 다카오, 신상목 옮김, 『무인양품은 왜 싸지도 않은데 잘 팔리는가: 1,000억의 가치를 지닌 콘셉트의 힘』, 한즈미디어, 2014.
이데카와 나오키, 정희균 옮김, 『인간 부흥의 공예』, 학고재, 2002.
이병진, 「무인양품(無印良品)'의 성공사례를 통해 보는 야나기 무네요시의 민예사상의 전통 연구」, 『비교문학』 78, 한국비교문학회, 2019.
호소야 마사토, 김현정 옮김, 『브랜드스토리디자인』, 비엠케이, 2019.

『매거진 B 53호: MUJI』, JOH & Company, 2017.
「디자인을 디자인하는 디자이너 하라 켄야」, 『디자인』, 디자인하우스, 2010년 2월호.

出川直樹, 『民芸ー理論の崩壊と様式の誕生』, 新潮社, 1988.
内田繁, 『戦後日本デザイン史』, みすず書房, 2012.
くらしの良品研究所, 『MUJI IS―無印良品アーカイブ』, 良品計画, 2020.
鈴木哲也, 『セゾン 堤清二が見た未来』, 日経BP, 2018.
花井久穂, 「民藝の「近代」ーミュージアム·出版·生産から流通まで」, 『民藝の一〇〇年』, 東京国立近代美術館 他, 2021.
柳宗悦, 『柳宗悦全集 第八巻』, 筑摩書房, 1980.
柳宗悦, 『柳宗悦全集 第十巻』, 筑摩書房, 1982.

Kim Brandt, *Kingdom of Beauty: Mingei and the Politics of Folk Art in Imperial Japan,* Duke Universiry Press., 2007.

MINGEI―生活美のかたち전 홈페이지, https://www.muji.com/jp/feature/mingei.
柳宗悦没後60年記念展 民藝の100年전 홈페이지, https://mingei100.jp/shop.
디앤디파트먼트 홈페이지, https://www.d-department.com/ext/about.html
무인양품 홈페이지, https://www.muji.com/jp/about
주식회사 양품계획 홈페이지, https://ryohin-keikaku.jp/about-muji, https://ryohin-keikaku.jp/corporate/history/1980.html
「無印は「社会運動」、異色の新社長が明かした真意」, 『東洋経済オンライン』, 2021.11.5., https://toyokeizai.net/articles/-/466685.

가라타니 고진, 김경원 옮김, 『마르크스 그 가능성의 중심』, 이산, 1999.
가라타니 고진, 송태욱 옮김, 『윤리21』, 사회평론, 2001.
가라타니 고진, 송태욱 옮김, 『일본정신의 기원－언어, 국가, 대의제, 그리고 통화』, 이매진, 2003.
가라타니 고진, 조영일 옮김, 『세계공화국으로』, 도서출판b, 2007.
가라타니 고진, 조영일 옮김, 『근대문학의 종언』, 도서출판b, 2008.
가라타니 고진, 조영일 옮김, 『정치를 말하다』, 도서출판b, 2010.
가라타니 고진, 조영일 옮김, 『세계사의 구조』, 도서출판b, 2012.
가라타니 고진, 이신철 옮김, 『트랜스크리틱 칸트와 맑스』, 도서출판b, 2013.
가라타니 고진, 조영일 옮김, 『자연과 인간 「세계사의 구조」 보유』, 도서출판b, 2013.
가라타니 고진, 최혜수 옮김, 『「세계사의 구조」를 읽는다』, 도서출판b, 2014.
가라타니 고진, 윤인로 옮김, 『사상적 지진 강연집Ⅲ』, 도서출판b, 2020.
김성우, 「가라타니 고진의 "세계공화국"에 대한 지젝의 비판」, 『시대와 철학』 24권3호, 한국철학사상연구회, 2013.
박도영, 「가라타니 고진의 『제국의 구조』에 대한 소고」, 『사회경제평론』, 한국사회경제학회, 2018.
야마시로 무츠미, 이득재 옮김, 「국가와 자본에 대항하는 투쟁 · 보이콧」, 『문화과학』 32호, 문화과학사, 2002.
최종천, 「가라타니 고진의 칸트 읽기를 통한 세계공화국 구상」, 『남도문화연구』, 제31권, 2016.
토마 피케티, 장경덕 외 옮김, 『21세기 자본』, 글항아리, 2016.

磯前順一, 「柄谷行人から酒井直樹へ ポストモダン思想における外部と普遍」, 安丸良夫 外 編, 『戦後知の可能性 歴史 · 宗教 · 民衆』, 山川出版社, 2010.
宇野常寛 · 濱野智史, 『希望論 2010年代の文化と社会』, NHK出版, 2010.
上野千鶴子, 「商品─差別化の悪夢」, 『現代思想』 10(7), 1982.
大澤真幸, 『社会は絶えず夢を見ている』, 朝日出版社, 2011.
大塚英志, 『「おたく」の精神史 一九八〇年代論』, 講談社, 2004.
柄谷行人, 『探求1』, 講談社, 1992.

柄谷行人,『探求2』, 講談社, 1992.
柄谷行人,『NAMの原理』, 太田出版, 2000.
柄谷行人,『可能なるコミュニズム』, 太田出版, 2000.
柄谷行人,『NAMの生成』, 太田出版, 2001.
柄谷行人,『定本5 柄谷行人集 歴史と反復』, 岩波書店, 2004.
柄谷行人,「『トランスクリティーク』から『帝国の構造』へ」, 柄谷行人 外,『現代思想 総特集＝柄谷行人の思想』, 2015年1月.
柄谷行人, 広井良典 外,『知の現在と未来』, 岩波書店, 2014.
柄谷行人,『憲法の無意識』, 岩波書店, 2016.
柄谷行人,『ニュー・アソシエーショニスト宣言』, 作品社, 2021.
北田暁大,『嗤う日本のナショナリズム』, NHK出版, 2006.
斎藤幸平,『人新世の「資本論」』, 集英社, 2020.
佐々木敦,『ニッポンの思想』, 講談社, 2009.
吉本隆明,「重層的な非決定へ」, 吉本隆明,『吉本隆明, 全集20』, 晶文社, 2019.

Shoshana Zuboff, *The Age of Surveillance Capitalism: The Fight for a Human Future at the New Frontier of Power,* New York: Profile Books, 2019.

Abstract

Ⅰ. The Abe Government's Labor Market and Social Welfare Policies as a Strategic Response to Demographic Challenges

Song, Ji-yeoun

This study examines the Abe government's strategic response to Japan's demographic challenges, represented as declining fertility rates and the aging population. While its policymakers had endeavored to solve the problems of labor shortage and constrain the increase of social welfare expenditure, it was the conservative Abe government that advanced a series of labor market and social welfare policies, encompassing not only conservative, but also progressive agendas. It made efforts to promote labor market equality along the lines of employment status, gender, and age in order to activate more people to participate in the labor market and to allow female workers to enjoy the work-life balance. In addition, the Abe government opened the door to foreign workers to deal with labor shortages under the pressure of the demogrpahic change. Social welfare reforms were taken in order to address increasing pension and healthcare costs. By utilizing the centralized pattern of policymaking led by the prime minister and Kantei, the Abe government implemented more comprehensive labor market and social welfare policies with the goal of acheving the labor productivity growth and sustainable economic development in the face of demographic challenges.

Key words: demographic challenge, labor market, social welfare policies, labor shortage, financial stability, centralized policymaking

Abstract

Ⅱ. Rethinking the Japanese Employment System - Evolution or Transition?

Yeo, Inman

The number of non-regular workers in Japan increased rapidly in the 1990s, but stopped growing after 2014 when Abenomics was launched. However, it still maintains a high ratio of non-regular workers in the upper 30% range. This chapter is intended to answer the causes and implications of those changes.

The rapid increase in the ratio of non-regular workers was largely influenced by 'the employment portfolio' plan of the Japan Federation of Employers' Associations (Nikkeiren) in 1995. In the 2010s, when the issue of non-regular workers emerged socially, the government tried to cope with it by creating a system for various regular workers (limited regular workers). Contrary to expectations, however, various regular workers were not widely spread. In other words, attempts to reform the traditional Japanese employment system through various regular employment systems have failed.

The essence of the Japanese employment system is to receive unlimited labor that can flexibly respond to the company's needs, instead of granting long-term employment and seniority wages to regular male employees of large corporations. Many companies in Japan still prefer this Japanese employment system. The reason is that the Japanese employment system is closely related to the Japanese production system known as monozukuri.

In conclusion, it can be said that the Japanese employment system has not been transformed and is evolving. In order to fundamentally transform it, changes in the Japanese production system will have to be accompanied.

Key words: Japanese Employment System, Employment Portfolio, Non-Regular Workers, Various Regular Workers, Limited Regular Workers

Abstract

Ⅲ. Education Reform in Japan and Corporate Social Education : Practical Search for Resolving Youth Problems

Jo, Gwan-ja

The educational reform emphasizing the public spirit and the succession of traditions is being attempted in Japan since 2000. At the East Asian level, it has been criticized as a nationalism that enforces patriotism. However, this paper focuses on the seriousness of the youth problem and examines the necessity of education reform for 'making people and perfecting humanity'. In particular, this paper suggests that companies lead social education and form a 'social family' that goes beyond blood-related families. The purpose of this study is to evoke corporate social responsibility beyond the debate between democracy and nationalism. A company can establish a research and education system for its employees and set a good example of a 'social family'. Social education will make it possible to expand the public world through private activities. By conducting social education, companies can respond to the problems of an aging society and contribute to the welfare of mankind.

Key words: Education Reform, Public Spirit, Corporate Social Responsibility, Youth Issues, Social Family

Abstract

Ⅳ. Beyond the suburbanization of formation and decline in Tokyo megalopolis region

Kim, Eun-hye

This study focused on the post-war suburbanization in Tokyo megalopolis region, examined the changes of housing policy, spatial structure, and the characteristics of socio-cultural aspects. Firstly, Japan has built suburbs of large-scale new town in the 50-60km metropolitan area in large-scale new town as the stages of urban development model in Western society. The government formulated the state-led policy of long-term low-interest loans to resolve the housing shortage and densely populated cities after the end of World War Ⅱ. However, as due to the bubble collapse and the long-term recession in the 1990s, the suburban residents have continued to move back to the urban core area. Secondly, the formation of suburbanism was supported by the My home Myth, a house for a family as the spread of ownership of the house since postwar period. In addition, the landscapes of commercial areas in the suburbs have largely been formed on the basis of motorization, with large-scale shopping centers (mall) and roadside businesses, while small shopping districts in the central city around train station have continued to decline. The suburban regenerations have been explored to overcome the declines of the low birthrate, aging population, urban revitalization, and vacant house problems in the 2000s. The process of formation and decline in post-war suburbanization is an important spatial cross-section for analyzing the crisis and maturity of Japanese capitalism.

Key words: Tokyo megalopolis region, suburbanization, road-side businesses, Declining birthrate and aging population, suburaban regeneration

Abstract

Ⅴ. Reconstruction Disaster

: The South Shin-Nagata Urban Redevelopment Project After the Great Hanshin-Awaji Earthquake

Park, Seung-hyun

This paper examines the South Shin-Nagata Urban Redevelopment Project carried out in Kobe, a city heavily damaged by the Great Hanshin Earthquake on the 17th of January, 1995. The urban restructuring of Kobe City in the period of high economic growth had generated local disparity. The earthquake caused heavy damage on the inner-city Nagata ward where the elderly and low-incomers resided. Kobe's city planners implemented a largescale redevelopment Project on the South Shin-Nagata urban area and received central governmental aid. However, South Shin-Nagata project has been criticized as a 'Reconstruction Disaster' and a deficit of 32.8 billion yen has recently been reported. This study attempts to highlight the failure of the redevelopment project and the contradiction inherent in the transition from growth to contraction of Japanese society. Kobe City is a local government that has demonstrated its ability to manage the city like a corporation. However, Kobe's urban management was only possible under the conditions of rising land prices, economic growth, and population growth. The year of 1995 was a time when the aftereffects of the bubble economic collapse began and the conditions that enabled 'the construction state' no longer existed. Despite the shrinking of cities, urban planning did not presuppose a reduction, and the redevelopment of Shin-Nagata proceeded amid the optimistic inertia of growth and development. Even though there were already signs of failure, there was no social and institutional control to turn the direction of the Redevelopment Project. Thus, the task of Post-Disaster Reconstruction is handed over to the next generation again.

Key words: The South Shin-Nagata Urban Redevelopment Project, Great Hanshin-Awaji, Earthquake, Post-Disaster Reconstruction, Reconstruction Disaster, Disaster Capitalism

Abstract

Ⅵ. Genpatsu Heterotopia
: The local history of Tomioka-machi, Fukushima, under Japanese capitalism and nuclear energy infrastructure

Oh, Eun-jeong

Tracing back Japanese modern history to Meiji restoration, science and technology in Japan's capitalist modernization was a source of spatial-temporal imagination for the future. This paper intends to examine such imagination from a microscopic and historical level through the local history of Tomioka-machi in Fukushima. Tomioka-machi is a place where dreams and aspirations for regional economic reconstruction and development melted from rural clearing and railway during the Meiji period to the construction of nuclear power plants in the late 20th century. With the explosion of the Fukushima Daiich Nuclear Plant in 2011, Domioka was depicted as a dystopia with the declaration that Japan's "affluent postwar has finally reached a decisive end." However, today, Tomioka has emerged again as a key place for the economic revival of Hamadōri area, Fukushima, and furthermore, the "Innovation Coast" for Japan's future. This article aims to examine the local history of Domioka-machi as a heterotopic place in the process of developing Japanese capitalism. Now Tomioka-machi becomes a testfield for advanced science and technology and expands its scale into utopian future. Meanwhile, the village is being built as a heterotopic place where tension and friction coexist to reduce the scale of risks after the nuclear disaster.

Key words: Tomioka-machi, Local history, Nuclear Energy Infrastructure, Fukushima Daiichi Nuclear Disaster, Decommissioning, Innovation Coast

Abstract

Ⅶ. "Kadokawa Idol Film" and the Reorganization of the Postwar Japanese Film Industry

Kim, Bo-kyoung

The late 1960s and 1970s saw significant structural and transformational changes in the Japanese film industry, resulting in the largest transformation in its history. By the 1980s, the industry had adopted a different approach to film production and distribution, with active inflows of capital and human resources from other industries after a transition period. This paper categorizes a series of commercial film works that demonstrate the structural changes of the postwar Japanese film industry into a separate category called "Kadokawa Idol Film." The study explores how the postwar film industry structure was reorganized after its decline by investigating the strategy of "Kadokawa Idol Film." Additionally, the paper examined how the meeting between film creators and idols during the post-studio system period transformed the definition of "cinema" in Japan during the 1980s.

Key words: Film Industry, Studio System, Kadokawa Film, Idol Film, the Kadokawa Strategy, Media mix, Hybridity

Abstract

VIII. The New *Mingei* Movement in Japanese Design Industry : MUJI and D&DEPARTMENT PROJECT

Roh, Junia

MUJI (無印良品, established in 1980) and D&DEPARTMENT PROJECT (established in 2000) are leading design brands that have profitably maintained and promoted a social practice of sustainable design for over 20 years. The two brands have different scales and business methods, but share the philosophy of the *mingei* (folk craft) movement created by Yanagi Muneyoshi. Taking MUJI and D&DEPARTMENT PROJECT as the new *mingei* movement in Japan, this paper examines their process of incorporation and growth, as well as how they overcame the limitations of the *mingei* movement and addressed the challenges of capitalism. By comparing the process whereby they used their discoveries to implement the *mingei* movement as a social movement, this study seeks to understand the ongoing structural reform in the realm of daily life in Japan.

key words :

Key words: New *Mingei* Movement, MUJI, D&DEPARTMENT PROJECT, Nagaoka Kenmei, Sustainable Design

Abstract

Ⅸ. How does modern Japanese thought justify "post-capitalism"? : Focusing on Kojin Karatani's theory of the "New Associationist Movement"

Seo, Dong-ju

Since the 21st century, one of the characteristics of Japan's contemporary thought is that the so-called "post-capitalist" theory, which advocates the "cessation = overcoming" of capitalism, has emerged continuously and formed an intellectual current. This must be said to be a kind of "irony" from the perspective of the history of thought Japan, in which radical political thought combined with the anti-establishment movement has rapidly lost power since the failure of the New Left movement in the 1970s. Then, in modern Japan, where the influence of radical social movements has been significantly weakened, what kind of logic does post-capitalist theory use to draw out the prospect of "after capitalism"? This paper focuses on the "NAM" organized by Yukima Karatani in the 21st century with the goal of stopping "capital", "state", and "nation" based on his analysis of the structural linkages of "capital", "state", and "nation", and how the post-capitalist theory of modern Japan justifies the inevitability of capitalism "stop = overcome", and how such a "revolution" It deals with the ideological sources through which the epics are constituted. Based on this analysis, I would like to confirm that NAM is a form of thought that responds to the social transformation brought about by the maturation of Japan capitalism since the 1980s, and inherits the inherent subject philosophy of postwar thought Japan attempts to enlighten others by weakening itself.

Key words: Karatani Koujin, NAM(New Associationist Movement), Post-capitalism, Exchange Form, Associationist, Consumer Society, Information Society, The Politics of Gift

찾아보기

【ㄱ】

가도카와 문고 298, 300, 301, 305
가도카와 상법 294, 299, 301, 303, 304, 312
가도카와 세 소녀 291, 293, 299, 304, 305, 310
가도카와 아이돌영화 289, 291, 293, 299, 300, 301, 302, 303, 304, 305, 306, 307, 309, 310, 311, 312, 313
가도카와 영화 292, 293, 297, 299, 300, 311, 312
가도카와 하루키 사무소 291, 297, 298, 305, 307, 313
가라타니 고진 348, 351, 352, 353, 354, 359, 367, 371, 372, 375, 376, 384, 385
갑을관계 142, 143
고령사회 46
고령자 의료제도 51, 69
고령자고용안정법 62, 63, 64
고령화사회 45
고베 나가타 197
고베대공습 203, 217
고용 포트폴리오 81, 93, 94, 95, 98
고용시스템 79, 80, 81, 82, 83, 84, 85, 87, 88, 89, 90, 91, 92, 94, 101, 102, 112, 113, 115, 116, 117, 118
고용중지 101
고이케 가즈코 329
공공개발 217, 228, 231
공공정신 119, 120, 124, 125, 152, 154
공적인 포용 144
관료주의 233
교외 재생 183, 189, 193, 194
교외성 160, 162, 163, 179
교외화 158, 160, 163, 164, 165, 166, 167, 168, 169, 173, 174, 175, 177, 179, 180, 182, 183, 186, 188,

191, 192
교외화의 종언 166, 175, 177
교육개혁국민회의 121, 128, 129, 134, 151
교환양식 349, 353, 354, 356, 357, 358, 364, 365, 367, 369
귀환곤란구역 236, 244, 266, 278, 279
기업별노조 80
기업의 사회적 책임 123, 124, 125, 145
기업특수숙련 86
기타다 아키히로 371

【ㄴ】
나가사키 258, 269
나가오카 겐메이 326, 330, 337
내각인사국 53
내부노동시장론 86, 87, 91, 118
노동시장 이중구조 48

【ㄷ】
다나카 잇코 329, 335
다능공 85
다양한 정사원(한정정사원) 81, 90, 93, 101, 103, 104, 106, 108, 111, 114, 115, 116, 117
단지 158, 164, 165, 172, 173, 177, 180, 182, 183, 184, 189, 190
단카이 세대 45, 66
도넛 현상 174
도시경영 227, 228, 229, 233
도시계획 200, 201, 203, 210, 211, 212, 213, 214, 215, 218, 227, 228, 229, 232, 233
도시성 158, 178
도시화 158, 166, 167, 169, 174
도쿄권 160, 177, 178, 191, 192, 193
도쿄전력 243, 250, 252, 253, 256, 257, 258, 265, 267, 268
독립 프로덕션 297, 298, 307
동일본대지진 236, 239, 258, 264, 266, 267, 268, 280
디앤디파트먼트 316, 317, 318, 325, 326, 327, 330, 331, 332, 333, 337, 338, 339, 341, 344

【ㄹ】

로드사이드 비즈니스 183, 186, 188

【ㅁ】

마쓰시타 고노스케 123
메이지 150년 237
멤버십 고용 90
무연사회 139
무인양품 315, 317, 318, 324, 325, 326, 327, 329, 330, 333, 334, 335, 336, 337, 344
무한정성 91, 101
미디어믹스 293, 304, 311, 312, 313
민예운동 317, 318, 319, 320, 321, 322, 323, 324, 325, 326, 334, 338, 342, 343, 344, 345, 346

【ㅂ】

방사선량 273, 274, 279
보신전쟁 237
복지원년 50
부흥 236, 238, 239, 240, 241, 242, 244, 248, 252, 259, 262, 263, 264, 265, 266, 268, 269, 270, 271, 274, 276, 277, 281, 282, 283, 284, 285
부흥재해 204, 205, 220, 229
블록부킹 294, 295
비정규직 83, 87, 92, 93, 99, 101, 103, 104, 113, 116, 118
비정규직(비정사원) 91

【ㅅ】

사람 만들기 119, 124, 148, 154
사이토 고헤이 347, 349
사토 에이사쿠 256, 257
사회가족 132, 140, 141, 142, 144, 151, 154
사회교육의 장 137, 145, 148, 150
사회부모 144
사회적 가치 145, 146, 147
새로운 어소시에이션 운동 349, 351, 377
새로운 자본주의 74
생활도시 151

성장주의 201, 227, 229, 233
세대별 생활의식 조사 138
세일러복과 기관총 293, 302, 307, 309, 310
소년 형법범 126, 127
쇼핑센터 165
스기모토 히로시 329
시간을 달리는 소녀 294, 300, 301, 310, 311
시타마치 213, 220, 221, 222
쓰쓰미 세이지 327

【ㅇ】

아베노믹스 55, 57, 58, 59
아이돌 영화 292, 304, 307, 312
아토모토피아 249, 255
야나기 무네요시 317, 319, 322, 326
야마모토 요시타카 261
야쿠시마루 히로코 291, 301, 302, 305, 307, 309, 310
양품계획 329
여러 편 동시 상영 296
연공임금 80, 82, 84, 86, 90, 94, 96
영화산업 290, 291, 293, 294, 295, 296, 297, 311, 312, 313
영화산업의 쇠퇴 297
오구마 에이지 236
오바야시 노부히코 305, 311
오사와 마사치 349, 365
와타나베 노리코 292
외국인 기능실습제도 60, 61
요시모토 다카아키 373
요시미 슌야 236
우머노믹스 57
우치다 다쓰루 375
원전 마을 235
원전 폭발 사고 235, 264, 281, 284
육아 포기 133
이너시티 203, 213, 219
이름뿐인 정사원 101
이중적 노동시장 48
인생 100년 시대 구상회의 62, 63, 64, 65
인재만들기 혁명 62, 63, 64
일본 일억 총활약 계획 59

일본적 경영 80, 94, 98
일하는 방식의 개혁 59, 74
잃어버린 10년 79

【ㅈ】

자동차화 165, 170
잡(job)형 고용 90
장기고용 80, 83, 84, 85, 86, 91, 94, 113, 114, 115, 116, 117
재개발 199, 203, 204, 205, 206, 207, 208, 209, 210, 211, 212, 213, 214, 218, 220, 221, 222, 223, 224, 225, 229, 231, 233
재난 자본주의 214
저출산 · 고령화 41, 44, 46, 48, 52, 56, 57, 58, 60, 63, 72, 75, 76
적반하장 분노 130
전세대형 사회보장 검토회의 66, 67, 70, 73, 75
전세대형 사회보장 구축회의 74, 75
전원교외 168
전재부흥 214, 217, 218, 227, 228, 229, 231
전통계승 120, 152
전후 주택공급 170
정규직(정사원) 84, 89, 91, 92, 93, 96, 98, 103, 104, 116
종신고용 80, 83, 90, 96, 114
종업원 주권 118
지속가능 315, 316, 317, 318, 325
지적숙련 87
직장내 훈련 84, 85, 116
진재부흥 198, 204, 205, 207, 210, 214, 223, 227, 231

【ㅊ】

초고령사회 46
촬영소 시스템 293, 294, 295, 296, 297, 306
출입국관리 및 난민인정법 60, 61
취업빙하기 47

【ㅋ】

커뮤니티 스쿨 136, 145
케미컬슈즈 202, 216

【ㅌ】
토건국가 201
통근권 159, 193

【ㅍ】
파운드 무지 336, 337
패스트 풍토화 186
포스트 촬영소 시대 291
표적이 된 학원 291, 293, 305, 306, 311
프로그램 픽처 295, 296

【ㅎ】
하라 겐야 330, 335
하라다 도모요 291, 300, 310
한가이 세이쥬 244, 247, 262, 285
한신대지진 198, 199, 201, 202, 203, 204, 205, 210, 213, 215, 216, 222, 224, 225, 226, 227, 229, 230, 231, 232, 233
합계출산율 41, 45, 49, 59, 76
헤테로토피아 239, 240, 241, 271, 282
혁신 해안 262, 263, 266, 268, 269, 270
현장력 118
혈연가족 138, 140, 141, 142, 143
혼성적 영상 303, 311
후카사와 나오토 324
후쿠시마 236, 237, 238, 239, 241, 242, 243, 244, 248, 250, 252, 255, 256, 257, 258, 259, 262, 263, 264, 265, 266, 267, 268, 269, 270, 271, 273, 274, 278, 280, 281, 282, 283, 284
히로시마 258, 269
히로이 요시노리 349

【3】
3종의 신기 80, 83

【M】
MUJI 336

필자약력

송지연 서울대학교 국제대학원 교수

미국 하버드대학교에서 정치학 박사학위를 취득하였고 이후 하버드대학교 미일관계 프로그램 박사후연구원, 미국 오클라호마대학교 정치학과/국제학부 조교수, 서강대학교 국제대학원 조교수를 역임하였다. 연구업적으로는 *Inequality in the Workplace: Labor Market Reform in Japan and Korea* (2014)가 있다. "The Political Dynamics of Japan's Immigration Policies during the Abe Government," (*Pacific Focus*, 2020), 「일본 연금개혁의 정치경제」(『국제・지역연구』, 2019), 「저출산・고령화 시대 아베 정부의 성장전략」(『한국과 국제정치』, 2019) 등 다수의 논문을 출판하였다.

여인만 강릉원주대학교 국제통상학과 교수

서울대학교 경제학과 졸업하였고 이후 도쿄대학 대학원 경제학연구과 졸업(경제학박사, 일본경제사 전공)하였다. 연구업적으로는 『日本自動車工業史ー小型車と大衆による二つの道程』(2011), 『저성장시대의 일본경제』(공저, 2017년), 『구조적 대불황기 일본경제의 진로』(공저, 2018) 등이 있다.

조관자 서울대 일본연구소 HK교수

도쿄대학에서 일본사상사를 공부하고 학술박사 학위를 받았다. 일본의 국학, 한일의 지식 교섭을 연구했고, 내셔널리즘의 충돌을 넘어선 사상과제를 찾아 동시대의 사회문제를 조사・연구하고 있다. 연구업적으로는 『植民地朝鮮/帝国日本の文化連環—ナショナリズムと反復する植民地主義』(2007), 『일본 내셔널리즘의 사상사－'전시－전후체제'를 넘어서 동아시아 사상과제 찾기』(2018), 『포스트 코로나: 우리는 무엇을 준비할 것인가』(2020) 등이 있다.

김은혜 부산대학교 사회학과 부교수

서울대학교 사회학과에서 박사학위를 받았고, 도쿄대 사회과학연구소 객원

연구원, 일본학술진흥회(JSPS) 외국인특별연구원 등을 지냈다. 동아시아 개발주의의 구조와 재현 과정에 관심을 가지고, 도시, 문화, 환경, 재해 등 지역연구를 지속해 나가고 있다. 연구업적으로는 『특구: 국가의 영토성과 동아시아의 예외공간』(공저, 2017), 『안전사회 일본의 동요와 사회적 연대의 모색』(공저, 2017) 등을 출판하였고, 주요 논문은 「2020년 도쿄올림픽과 도쿄 베이 존-부동산 주도 도시재생의 궤적(2020)」 등이 있다.

박승현 계명대학교 인문국제학대학 일본어일본학과 조교수

도쿄대학교 총합문화연구과 인류학코스에서 도쿄 대규모 공공단지의 고령화와 재건축에 대한 연구로 박사학위를 받았다. 재해와 시민사회, 인구변동, 재일코리안, 이주, 거주와 복지 등을 주제로 현대일본 사회문화 연구를 수행하고 있다. 연구업적으로는 「코로나19 자숙이 불러일으킨 '세켄(世間)'의 공기 : 일본문화론의 재부상과 '코로나 쇄국'의 문제」(『일본연구논총』, 2022), 『재일 한인의 인류학』(공저, 2021), 「일극집중사회 일본, 도쿄의 코로나19 : 중앙-지방, 중앙정부-지자체의 역동」(『일어일문학연구』, 2021), 「코로나19 팬데믹과 불안억제사회 일본: 재난공동체의 불안과 자숙, 그리고 연대」(『아시아연구』, 2020), 「지역산업 속의 재일(在日)의 역사와 현재 :고베 구두마을 나가타와 재일코리안의 '케미컬슈즈'」(『일본연구논총』, 2020), 『老いゆく団地: ある都営住宅の高齢化と建替え』(2019) 등이 있다.

오은정 서울대학교 인류학과 BK21교육연구단 BK부교수

서울대학교 화학과와 환경대학원 석사를 거쳐 한국 원폭피해자에 대한 연구로 인류학박사 학위를 받았다. 원자력의 사회사, 과학기술과 환경정책 등 자연·지식·권력의 상호작용, 한국 원폭피해자와 한·일간 시민연대 등의 역사인류학적 주제에 관심을 가지고 있으며, 현재 히로시마와 후쿠시마의 유산, 방사능 측정에 관한 크라우드소싱 시민과학과 위험 거버넌스에 대한 연구를 수행하고 있다. 대표 논저로 『오늘을 넘는 아시아 여성』(공저, 2023), 『재일한인의 인류학』(2021, 공저), 『원자력의 사회사: 일본에서의 전개』(번역서, 2022), 『의료인류학: 불평등한 아픔을 넘어 더 나은 세상으로』(번역서, 2022), 「크라우드소싱 시민과학과 위험 거버넌스」(『한국문화인류학』, 2022), 「재난 지역 여성의 시민과

학 실천을 통해 본 삶을 위한 연대」(『비교문화연구』, 2022), 「파괴의 보존: 유네스코 문화유산 히로시마 원폭돔의 보존과 '평화'의 문제」(『한국문화인류학』, 2020) 등이 있다.

김보경 한국방송통신대학교 일본학과 조교수

고려대학교 일어일문학과 졸업하였고 이후 쓰쿠바대학 대학원 인문사회과학연구과 졸업(문학박사)하였다. 일본영상문화, 일본근현대문학을 전공하였으며, 연구업적으로는 『동아시아 재난서사』(공저, 2020년), 「도쿄 올림픽과 패전의 풍경: 〈이다텐: 도쿄 올림픽 이야기〉와 새로운 대하드라마의 가능성」(『일본연구』, 2020년) 등이 있다.

노유니아 명지대학교 일어일문학과 조교수

근현대 한국과 일본의 시각/물질문화를 연구하고 있다. 도쿄대 문화자원학연구실에서 박사학위를 받고 일본학술진흥회 특별연구원, 서울대학교 일본연구소 연구교수를 지냈다. 저서로 『일본으로 떠나는 서양미술기행』(2015), *East Asian Art History in a Transnational Context*(공저, 2020) 등이 있으며 번역서로 『일본 근대 디자인사』(2020), 『일본 현대 디자인사』(2023)를 펴냈다.

서동주 서울대학교 일본연구소 조교수

일본 쓰쿠바대학에서 근대일본 사회주의 문학의 식민지주의에 대한 연구로 박사학위를 취득했다. 연구분야는 일본근현대문학과 사상이며, 최근에는 냉전기 전후일본의 문화적 상상력과 근대 동아시아의 지식이동에 관심을 갖고 있다. 연구업적으로는 『전후의 탈각과 민주주의의 탈주』(공저, 2020), 『일본, 야스쿠니』(공저, 2018), 『근대지식과 저널리즘』(공저, 2016), 『전후일본의 생활평화주의』(공저, 2014) 등을 비롯해 다수의 논문이 있음.

IJS 서울대학교 일본연구소

현대일본생활세계총서 18

일본자본주의 위기, 새로운 자본주의의 기회인가?

초판1쇄 인쇄 2023년 6월 25일
초판1쇄 발행 2023년 6월 30일

저 자 조관자 · 김보경 · 김은혜 · 노유니아 ·
박승현 · 서동주 · 송지연 · 오은정 · 여인만

연구보조원 김민 · 김하정

발행인 윤석현
발행처 도서출판 박문사
등 록 제2009-11호
전 화 (02)992-3253(대)
전 송 (02)991-1285
주 소 서울시 도봉구 우이천로 353

책임편집 최인노
전자우편 bakmunsa@daum.net

ISBN 979-11-92365-35-0 93320 **정가** 29,000**원**

이 책은 2019년 대한민국 교육부와 한국연구재단의 지원을 받아 수행된 연구(NRF-2019S1A6A3A02102886)의 성과이다.